UTB 2424

Eine Arbeitsgemeinschaft der Verlage

Beltz Verlag Weinheim · Basel · Berlin
Böhlau Verlag Köln · Weimar · Wien
Wilhelm Fink Verlag München
A. Francke Verlag Tübingen und Basel
Paul Haupt Verlag Bern · Stuttgart · Wien
Verlag Leske + Budrich Opladen
Lucius & Lucius Verlagsgesellschaft Stuttgart
Mohr Siebeck Tübingen
C. F. Müller Verlag Heidelberg
Ernst Reinhardt Verlag München und Basel
Ferdinand Schöningh Verlag Paderborn · München · Wien · Zürich
Eugen Ulmer Verlag Stuttgart
UVK Verlagsgesellschaft Konstanz
Vandenhoeck & Ruprecht Göttingen
WUV   Facultas · Wien

Stefan Weber (Hrsg.)

Theorien der Medien

Von der Kulturkritik
bis zum Konstruktivismus

UVK Verlagsgesellschaft mbH

Bibliografische Information der Deutschen Bibliothek
Die Deutsche Bibliothek verzeichnet diese Publikation in der Deutschen
Nationalbibliografie; detaillierte bibliografische Daten sind im Internet
über <http://dnb.ddb.de> abrufbar.

ISBN 3-8252-2424-4

© UVK Verlagsgesellschaft mbH, Konstanz 2003

Einbandgestaltung: Atelier Reichert, Stuttgart
Einbandillustration: Stefan Weber, Salzburg
Korrektorat: Silke Martin / Medienbüro Rommert, Lohmar
Satz und Layout: Elisabeth Kochenburger, Konstanz
Druck: fgb · Freiburger Graphische Betriebe, Freiburg

UVK Verlagsgesellschaft mbH
Schützenstr. 24 · 78462 Konstanz
Tel. 07531-9053-21 · Fax 07531-9053-98
www.uvk.de

Inhalt

Vorwort 9

1. **Einführung: (Basis-)Theorien für die Medienwissenschaft**
   (Stefan Weber) 11

2. **Überblick: Theorienspektrum Medienwissenschaft** 49

2.1 **Techniktheorien der Medien**
   (Frank Hartmann) 49
   Theorien zu medialer Technik und Medienumbrüchen, zur Mensch-Maschine-Beziehung und zu medialen Apparaturen (KAPP, MCLUHAN, LEROI-GOURHAN), zum Medienmaterialismus (KITTLER), zu Maschinendenken und Menschmaschinen

2.2 X **Ökonomische Theorien der Medien**
   (Natascha Just/Michael Latzer) 81
   Klassische Politische, Neoklassische und Neue Politische Ökonomie; Public und Special Interest Theorien; betriebswirtschaftliche Ansätze; Grundbegriffe und medienökonomische Anwendungsfelder

2.3 X **Kritische Medientheorien**
   (Christian Schicha) 108
   Kritik der Kulturindustrie (ADORNO/HORKHEIMER) und der Bewusstseinsindustrie (ENZENSBERGER); Theorie kommunikativen Handelns (HABERMAS); Dialektik der Kommunikationsgesellschaft (MÜNCH); Medienkapitalismus-Kritik (PROKOP)

2.4 **Zeichentheorien der Medien**
   (Gloria Withalm) 132
   Anwendungen von Semiologie (SAUSSURE) und Semiotik (PEIRCE, MORRIS) auf Kommunikation und Kultur (JAKOBSON, ROSSI-LANDI)

2.5 **Kulturtheorien der Medien**
 (Rudi Renger) 154
 Angloamerikanische Cultural Studies (WILLIAMS, GROSSBERG, HALL, FISKE, HARTLEY) und ihr Einfluss auf die deutschsprachige Medienwissenschaft

2.6 **Konstruktivistische Medientheorien**
 (Stefan Weber) 180
 Anwendungen des (Radikalen) Konstruktivismus (WATZLAWICK, BATESON, FOERSTER, MATURANA, GLASERSFELD) auf Medienkommunikation (SCHMIDT u. a.)

2.7 **Systemtheorien der Medien**
 (Stefan Weber) 202
 Anwendung der Systemtheorie (LUHMANN) auf die Modellierung von Massenmedien und Publizistik (MARCINKOWSKI u. a.)

2.8 **Feministische Medientheorien**
 (Sibylle Moser) 224
 Überblick über Gender Studies – Geschlecht als Konstruktion (BUTLER, PASERO u. a.); Beobachtungen der Geschlechterdifferenz in Mediensystemen; Cyberfeminismus (HARAWAY, PLANT)

2.9 **Psychoanalytische Medientheorien**
 (Lutz Ellrich) 253
 Anwendungen der Psychoanalyse (von FREUD zu LACAN) auf Medienkommunikation (ŽIŽEK, METZ); Diskussion psychoanalyse-kritischer Ansätze (KITTLER, DELEUZE/GUATTARI)

2.10 **Poststrukturalistische Medientheorien**
 (Claus Pias) 277
 Überblick über den französischen Poststrukturalismus und die französische Postmoderne (FOUCAULT, LYOTARD, DERRIDA, BAUDRILLARD, VIRILIO)

2.11	**Medienphilosophische Theorien**
	(Frank Hartmann) 294

Philosophische Spurensicherung zum Mediendiskurs (PLATON, KANT, HEGEL), zur neuen Medienwirklichkeit (BENJAMIN), zur symbolischen Form (CASSIRER), zu Phänomenologie bis Kommunikologie (HUSSERL, ANDERS, FLUSSER), zum medialen Dispositiv (INNIS, MCLUHAN, DERRIDA) und zur Netztheorie (DELEUZE, SERRES)

3.	**Komparatistik: Theorien-Raum der Medienwissenschaft**
	(Stefan Weber) 325

Autoren 346

Personenregister 351

Sachregister 356

Vorwort

Das vorliegende Lehr- und Studienbuch versteht sich als grundlegender Überblick über Theorien, die in der Medienwissenschaft Anwendung finden. Das Spektrum reicht dabei von der Kulturkritik bis zum (Radikalen) Konstruktivismus, vom Poststrukturalismus bis zur Systemtheorie. Es wird der Versuch unternommen, ein Lehrbuch *nicht* aus der Perspektive einer gewissen Theorie-Tradition heraus zu schreiben, sondern gerade die Vielfalt der theoretischen Stränge und Diskurse ›im großen Bogen‹ zum Thema zu machen. Das Kompendium eignet sich somit als Überblick in der Lehre sowohl für die Publizistik- und Kommunikationswissenschaft sowie die Medienwissenschaft als auch für die (mit medienkulturellen Fragen befasste) Literaturwissenschaft und die (Medien-)Philosophie. Es richtet sich an Studierende wie an Lehrende der genannten Fachbereiche.

Der erste Abschnitt des Bandes führt grundlegend in das Wesen und den Wert der Theoriebildung für den Fachbereich ein. Dabei werden die hier vertretenen *Basistheorien* für die Medienwissenschaft sowohl von (übergeordneten) Paradigmen als auch von (untergeordneten) Theorien mittlerer Reichweite abgegrenzt. Im zweiten Abschnitt fassen zehn Medien- und Kulturwissenschaftler/innen (inklusive des Herausgebers) insgesamt elf einzelne Theorie-Stränge zusammen – von Technik-Theorien der Medien bis zu medienphilosophischen Theorien. Dabei folgen die elf Einzel-Beiträge zum Zwecke der Übersichtlichkeit weitgehend einer einheitlichen Struktur:

1) kurze Geschichte der jeweiligen Theorie-Tradition(en)
2) Grundbegriffe, Konzepte und Modelle der jeweiligen Theorie(n)
3) theoretische und empirische Anwendungen in der Medienwissenschaft
4) Kritik und Weiterentwicklung der Theorie(n)

Der dritte Abschnitt widmet sich einer vergleichenden Würdigung der behandelten (Basis-)Theorien der Medienwissenschaft.

Fokus auf Basistheorien

Die Lust am Theoretisieren

Ziel des Buches ist es, in die Breite theoretischen Denkens im medienkulturwissenschaftlichen Bereich einzuführen. Der Band ist als Einführung in den Fachbereich konzipiert, unterfordert jedoch den/die Leser/in an keiner Stelle. Freude an intellektueller Arbeit soll ebenso vermittelt werden wie die Lust am differenzierenden, analytischen Denken. Nach bewährter Lehrbuch-Manier finden sich am Schluss jedes Abschnitts bzw. Kapitels Übungsfragen. Diese sind jeweils mit steigendem Schwierigkeits- und Komplexitätsgrad angeordnet: Die erstgenannte Frage etwa setzt nur die präzise Lektüre des vorangegangenen Textes voraus, während die letzte Frage jeweils ein vertieftes Kontext-Wissen verlangt und sich an Fortgeschrittene (Studierende im zweiten Studienabschnitt, Diplomand/inn/en und Dissertant/inn/en sowie Lehrende selbst) richtet. Ein umfassendes Personen- und Sachregister erleichtert die Nutzung des Bandes als Nachschlagewerk, wenn es etwa darum geht, schnell herauszufinden, was ein theoretisches Konzept genau bedeutet oder welcher Tradition ein/e jeweilige/r Theoretiker/in zuzuordnen ist.

Das Lehrbuch ist das Ergebnis unterschiedlicher ›Kräfte‹, die ein Projekt dieser Größenordnung erst ermöglicht haben: Zunächst wurde dem Herausgeber die Forschungsarbeit an medienkultureller Theorie-Komparatistik durch ein APART-Stipendium [Austrian programme for advanced research and technology] der Österreichischen Akademie der Wissenschaften (ÖAW) ermöglicht. Den Autorinnen und Autoren dankt der Herausgeber für ihr großes Engagement in der Sache und ihre Bereitschaft zum mehrmonatigen Arbeitsprozess. Schließlich wäre das Buch ohne das große Interesse und die sachkundige Unterstützung der UVK Verlagsgesellschaft nicht zustande gekommen. Ihnen allen – der Österreichischen Akademie der Wissenschaften, den neun Mitautorinnen und Mitautoren sowie dem Verlagshaus UVK – gebührt mein namentlicher Dank.

Salzburg und Dresden, im August 2003 *Stefan Weber*

1. Einführung: (Basis-)Theorien für die Medienwissenschaft

Stefan Weber

»Wie viele Wissenschaften gibt es? Nur jene, die an Universitäten gelehrt werden, oder sind auch jene Denkmodelle Wissenschaft, die diesen Status zwar beanspruchen, aber nicht an Universitäten studiert werden können? Wie viele Theorien werden über jeden Forschungsgegenstand vertreten, nicht nur nacheinander, sondern auch nebeneinander? Schon in den wissenschaftlichen Journalen sind es viele, aber wenn wir jene hinzurechnen, die dort nicht publiziert werden, sind es noch um viele mehr. [...] In diesem Dschungel, in diesem Dickicht von Meinungen, Thesen, Theorien, Auffassungen und Paradigmen, die einander widersprechen oder (meist) ignorieren: Wie können wir uns da orientieren?« (Mitterer 2001, 77 f.) Das vorliegende Lehrbuch versucht, für den Fachbereich Medienwissenschaften im Allgemeinen und für den Themenbereich Medientheorien im Besonderen eine derartige Orientierungshilfe anzubieten. Das Zitat des österreichischen Philosophen Josef Mitterer bringt zwar das Problem einer scheinbar unüberschaubar gewordenen Vielfalt an Paradigmen und Theorien im gesamten wissenschaftlichen Bereich – also sowohl in den Naturwissenschaften als auch in den Geistes-, Kultur- und Sozialwissenschaften – auf den Punkt, vertritt aber in vielerlei Hinsicht einen (latenten) Pessimismus, der hier nicht weiter verfolgt wird. Zum einen soll gleich vorab betont werden, dass das »Dickicht von Meinungen, Thesen, Theorien, Auffassungen und Paradigmen« hier nicht als Orientierungshemmnis, als Problem angesehen wird, sondern vielmehr als eine logische Folge einer hochausdifferenzierten westlichen Wissenschaft, die spätestens im 20. Jahrhundert große einheitsstiftende Konzepte wie etwa ›die‹ Wahrheit der ›einen‹ Theorie aufgegeben hat. Mit anderen Worten: Der viel beschworene Theorien-Pluralismus in den Wissenschaften wird hier nicht als Nachteil gesehen

Ausdifferenzierung der Wissenschaft

(denn dieser Sichtweise würde implizit entweder eine generelle Wissenschaftsfeindlichkeit oder aber erst recht wieder ein Streben nach der ›einen‹, ›wahren‹ und umfassenden Theorie¹ zugrunde liegen), sondern als produktiver Vorteil des Wissenschafts-Systems. Wie dieser Vorteil genau aussieht, ist Gegenstand dieses Buches.

Wissenschaft versus Nicht-Wissenschaft

Zum anderen scheint Mitterer in seinem Textbeispiel das alte Problem der Grenzziehung von Wissenschaft zu Nicht-Wissenschaft (zu Pseudo-Wissenschaft, Esoterik, Magie, Scharlatanerie usw.) anzusprechen. Der vorliegende Sammelband hat zumindest kein Problem mit ›Ausfransungen‹ des Wissenschaftssystems an seinen Rändern bzw. mit – meist diffusen – Vorwürfen der ›Esoterik‹ oder des nicht-wissenschaftlichen Status einer bestimmten Theorie (diese wären Gegenstand eines Debatten-Bandes). Der Theorien-Pluralismus soll hier grundsätzlich *positiv* gesehen werden, mit allen logischen Konsequenzen für empirische und praktische Arbeit.

1.1 Wozu Theorie? Von ihrem Stellenwert im Forschungsprozess

Theoriefeindlichkeit

Es mag zwar lediglich eine Momentaufnahme von 2003 sein, aber es kann hier im Rahmen der einführenden Bemerkungen nicht unerwähnt bleiben: Eine neue Schreckensvokabel ist bei Studierenden – und leider auch bei jenen der Medien- und Kommunikationswissenschaft – im Umlauf: *Theorie*. Eine neue Seuche grassiert – zumindest an manchen Instituten: die *Theoriefeindlichkeit*.² Theorielastigkeit – verbunden mit Kritik an vermeintlicher Empirieferne oder Praxisblindheit – ist ein jüngst oft gehörter Vorwurf im Rahmen des Wissenschaftsbetriebs. Angeblich werde im Zeital-

---

[1] Die Quantenphysiker und insbesondere -kosmologen streben nach einer derartigen ›theory of everything‹ – dies jedoch auch nicht ausschließlich mit einer rein realistischen bzw. objektivistischen Festlegung auf die Interpretation einer solchen Theorie, so sie denn ›gefunden‹ wird, als die *eine* und einzig verbindliche *Wahrheit* über die Welt.

[2] Der Verfasser erinnert sich noch gut an seine Studienzeit, als ein theoretisch interessierter und auch sehr versierter Kollege ihm seine schriftliche Bewerbung bei einem großen deutschen Konzern zeigte. Der Studienkollege hatte gerade eine schriftliche Absage seiner Praktikums-Stelle erhalten, und offenbar durch einen Fehler waren die Bewerbungsunterlagen zurück zu ihm gelangt mit einem handschriftlichen Vermerk auf dem Lebenslauf, gleichsam als abqualifizierende Warnung: »*Theoretiker!*«

ter des Turbo-Kapitalismus und der Hyper-Kommerzialisierung aller Lebensbereiche auch von den Wissenschaften kein esoterischer Theorie-Kauderwelsch mehr erwünscht, sondern verständliche Ausführungen mit praxisrelevanten Daten für die durch und durch von ökonomischem Denken durchdrungene Praxis.³ Das gute, alte Bonmot, nichts sei praktischer als eine gute Theorie, beeindruckt die Kritiker von Theorie-Diskursen kaum.⁴ Dem ist auf normativer bzw. präskriptiver Ebene wenig entgegenzuhalten; es ist meines Erachtens sinnlos, den Streit über Sinn und Unsinn von Theorien auf dieser Ebene weiter auszutragen.⁵

Ökonomisierung der Medienwissenschaft

Vielmehr ist darauf hinzuweisen, dass sich die moderne Wissenschaft dadurch definiert, dass sie Forschungsergebnisse im Kreislauf von *Theorie*, *Empirie*, *Praxis* und *Methodologie* produziert (vgl. auch Weber 2001). Daraus folgt jedoch *nicht*, dass rein theorieinterne Debatten oder reine, nicht-theoriegeleitete empirische Auftragsforschung a priori keine Existenzberechtigung hätten. Umgekehrt kann aber auch nicht oft genug betont werden, dass es der *Idealfall* wissenschaftlicher Forschung ist, wenn

(a) eine *Theorie* aus dem (in diesem Buch überblicksartig dargestellten) Theorien-Spektrum aus pragmatischem Interesse und auf Grund von für den zu beschreibenden Forschungsgegenstand plausiblen Beobachtungs-Möglichkeiten ausgewählt wird;

Theorie als Beobachtungs-Möglichkeit

(b) aufbauend auf dieser Theorie und auch mit den Prämissen, (Grund-)Begriffen und Modellen dieser Theorie *Hypothesen* generiert werden, die die forschungsleitende Grundfrage in mehrere Untersuchungsbereiche bzw. -ebenen unterteilen;

---

[3] Zu einer epistemologisch (und auch empiriefähig) verstandenen Medienphilosophie als Gegenprogramm zur sukzessiven Alleinherrschaft der ökonomischen Praxis in der Medienwissenschaft siehe ausführlicher Weber 2003.

[4] Mathematischen Theorien oder fraktalen Visualisierungen wird zwar oft Schönheit oder Ästhetik zugesprochen; Diskurse über die Eleganz, Schönheit oder Ästhetik von Theorie-Designs oder -Modellen sind hingegen so gut wie verstummt.

[5] Das Argument »Wozu brauchen wir denn das?« richtet sich ja nicht nur gegen die theoretische Wissenschaft, sondern die Wissenschaft insgesamt: Die Totengräber der Theorie sind letztlich auch die Totengräber der Wissenschaft. Mittlerweile ist ja auch bei Studierenden bereits die Attitüde verbreitet, Wissenschaft an sich sei irrelevant für die (spätere) berufliche Praxis.

(c) diese Hypothesen mit Hilfe einer geeigneten *empirischen Methode* (wie Befragung, Beobachtung, Textanalyse oder Experiment) überprüft werden;
(d) diese Hypothesen in der Folge je nach paradigmatischem Standpunkt (dazu weiter unten) verifiziert oder falsifiziert, gestützt oder geschwächt, validiert oder nicht-validiert werden;

Empirische Methode generiert Daten

(e) dadurch empirische Daten entstehen, die in der Folge sowohl an die beobachtete *Praxis* rückgekoppelt werden können als auch als Forschungsergebnis im Ganzen eine rekursive Schleife bzw. Rückbindung zur ausgewählten *Theorie* ermöglichen (wobei immer offen ist, ob diese bestätigt wird oder nicht).

Damit soll lediglich gesagt werden, dass im *Idealfall* eines wissenschaftlichen Forschungsprozesses die Theorie ihren Stellenwert als forschungsleitende und strukturierende Perspektive haben muss. Die entscheidende Frage, die im Folgenden zu klären ist, lautet: Was ist überhaupt eine *Theorie* (im Allgemeinen), und was sind *Theorien der Medien* (wie sie hier verstanden werden, im Speziellen)? Gleich vorweg der Hinweis, dass die Frage, was eine Theorie ist, nicht mit einer für alle Ebenen verbindlichen Definition, sondern vielmehr mit einer Ebenen-Differenzierung beantwortet werden

Differenzierung des Theorien-Begriffs

wird (siehe nächstes Kapitel; Unterscheidung von Supertheorien, Basistheorien, Theorien mittlerer Reichweite usw.; diese können dann relativ punktgenau definiert werden). Die Frage, was Theorien der Medien sind, kann dann im Anschluss beantwortet werden – und diese Antwort wird nicht mit der relativ weit verbreiteten Unterscheidung von ›echter‹ Theorie und ›bloßen‹ theoretischen Ansätzen erfolgen.[6]

1.2 Was ist überhaupt eine Theorie?

Im Folgenden geht es somit zunächst um die für die wissenschaftliche Denklogik typische und notwendige Eingrenzungs- und Definitionsarbeit: Dieses Lehrbuch handelt von *Theorien der Medien*. Es richtet sich an Studierende und Lehrende jener wissenschaftlichen

---

[6] Die Frage, was eine vollwertige Theorie ist und was ein bloßer Ansatz, wäre erneut Gegenstand eines Debatten-Bandes. Die weit verbreitete medienwissenschaftliche Bescheidenheit, wonach alles nur ›Ansatz‹ und erst im Entstehen sei, wird hier jedenfalls nicht vertreten.

Disziplinen, die mit dem Forschungsgegenstand Medien im weiten Sinne befasst sind: dies sind vor allem die genuinen Disziplinen Medienwissenschaft sowie Publizistik- und Kommunikationswissenschaft, aber auch Soziologie, Politikwissenschaft, Literaturwissenschaft und Germanistik. Wir befinden uns also im Feld der geistes-, kultur- und sozialwissenschaftlichen Theoriebildung und nicht im Bereich der Naturwissenschaften, was aber nicht ausschließt, dass naturwissenschaftliche (vor allem kognitions- und gruppenpsychologische sowie neurobiologische) Theorien und Befunde auch die hier versammelten Theorien beeinflussen und inspirieren (ich erwähne nur psychoanalytische oder konstruktivistische und systemische Medientheorien). Es soll jedoch andererseits auch nicht unerwähnt bleiben, dass einige der in diesem Band behandelten Theorien erst in den vergangenen Jahren vor allem aus den Naturwissenschaften selbst teils heftig angegriffen wurden. Denkern wie etwa Jacques Lacan (hier erwähnt in → 2.9 Psychoanalytische Medientheorien) oder Jean Baudrillard und Paul Virilio (hier erörtert in → 2.10 Poststrukturalistische Medientheorien) wurde der Missbrauch bzw. zumindest das mangelnde Verständnis naturwissenschaftlicher Theorien und Befunde vorgeworfen (besonders prominent in Sokal/Bricmont 1999). In der anschließenden, so genannten science wars-Debatte wurde jedoch oft unterschlagen, dass es eben *generelle* Kommunikations- und Konvertierungsprobleme innerhalb des ausdifferenzierten Wissenschafts-Systems gibt, die insbesondere die Kluft zwischen Natur- und Kulturwissenschaften betreffen – oder, wie man auch immer wieder etwas irreführend vergleicht, die Kluft zwischen *hard* und *soft sciences*. Mit anderen Worten: Auch viele Naturwissenschaftler haben wohl zu allen Zeiten Philosophen missverstanden und missinterpretiert, die Belege dafür wären unzählig. Die *science wars*-Debatte soll hier in der Einführung lediglich deshalb erwähnt werden, weil eine kritische Lesart insbesondere der behandelten postmodernen Denker freilich vonnöten ist bzw. in der Tat vor einer unkritischen oder bloß metaphorischen Übernahme naturwissenschaftlicher Theorien und Begriffe gewarnt werden soll.

In einem ersten Zugriff soll also eingeschränkt werden, dass es in diesem Band um *kulturwissenschaftliche* und nicht um natur- oder technikwissenschaftliche Theorien der Medien geht. Der Begriff

Medientheorien im Feld der Kulturwissenschaften

Umkämpfte Wissenschaft: *science wars*

Kulturwissenschaft[7] wird dabei als logischer Ergänzungsbegriff zu dem der Naturwissenschaft verstanden und löst das veraltete metaphysische Konzept des Geistes bzw. der Geisteswissenschaft ab (mit anderen Worten, der Dualismus Natur/Geist wird durch Natur/Kultur ersetzt, was freilich erneut aus einer dualismenkritischen Perspektive hinterfragt werden kann).

Theorien-Importe in die Medienwissenschaft

Befinden wir uns im so abgesteckten Terrain der Kulturwissenschaften inklusive der oben genannten Disziplinen, so ist eine weitere wichtige Einschränkung zu machen: In diesem Buch werden Theorien verhandelt, die in den Medienwissenschaften und den mit ihr verwandten Disziplinen (bzw. in Disziplinen, die sich ebenfalls mit dem Forschungsgegenstand Medien beschäftigen) – durchaus unterschiedlich breite – Verwendung finden, aber nicht von der Medienwissenschaft genuin hervorgebracht wurden. Es geht also, wie im Titel dieses Einführungskapitels bereits enthalten, nicht um (genuine Fach-)Theorien *aus* der Medienwissenschaft, sondern vielmehr um (durchaus inter- und transdisziplinäre) Theorie-Importe in die und für die Medienwissenschaft. Viele der in diesem Band versammelten Theorien finden auch in anderen Disziplinen gewinnbringend Anwendung: so etwa Zeichentheorien auch in der Literaturwissenschaft oder in der Kultursoziologie, feministische und Kritische Theorien auch in der Politikwissenschaft usw. usf. Dennoch gibt es bislang kaum Einführungen, die in ihrer Konzeption so wie dieses Lehrbuch angelegt sind.[8]

Theorien: vier Ebenen

Wie bereits oben erwähnt, soll der zentrale Begriff der Theorie nicht pauschal, sondern im Sinne einer Ebenen-Differenzierung definiert werden. In einem kulturwissenschaftlichen Rahmen umfassen *Theorien*, so der Vorschlag, die Ebenen

(a) Paradigmen
(b) Supertheorien

---

[7] So wie es zahllose Definitionsversuche des Begriffs ›Kultur‹ gibt, so sind auch die Definitionen des Begriffs ›Kulturwissenschaft‹ mannigfaltig. Eine weitgehend konsensuelle Bestimmung ist jene, dass sich Kulturwissenschaften generell für die kulturelle Kontextuierung und Konditionierung von Wissen interessieren, also im Speziellen auch für die jeweils kulturelle, historische und soziale Einbettung von naturwissenschaftlichen Theorien (vgl. mit systemtheoretischem Schwerpunkt Pfeiffer/Kray/Städtke 2001). Zu einer möglichen historischen Rekonstruktion und Ahnenreihe der Kulturwissenschaft vgl. Kittler 2000.

[8] Als Ausnahmen im Fachbereich der Medienwissenschaft seien Faulstich 1991 und (allerdings selektiv) Kloock/Spahr 2000 sowie neuerdings (ähnlich breit angelegt) Leschke 2003 genannt.

(c) Basistheorien
(d) Theorien mittlerer Reichweite

(a) Paradigmen: Unter Paradigma soll hier ein transdisziplinäres, übergeordnetes Weltbild verstanden werden, das alle unter ihm liegenden Ebenen theoretischer Komplexität zu einem gewissen Grad determiniert. Paradigmen laufen auf Grund ihres totalitären, holistischen (d. h. allumfassenden) Charakters ständig Gefahr, zu Para*dogmen* (so ein Wortspiel von Mitterer 1992, 18) zu werden, zu unhinterfragten, dogmatischen Orthodoxien, auch zu Ideologien. Mitterer bemerkt,

> »[...] es geht mir unter anderem auch darum, *die Etablierung von Paradigmen zu verhindern.* Die Paradigmen sind Para*dogmen*, in denen es immer eine Wahrheit gibt, die, wenn sie einmal gefunden wurde, nicht mehr verlassen werden soll. Die Wahrheit setzt sich dabei aus Auffassungen zusammen, die unter keinen Umständen aufgegeben und unter allen Umständen verteidigt werden.« (Mitterer 1992, 18 f.)

Typische Paradigmen wären etwa: Naturwissenschaftliches versus kulturwissenschaftliches Weltbild (wie auch die einzelnen paradigmatischen Kämpfe innerhalb dieser Weltbilder: realistische versus konstruktivistische Interpretation der Quantenmechanik; Realismus versus Konstruktivismus[9] in den Sozial- und Kulturwissenschaften u. a.). In einem gewissen Sinne kann ein neu aufkommendes Paradigma als wissenschaftliche Revolution im Sinne Thomas Kuhns verstanden werden, wobei erneut immer realistische und konstruktivistische Interpretationen dieser Revolution möglich sind. Das Kernstück des vorliegenden Bandes, der Überblick über das Theorienspektrum, handelt *nicht* von den zumeist binär rekon-

**Paradigma
= übergeordnetes
Weltbild**

---

[9] So hat sich der so genannte ›Radikale Konstruktivismus‹ selbst in den achtziger Jahren als »ein neues Paradigma im interdisziplinären Diskurs« tituliert (vgl. Schmidt 1987, 72 ff.). Ein Anspruch, der vom Mitbegründer Siegfried J. Schmidt dann selbst in den folgenden Jahren immer mehr relativiert und schließlich ganz zurückgenommen wurde. – Der Radikale Konstruktivismus kann in der Tat als Paradigma verstanden werden, wenn er mit einem ontologisch-generalisierenden All-Anspruch auftritt (»Alles ist Konstruktion«). Dieser führt zur erkenntnistheoretisch unentscheidbaren Patt-Stellung zwischen Konstruktivismus (»Alles ist Konstruktion«) und Realismus (»Alles ist Abbildung«). Im Gegensatz dazu kann ein modifizierter, weil empiriefähiger Konstruktivismus sehr wohl als taugliche Basistheorie für die Medienwissenschaft fungieren.

struierbaren paradigmatischen Auseinandersetzungen im Wissenschafts-System. Die Entscheidung für ein Paradigma schließt in der Regel aus, dass andere Paradigmen Recht haben: Ein allumfassender, generalisierender Realist kann nicht auch noch Radikaler Konstruktivist sein. Auf paradigmatischer Ebene enden wissenschaftliche Konflikte somit oft in einer Patt-Stellung (vgl. erhellend Mitterer 1998).

Supertheorien beanspruchen Universalität

(b) Supertheorien: Der Begriff der Supertheorie kann zumindest zweifach verstanden werden: als Theorie, die über anderen Theorien steht (also eigentlich Supertheorie im Sinne von Metatheorie, auch Reflexionstheorie oder Theorie zweiter Ordnung), aber auch als Theorie, die versucht, etwas als Ganzes zu erfassen. Im wissenschaftlichen Diskurs wird etwa die soziologische Systemtheorie oft als Supertheorie bezeichnet (und auch ihr Vater, Niklas Luhmann, hat dies selbst getan), weil sie mit dem Anspruch auftritt, Gesellschaft als Ganzes zu begreifen. Nicht jede Theorie behauptet von sich selbst, eine Supertheorie zu sein. Vor allem poststrukturalistische Theorien, die gerade das Misstrauen gegenüber ›großen Erzählungen‹ bzw. ›Meistererzählungen‹ im Sinne Lyotards zum Thema der (dann relativistisch formulierten) Theoriebildung machen, behaupten dies von sich selbst gerade nicht.[10] Während Paradigmen mitunter als *totalitär* charakterisiert werden können, haben Supertheorien tendenziell *universellen* Charakter. Der vorliegende Band handelt von Supertheorien lediglich insofern, als dass etwa mit der Systemtheorie eine universalistische Theorie vorliegt, die diesen Anspruch selbst erhebt. Worum es hier und im wissenschaftlichen Theorie-Kontext vernünftigerweise immer geht und gehen sollte, sind jedoch *Basistheorien.*

Beispiel: Systemtheorie

---

[10] Schmidt/Jahraus (Manuskript 2000; in Buchform vgl. Jahraus 2001, 15-91) hingegen bezeichnen in ihrem interdisziplinären Vergleich der Systemtheorie Niklas Luhmanns mit der Dekonstruktion Jacques Derridas beide als Supertheorien. Sie schreiben: »Dekonstruktion (Derrida) und Systemtheorie (Luhmann) sind Supertheorien, die durch ihren universalistischen Anspruch notwendigerweise selbstreferentiell werden. Das ist der Grund, warum ihre eigene Konstitution für sie selbst uneinholbar wird. Ein Vergleich dieser Supertheorien kann sich daher nicht auf eine Metaposition beziehen, sondern ist seinerseits immer schon im Beobachtungsbereich dieser Theorien situiert.« (Schmidt/Jahraus 2000, 2) Das Zitat belegt, dass Schmidt und Jahraus die ›Supertheorie‹ als die höchste mögliche Ebene konzipieren. In der hier entwickelten Systematik sind jedoch die Paradigmen dieser Ebene noch übergeordnet. Die Nicht-Einholbarkeit der eigenen Voraussetzungen beträfe dann auch Paradigmen und nicht Supertheorien.

(c) Basistheorien: Basistheorien sind weder übergeordnete, tendenziell totalitäre Weltbilder (Paradigmen) noch Theorien mit universalistischem, also allumfassendem Anspruch (Supertheorien). Sie sind vielmehr jene Theorien, die ein in sich logisch konsistentes Set an Begriffen, Definitionen und Modellen anbieten, das empirisch operationalisiert werden kann. Im Gegensatz zu Supertheorien bieten Basistheorien sowohl die Möglichkeit einer basalen theoretischen Verankerung als auch die Möglichkeit zur Empirisierung. Die in diesem Band versammelten Theorien – von Zeichen- bis zu Systemtheorien, von Kritischen bis zu psychoanalytischen Theorien – können als Basistheorien (bisweilen mit der Tendenz zu Supertheorien) bezeichnet werden.

> Basistheorien bieten begriffliche Orientierung

Basistheorien stellen einen Pool an Begriffen zur Verfügung, die miteinander relationiert ein Modell bzw. eine Denklogik ergeben, die in der Regel den Anspruch erhebt, die Wirklichkeit in irgendeiner Form strukturiert zu erfassen.[11] Dies ist die am allgemeinsten gehaltene Form der Definition einer Basistheorie. Basistheorien rekurrieren in der Regel auf Basiseinheiten, die als *sozial- und kulturwissenschaftliche Grundkategorien* verstanden werden. Diese Einheiten können der Akteur, ein Zeichen, eine Struktur, ein Apparat oder etwa ein System sein. Verschiedene Basistheorien gehen von unterschiedlichen Basiseinheiten aus, etwa

- die Psychoanalyse vom Unbewussten;
- der Feminismus und der Konstruktivismus vom Akteur bzw. ›Aktanten‹;
- die Semiotik vom Zeichen;
- der Strukturalismus und der Poststrukturalismus von der Struktur oder dem Diskurs;
- die Cultural Studies von der Kultur oder dem Kontext;
- die Systemtheorie vom System oder der Kommunikation.

> Basistheorien gehen von Basiseinheiten aus

Basistheorien sind folglich Theorien, die einen derartigen zentralen Bezugspunkt aufweisen, der in sich dann wieder zwei-, drei- oder gar mehrwertig differenziert werden kann (zu diesen theorietypischen Differenzierungen von Basiseinheiten → 3. Komparatistik: Theorien-Raum der Medienwissenschaft). Theoriebautechnisch bestünde die Möglichkeit, mehrere Basistheorien zu einer

---

[11] Ähnlich auch eine klassische Lehrbuch-Definition von Theorie: »*Unter Theorie wird im allgemeinen ein System logisch widerspruchsfreier Aussagen über soziale Phänomene verstanden.*« (Atteslander 1984, 23 – Hervorhebung im Orig.)

Stefan Weber

Basiseinheiten können verknüpft werden

integrativen Theorie zu fusionieren, womit dann mehrere Basiseinheiten bzw. Grundkategorien fokussiert werden könnten. So gibt es etwa Versuche, Akteurs- und Systemtheorien zu ›Akteur-im-System‹-Ansätzen zu verknüpfen (vgl. diverse Beiträge in Löffelholz 2000). Eine sozial- und kulturwissenschaftliche *theory of everything*, die sowohl Akteure als auch Systeme, sowohl Texte als auch Kontexte u. a. Beobachtungseinheiten umfasst, wäre streng genommen wissenschaftslogisch machbar, ist jedoch bislang noch nicht entwickelt worden.[12]

Basiseinheiten haben Komplementär-Begriffe

Wichtig erscheint hier der Hinweis, dass Basiseinheiten oder Grundkategorien nicht als nicht mehr weiter teilbare oder differenzierbare Letzteinheiten missverstanden werden dürfen. Sie sind nicht der kleinste gemeinsame Nenner einer jeweiligen Basistheorie, sondern vielmehr selbst Gegenstand von vielfältigen Differenzierungen.[13] Es ist sogar einer der Gegenstandsbereiche von Basistheorien, wie sozial- und kulturwissenschaftliche Grundkategorien sowohl intern weiterdifferenziert als auch extern kontextuiert werden können. So beschäftigt sich die Systemtheorie etwa sowohl mit der Frage, woraus ein System besteht (etwa aus Komponenten, Elementen oder ›bloß‹ aus einer Differenz?), als auch mit dem Verhältnis von Systemen zu Umwelten. Die Semiotik differenziert den Zeichenbegriff intern, beschäftigt sich aber auch mit dem Verhältnis von Zeichen und repräsentierten Objekten in der (realen) Außenwelt.

Basistheorien im hier verstandenen und geschärften Sinne differenzieren und kontextuieren nicht nur Basiskategorien (das ist der

---

[12] Als Ausnahme sei auf die Distinktionstheorie von Rodrigo Jokisch verwiesen (vgl. Jokisch 1996), die jedoch von der Fachwelt sehr zwiespältig aufgenommen wurde.

[13] Die Suche nach einer Letzteinheit in der Medien- (und in der gesamten Kultur-) wissenschaft (vgl. etwa Merten 1995, 10) ähnelt fast den Beobachtungen der Quantenphysiker, die nach Atomen, Elektronen, Neutronen und Positronen nunmehr bei Quarks, Neutrinos und Superstrings gelandet sind. Als einzig logisch mögliche Letzteinheit im kulturwissenschaftlichen Kontext erscheint mithin nicht das Zeichen (oder andere Basiskategorien), sondern die *Differenz* (etwa von Bezeichnendem und Bezeichnetem, von *sex* und *gender* usw.). Noch radikaler und logisch noch konsequenter wäre die Letzteinheit dann nicht einmal mehr die Differenz als Akt der Setzung selbst (etwa die Differenz »System/Umwelt«), sondern nur noch die Barre als das imaginäre, unsichtbare und logisch nicht begreifbare In-Between der Differenz (also das »/« – zu diesem Theorievorschlag vgl. Fuchs 2001, 242).

Aspekt der reinen Theorie-Arbeit), sondern sind auch immer mehr oder weniger gut empirisch anwendbar. Gerade durch ihren Rekurs und ihre Fokussierung auf Basisbegriffe ermöglichen sie konkrete empirische Forschung. So eignet sich etwa

- die Psychoanalyse zur Untersuchung von medialen Subtexten und Latenzen;
- der Konstruktivismus für alle Studien zur Mikro- bzw. Akteurs-Ebene (sowohl auf Produktions- als auch auf Rezeptionsseite);
- die Semiotik für alle Text- und Produktanalysen (also für die mediale Inhaltsseite);
- der Poststrukturalismus zur Analyse medialer Diskurse und apparativer Dispositive der Medien;
- die Cultural Studies zur Untersuchung des Zusammenhangs von medialer Aneignung (also Mediennutzung) und Macht- und Kontextfragen;
- die Systemtheorie zur Untersuchung von Organisationssystemen (etwa Redaktionen) oder von Massenmedien/Publizistik/Öffentlichkeit als übergeordneter System-Zusammenhang.

Eignung von Basistheorien

Bei anderen Basistheorien verstehen sich die Anwendungs-Kontexte von selbst: etwa bei ökonomischen oder technischen Basistheorien.

Eine weitere Differenzierung der Basistheorien im Kontext der Medienwissenschaft, die hier zunächst nur zur ersten Klärung und Veranschaulichung des allgemeinen Konzepts der Basistheorien kursorisch vorgenommen wurde, erfolgt im nächsten Unterabschnitt. An dieser Stelle soll noch die vierte und letzte Ebene theoretischer Komplexität, nämlich Theorien mittlerer Reichweite, erklärt werden.

(d) Theorien mittlerer Reichweite: Diese unterscheiden sich von Basistheorien auf Grund ihres weiter eingeschränkten Gegenstandsbereichs. Während Basistheorien – von Basiseinheiten ausgehend – die potenzielle Beobachtung weiter, wenn nicht aller Bereiche der Forschungsgegenstände der Medienwissenschaft erlauben, widmen sich Theorien mittlerer Reichweite in der Regel einem einzigen ausgewählten Forschungsgegenstand bzw. Phänomen. Nahezu alle genuinen, von der Medien- und Kommunikationswis-

Theorien mittlerer Reichweite sind begrenzt

Genuine Fachtheorien der Publizistikwissenschaft

senschaft selbst entwickelten Theorien[14] sind Theorien mittlerer Reichweite. Dies betrifft sowohl Kommunikator- als auch Medieninhalts- und Rezipienten-Theorien. Im Bereich der Kommunikatorforschung ist vor allem an den Nachrichtenwerte-/Nachrichtenfaktoren-Ansatz sowie an die Gatekeeper-Forschung zu denken. Die am weitesten entwickelten Theorien mittlerer Reichweite finden sich allerdings im Bereich der Medienwirkungs- und Mediennutzungsforschung. Das Spektrum reicht vom *Uses-and-Gratifications-Approach* über den *Agenda-Setting-Ansatz* und die *Knowledge-Gap-Hypothese* bis zur Theorie der *Schweigespirale* (vgl. einführend und grundlegend Bonfadelli 1999). Derartige Nutzungs- und Wirkungstheorien beschäftigen sich sowohl mit dem Aspekt, was die Menschen mit den Medien machen (Gratifikationsperspektive oder Nutzenansatz), als auch mit dem Aspekt, was die Medien mit den Menschen machen, also mit den Effekten, den eigentlichen Medienwirkungen, dem Zusammenhang von Medienkonsum und den ›Köpfen‹ der Rezipienten (etwa Wissenskluft-Hypothese oder Schweigespirale). All diese Theorien sind *nicht* Gegenstand des vorliegenden Bandes, und dies aus zumindest zwei Gründen:

Zwei Komplexitäts-Ebenen

- Genuine Fachtheorien der Medien- und Kommunikationswissenschaft (also vor allem Wirkungs- und Nutzungstheorien) befinden sich auf einer anderen Komplexitätsebene als die hier erörterten Basistheorien und sollten von diesen auch immer strikt unterschieden werden. So kann zwar der Konstruktivismus als Basistheorie der Medienwissenschaft im Rahmen eines Mediennutzungs-Ansatzes bzw. Uses-and-Gratifications-Approaches verwendet werden (vgl. etwa die diesbezüglichen Bemerkungen von Schmidt 1995, 29) oder sogar die Theorie der Schweigespirale perspektivisch erweitern (vgl. dazu etwa Merten 1995, 9 ff.); Theorie der Schweigespirale und Konstruktivismus

---

[14] Freilich muss hier eine Präzisierung erfolgen: Auch die in diesem Kontext als ›genuin‹ bezeichneten fachinternen Theorien (großteils mittlerer Reichweite) sind bei näherer Sicht zum überwiegenden Teil Theorie-Importe aus Bereichen wie der Umfrageforschung, der Experimentalpsychologie, der Propagandaforschung u. a. Es bleibt somit letztlich die Frage offen, ob die Publizistik-, Medien- oder Kommunikationswissenschaft als Disziplin überhaupt genuine, rein fachintern entwickelte und überprüfte Theorien aufzuweisen hat.

befinden sich jedoch nie logisch auf einer Ebene und sind im vorgeschlagenen Schema immer vertikal zu differenzieren.[15]

- Genuine Fachtheorien der Medien- und Kommunikationswissenschaft – vor allem Wirkungstheorien – finden sich bereits in zahlreichen Theorie-Synopsen lehrbuchartig zusammengefasst (vgl. etwa Bonfadelli 1999 oder aus konstruktivistisch-systemtheoretischer Perspektive Merten 1999, 331-394). Es wäre ein gleichsam redundantes Vorhaben gewesen, diesen Überblick einmal mehr leisten zu wollen.

Lehrbücher

Durch die hier vorgeschlagene strikte Ebenen-Differenzierung löst sich auch manches wissenschaftliche Problem förmlich in Luft auf: Oft wird die Klage laut, die Medien- und Kommunikationswissenschaft habe *keine genuine Fachtheorie höherer Komplexität* hervorgebracht. Auf Grund der Einschränkung des Forschungsgegenstands wäre dies jedoch ein Widerspruch in sich; allenfalls könnte eine solche Fachtheorie, die etwa die Gesellschaft in ihrer Ganzheit im Visier hätte, aus der Soziologie stammen, und dort wurde sie mit der autopoietischen Systemtheorie Niklas Luhmanns ja bekanntlich auch entwickelt. Viele Basistheorien stammen zudem nicht aus *einem* bestimmten Fachbereich, sondern wachsen gleichsam als theoretische Konvergenz sukzessive zusammen: Hirnforscher, Neurobiologen, Psychologen und Psychotherapeuten auf Seiten der Naturwissenschaften beschäftigen sich etwa gemeinsam mit Kommunikations- und Medienwissenschaftlern und Soziologen mit den Mechanismen der Konstruktion von Wirklichkeit, eben neuronal, kulturell, sozial und medial. Das Ergebnis ist ein interdisziplinärer

Fachtheorien – Basistheorien

---

[15] Dies war bislang in Lehrbüchern nicht üblich. So subsumiert etwa Gerhard Maletzke in seiner Einführung in die Kommunikationswissenschaft unter dem Abschnitt »Theorien, Ansätze« (Maletzke 1998, 100 ff.) sowohl »einseitig-lineare Ansätze« wie etwa die Lasswell-Formel als auch den »Systemansatz« (von Systemtheorie ist nicht die Rede), sowohl das Meinungsführer-Konzept als auch den Konstruktivismus, sowohl den Nutzenansatz als auch Kritische Theorien auf derselben Ebene. Es werden m. E. Theorieansätze mittlerer Reichweite wie etwa der Opinion-Leader-Ansatz oder der Nutzenansatz mit Basistheorien wie Konstruktivismus oder Systemtheorie vermengt. – Ähnlich erwähnt auch Heinz Pürer in seiner klassischen Einführung Systemtheorie und Kritische Theorie gemeinsam in einer Auflistung mit theoretischen Ansätzen aus dem Fachbereich von Dovifat, Hagemann, Prakke oder Maletzke. Hier mag verwirren, dass Dovifat und Prakke hier sowie Parsons und Luhmann dort auf derselben Komplexitäts-Ebene abgehandelt werden (vgl. Pürer 1998, 135 ff.).

Diskurs wie der (Radikale) Konstruktivismus. Ähnliche Genesen ließen sich auch für die Semiotik, für psychoanalytische Theoriebildung oder die Cultural Studies nachzeichnen.

Das Verhältnis zwischen Basistheorien der (eigentlich immer genauer: ›für die‹ bzw. ›in der‹) Medienwissenschaft und genuinen Fachtheorien (mittlerer Reichweite) ist wechselseitig zirkulär: So kann etwa eine basistheoretische oder gar paradigmatische Orientierung durchaus forschungsleitend für die Entwicklung einer genuinen Fachtheorie sein (etwa der Theorie der Schweigespirale aus dem Geiste Lazarsfelds); diese kann dann aber auch in einem nächsten Schritt zum Gegenstand der Konfrontation mit alternativen Basistheorien werden (etwa mit Konstruktivismus und Systemtheorie durch Merten), was dann wieder im Idealfall zu einer modifizierten anschlussfähigen Fachtheorie führen kann.

Bevor nunmehr konkret über Basistheorien der Medien gesprochen wird, noch zwei ergänzende Bemerkungen zum Status von Basistheorien in der Ebenen-Differenzierung von Theorien:

Beitrag der Medienwissenschaft zu Basistheorien

- Der Titel dieses Einführungs-Beitrags, »(Basis-)Theorien für die Medienwissenschaft«, suggeriert, dass diese Theorien *ausschließlich von außen*, also einzig und allein aus Nachbardisziplinen der Medienwissenschaft wie der Soziologie, der Literaturwissenschaft oder etwa auch der Wirtschaftswissenschaft kämen. Freilich darf dabei nicht übersehen werden, dass auch die Medien- und Kommunikationswissenschaft bei der Ausdifferenzierung jeder einzelnen Basistheorie einen mehr oder weniger entscheidenden Beitrag geleistet hat. Im Falle ökonomischer Theoriebildung (→ 2.2 Ökonomische Theorien der Medien) sind es freilich eher genuin wirtschaftswissenschaftliche Theorien und Begriffe, die in die Medienwissenschaft ›hereinspielen‹, auch im Bereich der Medienphilosophie (→ 2.11 Medienphilosophische Theorien) mag man mehrheitlich auf genuin philosophische Theorien stoßen. Andere Theorie-Stränge wiederum – wie etwa Konstruktivismus, Zeichentheorien oder insbesondere Cultural Studies – beweisen den markanten Einfluss der Medienwissenschaft auf die Ausdifferenzierung der jeweiligen Basistheorie. Viele Basistheorien sind im Geflecht von Soziologie, Psychologie, Philosophie und Literaturwissenschaft entstanden, wobei die Frage nach der disziplinären Herkunft gar nicht in allen Fällen mit der akademischen Institutionalisierung korreliert. Mit anderen Worten: Letztlich ist es für die Entwicklung der Cultural Studies

gar nicht übermäßig relevant, welchen Lehrstuhl Raymond Williams oder welchen Lehrstuhl Stuart Hall nun wirklich eingenommen hat.
- Die hier vorgeschlagene Differenzierung in Paradigmen, Supertheorien, Basistheorien und Theorien mittlerer Reichweite modifiziert eine weit verbreitete Systematik (statt vieler vgl. Atteslander 1984, 25 f.), die zwischen Theorien hoher Komplexität, Theorien mittlerer Reichweite, ad-hoc-Theorien und der bloßen Beobachtung empirischer Regelmäßigkeiten unterscheidet. Die beiden Letzteren, ad-hoc-Theorien und Beobachtungen empirischer Regelmäßigkeiten, sind für das vorliegende Vorhaben nicht weiter relevant. Theorien hoher Komplexität werden hier jedoch weiter differenziert in Basis- und Supertheorien. Somit liegt ein Schema vor, das sowohl eine strikte Ebenen-Differenzierung von Stufen der Theoriebildung als auch eine Neuinterpretation des Verhältnisses von Theorie und Empirie erlaubt: Mit Atteslander u. v. a. ist zwar durchaus von dem Zusammenhang auszugehen, dass Theorien umso weniger empirisch überprüft werden können, je abstrakter sie angelegt sind. Eine *rein* graduelle Sichtweise würde jedoch auch die notwendige Ebenen-Differenzierung verwischen: Zunächst steht außer Frage, dass sowohl Paradigmen als auch Supertheorien einem empirischen Beweis oder einer empirischen Widerlegung entzogen sind. Basistheorien hingegen können empirische Forschungen *anregen* bzw. anleiten, aber Empirie kann Basistheorien ebenfalls nicht per se beweisen oder widerlegen. (Beispiel: Durch die Anwendung des semiotischen Instrumentariums im Rahmen einer Filmanalyse wird das Instrumentarium selbst klarerweise nicht bewiesen oder widerlegt, sondern vielmehr jene Hypothesen, die mit Hilfe und im Rahmen der Semiotik aufgestellt wurden.) Schließlich ist davon auszugehen, dass Theorien mittlerer Reichweite (und etwaige darunter liegende Komplexitäts-Ebenen) sehr wohl empirisch bewiesen (oder zumindest gestützt) oder widerlegt (oder zumindest geschwächt) werden können. Theorien wie die Schweigespirale, die Wissenskluft-Hypothese u. a. sagen etwas aus über einen konkreten, abgegrenzten Sachverhalt in der Welt, der – wenn die zeitlichen, sozialen, sachlichen und geographischen Gültigkeits-Grenzen definiert sind – sehr wohl der empirischen Forschung direkt zugänglich ist.

Verhältnis zwischen Basistheorien und Empirie

(Basis-)Theorien wie Semiotik, Konstruktivismus, Cultural Studies oder Systemtheorie sind somit merkwürdige Zwitterwesen zwischen den Polen von supertheoretischer oder paradigmatischer Empirieferne und voll empiriefähigen Theorien mittlerer (oder noch geringerer) Reichweite. Im Lichte der gängigen soziologischen Differenzierung von Makro, Meso und Mikro wären sie im Meso-Bereich zu verorten, in einem Zwischen-Bereich zwischen den beiden Polen Makro und Mikro. Es erscheint elementar, wenn im Folgenden (und wohl auch generell) notwendigerweise nur von ›Theorie‹ die Rede ist, eigentlich immer nachzufragen: Von welcher Ebene theoretischer Komplexität reden wir? In der Literatur werden Konstruktivismus, Systemtheorie u. a. Theorien auch oft nur als ›Beobachtungs-Perspektiven‹, als ›Diskurse‹, ›Diskurszusammenhänge‹ o. ä. bezeichnet. Mit Wittgenstein wäre die kritische Sichtweise möglich, dass es sich lediglich um ›Sprachspiele‹ handle. Sind Basistheorien im hier skizzierten Sinne lediglich Terminologien, Diskurs-Konventionen? Handelt es sich um begriffliche Sandkasten-Spiele für Erwachsene? Im zentralen Abschnitt 2 dieses Sammelbands (»Theorienspektrum Medienwissenschaft«) wird anhand von zahlreichen konkreten Anwendungs-Beispielen im Bereich der Medienwissenschaft hoffentlich gezeigt werden können, dass dem nicht so ist.

1.3 Was sind (Basis-)Theorien der Medien?

Orientierung

Wie im vergangenen Unterkapitel gezeigt wurde, hängt die Entwicklung der Basistheorien maßgeblich mit der Ausdifferenzierung des Wissenschafts-Systems – und hier primär des Systems der Kulturwissenschaften – in den vergangenen Jahrzehnten zusammen. Die vermeintliche Diagnose einer postmodernen Unübersichtlichkeit und Beliebigkeit (bzw. *Kontingenz*) kann hier jedoch nicht unterschrieben werden; vielmehr werden die Basistheorien der Medien(-wissenschaft) als Orientierungsrahmen für konkrete empirische Arbeiten konzipiert.

Parallel zur Ausdifferenzierung der Basistheorien gab und gibt es Versuche, diese ihrerseits zu bündeln und zu systematisieren. Im Folgenden werden einige dieser Versuche diskutiert, um daraus in einem zweiten Schritt die eigene, hier vorgeschlagene Systematik zu destillieren. – Der österreichische Medienphilosoph Reinhard Margreiter bemerkt:

> »Die Mediendiskussion wird, soweit ich sehe, heute vornehmlich aus *vier* verschiedenen Quellen gespeist und bildet vier – bis jetzt (und das bezeichnet ein Desiderat) eher nur geringfügig interagierende – *Diskurse*:
> - *die (post)modernen Medientheorien* eines McLuhan, Baudrillard, Virilio, Flusser, Kittler, Postman, de Kerckhove und Bolz;
> - *Systemtheorie und Radikaler Konstruktivismus* (Luhmann, Schmidt, Rusch, Merten, Weischenberg, Weber u. a.);
> - *philologische, historische und ethnologische Forschungen* über die ›alten‹ Medien Oralität, Literalität und Buchdruck (Innis, McLuhan, Havelock, Ong, Goody, Giesecke, A. und J. Assmann, Koch, Oesterreicher, Stetter u. a.);
> - die fachphilosophische Fokussierung und Weiterführung *sprach- und symboltheoretischer Ansätze* in Richtung eines *medial turn* (z. B. Schwemmer, Krämer, Welsch, Seel, Capurro, Schirmacher, Sandbothe, Leidlmair).« (Margreiter 1999, 10 f.)

Margreiter: vier Diskurs-Stränge

Freilich steht außer Frage, dass mit diesen vier Diskursen bei weitem nicht das gesamte Spektrum der medientheoretischen Debatte abgedeckt ist (man denke nur an die fehlenden Cultural Studies oder an die ebenso fehlenden Zeichentheorien). Dennoch machen diese Systematiken Sinn, weil sie es erlauben, Autoren und Positionen in einem Kontext zu lesen und damit deren Grundaussagen in einem größeren Zusammenhang zu verstehen. Margreiter fasst etwa moderne (McLuhan, Postman) und postmoderne (Baudrillard, Virilio u. a.) Medientheorien in einen Strang – hier wären weitere Differenzierungen angebracht, die er durch die Klammernsetzung ja auch selbst signalisiert. Philologische, historische und ethnologische Forschungen werden hingegen in der Tat eher von den jeweils zuständigen Disziplinen betrieben und haben nur indirekten Einfluss auf die medienwissenschaftliche Theorie-Debatte (mit Ausnahme der hier ebenfalls genannten Innis und McLuhan). Dennoch wird im Folgenden gezeigt werden, inwiefern dieser Sammelband die Systematik von Margreiter erweitert.

Weitere Differenzierung vonnöten

Saxers Kandidaten für Basistheorien

Der Medienwissenschaftler Ulrich Saxer verwendet sogar explizit den Begriff der ›Basistheorien‹. Er sieht folgende Theorie-Bündel:

»Was nun einzelne *Basistheorien* anbelangt, die große Gegenstandsbereiche elementar und effizient erschließen, wird neben dem stark ›*kulturalistischen*‹ *Symbolischen Interaktionismus* vor allem die *Systemtheorie* von der scientific community recht allgemein als – auch – publizistikwissenschaftliche Basistheorie akzeptiert, aber bereits der Systemcharakter von Kultur, zumal von *konstruktivistischer* Seite [...] in Frage gestellt. Von ähnlich umfassendem Geltungshorizont dürfte außer der/den *Handlungstheorie(n)* ferner in erster Linie noch die *Semiotik als allgemeine Zeichentheorie* sein und sich in dieser Eigenschaft gerade auch für die Erhellung von Medien-Kulturkommunikation empfehlen.« (Saxer 1998, 14 – Hervorhebungen der Theorien S. W.)

Zwei korrigierende bzw. erweiternde Bemerkungen zu Saxer:

Publizistikwissenschaftliche Basistheorien?

- Bei Saxer wie auch etwa bei Bonfadelli/Rathgeb (1997) ist die Rede von »publizistikwissenschaftlichen Basistheorien«. Eine Einschränkung des Forschungsfokus auf massenmediales Veröffentlichen soll hier jedoch vermieden werden. Die Entwicklung des Fachbereichs von der Zeitungskunde über die Publizistikwissenschaft hin zur Medien- und Kommunikationswissenschaft ist hier zwar nicht Thema (siehe dazu etwa ausführlich und empirisch gesättigt Merten 1999, 424-463), es soll an dieser Stelle aber sehr wohl darauf verwiesen werden, dass es keinen Grund für die Einschränkung der Anwendung von Zeichen- oder Systemtheorien auf einzig und allein publizistikwissenschaftliche Fragestellungen gibt.

Naturalismus und Kulturalismus

- Saxer erwähnt die mehr oder weniger stark kulturalistische Orientierung mancher Basistheorien. Diese Bemerkung gestattet es, noch einmal über die Unterscheidung von *naturalistisch* und *kulturalistisch* orientierten Theorien nachzudenken. *Naturalistische* Medientheorien sind jene, die Forschungsergebnisse aus den Naturwissenschaften übernehmen und/oder sich im philosophischen Sinne dem Programm der ›Naturalisierung der Erkenntnistheorie‹ (Quine) verschrieben haben. Dies bedeutet, dass die einst großen geisteswissenschaftlichen Konzepte wie ›Geist‹, ›Willensfreiheit‹ oder eben auch ›Kultur‹ nur noch rein auf naturwissenschaftlicher Basis verhandelt werden.[16] Kybernetik, Konstruktivismus und Systemtheorie wären in diesem Sinne tendenziell naturalistische Theorien, weil sie versuchen, naturwissenschaftliche Denklogiken wie auch Befunde auf (medien-) kulturelle Dynamiken zu übertragen.[17] *Kulturalistische* Medientheorien hingegen speisen ihre Denklogik primär aus der genuinen Begrifflichkeit der Kulturwissenschaften; sie beobachten nicht eine Naturalisierung der Kultur, sondern vielmehr eine Kulturalisierung der Natur. Sie interessieren sich generell für den jeweiligen kulturellen Kontext von Wissens-Beständen, auch für jenen von naturwissenschaftlichen Weltbildern. Kontext- und Kulturorientierung zeichnet etwa besonders die Cultural Studies und die Semiotik aus. Nicht unerwähnt soll bleiben, dass auch im konstruktivistischen Diskurs Bestrebungen vorhanden sind, die primär auf neurobiologischer Ebene argumentierende naturalistische Richtung kulturalistisch umzuorientieren (genauer → 2.6 Konstruktivistische Medientheorien).

Trend zum Kulturalismus

In dem Sammelband »Publizistikwissenschaftliche Basistheorien und ihre Praxistauglichkeit« (Bonfadelli/Rathgeb 1997) wird die Debatte auf der Theorie-Ebene vor allem im Lichte der klassischen Kontroverse von Subjekt- versus Systemorientierung ausgetragen (also in der Bandbreite von Handlungstheorie, Konstruktivismus und Systemtheorie). Im Bereich der »Anwendungstheorien« werden Kulturtheorien, politische Theorien und medienökonomische Theorien genannt, was das Spektrum der möglichen Basistheorien einmal mehr erweitert.[18]

Weitere Kandidaten für Basistheorien

---

[16] Die breite Diskussion kann hier nur exemplarisch angerissen werden: Man kann den menschlichen ›Geist‹ etwa im klassisch-dualistischen Sinne als kategorial verschieden von der physikalischen Welt konzipieren, oder aber man begreift ›Geist‹ – wie etwa der konstruktivistische Neurophilosoph Gerhard Roth – als »physikalischen Zustand genauso wie elektromagnetische Wellen, Mechanik, Wärme, Energie« (Roth 1994, 273).

[17] Chaostheorie, Synergetik und Memetik müssten zumindest noch ergänzt werden – dazu weiter unten.

[18] Roland Burkart kommt in seinem Beitrag (Burkart 1997, 62) zu folgendem Resümee: »Fasst man den ›Ertrag‹ des bisher Gesagten zusammen, dann stehen auf der Liste publizistikwissenschaftlicher Basistheorien bislang: Semiotik, Konstruktivismus, Symbolischer Interaktionismus, Theorie des kommunikativen Handelns, Historisch-materialistische Theorie der Kommunikation, Systemtheorie. [...] Was mir dennoch im Reigen derartiger basistheoretischer Ansätze zu fehlen scheint, das ist eine Perspektive, die vorrangig und ausdrücklich den technisch-medialen Charakter publizistischer Kommunikation in den Mittelpunkt

Burkarts Liste der Basistheorien

Fasst man nunmehr alle bislang – von Margreiter über Saxer bis zu Burkart – erwähnten Kandidaten für Basistheorien zusammen und erweitert diese Liste um die jeweils weit verästelten Nachbartheorien, so gelangt man zu folgender Systematik, die erstmals auch einen gewissen Anspruch auf Vollständigkeit erheben möchte.[19]

Überblick: (Basis-)Theorien der Medien(-wissenschaft)

Fokus: Wandel der Moderne

1. Postmoderne Theorien: Zunächst wäre ein Theorie-Bündel anzuführen, das (freilich mit allen Einschränkungen) als ›postmodern‹ bezeichnet werden kann. Postmoderne Medientheorien beschäftigen sich – im hier gemeinten Sinne – generell mit Transformations- (bzw. Wandlungs-)Phänomenen beim Übergang von der Moderne in einen anderen Zustand, namentlich in die Postmoderne, und im medialen Kontext speziell mit Formen des medialen Wandels während dieses Übergangs. Charakteristisch für alle postmodernen Theorien ist somit ein teleologisches (zielgerichtetes) Denken, das den Prozess der Postmodernisierung als Pfeil, als Gerichtetheit mit jeweiligen Fluchtpunkten konzipiert – entweder in Richtung auf mehr Medialisierung, mehr Virtualisierung, mehr Schein oder mehr Geschwindigkeit. Eine Unterdifferenzierung wäre einzuführen zwischen *französischer Postmoderne* oder auch (französischem) *Poststrukturalismus* und anderssprachigem postmodernen medientheoretischen Denken.

Postmoderne – Poststrukturalismus

1.1 *Französische Postmoderne/französischer Poststrukturalismus:* Im Umfeld des Poststrukturalismus, d. h. vor allem in kritischer Weiterführung sprach- und zeichentheoretischer Ansätze des Strukturalismus, sind folgende medientheoretische Positionen relevant:

---

rückt.« In einem darauf folgenden Schaubild (ebenda, 63) werden von Burkart genannt: Systemtheorie, Materialismus und (Medien-)Ökonomie, Symbolischer Interaktionismus, Theorie des kommunikativen Handelns, Semiotik und Konstruktivismus. Ergänzt man diese Liste nunmehr um die fehlenden technisch orientierten Medientheorien, kommen wir unserer folgenden Systematik schon sehr nahe.

[19] Noch einmal: Es geht im Folgenden also nicht um Selektion oder Präferenz, auch nicht um eine Hierarchisierung (die Reihung ist zufällig und nicht wertend), sondern um den Versuch des breiten Überblicks. – Die Systematik wurde vom Verfasser in einschlägigen Theorie-Lehrveranstaltungen in Salzburg, Klagenfurt und vor allem Karlsruhe entwickelt (1998-2000).

- Zunächst ist JEAN BAUDRILLARDS Ansatz von der Agonie des Realen und der Durchdringung der Welt mit Simulakren zu erwähnen. Jean Baudrillard ist grundsätzlich für seine *Simulationsthesen* bekannt geworden; die Medienwirklichkeit ist für ihn eine, in der das Reale weitgehend verschwunden ist und nur noch die frei flottierenden Zeichen der Hyper-Realität regieren (Baudrillard 1978a und 1978b). In Auseinandersetzung mit McLuhan sowie mit der Kritischen Medientheorie entwickelt er seinen Ansatz rund um die Leitbegriffe und -konzepte ›Implosion des Realen‹, ›Präzession der Simulakra‹ sowie ›Virtualität‹ und ›Viralität‹ (Baudrillard 1994).   Baudrillard
- MICHEL FOUCAULT hat im Rahmen seiner *Diskursanalyse* (Diskurs = sozial normierte Ausdruckspraxis) den Zusammenhang zwischen Diskursen und Dispositiven einerseits und der Ausübung und Erhaltung von Macht andererseits untersucht (zur Einführung in Foucaults spezielle Terminologie vgl. Fohrmann/Müller 1988). Seine ›archäologische‹ Methode, seine Spurensuche ›verborgener‹ Machtstrukturen und seine Kritik des klassischen Konzepts der Wahrheit hatten großen Einfluss auf medienarchäologische Theorie-Bemühungen (von Friedrich Kittler bis Siegfried Zielinski[20]).   Foucault
- JEAN-FRANÇOIS LYOTARD hat in seinen Arbeiten den Begriff der *Postmoderne* maßgeblich geprägt. Sein Ansatz versteht sich als Abgesang auf die ›großen Erzählungen‹ bzw. ›Meistererzählungen‹ der Moderne.   Lyotard
- PAUL VIRILIOS Ansatz ist die so genannte *Dromologie*, die Lehre von der Geschwindigkeit. Virilio beschäftigt sich in seinen Büchern in diesem Zusammenhang auch immer wieder mit der logistischen Kopplung von (Massen-)Medienentwicklung und Militärtechnologien.   Virilio
- MICHEL SERRES hat eine allgemeine Theorie des *Kommunikationsnetzes* entworfen (Serres 1991, 9 ff.) und mit ihr eine mathematisch inspirierte neue Terminologie kommunikativer Prozesse (→ genauer 2.11 Medienphilosophische Theorien).   Serres
- JACQUES DERRIDA hat im Rahmen seiner *Dekonstruktion* (die oft auch als eigene Richtung parallel zur Postmoderne konzipiert   Derrida

---

[20] Dieser hat jüngst das modifizierte Konzept einer Medienanarchäologie vorgeschlagen, einer *Medienarchäologie* mit anarchisch-ausschweifender Suchbewegung, vgl. Zielinski 2002, 40 f.

wird) eine theoretische Methode namens *Grammatologie* entwickelt, die von einem erweiterten Schrift-Begriff ausgeht (zu Derrida sowie auch zu den übrigen bislang genannten Denkern → 2.10 Poststrukturalistische Medientheorien und → 2.11 Medienphilosophische Theorien).

1.2 *Anderssprachige Postmoderne:*

- **Flusser** · VILÉM FLUSSER wird ebenfalls oft der Postmoderne zugerechnet. Auch Flusser entwickelt im Rahmen seiner *Kommunikologie* eine teleologische Theorie der Medien-Evolution, die er mit unterschiedlichen Dimensionalitäten verknüpft (→ 2.11 Medienphilosophische Theorien). Flusser entwirft überdies nicht nur idealtypische Kommunikationsstrukturen (Flusser 1998, 16 ff.), sondern beschäftigt sich in seinen Schriften auch immer wieder mit dem Fluchtpunkt der telematischen Kultur (gesammelt etwa in Flusser 1997, 143 ff.).

- **Weibel** · Im Kontext medientheoretischer Ansätze werden oft die Arbeiten des österreichischen Medienphilosophen PETER WEIBEL vergessen. Insbesondere sein Buch zur Beschleunigung der Bildkultur (Weibel 1987) und zur zunehmenden Herrschaft der Zeit (*Chronokratie*) gehört jedoch mit seiner teleologischen Position und seiner Makrotrend-Analyse der zunehmenden Dominanz von Zeit(-medien) zur postmodernen Theoriebildung.

- **Lischka** · Der Berner Medien- und Kulturphilosoph GERHARD JOHANN LISCHKA hat in zahlreichen Publikationen und mit Hilfe von Versatzstücken einiger anderer postmoderner Theoretiker eine Theorie der Mediatisierung der Welt entworfen, er selbst spricht von einem »postmodernen Weltbild« und einer »Schnittstellen-Theorie« (zentral: Lischka 1997). Sein *Mediatoren*-Ansatz impliziert eine Ablösung der klassischen medienwissenschaftlichen Begrifflichkeit von Kommunikator und Rezipient.

- **Bolz** · Auch der Medienphilosoph NORBERT BOLZ kann mit seinen Analysen zum Ende der Gutenberg-Galaxis (Bolz 1993) und zum schönen Schein der neuen Medien (Bolz 1991) als postmoderner Denker bezeichnet werden.

Generell ist anzumerken, dass postmoderne Medientheorie fast durchweg darum bemüht ist, den aktuellen medientechnologischen Innovationen gerecht zu werden: Computerisierung, Virtuelle Realität und schließlich das Internet bilden die technologischen Fluchtpunkte in zahlreichen Arbeiten. Die Beobachtung einer zunehmenden Virtualisierung der Welt durch die neuen Informations- und Kommunikationstechnologien ist zumeist verknüpft mit philosophischen Überlegungen zu Realität und (Medien-)Wirklichkeit, wobei wiederum – wie etwa besonders bei Lischka oder Bolz – Anschluss-Stellen zu Konstruktivismus und Systemtheorie zu finden sind.

Teleologisches Denken tritt in postmodernen medientheoretischen Diskursen in vielerlei Varianten auf: als These von der zunehmenden *Simulation* (Baudrillard), von der zunehmenden *Geschwindigkeit* (Virilio, Weibel) oder von der wachsenden *Immaterialisierung* (Lyotard). Auf allgemeiner Ebene kann *Medialisierung* (oder, wie es bei Lischka heißt, *Mediatisierung*) als Makro-Trend der Entwicklung angesehen werden, d. h. als zunehmende Durchdringung der Welt mit Medien(-Effekten). Die unterschiedlichen Denker des postmodernen Diskurses haben versucht, nicht nur neues Denken zu etablieren, sondern auch für herkömmliche Begriffe alternative Bezeichnungen zu finden: Redeweisen wie *Kommunikologie* (Flusser), *Mediologie* (Debray), *Dromologie* (Virilio), (Analyse der) *Chronokratie* (Weibel) oder *Mediatoren*-Theorie (Lischka) vermessen das Terrain der klassischen Medien- und Kommunikationswissenschaft neu – es bleibt abzuwarten, inwieweit sie in Zukunft anschlussfähig sein werden.

Teleologisches Denken kennzeichnet Postmoderne

Postmoderne Theoriebildung wird im vorliegenden Sammelband in drei unterschiedlichen Kapiteln erörtert: Die französische Postmoderne wird vor allem von Claus Pias in → 2.10 Poststrukturalistische Medientheorien behandelt (mit Schwerpunkt auf Foucault, Lyotard, Derrida, Baudrillard und Virilio), während vor allem Flusser und Serres ausführlich in den beiden Beiträgen von Frank Hartmann besprochen werden (→ 2.1 Techniktheorien der Medien und → 2.11 Medienphilosophische Theorien).[21]

---

[21] Als weiterführende Literatur soll auf die klassischen ›postmodernen‹ Sammelbände Rötzer 1991 und Rötzer/Weibel 1991 verwiesen werden. – Es sei an dieser Stelle nur angemerkt, dass postmoderne Theorien nicht die einzige Möglichkeit sind, Theorien der Moderne bzw. der Modernisierung zu aktualisieren und fortzuschreiben. Alternativ gibt es Theorien der Neo-Moderne oder der ›Zweiten Moderne‹ im Umfeld von Beck, Giddens und Lash. In diesem Kontext fand vor allem Ulrich Becks Buch »Risikogesellschaft« (Beck 1986) seinen Niederschlag in der Medienwissenschaft im Rahmen der Analyse von Risikokommunikation.

2. *Medienphilosophische Ansätze:* Obwohl medienphilosophische und postmoderne Ansätze sich in vielerlei Hinsicht überschneiden und für manche Beobachter Medienphilosophie sogar ein an sich postmodernes Unterfangen ist, sollen beide theoretischen Stränge hier im Sinne analytischer Präzision getrennt angeführt werden. Während postmoderne Theorien die Transformation von Medien, Kultur oder Gesamtgesellschaft in der Regel teleologisch beobachten, geht es bei medienphilosophischen Ansätzen zunächst theorieintern um eine Kontextuierung der Medienanalyse in sprach- und symbolphilosophische Denktraditionen.[22] Das Bestreben ist also nicht auf einen gesellschaftlichen oder technologischen Fluchtpunkt hin, sondern eher wissenschafts- und theorieintern ›rückwärts‹ gerichtet. Inhaltlich ist Medienphilosophie generell bemüht, den Zusammenhang von medientechnologischer, medienkultureller und menschlicher Evolution zu erhellen.[23]

Sprach- und Symbolphilosophie

Vertreter medienphilosophischer Ansätze (im Unterschied zu postmodernen) sind u. a.

Hartmann
- FRANK HARTMANN und seine *Medienphilosophie* (vgl. Hartmann 2000) als philosophische Spurensicherung von Descartes und Kant über Sprach- und Symbolphilosophie bis zur Medientheorie des 20. Jahrhunderts (v. a. Benjamin, Anders, McLuhan, Innis und Flusser).

Sandbothe
- MIKE SANDBOTHE und seine *pragmatische Medienphilosophie* (vgl. Sandbothe 2001) sowie alle weiteren Versuche, aufbauend auf Pragmatismus (Dewey u. a.) oder Neo-Pragmatismus (Rorty u. a.) Medientheorie zu betreiben;

---

[22] In einigen medienphilosophischen Ansätzen taucht dabei auch die ›turn‹-Semantik bzw. die Rede von einer Wende auf – und dies in unterschiedlichen Spielarten von *medial turn* (Reinhard Margreiter) bis zu *cybernetic turn* (Manfred Faßler). Gemeint ist dabei die Einbettung der Medienanalyse in die ›Ahnenreihe‹ vom *linguistic turn* (nach Rorty; die Hinwendung zur Sprache) über den *symbolic turn* (die Symbolphilosophie) und den *cognitive* oder *naturalistic turn* (die Kognitionswissenschaften) bis zum heutigen *medial turn* (oder auch *cultural turn* der Medien- und Kulturwissenschaften). Eine Variante liegt auch mit der Bildtheorie und ihrer Rede vom *pictorial* oder *iconic turn* vor.

[23] Angloamerikanische »medium theory« (vgl. McQuail 1999, 15 ff.), also Untersuchungen zum Zusammenhang zwischen jeweils einem Leitmedium und Sozialstruktur – von McLuhan bis Innis –, wäre wohl in diesem Sinne auch unter ›medienphilosophische Ansätze‹ einzureihen.

- REINHARD MARGREITER und seine Medienphilosophie des *medial turn* in Fortschreibung der Symbolphilosophie Cassirers (vgl. Margreiter 1999);
- sowie die mitunter heterogenen medienphilosophischen Zugänge von SYBILLE KRÄMER, MARTIN SEEL, MATTHIAS VOGEL, MANFRED FAßLER u. a.

Margreiter

Die meisten medienphilosophischen Denkbewegungen eint der Versuch, die Sprach- und Vernunftzentriertheit philosophischen Denkens aufzubrechen und via Symbolphilosophie oder Pragmatismus o. a. Strömungen die Medien als expliziten Forschungsgegenstand der Philosophie auszuweisen.

3. *Techniktheorien:* Techniktheorien stellen den Forschungsfokus erneut um. Sie interessieren sich nicht primär für den Wandel der Gesellschaft im Sinne einer Postmodernisierung, auch nicht für den philosophiediskurs-internen *medial turn*, sondern für die technologische (Eigen-)Dynamik der Medialisierung. Techniktheorien der Medien haben ihren theoretischen Ausgangspunkt in der Evolution der Technik (und ihren möglichen Gesetzmäßigkeiten), bei der Entwicklung und Verfeinerung medialer Apparate und bei medientechnologischen Revolutionen (etwa der massenhaften Diffusion eines neuen Leitmediums). Es geht hier also um die ›Hardware‹ der Medialität bzw. – um mit Friedrich Kittler zu sprechen – um die ›Schaltungen‹ der Medienapparate.

Fokus: Eigendynamik der Medientechnik

Techniktheorien der Medien begeben sich rhetorisch oft in Opposition zu allen Theoriebemühungen, die primär an der Analyse von Medieninhalten und Bedeutungen interessiert sind und nicht an den ihnen zugrunde liegenden technologischen Trägern. Besonders verstehende und interpretative Verfahren wie etwa die Hermeneutik werden als unzureichend kritisiert. Diese Auseinandersetzung um Techniktheorien wird ausführlich geschildert in → 2.1 Techniktheorien der Medien.

Techniktheorien versus Hermeneutik

Prominente Vertreter von Techniktheorien der Medien sind
- FRIEDRICH KITTLER und sein *Medienmaterialismus* (der allerdings auch durch Poststrukturalismus und Psychoanalyse inspiriert ist, siehe dazu diverse Kommentare in den Einzelkapiteln dieses Bandes);
- HARTMUT WINKLER und seine *Medientheorie des Computers*, die die radikale Position Kittlers abschwächt, sowie weitere Theorie-

Kittler

Winkler

bemühungen im Kontext der Computerisierung (VOLKER GRASSMUCK, WOLFGANG COY u. a.);

Baudry
- JEAN-LOUIS BAUDRY u. a. und die (ebenfalls psychoanalytisch inspirierte) *Apparatus-Theorie* des Kinos.

4. *Ökonomische Theorien:* Im Gegensatz zu Techniktheorien analysiert ökonomische Theoriebildung nicht technologische Apparaturen und deren Wirkungsweisen auf Kultur und Gesellschaft, sondern untersucht ökonomisches Handeln als Güterproduktion und -konsumtion unter den Bedingungen der Ressourcen-Knappheit.

Fokus: ökonomischer Kontext der Medien

Da keine soziale Organisation ohne ökonomischen Kontext denkbar ist, sind auch ökonomische Theorien selbstredend als Basistheorien der Gesellschaft (und damit auch der Massenmedien) zu verstehen. Von (neo-)marxistischer Seite (in den siebziger Jahren v. a. FRANZ DRÖGE und HORST HOLZER; in einem aktuellen Fundierungs-Versuch auch MANFRED KNOCHE) wird zusätzlich oft der – ideologisch gesehen anti-kapitalistisch motivierte – Anspruch eines gesellschaftsverändernden Paradigmas erhoben; dies ist jedoch nicht Thema des vorliegenden Bandes.

Michael Latzer und Natascha Just geben in → 2.2 Ökonomische Theorien der Medien einen ausführlichen Überblick über die wichtigsten Stränge ökonomischer Theoriebildung (*Klassische Politische*, *Neoklassische* und *Neue Politische Ökonomie*) und die auf ihnen aufbauenden Ansätze zur Medienökonomie (JÜRGEN HEINRICH und MARIE LUISE KIEFER); sie beziehen überdies auch wirtschaftswissenschaftliche Grundbegriffe, die für die Medienwissenschaft immer wichtiger werden, in ihre Darstellung mit ein.

5. *Kritische Theorien:* Kritische Medientheorien sind letztlich nicht trennscharf von manchen (polit-)ökonomischen Medientheorien und auch von gewissen Strömungen postmoderner Theoriebildung zu unterscheiden. Sozial- und medienkritische Spurenelemente oder zumindest die (erneut kritische) Auseinandersetzung mit der Kritischen Theorie findet sich bei Denkern von Baudrillard bis Weibel. Dennoch kann die Kritische Theorie als eigene Denktradition bezeichnet werden; ihr Fokus ist erstmals explizit präskriptiv (d. h. wertend, aktiv in die Gesellschaft eingreifend) und tendenziell kulturpessimistisch. Zwar zeichnen auch Baudrillard, Virilio, Flusser und Weibel im Rahmen postmoderner Theoriebildung ein

Medienkritik auch in anderen Basistheorien

teleologisches Bild mit teils paradoxem Fluchtpunkt (wie etwa Virilios ›rasender Stillstand‹), doch ist ihr Bild nicht derart düster wie das der Kritischen Theorie (ganz im Gegenteil dazu ist es bei Weibel, Bolz oder Lischka sogar mitunter ›rosig‹). Die Geschichte der Kritischen Theorie ist jedoch auch – und dies zu guten Teilen historisch bedingt! – eine Geschichte der *Abschwächung* einer radikal kulturpessimistischen Position.

Die Ahnenreihe der Kritischen Theorie, wie sie im Wesentlichen auch Christian Schicha in → 2.3 Kritische Medientheorien skizziert, lautet:

- THEODOR W. ADORNO und MAX HORKHEIMER als Begründer der so genannten Frankfurter Schule und exponierteste Vertreter der Kulturkritik (mit vernichtenden Kommentaren zum Massenbetrug durch die *Kulturindustrie*); Adorno/ Horkheimer
- HANS MAGNUS ENZENSBERGER mit seiner kritischen Analyse der *Bewusstseinsindustrie*, aber auch mit Hoffnung auf emanzipatorischen Mediengebrauch; Enzensberger
- JÜRGEN HABERMAS, der seine *Theorie des kommunikativen Handelns* an den Schnittstellen von Phänomenologie (Begriff der ›Lebenswelt‹), Systemtheorie (Begriff des ›Systems‹), Handlungstheorie und Kritischer Theorie entwickelt und ein rationales, idealtypisches Modell zwischenmenschlicher Verständigung und Konsensfindung entwirft; Habermas
- RICHARD MÜNCH, der die Theorie von Habermas in seiner *Dialektik der Kommunikationsgesellschaft* erweitert. Münch
- Des weiteren wäre DIETER PROKOP mit seinen kritischen *Medienkapitalismus-Analysen* zu nennen. Prokop

Kritische Theoriebildung blieb nicht nur auf den deutschsprachigen Raum beschränkt. Auch in Frankreich, Italien oder im angloamerikanischen Raum hat sich die Kritische Theorie entfaltet und ihrerseits einen Einfluss auf die deutschsprachige Theorie-Entwicklung ausgeübt. Unter anderem seien erwähnt:

- LOUIS ALTHUSSER und seine Theorie der *ideologischen Staatsapparate*; Althusser und Gramsci
- ANTONIO GRAMSCI und seine *Hegemonie-Theorie*;
- die medienkritischen Analysen von NOAM CHOMSKY bis HERBERT I. SCHILLER (auch unter dem Stichwort *Politische Ökonomie*, ebenso → 2.2 Ökonomische Theorien der Medien). Von Chomsky bis Postman

Kroker

- freilich auch die populärwissenschaftlichen Traktate eines NEIL POSTMAN;
- amerikanische *Cyberkritik* (Theorie der virtuellen Klasse, Pankapitalismus-Analyse) von ARTHUR KROKER u. a. (vgl. etwa Kroker/Weinstein 1997) sowie Schriften im Umfeld der *Netzkritik*-Bewegung.

Bourdieu

- Schließlich muss auch die *Soziologie der Distinktionen* von PIERRE BOURDIEU ihren Platz in der medientheoretischen Systematik finden. Nicht zuletzt die kritische Schrift zum Fernsehen (vgl. Bourdieu 1998) legt eine Platzierung im Rahmen der Kritischen Theorie nahe. Darüber hinaus hat Bourdieu auch eine elaborierte Sozialtheorie entworfen, die mit ihrer Grundeinheit des ›Feldes‹ und der Beobachtung von Autonomisierungs- und Heteronomisierungs-Dynamiken für künftige medienwissenschaftliche Fragestellungen als ähnlich gewinnbringend anwendbar erscheint wie etwa heute bereits die Systemtheorie Niklas Luhmanns.

Feminismus

6. *Feministische Theorien:* Es ist auffallend, dass feministische Theoriebildung bei den oben zitierten Systematiken von Saxer u. a. nie als Kandidatin für eine weitere Basistheorie der Medienwissenschaft Erwähnung fand. Dies mag (neben gewissen akademischen Resistenzen) zu einem Gutteil wohl auch daran liegen, dass besonders der feministische und der Gender-Diskurs sich aus verschiedenen anderen Theorie-Diskursen speisen (Psychoanalyse, Poststrukturalismus, Dekonstruktion, Konstruktivismus und Kritische Theorie); dennoch gibt es aber theoretische Entwürfe, die eine Behandlung als eigene Basistheorie rechtfertigen, wie in → 2.8 Feministische Medientheorien von Sibylle Moser nachzulesen ist. Das Spektrum reicht von Konzepten des *Doing* bzw. *Performing Gender* (URSULA PASERO, JUDITH BUTLER u. a.) bis zur aktuellen Variante des *Cyberfeminismus* (DONNA HARAWAY, SADIE PLANT). Auch die Palette empirischer Anwendungsmöglichkeiten ist – gerade in der Medien- und Kommunikationswissenschaft – breit gefächert.

Fokus: Unbewusstes und Latenzen

7. *Psychoanalytische Theorien:* Psychoanalytische Medientheorien haben im Anschluss an Sigmund Freud und Jacques Lacan das Unbewusste, die Latenz im Visier – auf Seiten der Medien(texte) wie auf Seiten der Rezipienten. Im Kontext dieses Theorien-Bün-

dels sind sowohl die psychoanalytisch inspirierten (aber auch oft der Postmoderne bzw. dem Poststrukturalismus zugeordneten) Theorien von GILLES DELEUZE und FÉLIX GUATTARI zu nennen als auch die Analysen des Medialen wie des Realen durch SLAVOJ Žižek. Lutz Ellrich bietet in → 2.9 Psychoanalytische Medientheorien einen breiten Überblick.²⁴

8. *Zeichentheorien:* Nicht nur bei Publizistikwissenschaftlern wie Ulrich Saxer oder Roland Burkart werden Zeichentheorien bzw. wird die Semiotik als Basistheorie für den Fachbereich gehandelt – ganz im Gegensatz zu einigen der oben bereits genannten Theorien-Diskurse. Es besteht also kaum ein Zweifel, dass die Semiotik bzw. die Semiologie eine Basistheorie auch und gerade für die Medienwissenschaft darstellt. Analysen von Zeichenprozessen sind in der Medienwissenschaft weit verbreitet; und viele Modellierungen von Kommunikationsprozessen bis hinein in die Cultural Studies fußen auf der Denklogik und den Grundbegriffen der Semiotik.

Fokus: Zeichenprozesse

Zu denken wäre hier also sowohl an die Gründerväter wie FERDINAND DE SAUSSURE oder CHARLES S. PEIRCE, aber auch an Denker, die sich direkt mit medien- oder kommunikationswissenschaftlichen Fragestellungen aus der Perspektive der Semiotik befasst haben (wie etwa ROMAN JAKOBSON, ROLAND BARTHES oder UMBERTO ECO). Gloria Withalm stellt in → 2.4 Zeichentheorien der Medien alle wichtigen Positionen dar.

9. *Cultural Studies:* Da in diesem Sammelband auf die – im anglo-amerikanischen Kontext in den Geisteswissenschaften übliche – ›studies‹-Bezeichnung verzichtet wurde, weicht die Benennung dieses Theorien-Bündels von den anderen ab. Im Sinne einer Kohärenz zu Kritischen Theorien, Zeichentheorien u. a. könnte hier auch von *Kulturtheorien* gesprochen werden. Gemeint sind all jene v. a. auf dem erweiterten Kulturbegriff von RAYMOND WILLIAMS aufbauenden Versuche, Medienwissenschaft mit Kultur-, Kontext- und Rezipientenorientierung zu betreiben (STUART HALL, LAWRENCE GROSSBERG, IEN ANG, JOHN FISKE, JOHN HARTLEY u. a.).

Fokus: Kultur und Kontext

---

²⁴ Bislang hat etwa die Psychohistorie von deMause kaum Anwendung in der Medienwissenschaft gefunden, vgl. aber als Versuch Krieg 1991.

sowie deren Rezeption im deutschsprachigen Raum). Rudi Renger gibt dazu in → 2.5 Kulturtheorien der Medien einen Überblick.[25]

Fokus: Konstruktion von Wirklichkeit

10. *Konstruktivistische Theorien:* Hier wäre an alle theoretischen wie empirischen Arbeiten zu denken, die entweder auf dem neurobiologischen (HUMBERTO R. MATURANA, GERHARD ROTH) oder aber auf dem soziokulturellen (SIEGFRIED J. SCHMIDT, PETER JANICH) Konstruktivismus aufbauen. Die Theorie wurzelt in den Arbeiten von PAUL WATZLAWICK, HEINZ VON FOERSTER, ERNST VON GLASERSFELD u. a., die sich – als gleichsam kleinster gemeinsamer Nenner – mit der Erforschung der Konstruktionsbedingungen und -verfahren von Erkenntnis und Wissen beschäftigen. Die elaborierteste, explizit für medienkulturwissenschaftliche Problemfelder entwickelte Spielart des Konstruktivismus liegt in der Fassung von Siegfried J. Schmidt vor (→ 2.6 Konstruktivistische Medientheorien). Im Umfeld von Schmidt hat auch der so genannte Siegener Konstruktivismus (GEBHARD RUSCH, PETER M. SPANGENBERG u. a.) zentrale Theorie-Bausteine und Modellierungen zu Kognitions- und Kommunikationsprozessen beigesteuert. Ein Modell, das von einer philosophischen Kritik des Konstruktivismus ausgeht und eine neue Sichtweise des Erkenntnisprozesses entwirft, liegt mit dem Non-Dualismus von JOSEF MITTERER vor.

Alternative: Non-Dualismus

11. *Systemtheorien:* Dieser Begriff könnte eigentlich – ebenfalls abweichend von den übrigen Theorie-Strängen – in der Einzahl geführt werden, da mit Systemtheorie im medienwissenschaftlichen Zusammenhang in den allermeisten Fällen die autopoietische Systemtheorie von NIKLAS LUHMANN gemeint ist bzw. ihre Weiterentwicklung durch Luhmann-Schüler wie PETER FUCHS, DIRK BAECKER oder ELENA ESPOSITO (→ 2.7 Systemtheorien der Medien). Auf Grund ihrer besonderen Komplexität und ihres hoch

Niklas Luhmanns autopoietische Systemtheorie

---

[25] Man könnte hier auch andere *Studies*-Bewegungen anführen, die zumindest implizit einen Einfluss auf die Medienwissenschaft haben, wie etwa *Urban Studies, Ritual Studies* oder *Postcolonial Studies. Gender Studies* als Bewegung wäre hingegen unter feministische Theorien zu fassen. Seit einiger Zeit ist anstelle von Cultural Studies auch vermehrt vom eigenen Profil der *Media Studies* die Rede, was einer Differenzierung von Kultur und Medien entspricht und den Forschungsfokus auf Letztere lenkt. Als jüngste Entwicklung wären *Net* bzw. *Web Studies* als eigenes Forschungsfeld anzuführen, wobei sich diese ohne Anschlüsse an die Cultural Studies ausdifferenziert haben.

ausdifferenzierten Spezial-Vokabulars gilt die Systemtheorie für viele Autoren als *die* Basistheorie des Fachbereichs, wenn nicht gar als die einzig verfügbare, universal verwendbare Supertheorie.[26]

Zu denken wäre hier nicht nur an Pioniere der Anwendung der Systemtheorie in der Publizistikwissenschaft (wie zunächst Manfred Rühl und später, in einer modifizierten Version, Ulrich Saxer), sondern vor allem auch an die aktuelle, ebenfalls bereits weit verzweigte Theorie-Debatte zu Massenmedien/Publizistik/Journalismus/Öffentlichkeit als soziales Funktionssystem (FRANK MARCINKOWSKI, BERND BLÖBAUM, ALEXANDER GÖRKE, MATTHIAS KOHRING, ARMIN SCHOLL, SIEGFRIED WEISCHENBERG u. a.).

Schließlich ist darauf hinzuweisen, dass – ähnlich der Weiterentwicklung des Konstruktivismus durch den Non-Dualismus von Josef Mitterer – mittlerweile auch eine Adaption der luhmannschen Systemtheorie vorliegt: die Distinktionstheorie von RODRIGO JOKISCH. — Erweiterung: Distinktionstheorie

12. *Andere Theorie-Traditionen aus den Sozial- und Geisteswissenschaften:* Neben Zeichen-, Kultur- und Systemtheorien gibt es auch noch weitere Theorie-Traditionen aus den Geistes- und Sozialwissenschaften, die mit alternativen Basiskategorien operieren – wie etwa ›Handlung‹, ›Entscheidung‹ oder ›Verstehen‹. Besonders Handlungstheorien und hermeneutische Verstehens-Theorien sind in der Medienwissenschaft relevant.

12.1 *Handlungstheorien:* Handlungstheorien rücken nicht Kommunikation, Kultur oder Kontexte, sondern menschliches (d. h. immer akteursbezogenes) Handeln in den Mittelpunkt der Analyse. Mithin ist die Differenz von (tendenziell intentionalem) Handeln und (tendenziell unbewusstem) Verhalten konstitutiv. Das Spektrum der Handlungstheorien reicht von Talcott Parsons über die Sprechakttheorie (Austin, Searle, Grice) bis zu verwandten Theorien der Intentionalität. — Fokus: Handlungen und Sprechakte

12.2 *Entscheidungstheorien:* ›Kommunikation‹, ›Handlung‹ und ›Entscheidung‹ können entweder als strikt getrennte soziologische Basiskategorien interpretiert werden oder aber als sich überlap- — Fokus: Entscheidung und Wahl

---

[26] Die Differenzierung von strukturell-funktionaler (Parsons) und funktional-struktureller Systemtheorie (Luhmann) hat heute weitgehend an Bedeutung verloren. Dennoch wäre hier als Gründervater einer soziologischen Theorie symbolischer Medien Talcott Parsons zu nennen, nicht zuletzt auf Grund seines eminent großen Einflusses auf Luhmann.

pende Phänomene. Entscheidungstheorien stellen insbesondere auf das ›decision-making‹ ab; ein Beispiel wäre die Rational-Choice-Theorie, die jedoch – im Gegensatz etwa zur Politikwissenschaft – in der Medienwissenschaft kaum geeignete Anwendungsfelder findet.

Phänomenologie und Ethnomethodologie

12.3 *Phänomenologische Theorien:* Die Phänomenologie (Husserl, Schütz) als philosophische Theorie der Realitäts-Wahrnehmung hatte einen prägenden Einfluss auf die Entwicklung der Ethnomethodologie (Garfinkel) und in der Folge auf die lebensweltlich orientierte ethnomethodologische Nachrichtenanalyse (Tuchman u. a.), die mit ihrer These von der Konstruiertheit der Wirklichkeit mit dem (Radikalen) Konstruktivismus verwandt ist.

12.4 *Hermeneutische Theorien:* Die Hermeneutik als Theorie des Verstehens bzw. der ›Auslegung‹ von Texten ist eine gewichtige philosophische Position; in die Medienwissenschaft spielt sie vor allem über die Methode der so genannten ›objektiven Hermeneutik‹ herein. – Oft werden aber auch etwas pauschal und allgemein ›hermeneutische Verfahren‹ einer strengen quantitativen Empirie gegenübergestellt.

(Objektive) Hermeneutik

Symbolischer Interaktionismus

12.5 *Symboltheorien:* Es gibt viele Verwendungen des Symbol-Begriffs – von der Symbolphilosophie Cassirers über den semiotischen Symbol-Begriff bis zum Symbolischen Interaktionismus (Mead), der die Wechselbeziehungen von interagierenden Kommunikanden sowohl handlungs- wie auch symboltheoretisch untersucht. Der Symbolische Interaktionismus wird oftmals auch zur eigenen Basistheorie der Kommunikationswissenschaft stilisiert (siehe Saxer und Burkart); worin das besondere heuristische Potenzial dieses Ansatzes liegt, wird jedoch zumeist nicht erklärt.

13. *Andere Theorien aus den Naturwissenschaften:* Verschiedene Publizistik- und Medienwissenschaftler haben sich in den vergangenen Jahren – eher programmatisch-spekulativ denn im Sinne eines fertigen Entwurfs – mit einer möglichen Adaption naturwissenschaftlicher Theorien und Begriffe im Kontext der Medienwissenschaft beschäftigt. Das Spektrum reicht von Chaostheorie über die Evolutionäre Erkenntnistheorie bis zu Endophysik und Memetik.

Evolutionäre Erkenntnistheorie und »rekonstruktiver Ansatz«

13.1 *Biologische Theorien:* Hier wäre vor allem an die Evolutionäre Erkenntnistheorie zu denken, die von einem ›Passen‹ subjektiver Konstruktionen in die objektive Welt im Sinne einer

Anpassung ausgeht und etwa von Günter Bentele explizit als
»(erkenntnistheoretische) Basistheorie« für seinen so genannten
›rekonstruktiven Ansatz‹ favorisiert wird (vgl. Bentele 1993, 166
ff.). Auch die Memetik, eine nicht unumstrittene genetische Theorie kultureller Evolution von Richard Dawkins, kommt als Kandidatin für eine medienwissenschaftliche Adaption in Betracht.

13.2 *Physikalische Theorien:* Auf der Suche nach einer Alternative zu den biologischen Basistheorien (Radikaler) Konstruktivismus oder Evolutionäre Erkenntnistheorie hat Ulrich Saxer – hoffentlich nicht in einer Absicht à la Sokal – vorgeschlagen, die Chaostheorie für kommunikationswissenschaftliche Belange zu adaptieren (vgl. Saxer 1993). Dieses Vorhaben wurde im Kontext der Nachrichtenforschung jüngst von Frerichs wieder aufgegriffen (Frerichs 2000). Auch die Endophysik (Rössler, Weibel) käme als dem Konstruktivismus verwandte Epistemologie als interessanter Standpunkt in Frage.

Chaostheorie als Basistheorie?

13.3 *Mathematische Theorien:* Hier wäre schließlich vor allem an spieltheoretische, aber auch an netztheoretische Modellierungen zu denken – zumindest in Bereichen, in denen eine Quantifizierung medienwissenschaftlicher Phänomene oder zumindest eine mathematische Modellierung möglich ist.

In der Summe ergibt dies folgende Systematik:

1. Postmoderne Theorien
   1.1 Französische Postmoderne/französischer Poststrukturalismus
   1.2 Anderssprachige Postmoderne
2. Medienphilosophische Ansätze
3. Techniktheorien
4. Ökonomische Theorien
5. Kritische Theorien
6. Feministische Theorien
7. Psychoanalytische Theorien
8. Zeichentheorien
9. Kulturtheorien/Cultural Studies
10. Konstruktivistische Theorien
11. Systemtheorien

Überblick: Basistheorien

12. Andere Theorie-Traditionen aus den Sozial- und
    Geisteswissenschaften
    12.1 Handlungstheorien
    12.2 Entscheidungstheorien
    12.3 Phänomenologische Theorien
    12.4 Hermeneutische Theorien
    12.5 Symboltheorien
13. Andere Theorien aus den Naturwissenschaften
    13.1 Biologische Theorien
    13.2 Physikalische Theorien
    13.3 Mathematische Theorien

Überschneidungen

Um Missverständnissen vorzubeugen, muss erwähnt werden, dass die genannten Theorie-Stränge freilich immer idealtypische Zusammenfassungen, ›Clusterungen‹ von Theorie-Diskursen sind.[27] Klar ist, dass sie nicht überschneidungsfrei mit streng definierten Systemgrenzen im Theorien-Raum existieren, sondern sich vielmehr immer wechselseitig überlappen, befruchten, anziehen wie abstoßen. Die Systematik stellt auch viel eher die Frage »Was gibt es alles?« oder »Wie ist ein möglichst breiter Überblick sinnvoll?« als die nach der einzig richtigen oder verbindlichen Auflistung medientheoretischer Diskurse. Einerseits ist sich der Verfasser der Problematik einer ›Schubladisierung‹ oder vorschnellen ›Etikettierung‹ von theoretischen Positionen bewusst, andererseits fällt – in der Lehre zunehmend deutlicher – das Problem auf, dass Denker, Schulen und Positionen nicht in einen Kontext eingeordnet werden können, weil dieser einfach nirgendwo in seiner ganzen Breite vermittelt wird. Das vorliegende Buch tritt mit dem Anspruch auf, hier Hintergrund- und Kontextwissen zur Verfügung zu stellen.

Basistheorien sind Cluster

Zu Aufbau und Abfolge des folgenden Überblicks über elf medientheoretische ›Cluster‹ ist noch zu erwähnen: Es war dem Herausgeber ein Anliegen, den oben aufgelisteten ursprünglichen Theorien-Überblick möglichst adäquat in den einzelnen ›Clustern‹ der Autorinnen und Autoren wiederzufinden. Ich denke, dass dies in den Einzelbeiträgen auch zu großen Teilen gelungen ist. Während des Arbeitsprozesses zu diesem Sammelband wurde

---

[27] Man könnte hier auch von ›Theorie-Clustern‹ reden: im Sinne der Statistik als Bündelungen von Einheiten mit ähnlichen Eigenschaften.

jedoch klar, dass nicht alle deduktiven Vorgaben exakt erfüllt werden können, da zu der Tatsache, dass ein Autor oder eine Autorin Experte/in seines/ihres jeweiligen Fachbereichs ist, immer noch persönliche Präferenzen dazukommen, die sich nie ganz eliminieren lassen. So entstanden die folgenden Texte auch im wechselseitig lernbereiten Dialog zwischen Herausgeber und Autor/inn/en, wobei jedoch auf eine Kohärenz des Gesamtprojekts stets Rücksicht genommen wurde.

Literatur

Atteslander, Peter (1984): Methoden der empirischen Sozialforschung. Berlin/New York: Walter de Gruyter.
Baudrillard, Jean (1978a): Agonie des Realen. Berlin: Merve.
Baudrillard, Jean (1978b): Kool Killer oder Der Aufstand der Zeichen. Berlin: Merve.
Baudrillard, Jean (1994): Die Illusion und die Virtualität. Bern: Benteli.
Beck, Ulrich (1986): Risikogesellschaft. Auf dem Weg in eine andere Moderne. Frankfurt am Main: Suhrkamp.
Bentele, Günter (1993): Wie wirklich ist die Medienwirklichkeit? Einige Anmerkungen zum Konstruktivismus und Realismus in der Kommunikationswissenschaft. In: Bentele, Günter/Rühl, Manfred (Hg.): Theorien öffentlicher Kommunikation. Problemfelder, Positionen, Perspektiven. München: Ölschläger, S. 152-171. (Schriftenreihe der Deutschen Gesellschaft für Publizistik- und Kommunikationswissenschaft, Band 19)
Bolz, Norbert (1991): Eine kurze Geschichte des Scheins. München: Fink.
Bolz, Norbert (1993): Am Ende der Gutenberg-Galaxis. Die neuen Kommunikationsverhältnisse. München: Fink.
Bonfadelli, Heinz/Rathgeb, Jürg (Hg.) (1997): Publizistikwissenschaftliche Basistheorien und ihre Praxistauglichkeit. Zürcher Kolloquium zur Publizistikwissenschaft (Reihe Diskussionspunkt – Band 33). Zürich: Eigenverlag.
Bonfadelli, Heinz (1999): Medienwirkungsforschung I. Grundlagen und theoretische Perspektiven. Konstanz: UVK Medien.
Bourdieu, Pierre (1998): Über das Fernsehen. Frankfurt am Main: Suhrkamp.
Burkart, Roland (1997): Publizistikwissenschaftliche Basistheorien: Eine Annäherung aus drei Perspektiven. In: Bonfadelli, Heinz/Rathgeb, Jürg (Hg.) : Publizistikwissenschaftliche Basistheorien und ihre Praxistauglichkeit. Zürcher Kolloquium zur Publizistikwissenschaft (Reihe Diskussionspunkt – Band 33). Zürich: Eigenverlag, S. 51-66.

Faulstich, Werner (1991): Medientheorien. Einführung und Überblick. Göttingen: Vandenhoeck & Ruprecht.
Flusser, Vilém (1997): Medienkultur. Frankfurt am Main: Fischer.
Flusser, Vilém (1998): Kommunikologie. Frankfurt am Main: Fischer.
Fohrmann, Jürgen/Müller, Harro (Hg.) (1988): Diskurstheorien und Literaturwissenschaft. Frankfurt am Main: Suhrkamp.
Frerichs, Stefan (2000): Bausteine einer systemischen Nachrichtentheorie. Konstruktives Chaos und chaotische Konstruktionen. Wiesbaden: Westdeutscher Verlag.
Fuchs, Peter (2001): Die Metapher des Systems. Studien zu der allgemein leitenden Frage, wie sich der Tänzer vom Tanz unterscheiden lasse. Weilerswist: Velbrück Wissenschaft.
Hartmann, Frank (2000): Medienphilosophie. Wien: WUV/UTB.
Jahraus, Oliver (2001): Theorieschleife. Systemtheorie, Dekonstruktion und Medientheorie. Wien: Passagen Verlag.
Jokisch, Rodrigo (1996): Logik der Distinktionen. Zur Protologik einer Theorie der Gesellschaft. Opladen: Westdeutscher Verlag.
Kittler, Friedrich (2000): Eine Kulturgeschichte der Kulturwissenschaft. München: Fink.
Kloock, Daniela/Spahr, Angela (2000): Medientheorien. Eine Einführung. 2., korrigierte und erweiterte Auflage. München: Fink/UTB.
Krieg, Peter (1991): Blinde Flecken und schwarze Löcher. Medien als Vermittler von Wirklichkeiten. In: Watzlawick, Paul/Krieg, Peter (Hg.): Das Auge des Betrachters. Beiträge zum Konstruktivismus. München/Zürich: Piper, S. 129-137.
Kroker, Arthur/Weinstein, Michael A. (1997): Datenmüll. Die Theorie der virtuellen Klasse. Wien: Passagen Verlag.
Leschke, Rainer (2003): Einführung in die Medientheorie. München: Fink/UTB.
Lischka, Gerhard Johann (1997): Schnittstellen. Das postmoderne Weltbild. Bern: Benteli.
Löffelholz, Martin (Hg.) (2000): Theorien des Journalismus. Ein diskursives Handbuch. Wiesbaden: Westdeutscher Verlag.
Maletzke, Gerhard (1998): Kommunikationswissenschaft im Überblick. Grundlagen, Probleme, Perspektiven. Opladen/Wiesbaden: Westdeutscher Verlag.
Margreiter, Reinhard (1999): Realität und Medialität. Zur Philosophie des »Medial Turn«. In: Medien Journal, 23. Jahrgang, Heft 1, S. 9-18.
McQuail, Denis (1999): The Future of Communication Theory. In: Latzer, Michael u. a. (Hg.): Die Zukunft der Kommunikation. Phänomene und Trends in der Informationsgesellschaft. Innsbruck/Wien: Studien Verlag, S. 11-24.

Merten, Klaus (1995): Konstruktivismus als Theorie für die Kommunikationswissenschaft. Eine Einführung. In: Medien Journal, 19. Jahrgang, Heft 4, S. 3-20.
Merten, Klaus (1999): Einführung in die Kommunikationswissenschaft. Band 1/1: Grundlagen der Kommunikationswissenschaft. Münster: Lit.
Mitterer, Josef (1992): Das Jenseits der Philosophie. Wider das dualistische Erkenntnisprinzip. Wien: Passagen Verlag.
Mitterer, Josef (1998): Der Radikale Konstruktivismus: »What difference does it make?« In: Ethik und Sozialwissenschaften, 9. Jahrgang, Heft 4, S. 554-556.
Mitterer, Josef (2001): Die Flucht aus der Beliebigkeit. Frankfurt am Main: Fischer.
Pfeiffer, K. Ludwig/Kray, Ralph/Städtke, Klaus (Hg.) (2001): Theorie als kulturelles Ereignis. Berlin/New York: Walter de Gruyter.
Pürer, Heinz (1998): Einführung in die Publizistikwissenschaft. Systematik – Fragestellungen – Theorieansätze – Forschungstechniken. 6. Auflage. Konstanz: UVK Medien.
Roth, Gerhard (1994): Das Gehirn und seine Wirklichkeit. Kognitive Neurobiologie und ihre philosophischen Konsequenzen. Frankfurt am Main: Suhrkamp.
Rötzer, Florian (Hg.) (1991): Digitaler Schein. Ästhetik der elektronischen Medien. Frankfurt am Main: Suhrkamp.
Rötzer, Florian/Weibel, Peter (Hg.) (1991): Strategien des Scheins. Kunst – Computer – Medien. München: Boer.
Sandbothe, Mike (2001): Pragmatische Medienphilosophie. Grundlegung einer neuen Disziplin im Zeitalter des Internet. Weilerswist: Velbrück Wissenschaft.
Saxer, Ulrich (1993): Basistheorien und Theorienbasis in der Kommunikationswissenschaft: Theorienchaos und Chaostheorie. In: Bentele, Günter/Rühl, Manfred (Hg.): Theorien öffentlicher Kommunikation. Problemfelder, Positionen, Perspektiven. München: Ölschläger, S. 175-187. (Schriftenreihe der Deutschen Gesellschaft für Publizistik- und Kommunikationswissenschaft, Band 19)
Saxer, Ulrich (1998): Zur Theorie von Medien-Kulturkommunikation. In: Saxer, Ulrich (Hg.): Medien-Kulturkommunikation. Publizistik, Sonderheft 2/1998. Opladen/Wiesbaden: Westdeutscher Verlag, S. 9-43.
Schmidt, Benjamin Marius/Jahraus, Oliver (2000): Systemtheorie und Dekonstruktion. Die Supertheorien Niklas Luhmanns und Jacques Derridas im Vergleich. Manuskript, LUMIS-Institut der Universität Siegen.
Schmidt, Siegfried J. (1987): Der Radikale Konstruktivismus: Ein neues Paradigma im interdisziplinären Diskurs. In: Schmidt, Siegfried J. (Hg.): Der Diskurs des Radikalen Konstruktivismus. Frankfurt am Main: Suhrkamp, S. 11-88.

Schmidt, Siegfried J. (1995): Medien – Kultur – Gesellschaft. Medienforschung braucht Systemorientierung. In: Medien Journal, 19. Jahrgang, Heft 4, S. 28-35.

Serres, Michel (1991): Hermes I. Kommunikation. Berlin: Merve.

Sokal, Alan/Bricmont, Jean (1999): Eleganter Unsinn. Wie die Denker der Postmoderne die Wissenschaften mißbrauchen. München: C. H. Beck.

Weber, Stefan (2001): Kommunikation über Kommunikation. Zur wechselseitigen Konstitution von Theorie, Praxis, Empirie und Method(ologi)e in der Kommunikationswissenschaft. In: Hug, Theo (Hg.): Wie kommt Wissenschaft zu Wissen? Band 3: Einführung in die Methodologie der Sozial- und Kulturwissenschaften. Baltmannsweiler: Schneider-Verlag Hohengehren, S. 170-179.

Weber, Stefan (2003): Under construction. Plädoyer für ein empirisches Verständnis von Medienepistemologie. In: Roesler, Alexander/Münker, Stefan/Sandbothe, Mike (Hg.): Medienphilosophie. Beiträge zur Klärung eines Begriffs. Frankfurt am Main: Fischer, S. 172-184.

Weibel, Peter (1987): Die Beschleunigung der Bilder. In der Chronokratie. Bern: Benteli.

Zielinski, Siegfried (2002): Archäologie der Medien. Zur Tiefenzeit des technischen Hörens und Sehens. Reinbek bei Hamburg: Rowohlt.

Übungsfragen

1. Geben Sie eine allgemeine Definition für eine ›Theorie‹ an.
2. Was unterscheidet ein Paradigma von einer Basistheorie?
3. Worin unterscheiden sich postmoderne von medienphilosophischen Ansätzen (gemäß der hier vorgeschlagenen Differenzierung)?
4. Erklären Sie anhand einer konkreten Forschungsfrage bzw. einer konkreten Forschungsarbeit, wie eine von Ihnen zu wählende Basistheorie empirisch operationalisiert werden kann.
5. Versuchen Sie, zumindest *einen* Kandidaten für eine Basistheorie zu finden, der in diesem Einführungstext nicht Erwähnung fand und positionieren Sie ihn in der hier entwickelten Differenzierung.

2. Überblick: Theorienspektrum Medienwissenschaft

2.1 Techniktheorien der Medien
Frank Hartmann

2.1.1 Technische Evolution und Medienevolution

Im Umfeld von Definitionen dessen, was ein Medium eigentlich ist, wird immer wieder diskutiert, welchen Anteil die Technik bei Fragen der Medialität hat. Die Frage zielt dabei auf das *materielle Substrat*, das aller Kommunikation zugrunde liegt: Kein Zeichenprozess funktioniert ohne diese spezifische Materialisierung von symbolischen Formen, vom Schreibwerkzeug über die Datenträger wie Stein und Papier bis hin zur komplexen, vernetzten Infrastruktur der modernen Informationsgesellschaft. Der Begriff *Technik* hat dabei eine weite Bedeutung und ist erst im 18. Jahrhundert für »Künstlichkeit« und Kunstprodukte aus dem Französischen übernommen worden; er steht hier im gebräuchlichsten Sinn für Infrastruktur, Maschinen, Apparate und Hardware, während *Technologie* die Wissenschaft von der Technik und im weiteren Sinne die symbolmanipulierende, mediale Technik bedeutet.[1] Technische Medientheorie setzt vorerst bei solchen Voraussetzungen (Speichern, Schaltungen, Datenträgern) an, die den medialen Inhalt stets mitbestimmen und überformen: *das Medium ist die Botschaft*.

Von technischen Medien ist dann die Rede, wenn es um eine durch Maschinen und Apparate bestimmte Wirklichkeit geht, die von diesen nicht nur reproduziert oder abgebildet wird: Einzelne technische Medien wie der fotografische und der filmische Apparat

Randnotizen: Technik als materielles Substrat? — Technik versus Technologie — Technik = Maschinen und Apparate?

---

[1] Manovich (2001) hat in diesem Sinne jüngst vorgeschlagen, von der Medientheorie zu einer Software-Theorie überzugehen; die technoide Fixierung auf Hardware im deutschen Theoriediskurs wäre mit diesem Ansinnen zu relativieren.

oder der Computer sind Mechanismen zur Herstellung sekundärer Wirklichkeiten oder *Medienwirklichkeiten*. Damit wird eine Wirklichkeit bezeichnet, die von der Apparatur durchdrungen ist. Wie jede fortgeschrittene Technik bringt auch die Medientechnik bei dieser Durchdringung und Umformung der Wirklichkeit *Systeme* hervor, deren Komplexität das Individuum überfordert. Sowohl hinsichtlich Produktion wie Rezeption ist ihr *Subjekt* daher eigentlich nicht der einzelne Mensch, sondern ein kulturelles oder gesellschaftliches Kollektiv (vgl. Schnell 2000, 149). Die technischen Medien haben damit ihren eigenständigen Anteil an der Wirklichkeitsvorstellung unserer Kultur. Anthropomorphe Technikmodelle, die den Menschen in den Mittelpunkt stellen und Technik lediglich als Werkzeug und als Prothese des menschlichen Körpers betrachten, greifen deshalb zu kurz und verlieren zunehmend an Plausibilität (vgl. die Diskussion in Krämer (Hg.) 1998).

Sobald sich die Infrastruktur der Kommunikation mit den technischen Voraussetzungen ändert, zeitigt die technische Strukturdynamik neue Effekte in der Gesellschaft. Nicht erst die elektronische Vernetzung von Computern und die digitale Technik veränderten die Weltwahrnehmung und damit die Wirklichkeitsvorstellung der Menschen, und so setzt auch die Mediengeschichtsschreibung gern bei den Zäsuren der technischen Innovationen an. Was es im Einzelnen bedeutet, wenn die Zylinderdruckmaschine (1811 patentiert), die Daguerrotypie (1837), die Inbetriebnahme des ersten Transatlantik-Kabels (1858), die erste Filmvorführung (1895), die drahtlose Telegraphie (1896), erste Fernsehdienste (BBC, 1936), der erste digitale Rechner (Z1, 1937/1941), der Mikroprozessor (1968), die beginnende Computervernetzung (1969) usw. für neue Anwendungen auf dem Weg zur heutigen »Informationsgesellschaft« sorgen, ist nicht allein Sache der Historiker, sondern zunehmend auch der Medienwissenschaftler.[2]

Die konkrete Bedeutung einzelner Innovationen innerhalb einer teilweise noch ungeschriebenen Geschichte der Medienevolution in den funktionalen Bereichen des Speicherns, Übertragens und

---

[2] Zu einer nach einzelnen Medien ausdifferenzierten Mediengeschichte vgl. Hiebel/Hiebler/Kogler (1999) und zur disziplinären Aufgliederung Schanze (2001), zu Wirkung und Verbreitung einzelner Techniken und Geräte den Überblick von Flichy (1994), zu einer historisch-anthropologischen Medienevolution die Beiträge in Faßler/Halbach (1998) sowie die kulturgeschichtliche Rekonstruktion von Hörisch (2001).

Berechnens ist dabei keineswegs eindeutig, vor allem weil gerade zum Zeitpunkt eines medialen Umbruchs die älteren Medien einer Neubewertung und einer Sinnzuschreibung unterzogen werden (vgl. Faßler/Halbach 1998, 7). Teilweise wird versucht, in einer möglichst großen Klammer die fundamentalen technischen Medienrevolutionen von der Gutenberg-Galaxis bis hin zum Internet-Zeitalter herauszuarbeiten:

Mediale Innovationen/mediale Revolutionen

- Logisch ebenso wie chronologisch ist hier die Schrifterfindung zuerst zu nennen, die Verwendung phonetischer Schriften als Abstraktionsmedium.
- Die Mechanisierung von Schrift durch Gutenbergs Technik, die das Zeitalter der Druckkultur vorbereitet, sorgt für eine vergleichbare zweite Kulturrevolution, deren Effekte auf Kultur und Sprache, Logik und Wissenschaft, Politik und Weltbild kaum überschätzt werden können.
- In einem dritten Schritt ist es wieder die Technik, die für neue Bedingungen sorgt: Mit der Erfindung von Photographie und Phonographie im 19. Jahrhundert wird das Speicher- und Übertragungsmonopol der Schrift gebrochen; mit der digitalen Codierung schließlich werden Schrift sowie Zahlen, Töne und Bilder unterschiedslos technisch verfügbar und sorgen für die neuen Kommunikationsverhältnisse einer zunehmend telematisch organisierten Gesellschaft.

Von der Schrift zur telematischen Gesellschaft

Alternativ dazu zeigt uns ein etwas anderer Blickwinkel, dass bis zur Durchsetzung einer neuen Audiovisualität die industrielle Revolution mit ihren Maschinen (als technische Simulation von Muskeln) die *Arbeitsverhältnisse* und damit die Stellung des Menschen zur Welt verändert hat. Die zweite industrielle Revolution mit ihren Medienapparaten hingegen (als technische Simulation der Sinne und der Nerven) verändert die *Kommunikationsverhältnisse* oder die Stellung der Menschen zueinander (vgl. Flusser 1996, 235). Unter dieser Makroperspektive kommen unübersehbar nicht bloß soziale Hoffnungen zum Ausdruck, die über die Technik realisiert werden könnten, sondern durchaus heilsgeschichtliche Erwartungen, die sich in der Medientheorie säkularisiert wiederfinden (vgl. Davis 1998).

Die Verbesserung des Menschen und der menschlichen Lebensverhältnisse durch Technik und Medien – bis hin zu künftig möglichen Menschmaschinen oder *Cyborgs* – soll all die Defizite ausgleichen, welchen die menschliche Gattung unterworfen ist. Tech-

Cyborg als Fluchtpunkt

nik könnte dann realisieren, dass der Mensch außer seiner selbst eine ideale Mutation besitzt: Eine künstliche Intelligenz, die sich vom biologischen Körper befreit hat und als autonom agierende Geistesmaschine für neue Weltentwürfe sorgt. Seit es mechanische Automaten gibt, existiert diese Phantasie einer Überwindung des Menschen durch Technik (vgl. Hayles 1999). Technik soll der Existenz eine weitere Dimension hinzufügen, nach der Landwirtschaft und der Industrialisierung nun als Informationstechnologie. Auf das Bild der Technik als Versprechen einer Verklärung des menschlichen Zustands in Form seiner Verdopplung werden wir am Ende dieses Beitrags zurückkommen.

Überwindung des Menschen durch Technik?

2.1.2 Technik und menschlicher Organismus

Technikphilosophie als Reflexion der Rolle des Technischen im Prozess der menschlichen Zivilisation und die Bedeutung der Technik für die Kultur ist in der Philosophiegeschichte nicht gerade übermächtig präsent. Erst im frühen 19. Jahrhundert beginnt mit G. W. F. Hegel eine reflektierende Bestimmung des Technischen und der Arbeit (als technischem Herstellen) im Sinne einer *instrumentellen Vernunft* der sich formierenden industriellen Kultur, wie diese später abwertend bezeichnet wurde (vgl. Horkheimer 1985). Technik ist für Hegel ein *System von Mitteln*, das einerseits zur Verwirklichung von Sittlichkeit und damit zur Konstitution von bürgerlichem Bewusstsein führt, das damit andererseits aber auch ein Medium zur Wirklichkeitserzeugung darstellt.

Hegel: Technik als System von Mitteln

Organprojektion: Ernst Kapp

Die Technik und in weiterer Folge die Medien als Mittel menschlicher Welterschließung sind entwicklungsgeschichtlich als Moment der Befreiung vom tierischen Zustand, als Befreiung von der Natur zur Kultur anzusehen. Diese Befreiung wird zunächst in die Denkfigur der *Organprojektion* gefasst, so etwa beim Geographen und Hegel-Schüler Ernst Kapp, der in seinem Werk »Grundlinien einer Philosophie der Technik« (1877) die entwickelten Technologien als Form der Projektion des menschlichen Nervensystems vorstellt. In dieser Vorstellung wird der Mensch in seiner gestaltenden Funktion gesehen, die ihm aber in seiner Abhängigkeit von Werkzeugen und Maschinen ebenso unbewusst bleibt wie die Anatomie der Maschi-

Technologie als Projektion des Nervensystems

nenwelt als Analogie zur physiologischen Struktur des menschlichen Körpers.

»Zunächst wird durch unbestreitbare Thatsachen nachgewiesen, daß der Mensch unbewußt Form, Functionsbeziehung und Normalverhältniss seiner leiblichen Gliederung auf die Werke seiner Hand überträgt und daß er dieser ihrer analogen Beziehungen zu ihm selbst erst hinterher sich bewußt wird. Dieses Zustandekommen von Mechanismen nach organischem Vorbilde, sowie das Verständniss des Organismus mittels mechanischer Vorrichtungen, und überhaupt die Durchführung des als Organprojection aufgestellten Princips für die, nur auf diesem Wege mögliche, Erreichung des Zieles der menschlichen Thätigkeit, ist der eigentliche Inhalt dieser Bogen.« (Kapp 1877, Vorwort)

<small>Beginn der Organ-Analogien</small>

Damit ist die Vorstellung umrissen, dass vom Werkzeuggebrauch über Maschinenkonstruktionen bis in die modernen komplexen technischen Systeme hinein der Mensch in teils unbewusster Nachahmung immer wieder Prothesen seiner eigenen organischen Anlagen geschaffen hat, um seinen Zugriff auf die Welt auszuweiten und zu optimieren: Der Hammer ist eine Nachbildung der menschlichen Faust, die Photokamera ist die des menschlichen Auges etc. Als Vorbild für diese Auffassung Kapps gilt die Darwin'sche Evolutionstheorie, wobei die organische Entwicklung zum Vorteil der Gattung als Verlängerung und Ausweitung ins Anorganische hinein gedacht wird. Die Technik dient damit auch als Verbindung des einzelnen menschlichen Organismus mit dem Gemeinwesen bis hin zum politischen Staat als einer Form der organischen Projektion. Alle kollektiven Gebilde wären dementsprechend »Nachbilder des leiblichen Organismus« (Kapp 1877, ebenda) und Technik demnach eine Analogie zu biologischen Strukturen.

<small>Vorläufer moderner Prothesen-Theorien</small>

Prothesentheorie

Während im ausgehenden 20. Jahrhundert diese Sichtweise in einer neuen »Biologie der Maschinen« (Kelly 1997) wieder aufgetaucht ist, verlief die Diskussion zunächst ausgesprochen technikkritisch. Der Technik und den Medien stand eine kulturwissenschaftliche Theorie skeptisch bis feindlich gegenüber, wobei das Prinzip der Ausbeutung von Naturressourcen und der Zerstörung der Ökosphäre in den Vordergrund gestellt wird: von konservativen Den-

<small>Wiederkehr biologistischen Denkens</small>

kern (vgl. Heidegger 1962) ebenso wie von emanzipatorischen, welche die Eindimensionalität einer unidirektionalen »Apparatur« anprangerten (vgl. Horkheimer/Adorno 1969).

Was aber von Hegel indirekt und von Kapp direkt in die heutige technische Mediendiskussion eingeflossen ist, das ist die Sichtweise von Technik und im weiteren Sinne von *Medien als Instrumente der Wirklichkeitserzeugung* und damit als Mittel der menschlichen Selbsterfahrung. Ernst Cassirer bezog sich in seinem Aufsatz »Form und Technik« (Original 1930, hier zitiert nach Cassirer 1995, 71 f.) auf Kapps Technikphilosophie, wobei Technik im Doppelbezug von Begreifen und Erfassen der Wirklichkeit, von gedanklich-reflexiver wie technisch-gestaltender Formgebung als *symbolische Form* gefasst wird. Technik ist als solche Teil nicht nur menschlicher Selbstverwirklichung (als Emanzipation von Natur), sondern auch menschlicher Selbsterkenntnis (als quantitative Erweiterung und qualitative Wandlung seines Funktionskreises). Dass dies nicht ohne Schwierigkeiten abläuft, stellte ungefähr zeitgleich Sigmund Freud fest, als er den telematisch agierenden Menschen als einen »Prothesengott« bezeichnet hat, »recht großartig, wenn er alle seine Hilfsorgane anlegt, aber sie sind nicht mit ihm verwachsen und machen ihm gelegentlich noch viel zu schaffen« (*Das Unbehagen in der Kultur,* Original 1930, hier zitiert nach Freud 1974, 222).

Noch bei Marshall McLuhan wirkt dieses oben bereits als problematisch diskutierte Bild vom Prothesengott nach. In seinem 1964 erstveröffentlichten Hauptwerk »Understanding Media« stehen Medien im Untertitel als *Extensions of Man,* als Ausweitungen der menschlichen Sinnesanlagen: »Das Leitmotiv dieses Buches ist der Gedanke, dass alle Techniken Ausweitungen unserer Körperorgane und unseres Nervensystems sind, die dazu dienen, Macht und Geschwindigkeit zu vergrößern.« (McLuhan 1992, 109) Von Bedeutung bleibt sein Anspruch über ein historisches Interesse hinaus dennoch, weil er weder den Eigensinn der medialen Technik in Frage stellt noch die eigenartige Übereinstimmung der Technik mit Mustern der biologischen Evolution negiert.

2.1.3 Exteriorisierungen des Geistes: André Leroi-Gourhan

Am Ursprung der Mediatisierung von Körperfunktionen und der erwähnten »Organprojektion« steht zivilisationsgeschichtlich die *Exteriorisierung* (Auslagerung) des Geistes und in weiterer Folge die Fähigkeit, Denken symbolisch zu fixieren und auf Datenträgern zu speichern. Der Mensch verlängert damit seine Fähigkeiten nicht nur in Richtung auf eine objektive Natur, die er technisch bearbeitet, sondern auch auf einen kollektiven Organismus hin, der Möglichkeiten zur Kumulation von Innovationen (Mythen, Traditionen, Überlieferungen) schafft. Der französische Paläontologe André Leroi-Gourhan hat diesen Zusammenhang rekonstruiert und auf die Gleichursprünglichkeit von Werkzeug- und Symbolgebrauch in der Menschheitsentwicklung hingewiesen.

Werkzeug- und Symbolgebrauch

Das ist medientheoretisch insofern von Interesse, als es für eine Betrachtung der Technikentwicklung die Grundlage schafft, diese als eine fortlaufende Befreiungsgeste zu sehen. Technik entsteht aus der Evolution ausgelagerter Operationsketten – technische Intelligenz und symbolische Kompetenz des Menschen entstammen gleichursprünglich der Fähigkeit zum aufrechten Gang: Die Entlastung der Hand als Fortbewegungsorgan bildet diese zum Greiforgan aus und formt schließlich Werkzeuge aus. Die Entlastung des Mundes als Greiforgan befreit diesen im Zusammenhang mit einer fortgeschrittenen neuro-motorischen Organisation zum Sprechorgan.

Technik entlastet den menschlichen Körper

»Mit anderen Worten, ausgehend von einer Formel, die mit der bei den Primaten verwirklichten Formel identisch ist, stellt der Mensch konkrete Werkzeuge und Symbole her, die beide auf den gleichen Prozeß, oder besser auf die gleiche Grundausstattung im Gehirn zurückgehen. Dies führt uns zu der Feststellung, daß die Sprache nicht nur ebenso charakteristisch für den Menschen ist wie das Werkzeug, sondern daß beide der Ausdruck ein und derselben menschlichen Eigenschaft sind.« (Leroi-Gourhan 1995, 149)

Sprachkompetenz

In dieser menschheitsgeschichtlichen Rekonstruktion stellen die Funktionspaare Hand/Werkzeug und Gesicht (Mund)/Sprache bestimmte Stadien in der Herausbildung von Technizität als einer Auslagerung (Exteriorisierung) menschlicher Fähigkeiten dar, die als übertragene Funktionen und losgelöste Motorik Bedeutung für den sozialen Organismus haben, während der einzelne Mensch unter dieser Loslösung eventuell leidet. Aber der Ansatz zeigt auch, wie sich biologische Anlagen in der Technik fortsetzen, wie die direkte Motorik der Geste zur indirekten Motorik der Maschine wird, die sich ihrerseits zum Automaten weiterentwickelt, und dass die Medien in weiterer Folge als Fortsetzung dieser Befreiungsgeste zu sehen sind: Die Befreiung des Gedächtnisses durch die Entwicklung der Schrift und die Entdeckung des Buchdrucks mit der noch unabsehbaren Folge durch Mikroelektronik, Computertechnologie und die Vernetzung von Wissensressourcen.

Technik als Befreiungs-Möglichkeit

Indem Leroi-Gourhan die evolutionsgeschichtliche Verknüpfung von Technik und Sprache zeigt, die sich beide dem Phänomen der Exteriorisierung menschlicher Fähigkeiten in den sozialen Organismus hinein verdanken – wobei sich das technische Werkzeug zur Maschine und die Sprache zur Schrift »befreit« –, stellt er auch die Medien als »symbolisierende Apparate« in einen Zusammenhang, der mit dem kulturpessimistischen Entfremdungsdiskurs bricht und eine Medienevolution als weiteren Befreiungsschritt menschlicher Anlagen denkbar macht.[3]

2.1.4 Das Medium als Botschaft: Marshall McLuhan

Neben allen Inhalten, die von Medien wahrgenommen, übertragen und gespeichert werden, gilt spätestens seit McLuhan[4] auch die provokante Einsicht, dass schon das Medium selbst die Botschaft ist:

Das Medium selbst ist der Inhalt

»In einer Kultur wie der unseren, die es schon lange gewohnt ist, alle Dinge, um sie unter Kontrolle zu bekommen, aufzusplittern und zu teilen, wirkt es fast schockartig, wenn man daran erinnert wird, dass in seiner Funktion und praktischen Anwendung das Medium die Botschaft ist.« (McLuhan 1992, 17)

---

[3] Die kulturapokalyptische Perspektive, die eine Werkzeugkultur der Manufakturen als noch akzeptabel darstellt, jede Weiterentwicklung aber als »Maschinen-Ideologie« denunziert, findet sich exemplarisch bei Postman (1992). – Zur Wirkung des Ansatzes von Leroi-Gourhan hingegen vgl. Derrida (1974), Deleuze/Guattari (1992) und Serres (2001).

[4] Zu McLuhan aus medienphilosophischer Sicht → 2.11 Medienphilosophische Theorien.

Den Mechanismus, der einer Technik zugrunde liegt, hätten die Menschen jedoch zu keinem Zeitpunkt ihrer Kulturentwicklung verstanden. Speziell die Philosophen der westlichen Welt haben, wie McLuhan in einem Brief angemerkt hat, zweieinhalb Jahrtausende lang »jede Technologie aus der Behandlung von Materie-Form-Problemen ausgeklammert« (zitiert nach Innis 1997, 5). Es sei die qualitative Veränderung dieser Problemlage durch »die instantane Geschwindigkeit der elektrischen Information«, die einen neuen Beobachtungsstatus schafft und uns das Modell erkennen lässt, das der gegenwärtigen medialen Transformation zugrunde liegt (McLuhan 1992, 399 f.). Es geht dabei um die *magischen Kanäle*, die Kommunikation prägen und jeden Informationsprozess bedingen.

Medien werden hier als *technische Strukturen der Welterschließung* verstanden; die menschliche Weltwahrnehmung ist abhängig von der jeweils kulturell realisierten medialen Technizität. Dieser Rahmen bedingt soziale und physische Effekte, und seine epochalen Veränderungen – einst war das der Buchdruck, jetzt ist es die Elektrizität – transformieren Grenzen und Formen der Kultur, in denen sie stattfinden. Mit anderen Worten: Kein Medium geht allein in seinen inhaltlichen Bezügen auf. Seine *eigentliche* Botschaft ist die Veränderung, die es der Sinnesorganisation und damit der Grundbefindlichkeit menschlichen Daseins zufügt: »Alle Medien sind mit ihrem Vermögen, Erfahrung in neue Formen zu übertragen, wirksame Metaphern.« (McLuhan 1992, 74)

Medien als Instrumente der Weltwahrnehmung

So ist die bürgerliche Gesellschaft mit der Industriekultur, die sie hervorgebracht hat, als ein Effekt der medialen Logik anzusehen, die dem Buchdruck entstammt, und so wird der Effekt der »elektrischen Automation« oder auch »Kybernation« eine neue Kultur sein, an der McLuhan bereits in den sechziger Jahren die Züge der heutigen Informationsgesellschaft entziffert hat (vgl. McLuhan 1992, 393 ff.). Nicht nur die elektronisch vermittelte Kommunikation, sondern vor allem die Vereinheitlichung des Mediensystems, das sich auf der technischen Grundlage der Digitalisierung in unserer Zeit deutlich abzeichnet, lässt hier völlig neue kulturelle Ordnungen entstehen. Die Exteriorisierungen des Geistes (vgl. oben) nicht nur ins kollektive Gedächtnis der Bibliotheken und Archive, sondern in die Konstruktion virtueller Welten und Menschmaschinen hinein birgt schwer abschätzbare Implikationen.

Evolution der Medien – Evolution der Gesellschaft

Da Menschen ihre sinnliche Wahrnehmungsfähigkeit über ihre Sozialisation erst erlernen müssen, unterliegt ihre organische Anlage zur Realitätsverarbeitung historischen und kulturellen Differenzierungen und Veränderungen. Dazu kommt, dass sinnesphysiologische Wahrnehmungsschwächen gegeben sind, beispielsweise durch die langsame Reaktionsfähigkeit des Sehorgans, was medienästhetisch folgenreiche Effekte zeitigt (vgl. Schnell 2000, 13 f.). Die Unzulänglichkeit der menschlichen Sinnesorgane bildet auf der einen Seite die Grundlage medialer Wahrnehmung. Optische Medien wie Photographie, Film und Fernsehen oder der PC-Bildschirm bauen auf den Defiziten der Sinnesphysiologie auf: Die kinematographische Wahrnehmung funktioniert nur deshalb, weil die medientechnische Bildinformation die Bewegungsauflösung des Auges stets leicht überbietet. Dasselbe Prinzip gilt für Digitalmedien, da bei der Umwandlung von quantisierten analogen Signalwerten zu digitaler Information teils erhebliche Reduktionen der Datenmengen vorgenommen werden können, weil die menschlichen Sinne bestimmte Informationen erst gar nicht wahrnehmen oder dicht beieinander liegende Informationen nicht unterscheiden können (nicht anders funktioniert das digitale Bild, die Audio-CD oder auch MP3). Auf der anderen Seite gibt es freilich noch eine kulturelle Konditionierung der Wahrnehmung, die mit Faktoren wie kulturellem Speicher, Wissen und Weltbild zu tun hat.

2.1.5 Medienarchäologie: Friedrich Kittler

Nicht die Menschen, sondern die Medien sind damit zum Maß aller Dinge geworden – das ist die These, die Friedrich Kittler daraus folgert. »Medien bestimmen unsere Lage, die (trotzdem oder deshalb) eine Beschreibung verdient.« (Kittler 1986, 3) Er geht freilich einen entscheidenden Schritt über die medienästhetische Betrachtung hinaus: Medientechnik lässt alles Menschliche hinter sich, und ebenso wie Medienverbundschaltungen alles normieren, was uns an elektronischer Kommunikation zur Verfügung steht, schleifen ihre Normen und Standards die »Leute oder Sinnesorgane ein« (»Gleichschaltungen«, Kittler 1998, 255). Denn die Benutzeroberflächen, also die für den Menschen wahrnehmbaren Teile oder Oberflächen des Mediensystems, sind bekanntlich nicht alles, dienen aber letztlich nicht nur dazu, die Wahrnehmung der Anwender zu überrumpeln, sondern – wie Kittler in stets süffisanter Tonlage voll militärischer Metaphorik anmerkt – »um zivile Anwender in eine undurchschaubare Simulation zu verwickeln.« (Kittler 1993, 212)

Frei im Anschluss an McLuhan und durch den Filter einer an der poststrukturalistischen Theoriebildung[5] geschulten Analyse widmet sich der Literaturwissenschaftler Kittler den Medien, um sie im Sinne einer Archäologie (vgl. Foucault 1973) zu beschreiben. Als *Medienarchäologie* vermag diese Methode »in der weitgehend linear und chronologisch konstruierten Geschichte die widerständigen lokalen Diskursivitäten und Ausdruckspraxen des Wissens und des Konzeptionierens technisch basierter Weltbilder und Bilderwelten herauszuarbeiten« (Siegfried Zielinski, zitiert nach Ernst 2001, 258). Die Medienarchäologie ist explizit anti-hermeneutisch angelegt, denn gefragt wird nach den Effekten medialer Technik unter Bedingungen steigender Komplexität – in der hochtechnischen Konditionierung ist der Mensch und sein Sinnverstehen eben nicht mehr Maß der Dinge. Deshalb zielt Kittler auf einen »informationstheoretischen Materialismus« (Kittler 1993, 182), der ausschließt, dass es eine von technischen Bedingungen abgetrennte soziale Sinnkommunikation gibt.

»Materialitäten der Kommunikation sind ein modernes Rätsel, womöglich sogar das moderne. Nach ihnen zu fragen macht Sinn erst, seitdem zweierlei klar ist: Es gibt erstens keinen Sinn, wie Philosophen und Hermeneutiker ihn immer nur zwischen den Zeilen gesucht haben, ohne physikalischen Träger. Es gibt zum anderen aber auch keine Materialitäten, die selber Informationen wären und Kommunikation herstellen könnten.« (Kittler 1993, 161)

»Medienarchäologie«

Theorem materialistischer Medientheorie

Aufschreibesysteme

Betrachtet man die Medienarchäologie unter kulturwissenschaftlichen Aspekten, dann gerät sie zu einer Rekonstruktion der Moderne unter den Bedingungen der medialen Diskurse, die sie ermöglicht haben. Kulturelle Erscheinungsformen wie die Künste

---

[5] Jacques Lacan ging es um die Vorherrschaft des Signifikanten als des *materialen* Teils von Kommunikationen, Michel Foucault um eine Rekonstruktion des Archivs als der *historisch-kulturellen* Bedingung aller Aussagen, vgl. Münker/Roesler (2000); siehe auch→ 2.10 Poststrukturalistische Medientheorien.

und die Wissenschaften sind an bestimmte Kulturtechniken gebunden und haben damit eine nicht immer offensichtliche materielle Verfasstheit: So sind Literatur und Geisteswissenschaften in ihrer allgemeinen Form mit Techniken wie dem Buchdruck in Zusammenhang zu bringen. Sie stehen für das mediale *Dispositiv*, für das Netzwerk von Techniken und Institutionen, »die einer gegebenen Kultur die Entnahme, Speicherung und Verarbeitung relevanter Daten erlauben« (Kittler 1987, Nachwort).

<small>Dispositiv = Netzwerk der Institutionen</small>

Dafür ist *Aufschreibesystem* eine Bezeichnung, die als solche bereits auf das Jenseits einer souveränen Subjektivität in Richtung einer anonymen Medientechnik weist – Kittler hat sie bei Daniel Paul Schreber gefunden, der 1903 in seinen »Denkwürdigkeiten eines Nervenkranken« ausgesagt hat: »Wer das Aufschreiben besorgt, vermag ich ebenfalls nicht mit Sicherheit zu sagen« (zitiert nach Kittler 1987, 304). Über solch anonyme Aufschreibesysteme, so Kittlers These, entsteht die kulturelle Moderne vor allem in zwei spezifischen Schüben an der Wende ins 19. sowie ins 20. Jahrhundert. Zuerst war es die allgemeine Alphabetisierung, die Ende des 18. Jahrhunderts mittels Lesefibeln die Stimme der Mutter ins Bildungssystem einbezogen hat, eine *Oralisierung*, die laut Kittler eine »Revolution des europäischen Alphabets« zur Folge hatte: Eine neue Lautiermethode lässt die Materialität der Sprache (ihre technische Form oder die Druckbuchstaben) nach dem Prinzip *Stimme statt Schrift* zurücktreten.[6] Zusammen mit dem diskursiven System von Universität und Literatur verhilft dieses Aufschreibesystem 1800 dann der deutschen Dichtung (der nationalisierten Muttersprache), allgemeine Sinngebungsinstanz bzw. Kulturträger zu werden.

<small>Medien als »Aufschreibesysteme«</small>

In einem nächsten Schritt kommen um 1900 die neuen Formen der Datenspeicherung bzw. der »technischen Aufzeichenbarkeit von Sinnesdaten« zum Zug, was anhand der prototypischen Medien der neuen Massenkommunikation wie dem Grammophon, der Schreibmaschine und dem Film illustriert wird (vgl. Kittler 1986). Dieses neue Speichern und Übertragen, diese mediale Transposition erzeugt endgültig ein Delirium des Sinns, der mit

<small>Von der Oralität zur Massenkommunikation</small>

---

[6] Die Umstellung von der Buchstabiermethode zur Lautiermethode (Lesenlernen nach Lautwerten statt Auswendiglernen von Buchstaben) öffnet angeblich Abgründe von Sinn, der sonst so nicht da wäre. Bei Derrida (1974) kommt diese »Schriftvergessenheit« mit anderer Kontextualisierung vielleicht eleganter, aber auch nicht sehr viel plausibler vor.

interpretatorischer Immanenz nicht mehr zu entziffern ist und daher nach einer Perspektive von außen verlangt.

Materialitäten der Kommunikation

Es geht damit, wie Kittler zunächst für die Literaturwissenschaften zeigt, längst nicht mehr um die Bedeutungsfragen, sondern um die Materialität von Texten und im weiteren Sinne um die Medientechnologien. Der Zusammenhang von Medientechnik (wie Schrift und Buchdruck) und den zugehörigen Institutionen der Kultur und der Bildung (wie Literatur und Universität) wird im Verfahren der *Diskursanalyse* thematisiert und rückt methodisch damit in die Nähe der *Archäologie des Wissens* (vgl. Foucault 1973; → 2.10 Poststrukturalistische Medientheorien), die jedoch eine informationstheoretisch erweiterte ist:

Abkehr von der Hermeneutik

Diskursanalyse im Anschluss an Foucault

> »Spätestens seit der zweiten industriellen Revolution mit ihrer Automatisierung von Informationsflüssen erschöpft eine Analyse nur von Diskursen die Macht- und Wissensformen noch nicht. Archäologien der Gegenwart müssen auch Datenspeicherung, -übertragung und -berechnung in technischen Medien zur Kenntnis nehmen. [...] Nach Sprengung des Schriftmonopols wird es ebenso möglich wie dringlich, sein Funktionieren nachzurechnen.« (Kittler 1987, 429)

Stets verschwindet dabei etwas, so will uns diese These Kittlers bedeuten, aber durch die kulturellen Sinnangebote hat der Mensch vergessen, dass längst ein technisches System dominiert – am Ende stehen entmündigte Endanwender vor dem völlig »durchstandardisierten Interface«, das für sie nicht mehr hintergehbar ist (Kittler 1998, 261). Dieser Ansatz beansprucht nichts weniger, als unter einer Konzentration auf die Materialitäten von Kommunikation ein neues medienwissenschaftliches Paradigma der Information in den Geistes- und Kulturwissenschaften zur Geltung zu bringen. Nach der philosophischen Hermeneutik, die Sinn als Intentionalität von Autoren rekonstruiert und Bedeutung innerhalb historischer Kontexte interpretiert, und nach der soziologischen Gesellschaftstheorie, die eine Widerspiegelung von Produktionsverhältnissen in Begriffen von Arbeit und Energie als Schlüssel anbietet, soll nun die Interpretationsarbeit durch einen Systemvergleich ersetzt werden. Anstelle von Sinn und Bedeutung wird die Nachrichtentechnik relevant, statt Autorenabsichten nachzuspüren, wer-

Technisch-materialistische Medientheorie

den Regelkreise von Sendern, Kanälen und Empfängern beschrieben – es geht um die medialen Effekte auf Gedanken und Theorien, um die kommunikativen Materialitäten. Damit verbunden wird ein Misstrauen in Geist, Aufklärung, das Humane – zugunsten von Technik, die zumindest im Fall der Informationstechnik angeblich »immer schon Strategie oder Krieg« gewesen sein soll (Kittler 1987, 431).

Technische Materialität und medialer Inhalt: Kittler in der Diskussion

Das »Medien-Apriori«

Technische Medientheorie betont ein *Apriori*, nach dem das, was medial überhaupt Sache ist, radikal von den technischen Gegebenheiten abhängt – von einem Aspekt also, der bei unseren Kommunikationen wie selbstverständlich vorausgesetzt wird und der dennoch die Bedingungen ihrer Möglichkeit mehr bestimmt als etwa die Intentionalität eines Autors beim Verfassen einer Botschaft. Das technisch-mediale Apriori bedeutet, »dass technische Vermittlungsverhältnisse gesellschaftlichen, kulturellen und epistemologischen Strukturen vorausgesetzt sind« (Spreen 1998, 7). Der Mensch ist, mit anderen Worten, das Produkt nicht nur seiner Kommunikationsverhältnisse, sondern vor allem seiner Medientechnologien.

Dieser Theorieansatz hat seit Ende der achtziger Jahre in Deutschland Konjunktur und richtet sich gegen hermeneutische Ansätze eines »Sinnverstehens« ebenso wie gegen eine medienwissenschaftliche Forschungspragmatik, die auf der inhaltlichen Ebene von Medienangeboten ansetzt und »Inhaltsanalyse« oder »Wirkungsforschung« betreibt. Es geht um *Schaltungen* im Sinne der technischen Bedingungen von Produktion und Rezeption der Medieninhalte, um Technik als *sine qua non* aller Möglichkeit von Kommunikation:

Technische »Schaltungen«

> »Von den Leuten gibt es immer nur das, was Medien speichern und weitergeben können. Mithin zählen nicht die Botschaften oder Inhalte, mit denen Nachrichtentechniken so genannte Seelen für die Dauer einer Technikepoche buchstäblich ausstaffieren, sondern (streng nach McLuhan) einzig ihre Schaltungen, dieser Schematismus von Wahrnehmbarkeit überhaupt.« (Kittler 1986, 5)

Was konstatiert und beschrieben wird, das ist die Auflösung der einheitlich wahrnehmbaren Welt, die Zerlegung der Wahrnehmung, die zunehmende *Gleichschaltung* und Diskurskontrolle vor allem angesichts noch fortschreitender Gleichschaltungen der Informationsgesellschaft. – Doch ist die Behauptung, dass es allein die technischen Standards sind, die letztlich alles Menschliche bestimmen, tatsächlich haltbar?

Wenn einerseits der Einfluss von medialen Materialitäten auf geistige Produkte nicht unterschlagen werden kann, darf andererseits zwischen den beiden Bereichen Technik und Geist aber auch kein Kurzschluss hergestellt werden. Schließlich sind die Zeichensysteme einer Kultur – die »Exteriorität des Signifikanten« (Derrida 1974, 29)[7] – weder Geist selbst, sondern dessen Auslagerung, noch Technik im engeren Sinne, sondern Hilfsmittel und Verstärker für Sinnesfunktionen (etwa für das Gedächtnis). Es gibt Denkvoraussetzungen abstrakter (etwa Wunschproduktion oder Begehren) wie materieller Natur. Aber auch in Form von Zeichenprozessen sind Letztere nicht Teil einer quasi-natürlichen Technikentwicklung, die jenseits menschlicher Eingriffe verlaufen würde; gerade wegen der unterschiedlichen Techniken, die in der empirischen Praxis je nach unterschiedlichen Zwecken konkurrieren – womit die Technik fast zwangsläufig ideologisch wird. Das gilt noch im Zustand ihrer Digitalisierung, die bei Kittler als Abschluss der Mediengeschichte gesehen wird, weil alle Unterschiedlichkeit »kassiert« und damit letztlich der Medienbegriff selbst obsolet wird, nachdem die *Turing-Maschine*[8] nicht mehr einfach zwischen zwei Seiten vermittelt oder etwas repräsentiert, sondern »immer schon die Sprache der oberen Führung« spricht (Kittler 1986, 362).

Das Verhältnis von Technik und Geist ...

Doch die Digitalkultur kennt nicht bloß Maschinen und Programme, sondern auch Programmierer. Selbst unter den Bedingungen der informationsverarbeitenden Maschinen (im Geist der Kybernetik) geht die symbolische Welt nicht restlos in der Welt der Medientechnik auf. Hartmut Winkler hat in seiner Darstellung der neuen symbolischen Maschinerie des Datenuniversums dezidiert darauf hingewiesen, dass der Sinn von Medien sich nicht in der

... in der Digitalkultur

Winkler: Medientheorie des Computers

---

[7] Zum Begriff des Signifikanten (des Bezeichnenden) → 2.4 Zeichentheorien der Medien.

[8] Die »Turing-Maschine« steht für eine vom britischen Mathematiker Alan Turing 1936 entwickelte Theorie grundlegender Berechenbarkeit jedes beliebigen Problems, die Definition und das passende Programm (Theorie des Computers) vorausgesetzt. Rechenvorgänge können in kleinste Schritte zerlegt, damit als Algorithmen reformuliert und folglich von einer Maschine ausgeführt werden.

63

unmittelbaren Sinnlichkeit ihrer Technik erschöpft und dass gerade unter Bedingungen der »Medienkonstellationen« (d. h. es gibt nie nur ein Leitmedium, sondern verschiedene konkurrierende Medien) durchaus die Frage bestehen bleibt, »mit welchen Medientechniken welche Symbole auf welche Weise gehandhabt werden« (Winkler 1997, 335). Wenn Medien, Zeichen und Technik sich aber nicht unmittelbar identifizieren lassen, dann können Fragen der Medientheorie wohl nicht umstandslos in Fragen der Medientechnik aufgelöst werden. Zwar ist es richtig, dass durch die Formalisierungsleistung der Computertechnik alle medialen Inhalte beliebig adressierbar werden.[9] Wie aber sollten Medien selbst theoretisch zu adressieren sein, wo doch die technischen Apparaturen »aus der Operation des Kommunizierens (ausgeschlossen sind), weil sie nicht mitgeteilt werden« (Luhmann 1996, 13)? Der historische Erfahrungshorizont einerseits und das Problem der subjektiven Konstruktion andererseits verweisen auf eminente medientheoretische Problemstellungen, die nicht einfach mit dem Verweis auf »Materialitäten« auflösbar sind (vgl. dazu ausführlich Spreen 1998, 107 ff.). Aber die fortgeführte Debatte macht klar, dass die Technik nach wie vor der blinde Fleck einer auf Sinnverstehen und Inhalten aufbauenden Medientheorie ist:

Technik als blinder Fleck der Medientheorie?

»Unsere übliche Antwort, mit der wir alle Medien abtun, nämlich, dass es darauf ankomme, wie wir sie verwenden, ist die befangene Haltung des technischen Dummkopfs.« (McLuhan 1992, 29)

2.1.6 Die Apparatus-Debatte: Jean-Louis Baudry

Die mediale Reproduktion ist keine einfache Wiedergabe der Wirklichkeit, sondern eine bestimmte Form der Interpretation, die unter anderem von den technischen Reproduktionsmöglichkeiten selbst abhängt. Besonders die Techniken der Photographie und des Films »organisieren Bild und Ton auf eine Weise, die dem künstlerischen Zugriff aufs Material vorgelagert ist« (Schnell 2000, 103). Wenn bestimmte Basistechniken des Apparats bereits die Wahrnehmung

---

[9] Zur weiteren Diskussion medialer Adressierbarkeit im Sinne einer technischen »Unabdingbarkeit« vgl. die Beiträge in Andriopoulos/Schabacher/Schumacher (2001).

vorformen, ist diese Technik dann Bedingung ihrer Möglichkeit? Bestimmt mit anderen Worten die Produktionstechnik die künstlerische Aussage und sollte daher die Technik selbst auf ihre möglichen Inhalte hin befragt werden?

Besonders in der Filmtheorie wurde ab den frühen siebziger Jahren der Versuch gemacht, die »Ideologie« der Technik *vor* allem medialen Inhalt und seiner künstlerischen Gestaltung zu thematisieren: Dieser Ansatz wird als die so genannte *Apparatus-Debatte* bezeichnet. Die Medientechnik wird hier als das Formierende betrachtet, das seinerseits schon ideologisch – bzw. in der marxistischen Diktion der Zeit: *bürgerlich* – ist. Es ist dies aber ein unbewusster Prozess, der bestimmte Ideologien transportiert – so wie der Film einen gewissen, der Zentralperspektive verpflichteten und damit historisch kontingenten Raumcode beinhaltet. Dieser gesellschaftlich konstruierte Code ist unbewusst in die Konstruktion der Kamera eingeflossen. Der Ideologieverdacht dabei war der, dass der Film schon von seinen technischen Mitteln her eine historisch obsolete Weltsicht prolongiert (vgl. Winkler 1992).

Zur Apparatus-Debatte in der Filmtheorie

Das Subjekt wird damit gewissermaßen überwältigt: Technik gilt nicht länger als Mittel zu durchschaubaren Zwecken, sondern wirkt ebenso unbewusst wie umfassend, sie wird damit zur *Ideologie*, weil das medientechnische Apriori eben *nicht* reflektiert wird. Das ist der Zusammenhang für den Begriff des *Dispositivs*, den Jean-Louis Baudry in die Debatte eingebracht hat. Wo es ein (technisch) Unbewusstes gibt, da existiert auch die Verdrängung; das Dispositiv hingegen suggeriert, die von der Geisteswissenschaft weitgehend verdrängte Ebene des Technischen ins Bewusstsein zu heben. Der Begriff des Dispositivs stammt von Michel Foucault (→ 2.10 Poststrukturalistische Medientheorien), der ihn in seinen Studien unter anderem im Sinne eines strategischen Zusammenspiels von Redeweisen, Techniken und Institutionen verwendet hat, während die Parallelisierung von *Psyche* und *Techne* bereits auf die Theorie der Wunschmaschinen bei Deleuze und Guattari verweist:

Baudry: Begriff des Dispositivs von Foucault

Deleuze/Guattari: Theorie der Wunschmaschinen

> »Ohne dass es sich dessen fortwährend bewusst ist, wird das Subjekt dazu veranlasst, Maschinen zu produzieren, die nicht nur die Funktionen des Sekundärprozesses vervollständigen oder ergänzen, sondern auch in der Lage sind, ihm sein Funktionieren im Ganzen darzustellen, und zwar durch nachahmende Apparate, die jenen Apparat simulieren, der es selber ist.« (Baudry 1999, 403)

Damit ist klar, in welchem Sinn das Subjekt hier seiner Souveränität beraubt wird: Kein reflexives Bewusstsein rettet davor, einer Rezeptionssituation zu verfallen – die Prüfung an der Realität beispielsweise zerstört nicht einen Moment lang das Dispositiv des Kinos, das den Zuschauer zur Unbeweglichkeit in dunklen Räumen verdammt. »*Darling, ich bin im Kino* ...« mag man sich beispielsweise denken – und dass hier noch klare Verhältnisse zwischen Signifikant und Signifikat herrschen; allein die Außenperspektive erweist sich wieder als trügerisch, weil sie blind macht gegenüber dem Medienkonstruktivismus und damit gegenüber einer Lage, die mittels Referenz auf die »Wirklichkeit« nicht mehr entschlüsselbar ist (→ 2.6 Konstruktivistische Medientheorien).

Medien verbergen ihre Konstruktions-Mechanismen

Das »kinematographische Dispositiv« löst einen Kino-Effekt aus, d. h. das Kino reproduziert einen Realitätseindruck, der sich laut Baudry mit dem eines Traumes vergleichen lässt: Es handelt sich um eine »Simulation«, um eine Wirkung auf subjektiver Seite; das Dispositiv des Kinos erzeugt »die Simulation eines Subjektzustandes, einer Subjektposition, einer Subjektwirkung, und nicht der Realität.« (Baudry 1999, 402 f.) Mithin wirken Medien als Technologien des Unbewussten, denen der Mensch ausgeliefert ist, die jedoch von einem ideellen Ort her wirken, denen kein im einzelnen greifbarer Teil des Apparats mehr entspricht – es ließe sich von einer vorgängigen Programmierung sprechen. War bei Baudry das Kino ein Simulationsapparat, der die Menschen in halluzinatorischer Wunscherfüllung gefangen hält, so ist dieser Ansatz im Vorfeld von Jean Baudrillards Simulationsthese angesiedelt (→ 2.10 Poststrukturalistische Medientheorien). Diese hat dann versucht zu argumentieren, wie das Reale selbst im Hyperrealismus der Medien untergeht. Im Vorfeld der Digitalisierung wurde gezeigt, dass eine Bedeutung von Zeichen nicht mehr durch eine wie auch immer geartete Referenz auf die Wirklichkeit des Zeichenobjekts rekonstruiert werden kann, sondern dass hier Steuerungen im Vorfeld jeder Interpretation am Werke sind, die alles »Reale« zum Rohmaterial seiner »äquivalenten Reproduktion« depotenzieren (vgl. Baudrillard 1982). Der mediale Simulationsapparat versetzt also sein Publikum entweder in den Zusammenhang infantiler Regression oder aber verstrickt dieses in eine unentrinnbare visuelle Totalität, die keinen »apparatfreien Aspekt der Realität« (Benjamin 2002, 371) mehr zulässt, da jede Sinnlichkeit ihrem »technischen Bedingtsein« unterworfen ist. Auf diese das Subjekt überschießen-

Baudrillard: Theorie der Simulation

Benjamin als Vorläufer

den Aspekte medialer Technik hat am Beispiel der Kamera bereits Walter Benjamin in seinen medienästhetischen Essays der dreißiger Jahre hingewiesen (vgl. Benjamin 2002).

Apparat und soziale Praxen

Die Apparatus-Theorie war im filmtheoretischen Diskurs der siebziger Jahre beheimatet und verblasste im Umfeld des multimedial erweiterten Mediendiskurses, der den Möglichkeiten »digitalen Scheins« nachspürte (vgl. dazu Rötzer 1991). Eine Aufarbeitung des Zusammenhangs von Wahrnehmungsapparaten und einer Logistik der Wahrnehmung ganz anderer Art lieferte dann Paul Virilio, als er die parallele Entwicklung von Film und militärischer Luftfahrttechnik untersuchte: Die strategische Bedeutung der Optik begünstigt seit Anfang des 20. Jahrhunderts die Anwendung von Wahrnehmungsgeräten zu militärischen Zwecken, so seine These. Der Zusammenhang von Krieg und Kino beansprucht, die gesellschaftliche Formierung zu zeigen, die sich über das Sehen legt und letztlich als allumfassendes Kino (»Pan-Kino«, Virilio 1986, 147) sämtliche Handlungen zu Kino-Handlungen macht.

Virilio: Medien- und Militärtechnologien

Wie Virilios Ansatz im Weiteren nahe legt, folgt die technische Struktur der Medien einer eigensinnigen Entwicklungslogik, wobei zunächst eine soziale Einschreibung erfolgt, die im Weiteren das gesellschaftliche Unbewusste in der Technik darstellt. Die Entfaltung der Medientechnologien entzieht sich der bewussten Gestaltung durch den Menschen – und, so wäre zu folgern, die Technik findet in einer autonomen Sphäre statt, aber nicht ohne in ihr die Menschen wieder zu unterwerfen. Eine Kritik, die den Menschen und seine soziale Praxis oder eine Hermeneutik des Sinns zum Ausgangspunkt nimmt, scheint damit völlig unzeitgemäß geworden zu sein.

Das gilt vor allem für die Kritik im Sinne eines emanzipatorischen Mediengebrauchs, wie ihn etwa die Frankfurter Schule (→ 2.3 Kritische Medientheorien) unter Berufung auf gesamtgesellschaftliche Zusammenhänge nahe gelegt hat. Die Debatte ist interessant für das Verständnis einer Theoriebildung, die den Charakter der Einzelmedien wie Photokamera, Film, Radio, Fernsehen oder Computer in ihrer Technizität begründet und auf den Kontext von Kommunikationsprozessen zwischen Sendern und einem spezifischen Publikum reduziert hat – entgegen den vielfältigen Interdependenzen, die zwischen Kultur und Technik bestehen. Was dabei

Adorno/ Horkheimer: Kulturkritik

Frank Hartmann

Flusser: »Philosophie der Photographie«

auf dem Spiel steht, ist die Rolle der menschlichen Freiheit angesichts der Unmöglichkeit, die »im Programm des Apparats enthaltenen Möglichkeiten« (Flusser 1983, 24) überhaupt noch als hintergehbar zu denken. Dem medientheoretischen Diskurs blieb aber durchaus noch ein kulturkritischer Impetus, wenn etwa Flusser von einer *Philosophie der Fotografie* verlangte, jene Freiheitsgrade zu benennen, die der menschlichen Absicht erlaubt, »gegen den Apparat zu spielen« (ebenda, 73).

Technikzentrierte versus anthropologische Theoriebildung

Die Anforderungen des Sozialen wurden aber besonders in der jüngeren deutschen Medientheorie als Zumutungen ausgeblendet; vor allem in den Schriften von Norbert Bolz und Friedrich Kittler ist eine übertriebene Technikaffirmation festzustellen, die eine technikzentrierte Theoriebildung von einer »anthropologischen« unversöhnlich abzugrenzen scheint. Nicht mehr nur für die Traumzeit des Kinos, sondern vor allem unter Bedingungen rechnergestützter Simulationen gilt nach Bolz: »In der technischen Wirklichkeit der neuen Medien ist der Mensch nicht mehr Herr der Daten, sondern wird selbst in Rückkopplungs-Schleifen eingebaut.« (Bolz 1993, 114) Die anti-hermeneutische Wende einer technischen Medientheorie ist dabei zu einem durchaus nicht unproblematischen Versprechen geworden, einer anthropozentrischen Kommunikations- und Mediengeschichtsschreibung zu entrinnen. Die mittlerweile banale Feststellung, dass das kulturelle Gedächtnis nicht ausschließlich typographisch, sondern auch audiovisuell funktioniert, wird in einer Engführung des (bei Foucault keineswegs rein material verstandenen) *Archivs* mit den neuen medialen Speichern gelegentlich pathetisch aufgeblasen in Richtung einer von aller Semantik bereinigten »Nicht-Diskursivität«, einer absolut gesetzten Signatur der technischen Speicher (vgl. Ernst 2002).

Medienarchäologie versus Medienanthropologie

Dabei, so hat Hartmut Winkler mit seiner Kritik klar gemacht, mag es etwa Mitte der achtziger Jahre durchaus berechtigt und wichtig gewesen sein, die Geistes- und Kulturwissenschaften für die technische Seite ihres Gegenstands (Materialitäten der Kommunikation und Geschichte der Kulturtechniken) in die Pflicht zu nehmen. Mittlerweile ist dieser Hinweis jedoch schal geworden und die harte Konfrontation von *Medienarchäologie* und *Medienanthropologie* nicht mehr zielführend, da die beiden Ansätze untrennbar miteinander verschränkt sind. Winkler spricht hier von einer »zyklischen Einschreibung«, für die sowohl soziale Praxen ihren materiellen Niederschlag in der Technik finden als auch dieselbe Technik zum Ausgangspunkt für nachfolgende Praxen wird.[10]

2.1.7 Vom Maschinendenken zu Denkmaschinen

Der medientechnische Theorieansatz bricht mit dem Konzept der medialen Vermittlung: Wenn nur das wirklich ist, was auch »schaltbar« ist, dann wird in diesem Konzept das Mediale mit einer ontologischen Qualität versehen, da außerhalb der Medienkonstruktion buchstäblich nichts mehr ist (wie in der Transzendentalphilosophie ein *An-sich* der Dinge nur mehr denkmöglich, aber nicht mehr erkennbar ist).

<small>Was ist jenseits der Medien?</small>

Die Welt erscheint als eine Summe von Möglichkeiten, von denen nur ganz bestimmte – und zwar genau die, die sich als historische Folge von Technik darstellen lassen – tatsächlich verwirklicht worden sind. Technik spielt dabei die entscheidende Rolle: Schon in der Phase des Werkzeuggebrauchs hilft sie den Menschen nicht nur, die Objekte in der Welt zu bearbeiten, sondern auch, diesen Objekten eine bestimmte Form aufzuprägen, die sich von ihrer natürlichen Form unterscheidet (d. h. eben, sie zu *in-formieren*, wie Flusser sagt). Kraft ihrer Materialität bilden sich historische Ausprägungen, die ihre Subjekte letztlich ebenso distanzieren, wie diese in den Kreislauf der Formen (sei es Kunst, Literatur, Philosophie oder Theorie) integriert sind. Daraus ergibt sich die Frage, ob die Medientechnik als solche eine Basis für neue Entwürfe, Projektionen und Utopien bietet und damit nicht nur andere, neue und alternative »Umwelten« generiert, sondern auch die Transposition bestehender Ordnungen typographischer oder alphanumerischer Natur in beliebig kalkulierbare Realitäten erlaubt und damit den Spielraum des Möglichen um phantastische Dimensionen erweitert. Im weiteren Sinne betrifft dies auch eine mit technogenen Codierungen erweiterte Anthropologie. Sobald es Maschinen gibt, die alle Funktionen des rechnenden Denkens in sich aufheben, und sobald es theoretische Modelle gibt, die den Menschen und sein Nervensystem als Datenverarbeitungssystem, als Bio-Computer zu

<small>Medien als Umwelt- und Realitäts-Konstrukteure</small>

---

[10] Winkler, Hartmut (1997): Die prekäre Rolle der Technik. Technikzentrierte versus ›anthropologische‹ Mediengeschichtsschreibung. In: Telepolis online. <http://www.heise.de/tp/deutsch/inhalt/co/2228/1.html>

sehen erlauben, haben wir es mit grundsätzlich geänderten Bedingungen zu tun – es geht hier wie dort um Funktionen von »Automaten, ob aus Metall oder Fleisch« (Norbert Wiener).[11]

Theorie des »Rechnenden Raums«: Konrad Zuse

Zuse: Computer als Intelligenzverstärker

Der deutsche Computerpionier Konrad Zuse entwickelte in den dreißiger Jahren (neben John V. Atanasov in den USA und Alan Turing in England) nicht nur Rechengeräte, sondern auch theoretische Vorstellungen zu den Implikationen der Rechenmaschine für das Denken: Konsequenterweise nannte er den Computer *Intelligenzverstärker*.

Was Zuse von anderen, vor allem den amerikanischen Computerentwicklern seiner Zeit unterschied, war seine Implementierung der *binären Rechenweise* von Leibniz in die *zweiwertige Logik* der Boole'schen Algebra als ›Denkmittel‹ der Rechenmaschine. In einer Arbeit von 1948, die Implikationen in Richtung eines künstlichen Gehirns reflektiert, stellt Zuse fest: »Die Rechenmaschine befindet sich heute, meist noch unbeachtet, in einer Phase der Entwicklung, *Maschinen schaffen neue Welten* in der sie in Gebiete des Denkens vorstößt, die man bisher bei mechanischen Vorrichtungen nicht für möglich hielt.«[12] Vorstellbar wurde dies nur durch eine Identifizierung von Rechnen mit Informationsverarbeitung, wobei die neuen Rechenmaschinen als universelle Bit-Transformatoren vorgestellt werden: »Auf dem Schnittpunkt von mathematischer Abstraktion und technischer Konstruktion entsteht das doppelsinnige Gebilde, das heute ›die Maschine‹ heißt.« (Künzel/Bexte 1996, 186)

Diese Maschine ist aber nicht bloß in der Welt, sondern sie *schafft* als *informationsverarbeitende* Maschine auch Welt, jedoch nicht im Sinne der klassischen Mechanik mit ihren zentralen physikalischen Begriffen von Masse und Energie, sondern im Sinne

---

[11] Alan Turing entwickelte das theoretische Modell eines elektronischen Digitalrechners als eine Maschine, die je nach Algorithmus jede andere Maschine sein kann, die *Universelle Turing-Maschine* (»On Computable Numbers«, 1937). Von Norbert Wiener stammt das kybernetische Menschenbild, die Auffassung des Nervensystems als ein Reize verarbeitender biologischer Computer (»Cybernetics«, 1948 – vgl. dazu Wiener 2002, 15 ff.; siehe auch → 2.7 Systemtheorien der Medien).

[12] Zuse, Konrad (1948): Freiheit und Kausalität im Lichte der Rechenmaschine. – Zuses gesammelte Texte finden sich im Internet unter <http://www.zib.de/zuse/>. Zur Darstellung des Rechnenden Raums vgl. auch »Cyberspace als Machina Mundi«, in Künzel/Bexte 1996, 173 ff.

einer Ordnungsstruktur. Im Weiteren verschwindet mit diesem »Denken in digitalen Modellen« (Zuse 1967, 337) die »Welt« in ihrer Berechenbarkeit, d. h. wenn die Rechenmaschinen neue Informationsstrukturen hervorbringen können, müssten die bestehenden Ordnungen als solche ebenso hervorgebracht zu denken sein: der Kosmos als gigantische Rechenmaschine. Zuse nannte ihn »Rechnender Raum«, der bildlich als ein »Relaiskosmos« (ebenda, 344) anzusehen wäre, ohne dass über die Relaistechnik selbst etwas konkret vorstellbar gemacht wird.[13] Ausgehend von John von Neumanns Konzept der *zellularen Automaten* entwickelt Zuse den Gedanken einer Gitterstruktur des Raums, in dem die einzelnen Punkte nicht Energie, sondern Informationen austauschen (vgl. Zuse 1999, 450 ff.). Das ist nicht nur technikgeschichtlich, sondern auch medientheoretisch von Interesse, denn diese ›Urgeschichte‹ des *Cyberspace* (in die freilich noch Leibniz genauer eingeschrieben werden müsste) markiert den Übergang zu einem *kommunikologischen* Weltbild (im Sinne Flussers; → 2.11 Medienphilosophische Theorien), in dem nicht der Satz von der Energieerhaltung, sondern jener von der Informationserhaltung zählt.[14]

Zuse: »Rechnender Raum«

Von Neumann: Zellularer Automat

Flusser: Kommunikologie

Die von Zuse vertretene Idee des Rechnenden Raums mag sonderbar erscheinen, und sie hat auch in der amerikanisch dominierten Geschichtsschreibung der Computerpioniere und der Künstlichen Intelligenz keinen Platz gefunden (vgl. etwa Rheingold 1985). Dieses Denken der Welt innerhalb einer binären Schaltungslogik ist aber eine medienarchäologisch signifikante Position, zumal die Diskussionen um eine künstliche Intelligenz von genau diesen Fragen der Dimension des Rechnens und der Berechenbarkeit abhängen.

Debatte um Künstliche Intelligenz

Berechenbarkeiten, Automatentheorie, kybernetische System- und Modellbildungen und schließlich die Theorien der künstlichen Intelligenz wären hier anschlussfähige Themen, deren Darstellung den gegebenen Rahmen jedoch sprengen würde. Zudem wider-

---

[13] Zuses erster Computer, die »Z1« von 1936, hatte übrigens noch keine elektronischen Bauteile, sondern mit der Laubsäge gebastelte Schaltungen. »Denn Elektronik ist keine zwingende Notwendigkeit für Rechner im Binärsystem. Die Zustände 0 und 1 lassen sich auch durch mechanische Schaltglieder darstellen.« (Künzel/Bexte 1996, 174)

[14] Was hier nicht weiter ausgeführt werden kann, sind die kommunikationstheoretischen Implikationen von Kultur als einer »neg-entropischen« Informationserhaltung; vgl. dazu Bateson 1981 und Flusser 1983.

spricht die Unterscheidung zwischen Techniken und Diskursen bzw. die medientheoretische Differenzierung von *medialer Kybernetik* und *medialer Poiesis* (Faßler 1999, 208 ff.) einer undifferenzierten Fortschreibung der Technik als Produktivkraft im Geiste der Aufklärung. Abschließend seien dazu zwei Positionen zur Organisation von Mensch und (medialer) Technik skizziert.

Faßler: Mediale Poiesis

Transhumanismus: Von More bis Moravec

Ein verabsolutiertes technisches Apriori begegnet uns im so genannten *Transhumanismus* der Hypermoderne. Er stellt den Versuch dar, das Verhältnis von Mensch und Technik so zu radikalisieren, dass eine neue Anthropologie mit Hilfe der Technik möglich wird: In Form einer radikalen Aneignung avanciertester Technologien soll jenes existenzielle Tief überwunden werden, das seinen Ausdruck in der Fortschritts-Skepsis einer philosophischen Postmoderne und einer *Posthistorie* gefunden hat. Das kommende Zeitalter soll eine uneingeschränkte technische Machtübernahme des Menschen über sich selbst bedeuten, eine Freisetzung aller Potenziale der Selbsterzeugung und Selbstbestimmung.

More: Extropisches Denken

Bekannt gemacht hat diese Vision des technisch hochgerüsteten Menschen Max More, der diese Idee das *extropische Denken* nennt. Extropisch meint dabei den Gegensatz zu Entropie, der physikalischen Idee, die auf dem zweiten Hauptsatz der Thermodynamik basiert und die Folge eines Energieverlustes bzw. der wachsenden Unordnung in einem System bezeichnet: Extropie ist »zunehmende Ordnung, Information, Vitalität, Intelligenz und Kapazität für künftiges Wachstum« – und die Idee ist Fortschritt mit Hilfe von Maschinenintelligenz, welche zunehmend die biologischen Schwächen des Menschen kompensieren soll.[15]

Sehnsucht nach Unsterblichkeit

Biologie und Technik würden in dieser Vision einer *postbiologischen Zukunft* zusammenwachsen, und dabei könnte nicht nur das menschliche Leben um ein Vielfaches verlängert werden, sondern sogar der biologische Tod überwunden werden – auch indem beispielsweise ein »Upload« menschlichen Bewusstseins in den Computer erfolgt, wie es der Robotikforscher Hans Moravec (1999b, 122) in Aussicht gestellt hat: Es ist die Metamorphose des Men-

---

[15] More, Max (1997): Europäische Ursprünge – amerikanische Zukunft? In: Telepolis, Heft 3, S. 94 ff. Siehe auch Telepolis online. <http://www.heise.de/tp/deutsch/special/mud/6142/1.html>

schen zur intelligenten Maschine, wenn in Zeiten des Hypermodernismus auf den biologischen Körper verzichtet wird und somit alle Hardware, Software und »Wetware« in derzeit noch unvorstellbare Konstellationen treten wird (Moravec 1999a, Kurzweil 1999, vgl. weiter das Konzept der Menschmaschinen bei Brooks 2002).

Moravec: Roboter übernehmen die Macht

Im Grunde genommen handelt es sich bei solchen Ansätzen, die eine Fortführung und Radikalisierung der grundsätzlichen Arbeiten Norbert Wieners (vgl. Wiener 2002) über programmgesteuerte Automaten sind, weniger um Theoriebildung, sondern um Visionen, die Aufmerksamkeit erregen und Forschungsgelder absichern sollen. Fragen nach der realen Kapazität der entstehenden Mensch-Computer-Netzwerke und nach den konkreten Dimensionen der Medienevolution – Schlüsselprobleme, die durchaus medientheoretischer Zuwendung bedürfen – werden dabei nicht erforscht.[16] Neuere Computertechnik hat sicherlich dazu geführt, dass die Grenzen zwischen Natur, Kultur und Technik, zwischen Tier, Mensch und Maschine zunehmend brüchiger geworden sind. Die Kopplung von Organismus und Maschine – der *Cyborg* oder Mensch-Maschinen-Hybrid – kann als Bedrohung verstanden werden, die Aufhebung des Körpers in fortgeschrittener Technik lässt sich aber wohl auch als zutiefst männlicher Wunsch interpretieren, den physischen Körper zu überwinden (vgl. Hayles 1999). Als Reaktion darauf zeigt Donna Haraway in ihrem *Cyborg-Manifesto*, dass sich hieraus auch neue Möglichkeiten feministischer Imagination und Politik erschließen lassen könnten (vgl. Haraway 1995) – »an ironic dream of a common language for women in the integrated circuit.«[17]

Radikalisierungen der Arbeiten Wieners

Haraway: das Cyborg-Manifesto

---

[16] Pfeifer/Scheier (2001) vollziehen eine radikale Abkehr bisheriger Vorstellungen von Künstlicher Intelligenz, die als Funktion von Rechenleistung begriffen wurde, zugunsten einer dezentralen Intelligenz verhaltensgesteuerter autonomer Systeme.
[17] Haraway, Donna (1991): A Cyborg Manifesto: Science, Technology, and Socialist-Feminism in the Late Twentieth Century. <http:// www.stanford.edu/dept/HPS/Haraway/CyborgManifesto.html>

Mensch ohne Fähigkeiten: Michel Serres

Information und Kommunikation sind keineswegs Produkte der Technik, sondern zeichnen alles Natürliche aus. Das Wahrnehmen von Umwelt und die Verarbeitung von Daten aus der Umgebung sind Teil der Überlebensstrategie bei allen lebendigen Organismen, das Speichern und Austauschen von Information ist Teil der Natur. Erst das neue Verhältnis, in das die elektronischen Technologien den menschlichen Körper und seine Kommunikationsmittel setzen, verändert diesen Komplex aus Empfangen, Verarbeiten, Speichern, Senden und Überliefern von Informationen und Daten auf einer neuen Stufe der (Techno-)Kultur.

Serres: Technik als Befreiung des Menschen?

Das Gedächtnis befreit sich dreimal: bei der Entstehung der Schrift, durch die Entdeckung des Buchdrucks und nun durch den Computer. In diesem Sinn hat Michel Serres die These der fortgesetzten Befreiungsgesten im Prozess der immer noch unabgeschlossenen Menschwerdung jüngst wieder aufgegriffen (vgl. Serres 2001). Die zunehmende Kognitivierung wäre ohne Auslagerung repetitiver geistiger Fähigkeiten, von der schon die neuzeitlichen Konstrukteure der Rechenmaschinen geträumt hatten, gar nicht möglich gewesen. Serres interpretiert die Computertechnologie als Ausdruck des jüngsten Abschnitts im Menschwerdungsprozess.

»Die alten kognitiven Fähigkeiten, die wir für *persönlich* und *subjektiv* hielten, werden durch die neuen Technologien *kollektiv* und *objektiv*. Wir verlieren die einen und gewinnen die anderen. Reden wir nicht mehr so, als hätte die alte Psychologie der geistigen Fähigkeiten noch Geltung.« (Serres 2002, 203)

Eher Technik als Befreiung und Verlust

Ausgehend von der Idee der Turing-Maschine, die das universelle Konzept der Maschine schlechthin darstellt, wird der Einbruch neuer Technologien in eine Geschichte der Trägermedien eingeschrieben, die eine Geschichte des Verlusts und der Befreiung zugleich ist: Wofür der Mensch hier freigesetzt wird und welche neue Wissenschaft er dadurch hervorbringen wird, ist derzeit unermesslich.

Serres interpretiert die Transformation der Datenträger als weiteren Schritt in der Befreiung des kognitiven Apparats weg von der Erinnerung, »um Raum für Erfindung zu schaffen« (ebenda, 202). Angesichts der technischen Kapazitäten ist der neue Mensch, der hier entsteht, zwar ein »Mensch ohne Fähigkeiten«, was aber im

Sinne der Menschwerdung hinsichtlich der Entwicklung neuer Kreativität positiv besetzt sein kann. Technologien der Kommunikation und Information werden philosophisch antizipativ als kulturelle Freisetzungen interpretiert. Die Chancen dabei liegen in den neuen Modalitäten des Zugriffs auf Wissen, weil sich mit den Datenträgern erstens die Art und Weise der Reproduktion von Wissen und damit die Pädagogik ändern wird und zweitens mit dem Zugang zum Wissen auch dessen Adressaten, wobei der Zugang zu Wissensquellen vor allem für die so genannten Entwicklungsländer die nachhaltigsten Effekte haben könnte.

Kommunikation besteht im Speichern und Verteilen von Informationen. Speichern, als Voraussetzung für Kommunikation, erfolgt nie durch den individuellen Geist, sondern in bio- und technogenen Codierungen, kulturellen Artefakten und damit im Kollektiv der Spezies. Es ist ein sinnloses Unterfangen, in einer oberflächlich humanistischen Geste den *Menschen* der *Technik* entgegenzusetzen, weil sich Menschen und Technologien in einem *koevolutionären Verhältnis* befinden. Der Mensch ist schwächer als seine künstlichen Gehirne (Exteriorisierungen), aber ohne sie wäre er kein Mensch.

Zur Ko-Evolution von Mensch und Technik

»Als einziges Tier, dessen Körper verliert, bringt der Mensch Techniken hervor, deren Geschichte die Menschwerdung vorantreibt. Der Einbruch neuer Technologien markiert daher ein Zeitalter in dieser Geschichte der Menschwerdung.« (Serres 2002, 205)

2.1.8 Kritik und Meta-Kritik

Der Ansatz technischer Medientheorie, der sich im deutschsprachigen medienwissenschaftlichen Diskurs zuerst mit den Schriften Kittlers etabliert hat, sorgte in zwei Richtungen für eine gewisse Ernüchterung. Erstens gelang es in den Medien- und Kommunikationswissenschaften damit, die *hermeneutische Schule*, die auf Sprache und Sinnverstehen allein abstellt (Theoriebildungen in der Folge von Wilhelm Dilthey, Martin Heidegger und Hans-Georg Gadamer bis hin zum Konzept des kommunikativen Handelns bei Jürgen Habermas; → 2.3 Kritische Medientheorien), auf die Faktizität der medialen Schaltungen zurückzuverweisen und damit auf eine Logik, die zu guten Teilen unabhängig von der Intention ihrer

Technische Medientheorie in Abgrenzung zur Hermeneutik

Benutzer funktioniert. Zweitens wurde die Illusion einer Operationsfähigkeit des Mediensystems auf der Ebene der Benutzeroberflächen – »computergestützte Datenmanipulation auf der Basis einer abstrakten Befehlssyntax, die affirmiert, was nicht ist, und generiert, was es nie gegeben hat« (Bolz 1991, 111) – mit dem Hinweis auf die Hardware und ihre Funktionsbedingungen jenseits von Ideologiekritik relativiert.

Fokus liegt auf der Hardware

Es gibt keinen »Geist« ohne materiellen Träger, es gibt (laut Kittler) keine Software als maschinenunabhängige Fähigkeit. Für eine Medienwissenschaft, die sich zwischen geisteswissenschaftlichen Ansätzen und sozialwissenschaftlichen Methoden bewegt, ergibt sich daraus die Forderung an eine Rückbindung an den Eigensinn der Technik, die ihren Gegenstand erst möglich macht.

Austreibung des Geistes?

Neben dieser Tendenz zur medienwissenschaftlichen »Entgeisterung« macht sich im Diskurs der technischen Medientheorie eine zweifelhafte Tendenz zur Überhöhung einzelner techniktheoretischer Pioniere wie Shannon oder Turing ebenso bemerkbar wie eine – vor allem in der Sekundärliteratur – von aller Ironie befreite Naturalisierung der Technik. Die Technik wird dabei als geschichtsphilosophisches Subjekt zur alles gestaltenden Kraft, wobei einige Kritiker diesem Diskurs wohl nicht ganz ohne Grund unbewusste legitimistische Züge vorwerfen. Die Beschwörung von »Faktizitäten«, von Hardware und Schaltungen befreit schließlich nicht von den psychosozialen Unterstellungen, welche die realen Subjekte der wie immer gearteten Technizität entgegenbringen mögen, mit allen Konsequenzen im Bereich von Kultur, Ökonomie und Politik.

Literatur

Andriopoulos, Stefan/Schabacher, Gabriele/Schumacher, Eckhard (Hg.) (2001): Die Adresse des Mediums. Köln: DuMont.

Bateson, Gregory (1981): Ökologie des Geistes. Anthropologische, psychologische, biologische und epistemologische Perspektiven. Frankfurt am Main: Suhrkamp.

Baudrillard, Jean (1982): Der symbolische Tausch und der Tod. München: Matthes & Seitz. [Zuerst 1976]

Baudry, Jean-Louis (1999): Das Dispositiv: Metapsychologische Betrachtungen des Realitätseindrucks. In: Pias, Claus/Vogl, Joseph/Engell, Lorenz u. a. (Hg.): Kursbuch Medienkultur. Die maßgeblichen Theorien von Brecht bis Baudrillard. Stuttgart: DVA, S. 381-404. [Zuerst 1975]

Benjamin, Walter (2002): Medienästhetische Schriften. Frankfurt am Main: Suhrkamp.
Bolz, Norbert (1991): Eine kurze Geschichte des Scheins. München: Fink.
Bolz, Norbert (1993): Am Ende der Gutenberg-Galaxis. Die neuen Kommunikationsverhältnisse. München: Fink.
Brooks, Rodney (2002): Menschmaschinen. Wie uns die Zukunftstechnologien neu erschaffen. Frankfurt am Main/New York: Campus.
Cassirer, Ernst (1995): Symbol, Technik, Sprache. Aufsätze aus den Jahren 1927-1933. Hamburg: Meiner.
Davis, Eric (1998): TechGnosis. Myth, Magic, and Mysticism in the Age of Information. New York: Harmony Books.
Deleuze, Gilles/Guattari, Félix (1992): Tausend Plateaus. Kapitalismus und Schizophrenie. Berlin: Merve.
Derrida, Jacques (1974): Grammatologie. Frankfurt am Main: Suhrkamp.
Ernst, Wolfgang (2002): Das Rumoren der Archive. Ordnung aus Unordnung. Berlin: Merve.
Faßler, Manfred/Halbach, Wulf (Hg.) (1998): Geschichte der Medien. München: Fink/UTB.
Faßler, Manfred (1999): Cyber-Moderne. Medienevolution, globale Netzwerke und die Künste der Kommunikation. Wien: Springer.
Flichy, Patrice (1994): Tele. Geschichte der modernen Kommunikation. Frankfurt am Main: Suhrkamp.
Flusser, Vilém (1983): Für eine Philosophie der Fotografie. Göttingen: European Photography.
Flusser, Vilém (1996): Kommunikologie. Schriften Band 4. Mannheim: Bollmann.
Foucault, Michel (1973): Archäologie des Wissens. Frankfurt am Main: Suhrkamp. [Zuerst 1969]
Freud, Sigmund (1974): Kulturtheoretische Schriften. Frankfurt am Main: Fischer.
Haraway, Donna (1995): Die Neuerfindung der Natur. Primaten, Cyborgs und Frauen. Frankfurt am Main/New York: Campus.
Hayles, N. Katherine (1999): How we became posthuman: Virtual bodies in cybernetics, literature, and informatics. Chicago: University of Chicago Press.
Heidegger, Martin (1962): Die Technik und die Kehre. Pfullingen: Neske.
Hiebel, Hans/Hiebler, Heinz/Kogler, Karl (1999): Große Medienchronik. München: Fink.
Horkheimer, Max/Adorno, Theodor W. (1969): Dialektik der Aufklärung. Philosophische Fragmente. Frankfurt am Main: Fischer. [Zuerst 1944]

Horkheimer, Max (1985): Zur Kritik der instrumentellen Vernunft. Frankfurt am Main: Fischer.
Hörisch, Jochen (2001): Der Sinn und die Sinne. Eine Geschichte der Medien. Frankfurt am Main: Eichborn.
Innis, Harold A. (1997): Kreuzwege der Kommunikation. Ausgewählte Texte. Hg. Karlheinz Barck. Wien: Springer.
Kapp, Ernst (1877): Grundlinien einer Philosophie der Technik. Zur Entstehungsgeschichte der Cultur aus neuen Gesichtspunkten. Braunschweig: Stern-Verlag Janssen. [Nachdruck 1978]
Kelly, Kevin (1997): Das Ende der Kontrolle. Die biologische Wende in Wirtschaft, Technik und Gesellschaft. Mannheim: Bollmann.
Kittler, Friedrich (1986): Grammophon, Film, Typewriter. Berlin: Brinkmann & Bose.
Kittler, Friedrich (1987): Aufschreibesysteme 1800/1900. München: Fink.
Kittler, Friedrich (1993): Draculas Vermächtnis. Technische Schriften. Leipzig: Reclam.
Kittler, Friedrich (1998): Gleichschaltungen. Über Normen und Standards der elektronischen Kommunikation. In: Faßler, Manfred/Halbach, Wulf (Hg.): Geschichte der Medien. München: Fink/UTB, S. 255-267.
Krämer, Sybille (Hg.) (1998): Medien, Computer, Realität. Wirklichkeitsvorstellungen und neue Medien. Frankfurt am Main: Suhrkamp.
Künzel, Werner/Bexte, Peter (1996): Maschinendenken/Denkmaschinen. An den Schaltstellen zweier Kulturen. Frankfurt am Main: Insel.
Kurzweil, Ray (1999): The Age of Spiritual Machines. When Computers Exceed Human Intelligence. London u. a.: Penguin.
Leroi-Gourhan, André (1995): Hand und Wort. Die Evolution von Technik, Sprache und Kunst. Frankfurt am Main: Suhrkamp. [Zuerst 1964]
Luhmann, Niklas (1996): Die Realität der Massenmedien. 2., erweiterte Auflage. Opladen: Westdeutscher Verlag.
Manovich, Lev (2001): The Language of New Media. Cambridge, Mass.: MIT Press.
McLuhan, Marshall (1992): Die magischen Kanäle. Understanding Media. Düsseldorf: Econ. [Zuerst 1964]
Moravec, Hans (1999a): Computer übernehmen die Macht. Vom Siegeszug der künstlichen Intelligenz. Hamburg: Hoffmann und Campe.
Moravec, Hans (1999b): The Universal Robot. In: Druckrey, Timothy (Hg.): Ars Electronica: Facing the Future. A Survey of Two Decades. Cambridge, Mass.: MIT Press, S. 116-123.
Münker, Stefan/Roesler, Alexander (2000): Poststrukturalismus. Stuttgart: Metzler.

Pfeifer, Rolf/Scheier, Christian (2001): Understanding Intelligence. Cambridge, Mass.: MIT Press.
Postman, Neil (1992): Das Technopol. Die Macht der Technologien und die Entmündigung der Gesellschaft. Frankfurt am Main: Fischer.
Rheingold, Howard (1985): Tools for Thought. The History and Future of Mind-Expanding Technology. New York: Simon&Schuster.
Rötzer, Florian (Hg.) (1991): Digitaler Schein. Ästhetik der elektronischen Medien. Frankfurt am Main: Suhrkamp.
Schanze, Helmut (Hg.) (2001): Handbuch der Mediengeschichte. Stuttgart: Kröner.
Schnell, Ralf (2000): Medienästhetik. Zu Geschichte und Theorie audiovisueller Wahrnehmungsformen. Stuttgart: Metzler.
Serres, Michel (2001): Hominescence. Le début d'une autre humanité? Éditions Le Pommier.
Serres, Michel (2002): Der Mensch ohne Fähigkeiten. Über die neuen Technologien und die Ökonomie des Vergessens. In: Transit, Heft 22, S. 193-206.
Spreen, Dierk (1998): Tausch, Technik, Krieg. Die Geburt der Gesellschaft im technisch-medialen Apriori. Hamburg: Argument.
Virilio, Paul (1986): Krieg und Kino. Logistik der Wahrnehmung. München: Hanser.
Wiener, Norbert (2002): Futurum Exactum. Ausgewählte Schriften zur Kybernetik und Kommunikationstheorie. Hg. Bernhard Dotzler. Wien: Springer.
Winkler, Hartmut (1992): Der filmische Raum und der Zuschauer. ›Apparatus‹ – Semantik – ›Ideology‹. Heidelberg: Winter.
Winkler, Hartmut (1997): Docuverse. Zur Medientheorie der Computer. München: Boer.
Zuse, Konrad (1967): Rechnender Raum. In: Elektronische Rechenanlagen, 9. Jahrgang, Heft 2, S. 336-344.
Zuse, Konrad (1999): Rechnender Raum. In: Pias, Claus/Vogl, Joseph/Engell, Lorenz u. a. (Hg.): Kursbuch Medienkultur. Die maßgeblichen Theorien von Brecht bis Baudrillard. Stuttgart: DVA, S. 450-463. [Zuerst 1969]

Übungsfragen

1. Unterscheiden Sie die Begriffe ›Technik‹ und ›Technologie‹.
2. Erklären Sie den Begriff des ›Aufschreibesystems‹ bei Kittler.
3. Was ist unter ›Exteriorisierung‹ zu verstehen?
4. Erklären Sie den ›Apparatus‹-Begriff bei Baudry.
5. Interpretieren Sie das Diktum von McLuhan: »Das Medium ist die Botschaft.«
6. Was ist ›Transhumanismus‹, und welche Gefahren und Potenziale sehen Sie in dieser Bewegung?
7. Ordnen Sie die in diesem Beitrag diskutierten Denker und Theorien auf einer Horizontalachse mit den Polen ›Technikzentriertheit‹ (Medienmaterialismus bzw. zum Teil Medienarchäologie) und ›Menschzentriertheit‹ (Medienanthropologie) an, und begründen Sie jeweils die Positionierung!
8. Gegen welche Theorie- und welche Forschungstraditionen richtet sich der materialistische Ansatz von Friedrich Kittler, und ist er für Sie forschungspragmatisch operationalisierbar? Schließlich: Welche Dualismen – oder auch: welche Interdependenzen – verbergen sich hinter dieser Diskussion, und wie wäre eine non-dualistische Alternative denkbar (v. a. im Lichte der Kritik Hartmut Winklers)?

2.2 Ökonomische Theorien der Medien
Natascha Just/Michael Latzer

Trotz weit zurückreichender Pionierleistungen fehlt der Medienökonomie die *solide* disziplinäre Verankerung. Von Seiten der Kommunikationswissenschaft und der Wirtschaftswissenschaft gibt es jedoch seit Ende des vergangenen Jahrhunderts verstärkte Anstrengungen, die Etablierung und gleichzeitige Abgrenzung als Teildisziplin im jeweiligen Fach zu vollziehen.

Innerhalb der Kommunikationswissenschaft, die sich selbst erst in der zweiten Hälfte des 20. Jahrhunderts auf *breiter Basis* an den Universitäten etablieren konnte, wurde die Medienökonomie über Jahrzehnte hinweg *nicht* als Teilgebiet ausgewiesen. Zwar wurde in den achtziger Jahren von einer Neuentdeckung der Medienökonomie als Teil der Kommunikationswissenschaft (vgl. Schenk/Hensel 1987) berichtet, diese spiegelt sich aber nicht in den gängigen Lehrbüchern wider.

<small>Medienökonomie nur zögerlich Teilgebiet</small>

Eine Studie zum Entwicklungsstand des Faches Medienökonomie an deutschen Universitäten aus dem Jahr 1999 zeigt, dass die Einrichtung von *Lehrstühlen* vor allem in den Wirtschaftswissenschaften mit betriebswirtschaftlichem Fokus geplant ist (vgl. Hess/Schumann 1999). Für die *Forschung* legen Untersuchungen von Lacy/Niebauer (1995) und Chambers (1998) hingegen dar, dass medienökonomische Aufsätze großteils von Kommunikationswissenschaftlern verfasst werden und die Quellen hierfür vorwiegend kommunikationswissenschaftliche Fachzeitschriften sind.

2.2.1 Kurze Geschichte ökonomischer Theorien

Medienökonomische Pionierleistungen wurden u. a. von Karl Marx (1842, hier: 1974), Karl Knies (1857), Albert Schäffle (1873), Karl Bücher (1903, 1904 und 1910), Max Weber (1910, hier: 1924) und Werner Sombart (1927) bereits seit dem 19. Jahrhundert erbracht, allesamt Nationalökonomen, die aber aufgrund der damaligen Ausrichtung der Ökonomie und ihrer Mehrfachqualifikation als transdisziplinär einzustufen sind. Ihre Arbeiten werden nicht nur als wegbereitend für die Medienökonomie, son-

<small>Wurzel in Nationalökonomie</small>

Klassische Politische Ökonomie

dern für die gesamte Kommunikationswissenschaft angesehen.[1] Die genannten Vertreter können großteils der *Klassischen Politischen Ökonomie* zugeordnet werden, in der die Trennung von ökonomischer und politischer Analyse nicht vollzogen war. Sie thematisierten die besondere gesellschaftliche Bedeutung meist marktmäßig produzierter Massenmedien (Zeitungen) und analysierten die bis heute zentralen Fragen der Medienökonomie nach den Auswirkungen des kapitalistisch-marktwirtschaftlichen Wirtschaftssystems auf die Medienproduktion, die ökonomischen Besonderheiten von Mediengütern, deren Zwitterstellung als Wirtschafts- und Kulturgut, die Problematik der *Werbefinanzierung* von Medien und das daran gekoppelte Problem der Produktion für zwei unterschiedliche Absatzmärkte (Leser, Werbeindustrie), die Tendenz zur *Monopolisierung* aufgrund der spezifischen Kostenstruktur und die Konsequenzen dieser strukturellen Besonderheiten für die Formulierung der Politik.

Neoklassisches Paradigma trennt Ökonomie und Politik

Mit der Durchsetzung des *neoklassischen* Paradigmas der Ökonomie wurde Anfang des 20. Jahrhunderts die Trennung von ökonomischer und politischer Analyse vollzogen; das *individuelle*, wirtschaftliche Verhalten trat unter dem Aspekt der Nutzen- und Gewinnmaximierung in den Vordergrund, der methodologische Individualismus setzte sich durch, d. h. Erklärungen basieren auf Annahmen über individuelles Verhalten. Die an der Neoklassik ausgerichtete Medienökonomie konzentriert und beschränkt sich weitgehend auf die Problematik der optimalen Allokation[2] knapper Ressourcen, auf die ökonomischen Bedingungen der Produktion, Distribution und des Konsums im Mediensektor. Picard (1989), Albarran (1996) und Heinrich (1994, 1999a) liefern umfassende Einführungen in die medienökonomische Analyse, vorwiegend auf Basis neoklassischer Ansätze. Grundsätzlich wird in der neoklassischen Ökonomie und der in ihrem Kontext entwickelten *Public*

Public Interest Theorie der Regulierung

Interest Theorie der Regulierung davon ausgegangen, dass der (Wettbewerbs-)Markt als Ordnungsprinzip, das freie Spiel der Marktkräfte (Angebot und Nachfrage), zur wohlfahrtstheoretisch opti-

---

[1] Zur Bedeutung dieser Pionierleistungen für die US-Kommunikationswissenschaft siehe Hardt 1988. Der erste Lehrstuhl am Institut für Zeitungskunde in Leipzig (1916) wurde mit Karl Bücher besetzt.

[2] Unter Allokation versteht man das Ergebnis der Zuordnung von Ressourcen zu Produktionsprozessen bzw. von finalen Gütern zu Konsumenten und den entsprechenden relativen Preisen von Inputs und Outputs.

malen Allokation führt. Weiterhin wird analysiert, ob Medienmärkte strukturelle Defizite (z. B. Externalitäten, Informationsdefizite) aufweisen, die zu *Marktversagen* führen und in der Folge staatliche Marktinterventionen (Regulierungen[3]) für den jeweiligen Ausnahmefall rechtfertigen. Mögliche Defizite staatlicher Regulierung, etwa durch Partikularinteressen der am Regulierungsprozess Beteiligten oder durch hohe Regulierungskosten, bleiben in der Public Interest Theorie unberücksichtigt.

Im Unterschied zur neoklassischen Ökonomie beachtet die *Politische Ökonomie* auch den Einfluss politischer Institutionen und Interessenkonstellationen auf die Ökonomie – es kommt zu einer Reintegration des Politischen in die Theorie. Im Zentrum stehen Fragen der (nationalen und globalen) Machtverteilung und Konsequenzen für die Demokratie. Innerhalb der Medienökonomie sind verschiedene Analysestränge der politischen Ökonomie von Bedeutung.[4] Mit *kritischen* und *(neo-)marxistischen* Ansätzen[5] wird Fragen nach der Wechselwirkung von Kapitalismus und Mediensystem (vgl. Holzer 1971 und 1975, Garnham 1990), nach einer neuen Weltinformationsordnung und der Entwicklung einer nationalen Kommunikationspolitik in Entwicklungsländern (z. B. Nordenstreng/Schiller 1979), nach Imperialismus und hegemonialen Wirkungen von Massenkommunikation nachgegangen (vgl. Schiller 1969 und 1976, Smythe 1981a), wobei Medien als *Kulturindustrien* analysiert werden. Die thematische Nähe zu Analysen der Cultural Studies (→ 2.5 Kulturtheorien der Medien) führt immer wieder zu wechselseitiger, teils heftig geführter Kritik (vgl. Garnham 1995, Grossberg 1995). In *institutionalistischen* Ansätzen, die u. a. auf Arbeiten von Veblen aufbauen, wird die Bedeutung des kumulativen, fortwährenden Wandels, die Pfadabhängigkeit[6] und die Rolle des technischen Fortschritts für den institutionellen und damit gesellschaftlichen Wandel thematisiert. Im Unterschied zu neoklassischen Annahmen der *rationalen Entscheidungsfindung* durch Konsumenten werden von Institutionalisten psychologische Zugänge zu ökonomischen Problemen forciert (bounded rationa-

Politische Ökonomie reintegriert Politik

Kritische Theorie und Cultural Studies

---

[3] Regulierungen sind hoheitliche Verhaltensbeschränkungen für Marktakteure.
[4] Für einen Überblick siehe Babe 1995, Mosco 1996 und Steininger 1998.
[5] Intellektuelle Ursprünge kommen u. a. aus der Frankfurter Schule (→ 2.3 Kritische Medientheorien).
[6] Pfadabhängigkeit bedeutet in der Innovationsökonomie, dass die Geschichte von Prozessen einen dauerhaften Einfluss auf die zukünftige Entwicklung hat.

lity⁷), Macht- und Einkommensverteilung werden im Gegensatz zur neoklassischen Ökonomie nicht als gegeben angenommen. In institutionalistischen medienökonomischen Arbeiten wird beispielsweise in historischer Perspektive der Zusammenhang zwischen den jeweiligen Medien (technischer Fortschritt) und der jeweiligen gesellschaftlichen Machtverteilung und Herrschaftsform hergestellt (vgl. Innis 1972 und 1991; → 2.11 Medienphilosophische Theorien; → 2.1 Techniktheorien der Medien).

Neue Politische Ökonomie

Die vielfältigen Ansätze der *Neuen Politischen Ökonomie* stehen in der Tradition der liberalen, klassischen und neoklassischen Theorien und verwenden dementsprechend auch das Konzept des methodologischen Individualismus. Die weitgehend synonyme Verwendung des Begriffs Neue Politische Ökonomie mit *Ökonomische Theorie der Politik* und *Public Choice* verweist auf die Berücksichtigung der Politik, wobei ein Hauptaugenmerk auf institutionalistische Aspekte (*Neue Institutionalistische Ökonomie*) gelegt wird. Der neue Institutionalismus beruht schwerpunktmäßig auf Transaktionskosten-Ansätzen von Coase (1937), North (1988) und Williamson (1990) und greift etliche Themen des alten Institutionalismus auf, wie das Verhältnis von Recht und Ökonomie und die Entwicklung von Eigentumsrechten (Property Rights), die für medienökonomische Fragestellungen von Relevanz sind.⁸ Kiefer

Medienökonomik

(2001) liefert eine Einführung in die Medienökonomik, in der sie für eine ökonomische Analyse kommunikationswissenschaftlicher Problemstellungen auf Basis von Ansätzen der Neuen Politischen Ökonomie plädiert. So können Property-Rights-Ansätze auf Fragen der Medienfinanzierung und die Entstehung von Pay-TV ange-

---

[7] Damit wird versucht, ein ›realistisches‹ Bild von der eingeschränkten Informiertheit und der dementsprechenden Rationalität in der Entscheidungsfindung zu zeichnen.

[8] *Institutionen*, verstanden als Regelsysteme, als Organisationen und Normen (formelle, z. B. Gesetze, und informelle, z. B. Traditionen), dienen politisch gesehen der Durchsetzung individueller und kollektiver Interessen und ökonomisch gesehen der Wohlfahrtssteigerung. Diese Verbesserung wird u. a. anhand der anfallenden *Transaktionskosten* gemessen. Transaktionen finden statt, wenn Güter oder Leistungen übertragen werden. Transaktionskosten sind ›Reibungskosten‹ bei Übergängen, etwa Informations-, Verhandlungs- und Abwicklungskosten beim Wechsel von Eigentumsrechten. Ein Hauptzweck ökonomischer Institutionen besteht darin, Transaktionskosten einzusparen. Transaktionskosten können auch nach Koordinationskosten, die im Markt anfallen, und Organisationskosten, die im Unternehmen anfallen, unterteilt werden.

wendet werden; der Prinzipal-Agent-Ansatz kann sich für die Analyse des Verhältnisses von Publikum (Prinzipal) und Medien (Agent) als hilfreich erweisen; Transaktionskostenanalysen können zur Begründung von Konzentrationsprozessen im Medienbereich herangezogen werden. Die *Special Interest Theorie der Regulierung* analysiert, wessen Partikularinteressen sich im Regulierungsprozess durchsetzen.[9] So wird hinterfragt, ob die Regulierung entsprechend dem öffentlichen Interesse erfolgt (etwa bei Lizenzzuteilungen und Medienkonzentrationsfragen) oder ob sie vielmehr durch Partikularinteressen der regulierten Industrie bestimmt wird (Regulatory Capture; vgl. Stigler 1971). Gemeinsam mit dem Transaktionskostenansatz kann die Special Interest Theorie zur Analyse der Effizienz staatlicher Regulierung und des Staatsversagens (Defizite der Regulierung) in der Medienpolitik und somit als Hilfestellung für die Politik bei der Institutionalisierung nationaler und internationaler Regulierung genutzt werden.

Special Interest Theorie der Regulierung

Für das Verständnis der verschiedenen Zugänge und Ansätze der medienökonomischen Analyse ist weiterhin die Unterteilung in *volks-* und *betriebswirtschaftliche* Ansätze zu beachten. Die oben Genannten sind der Volkswirtschaft zuzurechnen und lassen sich in *makro-* und *mikroökonomische* Ansätze unterteilen. *Mikroökonomische* Ansätze haben als Untersuchungseinheit die einzelnen Haushalte und Unternehmen. Sie dienen z. B. der Analyse der Preissetzung, der Angebots- und Nachfragefunktionen, der Marktallokation sowie von Preis- und Einkommenselastizitäten. *Makroökonomische* Ansätze untersuchen hingegen Aggregate von mikroökonomischen Analyseeinheiten. So wird z. B. die Bedeutung der Medienindustrie für die Beschäftigungsentwicklung und das Wirtschaftswachstum eruiert (vgl. Seufert 2000 zur Rundfunkwirtschaft); für Studien zum Wandel von der Industrie- zur Informationsgesellschaft (vgl. Machlup 1962, Porat 1977) wird u. a. der Anteil der Informationsberufe an den Gesamtbeschäftigungszahlen als Kriterium herangezogen.

Volks- und betriebswirtschaftliche Ansätze

Mikro- und Makroökonomie

Betriebswirtschaftliche Ansätze unterscheiden sich von volkswirtschaftlichen im Erkenntnisobjekt. Sie beschreiben und erklären das

---

[9] Das anfangs antagonistische Verhältnis von *Public* and *Special Interest Theorien* wurde zu einer kombinierten Sichtweise weiterentwickelt, indem argumentiert wurde, dass Special Interests nicht ohne Public Interests verfolgt werden können, da ein Ausgleich zwischen den Interessengruppen erfolgen muss.

wirtschaftliche Handeln in Unternehmen in Bezug auf die gestellten Zielsetzungen. Für die betriebswirtschaftlich ausgerichtete Medienökonomie ergeben sich somit Fragestellungen im Hinblick auf Unternehmensführung, Personalwirtschaft, Betriebsgröße, Programmkosten sowie Rechnungswesen (vgl. Eichhorn/von Loesch 1983, Fünfgeld 1983). Lehrbücher zur Medienwirtschaft aus betriebswirtschaftlicher Sicht legen Schumann/Hess (2000) und Wirtz (2000) vor. Im Erstgenannten wird das Medienunternehmen aus kaufmännischer sowie produkt-, ressourcen- und managementorientierter Perspektive dargestellt, im anderen wird das Medien- und Internetmanagement analysiert.

Internet-Ökonomie

Eine Kombination aus betriebs- und volkswirtschaftlicher Analyse, z. B. von Erlöstypen und -modellen sowie von veränderten Wertschöpfungsketten in der *Internetökonomie*, liefern Zerdick u. a. (2001). *Interdisziplinäre* medienökonomische Arbeiten kombinieren z. B. betriebswirtschaftliche mit systemtheoretischen Ansätzen (→ 2.7 Systemtheorien der Medien) zur Analyse der Medien- und Publikumsforschung (vgl. Siegert 1997) oder verwenden eine ethisch-normative Betriebswirtschaftslehre unter Anwendung des Stakeholder-Ansatzes, wobei das Medienunternehmen als gesellschaftlich verantwortliche Institution aufgefasst wird, die in ihren Entscheidungen die Interessen der verschiedenen Betroffenen zu balancieren hat (vgl. Karmasin 1998). Damit soll dem Anspruch der Berücksichtigung nicht-ökonomischer Ziel- und Problemstellungen in der Medienökonomie Genüge getan werden.

Ökonomie der Aufmerksamkeit

In der Informationsgesellschaft sind weniger die verfügbaren Informationen als vielmehr die Aufmerksamkeit (Zeit/Motivation) die knappe Ressource. Eine *Ökonomie der Aufmerksamkeit* (vgl. Franck 1998, Zerdick u. a. 2001) existiert erst in Ansätzen, fokussiert u. a. auf die Rolle der Massenmedien bei der Bindung von Aufmerksamkeit und verlangt nach einem interdisziplinären Zugang.

2.2.2 Grundbegriffe und Definitionen

Zum Verständnis der Medienökonomie erscheint es vorerst notwendig, verschiedene Definitionen und damit Abgrenzungen dieses Begriffs zu diskutieren. Danach folgt die Erklärung ausgewählter wirtschaftswissenschaftlicher Grundbegriffe.

Definitionen/Abgrenzungen der Medienökonomie

Die Definitionen von Medienökonomie in den Lehrbüchern von Picard (1989), Heinrich (1994, 1999a) und Albarran (1996) sind relativ eng gewählt und stellen die zentrale ökonomische Frage nach der optimalen Allokation knapper gesellschaftlicher Ressourcen in den Vordergrund. Stellvertretend wird hier jene von Heinrich angeführt, der den Untersuchungsgegenstand auf den Journalismus beschränkt:

> »Medienökonomie untersucht, wie die Güter Information, Unterhaltung und Verbreitung von Werbebotschaften in aktuell berichtenden Massenmedien produziert, verteilt und konsumiert werden. Sie untersucht also die ökonomischen Bedingungen des Journalismus.«
> (Heinrich 1994, 19)

Beschränkung auf Journalismus?

Im Gegensatz dazu wählen Schenk/Hensel (1987) und Kiefer (2001) breitere Definitionen: Neben der Analyse der ökonomischen Bedingungen des Mediensystems werden auch die gesellschaftlichen Konsequenzen und die Bedeutung der *Ökonomisierung* von Medien berücksichtigt. Die Ansätze beziehen die politischen Gestaltungsoptionen mit ein:

Fokus: Ökonomisierung der Medien

> »Zum Forschungsgegenstand der Medienökonomie gehören die ökonomischen Aspekte des Mediensystems und deren Bedeutung für die Struktur und Funktion des gesamten Informationssystems. [...] Die Medienökonomie beschränkt sich damit nicht nur auf die Betrachtung ökonomischer Aspekte des Mediensystems, sondern betrachtet auch die Konsequenzen der Ökonomisierung für das gesamte Kommunikations- und Informationssystem einer Gesellschaft.« (Schenk/Hensel 1987, 536)

Medienökonomie ist...

> »[...] eine Teildisziplin der PKW [der Publizistik- und Kommunikationswissenschaft, Anm. d. Verf.], die wirtschaftliche und publizistische Phänomene des Mediensystems kapitalistischer Marktwirtschaften mit Hilfe ökonomischer Theorien untersucht. [...] [Hierbei entwickelt die] normative Medienökonomie [...] Gestaltungsoptionen mit Blick auf gesellschaftlich konzentrierte Ziele des Mediensystems.« (Kiefer 2001, 41)

Wirtschaftswissenschaftliche Grundbegriffe und -konzepte

Zentrale wirtschaftswissenschaftliche Grundbegriffe und -konzepte werden nachfolgend – thematisch unterteilt nach Marktformen und Kostenstrukturen, Marktversagen und Konzentration – kurz erläutert.

Marktformen und Kostenstrukturen

In der Wirtschaftswissenschaft wird zwischen *Monopol* (ein Anbieter), *Oligopol* (mehrere), *Polypol* (viele) und *monopolistischer Konkurrenz* unterschieden. Im letztgenannten Fall schaffen sich Anbieter in einem Polypol mit Hilfe von Produktdifferenzierung und Werbung/Marketing (*Brands*) eine Monopolstellung in einem Marktsegment. Die einzelnen Marktformen werden mit verschiedenen Annahmen hinsichtlich Wettbewerb und Marktmacht, Preissetzung etc. verbunden. Der Medienbereich ist vorwiegend durch *oligopolistische Strukturen mit Tendenz zum Monopol* charakterisiert. Beeinflusst wird eine solche Entwicklung u. a. durch die Existenz von Economies of Scale (Betriebsgrößenvorteile), d. h. bei einem proportionalen Anstieg aller Produktionsfaktoren steigt der Output überproportional an.

Bei Medienprodukten sind die Herstellungskosten für die erste Einheit (First-copy-Kosten) hoch, während die Kosten jeder weiteren Einheit (Grenzkosten) gering sind und sogar gegen null gehen können. Hohe Fixkostenanteile, niedrige Grenzkosten und die hohe Kostendegression bei steigender Produktion fördern Konzentration und potenzielles Marktversagen.[10] Die Kostenstruktur der

Tendenz zur Monopolisierung

Medienproduktion verstärkt die Tendenz zur Monopolisierung, da man als Monopolist am günstigsten anbietet. Bei Medien reicht die Nachfrage oder die Zahlungsbereitschaft zur Deckung der Kosten zumeist nicht aus, auch ist das Absatzpotenzial nicht beliebig erweiterbar, weshalb alternative Finanzierungsmöglichkeiten (z. B. Werbung) erschlossen werden müssen. Medien produzieren somit für zwei unterschiedliche Absatzmärkte (Rezipienten und Werbewirtschaft), dies vielfach zu Lasten außerökonomischer, publizistischer Zielsetzungen. Wie Smythe (1977 und 1981b) argumentiert, ist die *Produktion von Zuschauern für die Werbeindustrie* das eigentliche Ziel werbefinanzierter Medien.

---

[10] Zur medienspezifischen Kostenstruktur vgl. Ludwig 1998.

Marktversagen entsteht, falls der Marktprozess zu ökonomisch ineffizienten Ergebnissen führt, wenn beispielsweise zu teuer, zu wenig oder das Falsche angeboten wird: Das *produktive* (sparsamer Ressourceneinsatz) und/oder das *allokative Effizienzziel* (Produktion gemäß Konsumentenpräferenzen) werden nicht erreicht. Im Medienbereich wird dies v. a. auf die Charakteristika öffentliche Güter, Externalitäten, natürliche Monopole, Informationsasymmetrien und meritorische Güter zurückgeführt (s. u.). Die damit gerechtfertigten Regulierungen dienen der Korrektur von Marktversagen.

Marktversagen

Mangelnde Zahlungsbereitschaft resultiert u. a. aus dem öffentlichen Gutscharakter von Medienprodukten. Ein *öffentliches Gut* ist durch die Charakteristika *Nicht-Ausschließbarkeit* vom und *Nicht-Rivalität* im Konsum gekennzeichnet. Aufgrund der Nicht-Rivalität können diese Güter von mehreren konsumiert werden, ohne dass sie verbraucht werden oder an Qualität einbüßen. Nicht-Ausschließbarkeit bedeutet, dass niemand von der Nutzung ausgeschlossen werden kann bzw. ein Ausschluss zu kostspielig wäre (z. B. terrestrisches TV), auch wenn kein Preis für die Nutzung dieses Guts bezahlt wird. Diese Situation bezeichnet man als Trittbrettfahrer-Effekt oder als Free-Rider-Problematik. Aus beiden Charakteristika resultieren Preissetzungsprobleme und in der Folge *Suboptimalität*, d. h., dass meist zu wenig, in manchen Fällen auch zu viel produziert wird. Da kein effizientes Marktangebot zu Stande kommt, wird die Notwendigkeit von Staatseingriffen, Förderungen und mitunter auch die Bereitstellung öffentlicher Güter durch den Staat (z. B. öffentlich-rechtlicher Rundfunk) abgeleitet.

Charakteristika öffentlicher Güter

Unter *Externalitäten* versteht man Wirkungen der wirtschaftlichen Aktivität auf Dritte, für die diese, wenn sie *positiv* sind, nichts bezahlen müssen, wenn sie *negativ* sind, nicht entschädigt werden; sie können also sowohl Nutzengewinne als auch -verluste verursachen. Diese externen Effekte werden nicht in der individuellen Kosten-Nutzen-Kalkulation berücksichtigt. Die Internalisierung der externen Effekte kann mittels Unternehmensstrategien und staatlicher Regulierung erfolgen. Im Mediensektor sind v. a. *informationale* Externalitäten bedeutsam, die auf die Effekte von massenmedialen Inhalten auf die Gesellschaft (z. B. Wertewandel, Wahlverhalten, Wirtschaftsentwicklung) verweisen. Mit diesen Externalitäten wird etwa Inhaltsregulierung (Zensur, Quotenregulierung oder öffentlich-rechtliches Fernsehen) gerechtfertigt. Wei-

Informationale Externalitäten

Netzexternalitäten

terhin sind *Netzexternalitäten* von Bedeutung. Diese sind zumeist positiver Art und entstehen bei Gütern, bei denen der Wert des Produkts für Konsumenten zunimmt, je mehr davon verkauft wird. Ein Beispiel ist das Telefonnetz: Mit jedem zusätzlichen Teilnehmer steigt auch der Nutzen aller bestehenden Teilnehmer an. Falls die Teilnehmer aber nicht bereit sind, für diesen Zusatznutzen zu bezahlen, kann die Marktlösung ineffizient sein, d. h. es kommt zu einem suboptimalen Wachstum des Netzes.

Bei einem *natürlichen Monopol* ist die firmeninterne Kostendegression in Relation zur gegebenen Marktgröße so bedeutend, dass auf Dauer nur *ein* Unternehmen im Markt überleben würde. Diese Kostendegression kann dazu führen, dass ein einziges Unternehmen das Gut kostengünstiger bereitstellen kann als jede andere Anbieterzahl. Die traditionelle Monopolregulierung im Telekommunikationsbereich wurde u. a. mit dieser Eigenschaft gerechtfertigt.

Informationsasymmetrien

Informationsasymmetrien beschreiben Situationen, in denen die Konsumenten gegenüber den Anbietern nur unvollständige Informationen über Güter besitzen. Aus dieser mangelnden Transparenz ergeben sich Unsicherheiten für Konsumenten, die zu regulierenden Eingriffen, wie Kennzeichnungspflicht und Qualitätsstandards führen können (z. B. im eCommerce). Im Fall von journalistischen Inhalten ist die Intransparenz besonders hoch. Es handelt sich um so genannte *Vertrauensgüter*, deren Qualität durch Konsumenten – selbst nach dem Konsum – nicht objektiv bestimmbar ist.

Im Unterschied zu den bisher genannten ökonomischen Gründen für Marktversagen werden im Fall von *meritorischen Gütern* politische Zielsetzungen nicht marktmäßig erreicht, die Güter werden weniger nachgefragt als gesellschaftlich erwünscht wäre. Daraus kann z. B. staatliche Produktionsförderung abgeleitet werden, wie im Fall des öffentlich-rechtlichen Rundfunks. Der umgekehrte Fall gilt für *demeritorische Güter*. Hier versucht man, den Konsum von gesellschaftlich unerwünschten Gütern (z. B. Pornographie) etwa durch Inhaltsregulierungen zu verbieten oder zu reduzieren.

Konzentration

Generell spricht man von Konzentration, wenn wenige Unternehmen auf dem *relevanten Markt* über hohe Marktanteile verfügen (Konzentrationszustand). Konzentrationsprozesse liegen vor, wenn die Zahl der Unternehmen am Markt kleiner wird (*absolute* Konzentration) oder wenn sich bei gleicher Unternehmenszahl die

Marktanteile zugunsten der größten Unternehmen verschieben (*relative* Konzentration). Man unterscheidet ferner *internes* Unternehmenswachstum (z. B. Microsoft) und unternehmens*externes* Wachstum (z. B. der Zusammenschluss von AOL/Time Warner). Bei letzterem wird zwischen horizontalen, vertikalen und konglomeraten Zusammenschlüssen und folglich Konzentrationen unterschieden. Bei *horizontalen* Zusammenschlüssen vereinen sich Unternehmen, die auf dem gleichen relevanten Markt tätig sind. *Vertikale* Zusammenschlüsse finden zwischen Unternehmen statt, die auf verschiedenen Stufen der Wertschöpfungskette tätig sind, d. h. solchen, die in einer Käufer-Verkäufer-Beziehung stehen. Bei *konglomeraten* Zusammenschlüssen sind Unternehmen beteiligt, die weder auf dem gleichen relevanten Markt tätig sind noch in einer Käufer-Verkäufer-Beziehung stehen. Wenn solche Zusammenschlüsse innerhalb des Mediensektors stattfinden (z. B. Rundfunk und Zeitung), spricht man vielfach von *diagonaler* Konzentration.

Spielarten von Zusammenschlüssen

Marktbeherrschung und Konzentration werden immer für den *relevanten Markt* bestimmt. Zumeist wird der *sachliche* und der *räumliche* relevante Markt unterschieden, wobei die Abgrenzung sowohl theoretisch als auch praktisch sehr schwierig ist. Zentrales Kriterium der sachlichen Marktdefinition ist die Substituierbarkeit von Produkten und Dienstleistungen in Bezug auf einen gemeinsamen Verwendungszweck der Abnehmer. Somit zählen jene Güter und Dienstleistungen zu einem Markt, die unter gegebenen Marktverhältnissen der Deckung desselben Bedarfs dienen, also aus Sicht der Verbraucher hinsichtlich ihrer Eigenschaften (z. B. Preis, Inhalt) als kurzfristig austauschbar bzw. substituierbar angesehen werden. Der räumliche Markt ist das Gebiet, auf dem diese Produkte angeboten werden (z. B. lokal, regional, national) und hinreichend homogene Wettbewerbsbedingungen herrschen. Für die Festlegung der Marktmacht von Unternehmen werden zuerst alle Wettbewerber definiert und die Marktanteile festgelegt. Dann werden die Konzentrationsraten ermittelt. Ziel der *Konzentrationsmessung* ist es, mittels geeigneter Konzentrationsmerkmale (z. B. Umsatz, Zuschaueranteil) und statistischer Methoden Stand und Entwicklung von Unternehmenskonzentration in Maßzahlen auszudrücken.

Sachlicher und räumlicher Markt

Messung von Konzentration

Zu den gängigen *Konzentrationsindices* zählen z. B. der *Herfindahl-Hirschman-Index* (HHI) oder die *Konzentrationsraten* (z. B.

Konzentrations-indices

CR4 und CR8). Beim Herfindahl-Hirschman-Index wird die Summe der quadrierten Marktanteile aller Anbieter gebildet. Durch das Quadrieren der Marktanteile legt man anteilsmäßig mehr Gewicht auf große Firmen in Korrelation mit ihrer relativen Wichtigkeit im Markt. Das bedeutet, dass kleine Unternehmen aufgrund ihres geringen Einflusses wenig in das Konzentrationsmaß eingehen, während großen Unternehmen ein großes Gewicht beigemessen wird. Der HHI bewegt sich zwischen 0 (viele Unternehmen mit kleinen Marktanteilen) und 10.000 (reiner Monopolmarkt). In den USA gelten Märkte mit einem HHI von unter 1.000 als nicht konzentriert, mit einem HHI zwischen 1.000 und 1.800 als mittelmäßig konzentriert und über 1.800 als stark konzentriert. Der HHI eignet sich besonders, um die Konzentration zwischen Industrien zu vergleichen. Im Gegensatz zum HHI, wo alle Marktteilnehmer inkludiert werden, werden bei der Konzentrationsrate nur die Marktanteile einer bestimmten Anzahl der größten Unternehmen, z. B. der vier (CR4) bzw. acht (CR8) größten im Markt (USA, EU)[11], beachtet. Hierbei wird der Gesamtumsatz der vier bzw. acht größten Unternehmen mit dem Gesamtumsatz der Industrie verglichen. Wenn die Konzentrationsrate der vier größten Unternehmen größer/gleich 50 % ist oder die der acht größten größer/gleich 75 %, dann spricht man von hoch konzentrierten Märkten. Neben der Erfassung des Marktanteils (*quantitativ*) werden bei der Bewertung von Zusammenschlüssen auch *qualitative* Faktoren berücksichtigt, wie Marktzutrittsbarrieren, verschiedene Effizienzkriterien, aber auch politische und soziale Implikationen.

Medien- und Meinungsvielfalt

Für den Medienbereich wird immer wieder nach Alternativen zur ökonomischen Konzentrationsmessung gesucht, da von der Konzentration nicht nur der Wettbewerb, sondern auch die *Medien-* und *Meinungsvielfalt* betroffen ist. Das bedeutet, dass die Politik nicht nur auf die Gewährleistung eines ökonomischen Wettbewerbs abzielt, sondern auch auf das demokratiepolitische Ziel, ein pluralistisches Mediensystem zu garantieren. Diskutiert wird, ob das politische Ziel Medien- und Meinungsvielfalt eher durch *Anbietervielzahl*[12] oder durch *publizistische Vielfalt* (vgl. Rager/

---

[11] In Deutschland werden zumeist die Konzentrationsraten CR3 und CR6, also die drei bzw. sechs Größten, angewendet.

[12] Kiefer (1995) argumentiert, dass die Konzentrationskontrolle nur von der Vielfalts-Vermutung durch Anbieter-Vielzahl ausgehen kann, da für alle anderen Anforderungen Wissen und Instrumente fehlen.

Weber 1992) erreicht wird. Es gibt jedoch kein allgemein anerkanntes operationales Konzept zur Erfassung publizistischer Konzentration. Mögliche Ansatzpunkte sind z. B. vergleichende Inhaltsanalysen oder die Zahl der Programme. Bei Konzentrationen im Medienbereich sind weiterhin deren Konsequenzen für den Werbe- und Arbeitsmarkt zu beachten.

2.2.3 Anwendungen in der Medienwissenschaft

Die zahlreichen medienökonomischen Arbeiten der vergangenen Jahrzehnte[13] lassen drei *thematische Schwerpunktsetzungen* erkennen: (1) *Konzentration* (v. a. über Printmedien) seit den sechziger Jahren, (2) *Liberalisierung* (v. a. über Rundfunk) seit den achtziger Jahren und (3) *Konvergenz* (v. a. über Internet, Telefonie und Digitalen Rundfunk) seit den neunziger Jahren. Mit den Schwerpunktsetzungen wurde und wird auf jeweils aktuelle medientechnische, ökonomische und politische Veränderungen reagiert, wobei verschiedene Analyseansätze zur Anwendung gelangen.

Konzentration – Liberalisierung – Konvergenz

Medienkonzentration

Ein sehr breites Spektrum medienökonomischer Forschung widmet sich dem Phänomen der Konzentration und Fragen des Wettbewerbs im Medienbereich, insbesondere im Pressesektor. Innerhalb der deutschsprachigen Kommunikationswissenschaft trugen v. a. die Pressekonzentration und das Zeitungssterben seit Mitte der sechziger Jahre zu dieser Schwerpunktsetzung bei.[14] Die wissenschaftlichen Diskussionen gingen in Deutschland Hand in Hand mit politischen und gesetzgeberischen Aktivitäten, etwa mit der Konstituierung von Kommissionen[15] und mit medienspezifischen

Problem Pressekonzentration

---

[13] Für allgemeine Auswahlbibliographien zur medienökonomischen Forschung siehe Kopper 1982, Schenk/Hensel 1986, Ubbens 1997 und Knoche 1999. Für Sammelbände mit Überblickscharakter siehe Schenk/Donnerstag 1989, Alexander/Owers/Carveth 1993, Bruck 1993 und 1994 sowie Altmeppen 1996.
[14] Für einen Literaturüberblick zur Pressekonzentration für die Jahre 1959-1968 siehe Aufermann u. a. 1970. Siehe auch Fußnote 13.
[15] Die Michel-Kommission (1964) untersuchte die Wettbewerbsgleichheit von Presse, Funk/Fernsehen und Film; die Günther-Kommission (1967) evaluierte die Gefährdung der Existenz von Presseunternehmen und der Meinungsfreiheit.

Sonderregelungen[16], die z. B. die Prüfung von Zusammenschlüssen im Medienbereich bereits bei geringeren Umsatzzahlen als in anderen Wirtschaftssektoren vorsehen. Damit wird versucht, der meinungsbildenden, demokratischen Funktion der Medien und damit auch dem Spannungsfeld ökonomischer und publizistischer Zielsetzungen im Mediensektor Rechnung zu tragen (vgl. Just 2000).

Liberalisierung

Die Liberalisierung des Rundfunks, d. h. die Zulassung und Förderung des Wettbewerbs, die im Wesentlichen ab den achtziger Jahren erfolgte, führte in der Medienökonomie v. a. zur Analyse der Problematik des Nebeneinander von öffentlich-rechtlich und privatwirtschaftlich organisierten Rundfunkanstalten (*duale Rundfunkordnung*). Die behandelten Themen reichen u. a. von der Darstellung der Aufgabenbereiche und der Diskussion der Existenzberechtigung öffentlich-rechtlicher Sender (vgl. Kiefer 1996 und 1997, Kops 2000a, Kruse 2000) über Fragen zur Rechtfertigung von Regulierung und zur adäquaten Gestaltung von Rundfunkordnungen (vgl. Kops 1998 und 2000b, Kruse 2000) bis hin zur Analyse von Finanzierungsmöglichkeiten, z. B. Gebühren, Werbung oder Preisausschlusssysteme und ihrer Vor- und Nachteile (vgl. Ospel 1988). Besonderes Augenmerk wird auf den Konflikt ökonomischer und publizistischer Ziele im Zuge der verstärkten Wettbewerbsorientierung des öffentlich-rechtlichen Rundfunks gelegt (vgl. Gundlach 1998), weiterhin auf mögliche wettbewerbsverzerrende Wirkungen der Ausdehnung von Geschäftsbereichen von öffentlich-rechtlichen Rundfunkanstalten (z. B. auf Pay-TV und Internet-Dienste) aufgrund ihrer ökonomischen Sondersituation (z. B. Gebührenfinanzierung).

Konvergenz

Die Konvergenz der traditionell getrennten Subsektoren des Kommunikationssystems Massenmedien und Individualmedien (Telekommunikation) zu einem integrierten gesellschaftlichen Kommunikationssystem, das als *Mediamatik* (Medien & Telematik) bezeichnet werden kann (vgl. Latzer 1997), und die zunehmende Bedeutung des Internets und digitalen Rundfunks als Musterbei-

---

[16] Z. B. die pressespezifischen Sonderregelungen für Zusammenschlüsse im deutschen Gesetz gegen Wettbewerbsbeschränkungen (GWB) (1976).

spiele und Antriebskräfte der Mediamatik führten in den neunziger Jahren zu einer dementsprechenden medienökonomischen Schwerpunktsetzung. Damit erweitert sich der Untersuchungsgegenstand, der zuvor weitgehend auf öffentliche Massenkommunikation via Printmedien und Rundfunk beschränkt war. Die bisher technisch, funktional und auf Unternehmensebene getrennten Subsektoren können nun in enge Austauschbeziehungen treten. Die Erweiterung erfolgt etwa durch Analysen der *Internet-Ökonomie* (vgl. McKnight/Bailey 1997, Shapiro/Varian 1999, Zerdick u. a. 2001), des elektronischen Handels (vgl. Latzer 2000), des Digitalen Fernsehens (vgl. König 1997, Gerbarg 1999, Schulz/Seufert/Holznagel 1999) und der Telekommunikation (vgl. Mansell 1993, Bohlin u. a. 2000). Deren gemeinsame (industrieökonomische) Charakteristika und Unternehmensstrategien können als *Digitale Ökonomie* (vgl. Latzer/Schmitz 2001 und 2002) bezeichnet werden. Weitere Themenbereiche umfassen die *Ökonomisierung der Medien* (vgl. Jarren/Meier 2001) und die Analyse einer integrierten *Mediamatik-Politik bzw. -Regulierung* (vgl. Latzer 1997 und 2000).

Neuer Untersuchungsgegenstand: digitale Ökonomie

Für einen Einblick in die *theoretisch/modellhafte Basis* von Anwendungen und deren Problematik werden nachfolgend *zwei Beispiele* etwas ausführlicher dargestellt. Das erste Beispiel basiert auf traditioneller ökonomischer Theorie (Industrieökonomie), das zweite auf der um neue politisch-ökonomische Ansätze erweiterten neoklassischen Theorie.[17]

Marktstruktur-Marktverhalten-Marktergebnis-Paradigma

Das Marktstruktur-Marktverhalten-Marktergebnis-Paradigma (MMM) (siehe Abb. S. 97) wird in der medienökonomischen Literatur häufig als Analyserahmen eingefordert und verwendet (vgl. Müller 1979, Busterna 1988, Gomery 1989 und 1993, Hendriks

---

[17] Als weitere Beispiele für ökonomische Theoriebildung mittlerer Reichweite, die nicht Thema des vorliegenden Bandes ist, wären u. a. zu erwähnen: die speziell für Massenmedien adaptierte *Theory of the Niche* (vgl. Dimmick/Rothenbuhler 1984, Dimmick 1993) sowie das sich im Stadium einer präformalen Theorie befindliche *Principle of Relative Constancy* (vgl. McCombs/Eyal 1980, McCombs/Nolan 1992), dessen Hypothesen nicht formalisiert sind.

1995, Wirth/Bloch 1995, Sjurts 1996, Ramstad 1997 sowie Siegert 2001). Es wurde in den dreißiger Jahren von Edward S. Mason zur Analyse von Industriezweigen entwickelt. Ausgehend von wohlfahrtsökonomischen und gesellschaftspolitischen (z. B. publizistischen) Zielen will man damit einerseits Faktoren identifizieren, die das Marktergebnis beeinflussen, andererseits dient es der Entwicklung von Theorien, mittels derer die kausalen Zusammenhänge zwischen den einzelnen Faktoren bzw. den Marktdimensionen (Struktur-Verhalten-Ergebnis) analysiert werden können. Es bestehen kausale Zusammenhänge und wechselseitige Beeinflussungen zwischen den drei Marktdimensionen. So hängt z. B. das Marktergebnis vom Marktverhalten ab, das Marktverhalten wiederum von der einer Industrie zugrunde liegenden Marktstruktur. Auswirkungen in die umgekehrte Richtung sind ebenfalls möglich.

Welche Faktoren beeinflussen Marktergebnis?

Durch die Aufnahme medienspezifischer (publizistischer) Ziele in die Marktergebnis-Rubrik lassen sich verschiedene kommunikationswissenschaftliche Fragestellungen analysieren. Das Paradigma ist auch für nicht-ökonomische Erklärungsansätze offen bzw. für Fragestellungen, bei denen ökonomische Kriterien nicht ausreichen. Medienökonomische Ergebnisse liegen insbesondere über Marktstrukturen und -verhalten vor, weniger über Marktergebnisse – so etwa zur Konzentration (Struktur) und zu ihren Auswirkungen auf das Marktverhalten und -ergebnis. Konzentration kann, wie oben gezeigt, mit Konzentrationsindices wie HHI und CR4/CR8 gemessen werden.

Anwendung auf medienökonomische Fragestellungen

Owen/Wildman (1992) liefern HHI-Daten für US-Fernsehprogramm-Syndikate, und Chan-Olmsted (1996) CR4/CR8- sowie HHI-Daten für den US-Kabelfernsehmarkt. Albarran/Dimmick (1996) legen u. a. CR4/CR8-Ergebnisse für vierzehn Medienindustrie-Segmente vor. Heinrich untersucht den deutschen Markt hinsichtlich ökonomischer (1992 und 1999a) und publizistischer Konzentration (1992) und präsentiert dafür u. a. CR3- und HHI-Daten. Eine Analyse von Strategien und Formen von Unternehmens-Zusammenschlüssen im konvergenten Mediensektor liefert Chan-Olmsted (1998). Die Auswirkungen der Marktstruktur auf Programmvielfalt (Ergebnis) zeigen Müller (1979) und Owen/Wildman (1992). Die Effekte strategischen Marktverhaltens (Preissetzung, Produktdifferenzierung) auf den Wettbewerb im Kabelmarkt beschreibt Barrett (1996). Zum Zusammenhang von Marktstruktur und Unternehmensstrategien (Verhalten) in der

Digitalen Ökonomie des Mediamatik-Sektors siehe Latzer/Schmitz (2001 und 2002). Doyle (2000) untersucht die Beziehung zwischen Marktgröße und -ergebnis sowie zwischen Cross-Sektor-Besitzstruktur (vertikal/diagonal) und Marktergebnis in Großbritannien anhand der Gewinnspanne aus der gewöhnlichen Geschäftstätigkeit (Ergebnis). Diese lässt sich zwar gut quantitativ fassen und vergleichen, ist aber als alleiniges Kriterium für die Abschätzung des Marktergebnisses einer Kulturindustrie nicht ausreichend.

Das Problem bei der Marktergebnis-Bewertung liegt darin, dass im Medienbereich einerseits traditionelle ökonomische Maßstäbe und Effizienzkriterien als nicht ausreichend bewertet werden und andererseits Kriterien wie Vielfalt, Meinungsfreiheit oder der Beitrag zur politischen Diskussion schwer empirisch fassbar und vergleichbar sind.

Probleme der Marktergebnis-Bewertung

Marktstruktur-Marktverhalten-Marktergebnis-Paradigma

(Quelle: Adaptiert nach Scherer/Ross 1990, 5; eigene Ergänzungen)

Marktversagen-Staatsversagen-Paradigma

Das auf ökonomischer Theorie beruhende Marktversagen-Staatsversagen-Paradigma geht vom Markt als prinzipiell optimalen Allokationsmechanismus aus. Aufgrund struktureller Defizite kommt

Marktversagen und Staatsversagen

es jedoch in Ausnahmebereichen zu *Marktversagen*[18], d. h. zu suboptimalen Ergebnissen, woraus sich entsprechend der Public Interest Theorie staatliche Markteingriffe (z. B. Marktmachtkontrolle, Preisregulierung) zu dessen Verhinderung oder Kompensation ableiten lassen. Doch auch die Politik hat Defizite, wie die Special Interest Theorie unter Betonung verfolgter Partikularinteressen der am Regulierungsprozess Beteiligten betont, und es kann zu *Staatsversagen* (Politikversagen) kommen, woraus sich eine Re-Formulierung der Politik bzw. die Suche nach alternativen, marktkonformen Instrumenten ableiten lässt.

Während die Defizite des Medienmarktes mit *neoklassischen Ansätzen* analysiert werden (vgl. Heinrich 1994 und 1999a), lassen sich jene der Politik mit Ansätzen der *Neuen Politischen Ökonomie* untersuchen. Der Regulatory-Capture-Ansatz prüft beispielsweise, inwieweit die Regulierung durch die Partikularinteressen der Industrie vereinnahmt wird und welche institutionellen Faktoren dafür verantwortlich sind. So wird das Versagen der US-Kommunikationspolitik u. a. mit der Vereinnahmung der FCC (Federal Communications Commission) begründet (vgl. OTA 1990). Edelmann (1990) argumentiert ergänzend dazu, dass die FCC ihr (gewolltes) Versagen mit ›symbolischer Politik‹ zu übertünchen wusste. Mittels Transaktionskosten-Analysen können die Kosten verschiedener Regulierungsmodelle und marktkonformer Alternativen verglichen und dementsprechende Politikvorschläge abgeleitet werden. Transaktionskosten-Reduktionen sind beispielsweise ein Argument für eine integrierte Regulierung von Massenmedien und Telekommunikation in der Mediamatik.[19]

Grenzen des Paradigmas

Heinrich (1999b) diskutiert die Grenzen des Paradigmas von Markt und Marktversagen im Mediensektor und leitet ein duales System der Steuerung und Regelung ab, einerseits für den Bereich der normativ zugeschriebenen Medienproduktion (meritorische und öffentliche Informationen, z. B. zur Produktion von Vielfalt und Wahrheit) – wo der ökonomische Wettbewerb als Steuerungsverfahren prinzipiell nicht geeignet ist –, andererseits für den priva-

---

[18] Siehe Abschnitt 2.2.2.
[19] Vgl. Latzer 1997; für die Anwendung des Marktversagen-Staatsversagen-Paradigmas zur Ableitung einer Mediamatik-Politik für eCommerce vgl. Latzer 2000.

ten Gebrauchswertbereich – wo das traditionelle ökonomische Steuerungsverfahren trotz Marktversagen anwendbar ist.

2.2.4 Schlussbemerkungen

Im Zuge der disziplinären Etablierungsversuche der Medienökonomie besteht *Einigkeit* darüber, dass sie sich wirtschaftswissenschaftlicher Ansätze bedient. *Uneinigkeit* besteht hingegen darüber, (1) welche wirtschaftswissenschaftlichen Ansätze dafür geeignet sind, ob und – wenn ja – welche kommunikationswissenschaftlichen Fragen damit beantwortet werden können, (2) wie der Untersuchungsgegenstand abgegrenzt wird und (3) ob und wie ein interdisziplinärer Ansatz in der Medienökonomie zu verfolgen ist.

Bezüglich der Abgrenzung des Untersuchungsgegenstandes legt v. a. die *Konvergenz* im Medienbereich nahe, das gesamte gesellschaftliche Mediensystem in die Analyse mit einzubeziehen, d. h. traditionelle Beschränkungen auf Massenmedien, Journalismus und öffentliche Kommunikation aufzugeben.

Konvergenz legt Erweiterung nahe

Für die medienökonomische Analyse verschiedener kommunikationswissenschaftlicher Problem- und Fragestellungen auf ökonomischer Basis ist die Vielfalt der wirtschaftswissenschaftlichen Ansätze ein Gewinn. Dies unter der Voraussetzung, dass deren jeweilige normativ/methodischen Annahmen klargelegt und deren möglicher Erklärungsbeitrag – und damit auch deren *Grenzen* – diskutiert werden. Grenzen ergeben sich v. a. aufgrund der gesellschaftlichen, verfassungsrechtlich verankerten Sonderstellung des Mediensystems und der damit verbundenen politischen Zielsetzungen. Hier greift eine *rein* ökonomische Betrachtung zu kurz. Die Einbindung des Politischen in die ökonomische Analyse, Interdisziplinarität, zumindest aber der Zusammenhang u. a. zu Ansätzen der Politikwissenschaft, Soziologie, Cultural Studies (→ 2.5 Kulturtheorien der Medien) und Psychologie ergeben sich schon alleine durch die Einbeziehung neuerer sozialwissenschaftlicher Ansätze der Wirtschaftswissenschaften (z. B. institutionalistische Ansätze). Damit kann die Anschlussfähigkeit der Medienökonomie an andere Teildisziplinen der Kommunikationswissenschaft gewährleistet werden.

Interdisziplinarität der Medienökonomie

Literatur

Albarran, Alan B. (1996): Media Economics. Understanding Markets, Industries and Concepts. Ames: Iowa State University Press.

Albarran, Alan B./Dimmick, John (1996): Concentration and Economics of Multiformity in the Communication Industries. In: The Journal of Media Economics, 9. Jahrgang, Heft 4, S. 41-50.

Alexander, Alison/Owers, James/Carveth, Rod (Hg.) (1993): Media Economics. Theory and Practice. Hillsdale: Lawrence Erlbaum Associates.

Altmeppen, Klaus Dieter (Hg.) (1996): Ökonomie der Medien und des Mediensystems. Opladen: Westdeutscher Verlag.

Aufermann, Jörg u. a. (Hg.) (1970): Pressekonzentration. Eine kritische Materialsichtung und -systematisierung. München-Pullach/Berlin: Verlag Dokumentation.

Babe, Robert E. (1995): Communication and the Transformation of Economics. Essays in Information, Public Policy and Political Economy. Boulder: Westview.

Barrett, Marianne (1996): Strategic Behavior and Competition in Cable Television: Evidence From Two Overbuilt Markets. In: The Journal of Media Economics, 9. Jahrgang, Heft 2, S. 43-62.

Bohlin, Erik u. a. (Hg.) (2000). Convergence in Communications and Beyond. Amsterdam/London: Elsevier.

Bruck, Peter A. (Hg.) (1993): Medienmanager Staat. Von den Versuchen des Staates, Medienvielfalt zu ermöglichen. Medienpolitik im internationalen Vergleich. München: Rainer Fischer.

Bruck, Peter A. (Hg.) (1994): Print unter Druck. Zeitungsverlage auf Innovationskurs. Verlagsmanagement im internationalen Vergleich. München: Rainer Fischer.

Bücher, Karl (1903): Der deutsche Buchhandel und die Wissenschaft. Leipzig: Teubner.

Bücher, Karl (1904): Die Entstehung der Volkswirtschaft. Vorträge und Versuche. Tübingen: Laupp.

Bücher, Karl (1910): Das Gesetz der Massenproduktion. In: Zeitschrift für die gesamte Staatswissenschaft, 66. Jahrgang, Heft 3, S. 429-444.

Busterna, John C. (1988): Concentration and the Industrial Organization Model. In: Picard, Robert G. u. a. (Hg.): Press Concentration and Monopoly: New Perspectives on Newspaper Ownership and Operation. Norwood: Ablex Publishing Corporation, S. 35-53.

Chambers, Todd (1998): Who's on First? Studying the Scholarly Community of Media Economics. In: The Journal of Media Economics, 11. Jahrgang, Heft 1, S. 1-12.

Chan-Olmsted, Sylvia (1996): Market Competition for Cable Television: Reexamining Its Horizontal Mergers and Industry Concentration. In: The Journal of Media Economics, 9. Jahrgang, Heft 2, S. 25-41.

Chan-Olmsted, Sylvia (1998): Mergers, Acquisitions, and Convergence: The Strategic Alliances of Broadcasting, Cable Television, and Telephone Services. In: The Journal of Media Economics, 11. Jahrgang, Heft 3, S. 33-46.

Coase, Ronald (1937): The nature of the firm. In: Economica, Heft 4, S. 386-405.

Dimmick, John/Rothenbuhler, Eric (1984): The Theory of the Niche: Quantifying Competition Among Media Industries. In: Journal of Communication, 34. Jahrgang, Heft 1, S. 103-119.

Dimmick, John (1993): Ecology, Economics, and Gratification Utilities. In: Alexander, Alison/Owers, James/Carveth, Rod (Hg.): Media Economics. Theory and Practice. Hillsdale: Lawrence Erlbaum Associates, S. 135-156.

Doyle, Gillian (2000): The Economics of Monomedia and Cross-Media Expansion: A Study of the Case Favouring Deregulation of TV and Newspaper Ownership in the U.K. In: Journal of Cultural Economics, 24. Jahrgang, Heft 1, S. 1-26.

Edelmann, Murray (1990): Politik als Ritual. Die symbolische Funktion staatlicher Institutionen und politischen Handelns. Frankfurt am Main/New York: Campus.

Eichhorn, Peter/von Loesch, Achim (Hg.) (1983): Rundfunkökonomie. Baden-Baden: Nomos.

Franck, Georg (1998): Ökonomie der Aufmerksamkeit. Ein Entwurf. München/Wien: Hanser.

Fünfgeld, Hermann (1983): Die Programmkosten einer öffentlich-rechtlich organisierten Rundfunkanstalt und ihre Finanzierung – Grundsätzliches über ein altes Medium. In: Fleck, Florian H. (Hg.): Die Ökonomie der Medien. Freiburg: Universitätsverlag Freiburg, S. 55-91.

Garnham, Nicholas (1990): Capitalism and Communication: Global Culture and the Economics of Information. London: Sage.

Garnham, Nicholas (1995): Political Economy and Cultural Studies: Reconciliation or Divorce. In: Critical Studies in Mass Communication, 12. Jahrgang, Heft 1, S. 62-71.

Gerbarg, Darcy (Hg.) (1999): The economics, technology and content of digital TV. Dordrecht: Kluwer.

Gomery, Douglas (1989): Media Economics: Terms of Analysis. In: Critical Studies in Mass Communication, 6. Jahrgang, Heft 1, S. 43-60.

Gomery, Douglas (1993): The Centrality of Media Economics. In: Journal of Communication, 43. Jahrgang, Heft 3, S. 190-198.

Grossberg, Lawrence (1995): Cultural Studies vs. Political Economy: Is Anybody Else Bored with this Debate? In: Critical Studies in Mass Communication, 12. Jahrgang, Heft 1, S. 72-81.

Gundlach, Hardy (1998): Die öffentlich-rechtlichen Rundfunkunternehmen zwischen öffentlichem Auftrag und marktwirtschaftlichem Wettbewerb. Berlin: S+W Verlag.

Hardt, Hanno (1988): Communication and Economic Thought: Cultural Imagination in German and American Scholarship. In: Communication, 10. Jahrgang, Heft 2, S. 141-163.

Heinrich, Jürgen (1992): Ökonomische und publizistische Konzentration im deutschen Fernsehsektor. Eine Analyse aus wirtschaftswissenschaftlicher Sicht. In: Media Perspektiven, Heft 6, S. 338-356.

Heinrich, Jürgen (1994): Medienökonomie. Band 1: Mediensystem, Zeitung, Zeitschrift, Anzeigenblatt. Opladen: Westdeutscher Verlag.

Heinrich, Jürgen (1999a): Medienökonomie. Band 2: Hörfunk und Fernsehen. Opladen/Wiesbaden: Westdeutscher Verlag.

Heinrich, Jürgen (1999b): Ökonomik der Steuerungs- und Regelungsmöglichkeiten des Mediensystems – Rezipientenorientierung der Kontrolle. In: Imhof, Kurt/Jarren, Otfried/Blum, Roger (Hg.): Steuerungs- und Regelungsprobleme in der Informationsgesellschaft. Opladen/Wiesbaden: Westdeutscher Verlag, S. 249-259.

Hendriks, Patrick (1995): Communications Policy and Industrial Dynamics in Media Markets: Toward a Theoretical Framework for Analyzing Media Industry Organization. In: The Journal of Media Economics, 8. Jahrgang, Heft 2, S. 61-76.

Hess, Thomas/Schumann, Matthias (1999): Das Fach Medienökonomie an deutschen Universitäten. Arbeitsbericht Nr. 4/1999 des Instituts für Wirtschaftsinformatik der Universität Göttingen.

Holzer, Horst (1971): Gescheiterte Aufklärung? Politik, Ökonomie und Kommunikation in der Bundesrepublik Deutschland. München: Piper.

Holzer, Horst (1975): Theorie des Fernsehens. Fernseh-Kommunikation in der Bundesrepublik Deutschland. Hamburg: Hoffmann und Campe.

Innis, Harold A. (1972): Empire and Communication. Toronto: University of Toronto Press.

Innis, Harold A. (1991): The Bias of Communication. Toronto: University of Toronto Press.

Jarren, Otfried/Meier, Werner A. (Hg.) (2001): Themenheft »Ökonomisierung der Medienindustrie: Ursachen, Formen und Folgen« von Medien & Kommunikationswissenschaft, 49. Jahrgang, Heft 2.

Just, Natascha (2000): Die Kontrolle der Marktmacht in der Mediamatik. In: Latzer, Michael (Hg.): Mediamatikpolitik für die Digitale Ökonomie. eCommerce, Qualifikation und Marktmacht in der Informationsgesellschaft. Innsbruck/Wien: Studien Verlag, S. 247-285.

Karmasin, Matthias (1998): Medienökonomie als Theorie (massen-)medialer Kommunikation. Kommunikationsökonomie und Stakeholder Theorie. Graz/Wien: Nausner & Nausner.

Kiefer, Marie Luise (1995): Konzentrationskontrolle: Bemessungskriterien auf dem Prüfstand. In: Media Perspektiven, Heft 2, S. 58-68.

Kiefer, Marie Luise (1996): Unverzichtbar oder überflüssig? Öffentlich-rechtlicher Rundfunk in der Multimedia-Welt. In: Rundfunk und Fernsehen, 44. Jahrgang, Heft 1, S. 7-26.

Kiefer, Marie Luise (1997): Privatisierung – cui bono? In: Medien Journal, Heft 2, S. 4-13.

Kiefer, Marie Luise (2001): Medienökonomik. München/Wien: Oldenbourg.

Knies, Karl (1857): Der Telegraph als Verkehrsmittel. Mit Erörterungen über den Nachrichtenverkehr überhaupt. München: Rainer Fischer. [Ungekürzter Faksimile-Nachdruck der Originalausgabe. Tübingen: Laupp]

Knoche, Manfred (1999): Media Economics as a Subdiscipline of Communication Science. In: Brosius, Hans-Bernd/Holtz-Bacha, Christina (Hg.): The German Communication Yearbook. Cresskill: Hampton Press, S. 69-100.

König, Michael (1997): Die Einführung des digitalen Fernsehens: Neue Probleme und Implikationen für den Wettbewerb. Baden-Baden: Nomos.

Kopper, Gerd G. (1982): Massenmedien. Wirtschaftliche Grundlagen und Strukturen. Analytische Bestandsaufnahme der Forschung. Konstanz: Universitätsverlag Konstanz.

Kops, Manfred (1998): Prinzipien der Gestaltung von Rundfunkordnungen. Ökonomische Grundlagen und rundfunkpolitische Konsequenzen. Arbeitspapiere des Instituts für Rundfunkökonomie an der Universität zu Köln, Heft 100.

Kops, Manfred (2000a): Brauchen wir öffentlich-rechtliche Rundfunkanstalten? In: Kruse, Jörn (Hg.): Ökonomische Perspektiven des Fernsehens in Deutschland. München: Rainer Fischer, S. 71-88.

Kops, Manfred (2000b): Von der dualen Rundfunkordnung zur dienstespezifisch diversifizierten Informationsordnung? Diskussionspapier B: Alternative Verfahren zur Bereitstellung von Informationsgütern. Köln.

Kruse, Jörn (2000): Ökonomische Probleme der deutschen Fernsehlandschaft. In: Kruse, Jörn (Hg.): Ökonomische Perspektiven des Fernsehens in Deutschland. München: Rainer Fischer, S. 7-47.

Lacy, Stephen/Niebauer, Walter E. (1995): Developing and Using Theory for Media Economics. In: The Journal of Media Economics, 8. Jahrgang, Heft 2, S. 3-13.

Latzer, Michael (1997): Mediamatik – Die Konvergenz von Telekommunikation, Computer und Rundfunk. Opladen: Westdeutscher Verlag.

Latzer, Michael (Hg.) (2000): Mediamatikpolitik für die Digitale Ökonomie. eCommerce, Qualifikation und Marktmacht in der Informationsgesellschaft. Innsbruck/Wien: Studien Verlag.

Latzer, Michael/Schmitz, Stefan W. (2001): Grundzüge der Digitalen Ökonomie des Mediamatik-Sektors. IWE-Working Paper 16, Wien. <http://www.iwe.oeaw.ac.at/workpap.htm>

Latzer, Michael/Schmitz, Stefan W. (2002): Die Ökonomie des eCommerce. New Eonomy, Digitale Ökonomie und realwirtschaftliche Auswirkungen. Marburg: Metropolis Verlag.

Ludwig, Johannes (1998): Zur Ökonomie der Medien: Zwischen Marktversagen und Querfinanzierung. Von J. W. Goethe bis zum Nachrichtenmagazin Der Spiegel. Opladen/Wiesbaden: Westdeutscher Verlag.

Machlup, Fritz (1962): The Production and Distribution of Knowledge in the United States. Princeton: Princeton University Press.

Mansell, Robin (1993): The New Telecommunications. A Political Economy of Network Evolution. London: Sage.

Marx, Karl (1974): Debatten über die Preßfreiheit und Publikation der Landständischen Verhandlungen. In: Institut für Marxismus-Leninismus (Hg.): Karl Marx, Friedrich Engels. Werke, Band 1. Berlin: Dietz, S. 28-77. [Zuerst 1842]

McCombs, Maxwell E./Eyal, Chaim H. (1980): Spending on Mass Media. In: The Journal of Communication, 30. Jahrgang, Heft 1, S. 153-158.

McCombs, Maxwell E./Nolan, Jack (1992): The Relative Constancy Approach to Consumer Spending for Mass Media. In: The Journal of Media Economics, 5. Jahrgang, Heft 2, S. 43-52.

McKnight, Lee W./Bailey, Joseph P. (Hg.) (1997): Internet Economics. Cambridge: MIT Press.

Mosco, Vincent (1996): The Political Economy of Communication. London: Sage.

Müller, Werner (1979): Die Ökonomik des Fernsehens. Eine wettbewerbspolitische Analyse unter besonderer Berücksichtigung unterschiedlicher Organisationsformen. Göttingen: Eichhorn.

Nordenstreng, Kaarle/Schiller, Herbert I. (Hg.) (1979). National Sovereignty and International Communication. Norwood: Ablex.

North, Douglas (1988): Theorie des institutionellen Wandels – Eine neue Sicht der Wirtschaftsgeschichte. Tübingen: Mohr.

Ospel, Stefan (1988): Ökonomische Aspekte elektronischer Massenmedien. Aarau/Frankfurt am Main: Sauerländer.

OTA [Office of Technology Assessment] (1990): Critical Connections. Communications for the Future. Washington: U.S. Government Printing Office.

Owen, Bruce/Wildman, Steven S. (1992): Video Economics. Cambridge: Harvard University Press.

Picard, Robert (1989): Media Economics. Concepts and Issues. Newbury Park: Sage.

Porat, Marc Uri (1977): The Information Economy: Definition and Measurement. OT Special Publication 77-12 (1). Washington: Department of Commerce, Office of Telecommunications.

Rager, Günther/Weber, Bernd (Hg.) (1992): Publizistische Vielfalt zwischen Markt und Politik. Mehr Medien – mehr Inhalte? Düsseldorf/Wien: Econ.

Ramstad, Georg O. (1997): A Model for Structural Analysis of the Media Market. In: The Journal of Media Economics, 10. Jahrgang, Heft 3, S. 45-50.

Schäffle, Albert (1873): Ueber die volkswirthschaftliche Natur der Güter der Darstellung und der Mittheilung. In: Zeitschrift für die gesamte Staatswissenschaft, 29. Jahrgang, Heft 1, S. 1-70.

Schenk, Michael/Hensel, Matthias (1986): Medienwirtschaft. Eine kommentierte Auswahlbibliographie. Baden-Baden: Nomos.

Schenk, Michael/Hensel, Matthias (1987): Medienökonomie – Forschungsstand und Forschungsaufgaben. In: Rundfunk und Fernsehen, 35. Jahrgang, Heft 4, S. 535-547.

Schenk, Michael/Donnerstag, Joachim (Hg.) (1989): Medienökonomie. Einführung in die Ökonomie der Informations- und Mediensysteme. München: Rainer Fischer.

Scherer, F.M./Ross, David (1990): Industrial Market Structure and Economic Performance. Boston: Houghton Mifflin Company.

Schiller, Herbert I. (1969): Mass Communication and American Empire. Boston: Beacon Press.

Schiller, Herbert I. (1976): Communication and Cultural Domination. White Plains: International Arts and Science Press.

Schulz, Wolfgang/Seufert, Wolfgang/Holznagel, Bernd (1999): Digitales Fernsehen. Regulierungskonzepte und -perspektiven. Opladen: Leske + Budrich.

Schumann, Matthias/Hess, Thomas (2000): Grundfragen der Medienwirtschaft. Berlin/Heidelberg: Springer.

Seufert, Wolfgang (2000): Wirtschaftliche Aspekte von Hörfunk und Fernsehen. In: Hans-Bredow-Institut (Hg.): Internationales Handbuch für Hörfunk und Fernsehen 2000/01. Baden-Baden: Nomos, S. 160-178.

Shapiro, Carl/Varian, Hal (1999): Information Rules. Boston: Harvard Business School Press.

Siegert, Gabriele (1997): Die heimliche Hauptsache. Systemtheoretische, betriebswirtschaftliche und mikroökonomische Bedeutungsdimensionen der Medien- und Publikumsforschung. In: Renger, Rudi/Siegert, Gabriele (Hg.): Kommunikationswelten. Wissenschaftliche Perspektiven zur Medien- und Informationsgesellschaft. Innsbruck/Wien: Studien Verlag, S. 159-181.

Siegert, Gabriele (2001): Medien Marken Management. Relevanz, Spezifika und Implikationen einer medienökonomischen Profilierungsstrategie. München: Rainer Fischer.

Sjurts, Insa (1996): Wettbewerb und Unternehmensstrategie in der Medienbranche. Eine industrieökonomische Skizze. In: Altmeppen, Klaus Dieter (Hg.): Ökonomie der Medien und des Mediensystems. Opladen: Westdeutscher Verlag, S. 53-80.

Smythe, Dallas (1977): Communications: Blindspot of Western Marxism. In: Canadian Journal of Political and Social Theory, 1. Jahrgang, Heft 3, S. 1-27.

Smythe, Dallas (1981a): Dependency Road: Communication, Capitalism, Consciousness and Canada. Norwood: Ablex.

Smythe, Dallas (1981b): Communications: Blindspot of Economics. In: Melody, William H./Salter, Liora/Heyer, Paul (Hg.): Culture, Communication and Dependency. The Tradition of H.A. Innis. Norwood: Ablex, S. 111-125.

Sombart, Werner (1927): Der moderne Kapitalismus. Historisch-systematische Darstellung des gesamteuropäischen Wirtschaftslebens von seinen Anfängen bis zur Gegenwart. München/Leipzig: Duncker & Humblot.

Steininger, Christian (1998): Zur politischen Ökonomie der Medien. Eine Untersuchung am Beispiel des dualen Rundfunksystems. Dissertation, Wien.

Stigler, George (1971): The theory of economic regulation. In: Bell Journal of Economic and Management Science, Heft 2, S. 3-21.

Ubbens, Wilbert (1997): Medienökonomie in modernen Industriestaaten. Eine Auswahlbibliographie. In: Kopper, Gerd (Hg.): Europäische Öffentlichkeit: Entwicklungen von Strukturen und Theorie. Berlin: Vistas, S. 233-331.

Weber, Max (1924): Rede auf dem ersten Deutschen Soziologentage in Frankfurt 1910. In: Gesammelte Aufsätze zur Soziologie und Sozialpolitik. Tübingen: Mohr, S. 431-449. [Zuerst 1910]

Williamson, Oliver E. (1990): Die ökonomischen Institutionen des Kapitalismus – Unternehmen, Märkte, Kooperationen. Tübingen: Mohr.

Wirth, Michael O./Bloch, Harry (1995): Industrial Organization Theory and Media Industry Analysis. In: The Journal of Media Economics, 8. Jahrgang, Heft 2, S. 15-26.
Wirtz, Bernd W. (2000): Medien- und Internetmanagement. Wiesbaden: Gabler.
Zerdick, Axel u. a. (2001): Die Internet-Ökonomie. Strategien für die digitale Wirtschaft. Berlin/New York: Springer.

Übungsfragen

1. Erläutern Sie die Unterschiede von Klassischer, Politischer, Neoklassischer und Neuer Politischer Ökonomie.
2. Wodurch unterscheiden sich Public und Special Interest Theorien der Regulierung?
3. Erklären Sie die ökonomischen Besonderheiten von Mediengütern.
4. Erläutern Sie die Kennzeichen und die Bedeutung der Kostenstruktur von Mediengütern.
5. Welche Charakteristika können zu Marktversagen führen?
6. Worin liegt die Bedeutung des Marktstruktur-Marktverhalten-Marktergebnis-Paradigmas?
7. Wie misst man die Konzentration im Mediensektor und welche Probleme sind dabei zu beachten?

2.3 Kritische Medientheorien
Christian Schicha

2.3.1 Kurze Geschichte der Kritischen Theorie

Einen zentralen Einfluss auf die kultur- und medienkritische Debatte hatte zunächst das von Walter Benjamin im Jahr 1936 verfasste Schlüsselwerk »Die Kunst im Zeitalter seiner technischen Reproduzierbarkeit«. Dort wurde eine Theorie des Kunstwerks unter medialen Bedingungen entwickelt, die neben der Möglichkeit der Vervielfältigung künstlerischer Produkte auch auf die Wirkungsebene der Medieninhalte verwies. Der Aspekt der *Zerstreuung* (Benjamin 1979, 41) bei der Wirkung von Programmen auf die Zuschauer spielte eine zentrale Rolle. Benjamin stellte die Frage, ob die Rezipienten durch die damals aktuellen Wahrnehmungsformen und Inhalte immer noch in der Lage wären, kritische politische Urteile zu fällen, oder ob propagandistische Inhalte dies verhinderten.[1]

Benjamin: Aspekt der Zerstreuung

Diese Kerngedanken wurden später von den Vertretern der Kritischen Medientheorie erneut aufgegriffen. Der Philosoph Max Horkheimer fokussierte das Forschungsprogramm der Kritischen Theorie in den dreißiger Jahren auf das Projekt einer interdisziplinär zu erschließenden *materialistischen Gesellschaftstheorie*, die neben der ökonomischen Analyse der gesellschaftlichen Machtverhältnisse auch eine sozialpsychologische Untersuchung mit Blick auf eine kulturtheoretische Betrachtung der Wirkungsweise der Massenkultur umfasste.[2]

Horkheimer: Materialistische Gesellschaftstheorie

In der so genannten *Frankfurter Schule* am Institut für Sozialforschung der Universität Frankfurt am Main wurde diskutiert, »welche Ursachen sich für das Ausbleiben eines entwickelten Klassenbewußtseins« im Verständnis des Marxismus aufzeigen lassen. Der Begriff der *Manipulation* prägte die Debatte als »Sammelbezeich-

Manipulation

---

[1] Benjamin entwickelte seine Ideen unter dem Eindruck der Propaganda des Faschismus und vertrat die Ideen eines »unorthodoxen Marxismus« (Wiegerling 1998, 74).

[2] Insgesamt verfügte die Kritische (Medien-)Theorie über eine kritisch-normative Orientierung und verfolgte demzufolge ein emanzipatorisches Erkenntnisinteresse (vgl. Waschkuhn 2000).

nung für alle Versuche, die bestehenden Produktionsverhältnisse zu stabilisieren« (Jäckel 1999, 81). Dabei wurde von der gesellschaftlichen Diagnose ausgegangen, dass die breite Masse von den Herrschenden unterdrückt und ausgebeutet würde. Zunächst spielten die Wirkungen von Medien und Kommunikation bei der Analyse gesellschaftlicher Defizite eine untergeordnete Rolle. Mit dem technischen Fortschritt und dem zunehmendem Verbreitungsgrad der Medien kristallisierte sich die Frage heraus, welchen Anteil die Massenkultur an der als problematisch wahrgenommenen Verfestigung der gesellschaftlichen Verhältnisse einnimmt. Die stimulierende Wirkung der Massenmedien wurde negativ bewertet, da die Menschen insbesondere durch Unterhaltungsangebote von ihren tatsächlichen Bedürfnissen abgelenkt würden, nämlich sich kritisch mit den gesellschaftlichen Verhältnissen und ihrer eigenen Situation auseinander zu setzen. Populärkulturelle Inhalte würden schließlich dazu beitragen, dass die Gesellschaft entpolitisiert werde.

Unterdrückung und Ausbeutung

Negative Bewertung der Massenmedien

Die Kritische (Medien-)Theorie wurde maßgeblich von Max Horkheimer und Theodor W. Adorno durch das 1944 erschienene Werk »Dialektik der Aufklärung« geprägt. Darüber hinaus hat Jürgen Habermas die Debatte u. a. in seiner Habilitationsschrift »Strukturwandel der Öffentlichkeit« (1963) sowie mit den beiden Bänden der »Theorie des kommunikativen Handelns« weiterentwickelt und modifiziert. Eine radikale Kulturkritik wurde von Hans Magnus Enzensberger vor allem in seinem »Baukasten zu einer Theorie der Medien« (1970) entwickelt. Aktuelle kritische Medienanalysen haben vor allem Dieter Prokop (2000, 2001) und Richard Münch (1992, 1995, 1998) sowohl in Hinblick auf die Inhalte als auch auf die strukturellen Rahmenbedingungen der Medienentwicklung vorgelegt.

Die wichtigsten Denker der Kritischen Theorie

2.3.2 Grundbegriffe und Modelle der Kritischen Theorie

Zentrale Grundbegriffe der Kritischen Medientheorie werden aus den in der Kritischen Theorie vorherrschenden Kategorien gewonnen. Zunächst spielt die *Entfremdungsproblematik* eine zentrale Rolle, aus der ein *Verblendungszusammenhang* in Hinblick auf die manipulative Wirkungskraft von Massenmedien abgeleitet wird.

Entfremdung – Verblendung

Falsches Bewusstsein verhindert kritische Öffentlichkeit

Die grundlegende *Ideologiekritik* einer »Dämonisierung der Kulturindustrie« (Prokop 1985, 165) am *Manipulationspotenzial der Massenmedien* wird durch die These untermauert, dass sich durch die Medienrezeption unterhaltsamer Formate ein *falsches Bewusstsein* bei den Zuschauern herausbilde. Durch derartige Strategien werde eine *kritische Öffentlichkeit* verhindert, die sich ursprünglich an dem Modell einer diskursiven Kommunikationsgemeinschaft orientiert habe. Im Rahmen dieser radikalen Gesellschafts- und Medienkritik dominiere die »Konsumsphäre und Warenform unter Einschluss symbolischer Komponenten politischer Ökonomiedominanz und der bestehenden Herrschaftskultur« (Waschkuhn 2000, 14), um von den tatsächlichen Bedürfnissen der Gesellschaft abzulenken. Die Entwicklung eines autonomen und mündigen Subjekts werde durch derartige Mechanismen verhindert. Die *Kulturkritik* besagt, dass eine Manipulation seitens der *Kulturindustrie* durch primär unterhaltsame Medieninhalte erfolge, die sich trivialkulturellen Mustern bediene. Dadurch werde die Bildung autonomer, selbstständig bewusst urteilender und sich frei entscheidender Individuen verhindert. Massenmedien seien Instanzen des *Massenbetrugs*, die die Träume und Sehnsüchte der Menschen durch kommerzielle Angebote zu befriedigen versuchen, jedoch faktisch zur *Entmündigung* der Konsumenten beitragen.

Kulturindustrie betreibt Manipulation

Diagnose Massenbetrug:
Theodor W. Adorno/Max Horkheimer

Adorno/ Horkheimer: »Dialektik der Aufklärung«

Max Horkheimer und Theodor W. Adorno haben in einem interdisziplinären Rahmen ein wissenschaftliches Projekt begonnen, das auf eine kritisch-marxistisch orientierte Analyse moderner Gegenwartsgesellschaften rekurrierte. Die »Dialektik der Aufklärung« gelangt in ihrer Auseinandersetzung mit den Massenmedien zu einer düsteren Prognose. Speziell in dem Kapitel über die Massenkulturindustrie diagnostizieren die Autoren eine kulturelle und soziale Regression als Konsequenz einer industriellen Kulturproduktion, die gesellschaftliche Gegensätze und Orientierungslosigkeit durch die Produktion eines totalitär ausgerichteten Amüsements zu verwischen versucht. Der Öffentlichkeit würden massenmedial vermittelte Vergnügungen verabreicht, die darüber hinwegtäuschen sollen, dass sie sich in einem *ausbeuterischen Systemzusammenhang* bewege. Diese These mündet schließlich in der im Untertitel des Kapitels pointiert gewählten Bezeichnung: *Aufklärung als Massenbetrug*. Das Kapitel über die Kulturindustrie, das auf Adorno zurückgeht, jedoch von Horkheimer intensiv überarbeitet worden ist (vgl. Waschkuhn 2000, 28), kann als »eine einzige große Polemik gegen die moderne Unterhaltungsindustrie« (Dörner 2000, 68) klassifiziert werden. Die Masse werde durch derartige Medienangebote getäuscht, da sie standardisierte Vergnügungen an die Rezipienten herantragen, die von ihren tatsächlichen Bedürfnissen ablenken und so eine relative Zufriedenheit im kapitalistischen System aufrechterhalten.

»Aufklärung« ist Massenbetrug

Das Publikum werde durch derartige Einflüsse für ›dumm‹ verkauft. In der medial vermittelten Konsumwelt werde der Eindruck vermittelt, dass es eine Auswahl von Produkten und Angeboten gebe. Faktisch solle jedoch eine Nachfrage nach dem Immergleichen geweckt werden, um die Profite der Medienproduzenten zu sichern. »Kultur schlägt heute alles mit Ähnlichkeit«, war demzufolge eine der zentralen Thesen von Horkheimer und Adorno (2000, 128). In Film, Radio und Fernsehen würden die immer gleichen trivialen Inhalte ausgestrahlt, die nicht mehr als Kunst, sondern als ›Schund‹ klassifiziert werden können und aus ökonomischen Machtinteressen heraus platziert werden. Aus der *Entmündigung* des Konsumenten resultiere schließlich die Entmündigung des Staatsbürgers. Faktisch sei nur die ›hohe Kunst‹ in der Lage, dem Rezipienten ein angemessenes Reflexionsangebot zu machen, aus dem eine kritische Grundhaltung gegenüber gesellschaftlichen Zwängen resultieren könne. Die Konsequenz der Kulturindustrie besteht jedoch in einer *Anti-Aufklärung*.

Wiederholung der immer gleichen Trivialitäten

Die Konsumenten würden diese Form der Manipulation widerstandslos akzeptieren. Somit ergebe sich ein Zwangscharakter einer entfremdeten Gesellschaft. Technische Rationalität fungiere als Rationalität der Herrschaft. Durch die technische Verbreitung der Kulturindustrie sei eine Standardisierung und Serienproduktion möglich. Besonders kritisiert wurden Trivialformate wie Zeichentrickfilme, Schlager, Krimis und schließlich Werbung, deren Wirkung in Hinblick auf die zu Kunden degradierten Rezipienten bisweilen polemisch kommentiert wurde: »Donald Duck in den Cartoons wie die Unglücklichen in der Realität erhalten ihre Prügel, damit die Zuschauer sich an die eigenen gewöhnen.« (Horkheimer/Adorno 2000, 147)

Standardisierung der Produktion

Adorno: »Prolog zum Fernsehen«

Empirisch sah Adorno die Auffassung von oberflächlichen und trivialen Inhalten mit dem Aufkommen des amerikanischen Fernsehens Anfang der fünfziger Jahre bestätigt. In dem Aufsatz »Prolog zum Fernsehen« (Adorno 1963, 69 ff.) vertrat er die These, dass die Menschen ständig den negativen Einflüssen der Kulturindustrie ausgesetzt seien. Darunter leide schließlich auch das Sprachniveau. »Fernsehen als Ideologie« (Adorno 1963, 89) würde dazu führen, dass ein »internationales Klima des *Anti-Intellektualismus*« (ebenda) erzeugt werde.

Kritik der Bewusstseinsindustrie: Hans Magnus Enzensberger

Enzensberger: Bewusstseinsindustrie statt Kulturindustrie

Hans Magnus Enzensberger hat sich vor allem als vielseitiger Schriftsteller einen Namen gemacht.[3] Zu Beginn der siebziger Jahre wurden von ihm zentrale Punkte der Kritischen Medientheorie von Horkheimer und Adorno aufgegriffen und weiterentwickelt. Er lehnte jedoch den Begriff »Kulturindustrie« ab, da dieser die gesellschaftlichen Konsequenzen massenmedialer Inhalte verharmlose. Vielmehr existiere eine *Bewusstseinsindustrie*, die existierende Herrschaftsverhältnisse verfestigen solle (vgl. Dietschreit/Heinze-Dietschreit 1986, 49).

»Baukasten zu einer Theorie der Medien«

In seinem »Baukasten zu einer Theorie der Medien« vertritt Enzensberger die Auffassung, dass aus der Entwicklung der elektronischen Medien ein »Schrittmacher der sozio-ökonomischen Entwicklung spätindustrieller Gesellschaften« (Enzensberger 1970, 159) resultiere, der die Bewusstseinsindustrie der Gesellschaft maßgeblich präge. Der *Kapitalismus der Monopole* führe dazu, dass politische Themen zunehmend in den Hintergrund rücken. Aufgrund eines Trends zur Entpolitisierung werde die Mobilisierung der

---

[3] Darüber hinaus hat er sich häufig in aktuelle politische Debatten eingeschaltet. Er galt als »Sprecher der Linken« (Falkenstein 1977, 5) und hat häufig mit Stellungnahmen die Politik der Regierung kritisiert. So hat er sich 1958 im Aufruf der »Gruppe 47« ebenso gegen die Wiederbewaffnung der Bundeswehr gestellt wie gegen das 1960 von Adenauer vorgesehene Modell einer Deutschland-Fernsehen GmbH. Sein politisches Engagement setzte sich in seiner Haltung gegen den Vietnam-Krieg fort. Neben seinen zahlreichen literarischen Schriften hat er sich vor allem 1965 durch die Gründung der Zeitschrift »Kursbuch« einen Namen gemacht, die neben Gedichten und literarischen Kurzformen auch kontroverse politische Fragen in längeren Dossiers und Dokumenten thematisiert.

Bevölkerung verhindert. Der Verdacht, dass die Rezipienten durch die Medien manipuliert würden, sei nicht nur ein Herrschaftsproblem, sondern bereits durch den praktischen Umgang mit ihnen strukturell angelegt. Elementare Verfahren des medialen Produzierens, die neben der Wahl des verwendeten Mediums von der Aufnahme über den Schnitt bis hin zur Distribution ein Eingreifen erfordern, seien bereits dem Täuschungsverdacht ausgesetzt (vgl. Enzensberger 1970, 166). Der Manipulation sei jedoch nicht durch Zensur, sondern durch gesellschaftliche Kontrolle zu begegnen. Die *Beseitigung der kapitalistischen Verhältnisse* durch eine freie sozialistische Gesellschaft sei dabei eine notwendige, aber keine hinreichende Bedingung, um den Gegensatz zwischen Produzenten und Konsumenten aufzulösen, bemerkt Enzensberger.

Ziel: Beseitigung der kapitalistischen Verhältnisse

Ohne die Thesen von Horkheimer und Adorno explizit zu nennen, widerspricht er deren Position, dass der Kapitalismus von »der Ausbeutung falscher Bedürfnisse« (ebenda, 171) lebe. Von einem Konsumterror könne nicht ausgegangen werden. »Die Anziehungskraft des Massenkonsums beruht nicht auf dem Oktroi falscher, sondern auf der Verfälschung und Ausbeutung ganz realer und legitimer Bedürfnisse.« (Ebenda, 171) Dabei würden durch das Sozialprestige vorgelebte Identifikationsmuster sowie der Fetischcharakter der Waren eine zentrale Rolle spielen, um die Wünsche und Sehnsüchte der Menschen zu befriedigen. Dennoch sieht er die Verheißungen der Medien als ambivalent an. Enzensberger (1970, 173) differenziert zwischen zwei Formen des Mediengebrauchs mit entsprechenden Chancen und Risiken:

Sind Unterhaltungsbedürfnisse doch legitim?

Repressiver und emanzipatorischer Mediengebrauch nach Enzensberger

Repressiver Mediengebrauch	Emanzipatorischer Mediengebrauch
Zentral gesteuertes Programm	Dezentrale Programme
Ein Sender, viele Empfänger	Jeder Empfänger ein potenzieller Sender
Immobilisierung isolierter Individuen	Mobilisierung der Massen
Passive Konsumhaltung	Interaktion der Teilnehmer (feed-back)
Entpolitisierungsprozeß	Politischer Lernprozeß
Produktion durch Spezialisten	Kollektive Produktion
Kontrolle durch Eigentümer oder Bürokraten	Gesellschaftliche Kontrolle durch Selbstorganisationen

(Quelle: Enzensberger 1970, 173)

Neben den skizzierten allgemeinen kulturkritischen Entwürfen hat Enzensberger konkrete Inhalte des »Spiegel« (vgl. Enzensberger 1957) oder der »Bild«-Zeitung (vgl. Enzensberger 1983) interpretiert. Ende der achtziger Jahre hat er sich selbst im »Spiegel« (Heft 20/1988; ebenfalls abgedruckt in Enzensberger 1988) mit der Manipulations-, Nachahmungs-, Simulations- und Verblödungsthese des Fernsehens kritisch auseinandergesetzt und gelangt zu der These, dass derartige mono-kausale Wirkungsmodelle – und dies kann auch als Kritik an der Konzeption von Horkheimer und Adorno interpretiert werden – »schwach auf der Brust« (Enzensberger 1988, 146) seien. Wohl könne speziell das Fernsehen als »Brabbelmedium« klassifiziert werden, das kaum den in der deutschen Rundfunkordnung, in vorliegenden Staatsverträgen, Rundfunkgesetzen und Richtlinien postulierten Normen des Programmauftrags mit Information und Bildung entspreche. Oft werde das Fernsehen nur zur Zerstreuung genutzt: »Man schaltet das Gerät ein, um abzuschalten.« Es diene der »Gehirnwäsche« und »Psychotherapie«, sei aber immer noch hilfreicher als die alternative Flucht in den Drogenkonsum, wie Enzensberger (1988, 155) in seiner Polemik gegen das Fernsehen abschließend konstatiert.

Kommunikative Rationalität: Jürgen Habermas

Jürgen Habermas avancierte 1964 zum ordentlichen Professor für Philosophie und Soziologie an der Universität Frankfurt am Main als Nachfolger von Max Horkheimer.[4] Habermas vertritt in seiner Beschreibung und Analyse kultureller und politischer Prozesse eine weniger radikale Position als seine Vorgänger Horkheimer und Adorno, »sondern setzt seine Hoffnungen in eine behutsame Revision des Bestehenden, in die Öffnung neuer Diskursräume und die zwanglose Erörterung ethisch politischer Ziele« (Brosda 2001, 55).

Seine *Theorie kommunikativer Rationalität* entspricht dem Idealbild eines *verständigungsorientierten Handelns*, das die Einlösung von problematisch gewordenen Geltungsansprüchen durch rationale Diskurse bewerkstelligen soll, die konsensorientiert verlaufen. An derartigen Argumentationsverfahren sollten möglichst alle Betroffenen teilnehmen können bzw. advokatorisch vertreten wer-

---

[4] Habermas ist u. a. Träger des Adorno-Preises der Stadt Frankfurt am Main und hat am 14. Oktober 2001 den Friedenspreis des Deutschen Buchhandels erhalten.

den. Sofern diese Bedingungen erfüllt sind, kann sich ein deliberatives Modell von Öffentlichkeit herausbilden, das dem Anspruch einer kritischen Volkssouveränität entspricht. Zunächst vertrat Habermas die Auffassung, dass sich die bürgerliche Öffentlichkeit in einem Spannungsfeld zwischen Staat und Gesellschaft befinde, jedoch zunächst ein Bestandteil der herrschaftswiderständigen privaten Sozialsphäre bleibe. Dadurch, dass sich Staat und Gesellschaft wechselseitig durchdringen, entstehe eine Polarisierung zwischen Sozial- und Intimsphäre. Aus dem *kulturräsonierenden Publikum* entwickle sich durch den Einfluss der Massenmedien ein *kulturkonsumierendes Publikum*, das aufgrund der tendenziellen Verschränkung des Öffentlichen mit dem Privaten eine affirmative Integrationskultur mit einem weitestgehend unpolitischen Öffentlichkeitsbereich herausbildet. Ende der sechziger Jahre ist Habermas noch davon ausgegangen, dass die Informationsübermittlung und die Medieninhalte nicht dazu beitragen, »einer strukturellen Entpolitisierung der breiten Bevölkerung entgegenzuwirken.« (Habermas 1981b, 246) Obwohl er die pauschale These einer gezielten Manipulation durch Massenmedien ablehnt, verweist er auf die Problematik, dass über politisch brisante Themen oftmals nicht angemessen berichtet wird.[5] – Insgesamt ist Habermas den Thesen von Horkheimer und Adorno in Hinblick auf den totalen Verblendungszusammenhang von Massenmedien nicht gefolgt. In der 1990 erschienenen Neuauflage seiner zunächst 1963 veröffentlichten Habilitationsschrift hat er im veränderten Vorwort folgende Modifikation vorgenommen:

Vom kulturräsonierenden zum kulturkonsumierenden Publikum

Ablehnung der pauschalen Manipulations-These

> »Kurzum, meine Diagnose einer gradlinigen Entwicklung vom politisch aktiven zum privatistischen› vom kulturräsonierenden zum kulturkonsumierenden Publikum greift zu kurz. Die Resistenzfähigkeit und vor allem das kritische Potential eines in seinen kulturellen Gewohnheiten aus Klassenschranken hervortretenden, pluralistischen, nach innen weit differenzierten Massenpublikums habe ich der-

---

[5] Derartige Aussagen wurden von Habermas aufgrund der Eindrücke im Rahmen der Berichterstattung über Themen wie die Notstandsgesetzgebung und den Vietnamkrieg artikuliert. In diesem Kontext habe es »Verzerrungseffekte« (Habermas 1981b, 247) gegeben. Der Springer-Presse warf er – insbesondere durch die Berichterstattung in der »Bild«-Zeitung – »Manipulationen« vor. Konkret forderte er Auflagen gegen Machtkonzentrationen auf dem Mediensektor durch Fusionsverbote und Auflagenbeschränkungen.

zeit zu pessimistisch beurteilt. Mit dem ambivalenten Durchlässigwerden der Grenzen zwischen Trivial- und Hochkultur und einer neuen Intimität zwischen Kultur und Politik, die ebenso zweideutig ist und Information an Unterhaltung nicht bloß assimiliert, haben sich auch die Maßstäbe der Beurteilung selbst verändert.« (Habermas 1990, 30)

Kritische Öffentlichkeit

Habermas plädiert insgesamt für einen differenzierten Blick auf das Phänomen der politischen Kultur, aus der sich eine kritische Öffentlichkeit herausbilde, die sich an der »Produktivkraft des Diskurses« (Habermas 1990, 33) orientiere. Zugleich fordert er die Aufrechterhaltung einer politisch funktionierenden Öffentlichkeit, die sich als Gegenpol zu einer durch Massenmedien beherrschten Öffentlichkeit zu bewähren hat, um eine »vermachtete Arena« (Habermas 1990, 43) zu vermeiden.

Habermas beschäftigt sich zudem kritisch mit den konkreten Macht- und Herrschaftsphänomenen im Rahmen von Medienprozessen. Dabei gehe es weniger um verständigungsorientiertes Handeln, sondern primär um ...

»[...] die kommunikative Erzeugung legitimer Macht einerseits und andererseits [um] die manipulative Inanspruchnahme der Medienmacht zur Beschaffung von Massenloyalität, Nachfrage und ›compliance‹ gegenüber systemischen Imperativen.« (Habermas 1990, 45)

Spezialsprachen der Medien

Neben den strukturellen Rahmenbedingungen wird weiterhin auf die Selektionskriterien in den Medien auf der Inhaltsebene – etwa durch Nachrichtenfaktoren – eingegangen. Gerade im medienzentrierten Umfeld der aktuellen Öffentlichkeit haben sich – der inhaltsanalytischen Diagnose von Habermas zufolge – spezifische Spezialsprachen herausgebildet, die sich den Anforderungen der Sachzwänge in den Medien angepasst haben. Aufgrund der knappen Darstellung komplexer Sachverhalte falle es schwer, die Thematisierung gesamtgesellschaftlicher Problemlagen adäquat zu behandeln.

Kommunikations- und Handlungstheorie

Auf massenmedial vermittelte Kommunikationsprozesse geht der Autor auch in seiner 1981 erschienenen zweibändigen Schrift »Theorie des kommunikativen Handelns« ein, die bis heute (vgl. Habermas 2001) konzeptionell weiterentwickelt wird. Dabei wird auf die Differenz zwischen der »face-to-face«-Kommunikation und der technisch vermittelten Kommunikation in Bezug auf die Bildung neuer Öffentlichkeiten verwiesen. Massenmedien gelten bei Habermas als Kommunikationstechnologien, die die raumzeitliche Beschränkung von Sprechhandlungen aufheben und in eine virtuelle Öffentlichkeit überführen, die sich aus einem Netz pluraler Öffentlichkeiten zusammensetzt. Durch den Einzug der elektronischen Massenmedien hätten sich neue Öffentlichkeiten herausgebildet: Massenmedien ...

Entstehung neuer Öffentlichkeiten

»[...] lösen Kommunikationsvorgänge aus der Provinzialität raumzeitlich beschränkter Kontexte und lassen Öffentlichkeiten entstehen, indem sie die abstrakte Gleichzeitigkeit eines virtuell präsent gehaltenen Netzes von räumlich und zeitlich weit entfernten Kommunikationsinhalten herstellen und Botschaften für vielfältige Kontexte verfügbar halten.« (Habermas 1981a, 573)

Die daraus resultierende Medienöffentlichkeit besitzt ein ambivalentes Potenzial. Einerseits kann durch die Medieninformationen die Form eines *emanzipatorischen Potenzials* (vgl. Enzensberger 1970, siehe oben) erwachsen, das dazu beitragen kann, kritische Geltungsansprüche auf Seiten der Rezipienten zu artikulieren; andererseits ist die Berichterstattung in den Sendeanstalten »[...] konkurrierenden Interessen ausgesetzt«, wodurch »[...] ökonomische, politisch-ideologische, professionelle und medienästhetische Gesichtspunkte« dazu führen können, dass »[...] sich Massenmedien den Verpflichtungen, die ihnen aus ihrem journalistischen Auftrag erwachsen, normalerweise nicht konfliktfrei entziehen können« (Habermas 1981a, 574) und die triviale Form der Unterhaltungskultur die politische Berichterstattung zunehmend einschränkt. Insofern bleibt die Option eines *autoritären Potenzials* immer gegeben, da durch die Kommunikationsstrukturen gegebenenfalls Macht- und Herrschaftsansprüche zum Ausdruck kommen. Diese Gedanken werden von Habermas in dem Werk »Faktizität und Geltung« weiterentwickelt:

Emanzipatorisches versus autoritäres Potenzial der Medien

»Die politische Öffentlichkeit kann sich unter dieser Prämisse einen solchen Resonanzboden schon deshalb nicht bilden, weil sie zusammen mit dem Publikum der Staatsbürger an einen Machtcode angeschlossen ist und mit symbolischer Politik abgespeist wird.« (Habermas 1992, 416 f.)

Die Umgangssprache verliere ihren Einfluss zugunsten der *Mediendiskurse*, die ihre eigenen ›Gesetze‹ aufweisen. Die Bilder-

Eigengesetzlichkeit der Mediendiskurse

Inszenierung und Styling

sprache auch durch das Medium Fernsehen erfordere neben der kommunikativen Kompetenz auch eine neue Form der visuellen Kompetenz, um die entsprechenden visuellen Reize angemessen verarbeiten und bewerten zu können. Die Inszenierung und das damit verbundene ›Styling‹ würden in einem immer stärkeren Maße die Wahrnehmungs- und Kommunikationsfähigkeiten der Öffentlichkeit bestimmen. Dennoch plädiert Habermas auf einer abstrakten Idealebene dafür, die von ihm entwickelten Normen und Geltungsansprüche zwischenmenschlicher Diskurse auch als Maßstab für die Beurteilung der rationalen Qualität medialer Diskurse aufrechtzuerhalten.

2.3.3 Anwendungen in der Medienwissenschaft

Theoretische Anwendungen

Anders: »Antiquiertheit des Menschen«

Es gibt zahlreiche Anknüpfungspunkte der medienwissenschaftlichen Forschung im Anschluss an die Kritische Medientheorie. Als ein »geistesverwandter Medienkritiker« (Wiegerling 1998, 116) kann Günther Anders bezeichnet werden, der in seiner Publikation »Die Antiquiertheit des Menschen. Über die Seele im Zeitalter der zweiten industriellen Revolution« aus dem Jahr 1956 (vgl. Anders 1980) eine ontologische und erkenntnistheoretische Debatte über den Stellenwert von Funk und Fernsehen initiierte (→ 2.11 Medienphilosophische Theorien). Seine Medienanalyse ist im Gegensatz zu Adorno und Horkheimer jedoch wesentlich detaillierter. Anders geht davon aus, dass der Mensch durch die Herrschaft der Technik so stark dominiert wird, dass Massenmedien nicht nur Wirklichkeit erzeugen, sondern auch Erfahrungen prägen und das Verhalten der Rezipienten massiv beeinflussen. Fernsehprogramme seien durch ihren Warencharakter geprägt und sollen dazu beitragen, kommerziell motivierte Bedürfnisse beim Rezipienten zu erzeugen. Auch Anders steht in der Tradition einer allgemeinen Technologie- und Ökonomiekritik.[6]

---

[6] Auch Wolfgang F. Haug (1971) liefert mit seiner »Kritik der Warenästhetik« eine für die materialistisch-medienkritische Zentrierung grundlegende Analyse der Massenmedien, die er als Welt aus werbendem und unterhaltendem Schein, als eine das Leben und die Wahrnehmung des Menschen bis in die Intimität hinein bedingende Macht darstellt. Unterhaltung wird von ihm als gesellschaftlicher

Die Medienanalysen des Frankfurter Soziologen Dieter Prokop sind ebenfalls geprägt von den Grundgedanken der Kritischen Medientheorie. Sein Werk liefert einen Überblick über ein breites Spektrum von Problemen und Risiken im Zuge der aktuellen Medienentwicklung. Massenmedien interpretiert er als »populäre Inszenierungen aller Art« (Prokop 2000, 11), die sowohl informieren als auch unterhalten können und darauf ausgerichtet seien, Einschaltquoten, Auflagen und Chartpositionen zu erzielen. Der *Medien-Kapitalismus* bestehe aus »supernationalen Konzernen«, die gewinnorientiert und nicht demokratisch agieren. Die Aufgabe der kritischen Medienforschung bestehe darin, das *Manipulationspotenzial* der Massenmedien aufzuzeigen, um die Interessen der »souveränen Staatsbürger« (ebenda, 13) statt die der Werbeindustrie zu vertreten. Weiterhin werden die *Konzentrationsentwicklungen* durch die *Monopolbildung* auf dem Mediensektor problematisiert. Es wird bemängelt, dass eine kritische Öffentlichkeit zunehmend durch eine konsumierende Öffentlichkeit ersetzt werde. Der Bürger avanciere zum Konsumenten, der auch von den öffentlich-rechtlichen Programmmachern in ein Korsett einer »MedienNutzerTypologie« (ebenda, 77) gepresst werde, um als Zielgruppe für die Werbeindustrie optimal erfasst werden zu können.

Prokop: Kritik des »Medien-Kapitalismus«

Medienkonzentration und Monopolbildung

Die Aufgabe der Kritischen Theorie und der kritischen Öffentlichkeit besteht Prokop zufolge darin, derartige Entwicklungen von allgemeinem Interesse in Anlehnung an Habermas durch *rationale Diskurse* zu verändern, indem die Chance zur realen Einflussnahme gegeben wird. – Weiterhin werden von Prokop aktuelle Entwicklungen der Digitalisierung über Multimedia bis hin zum Internet skizziert, wobei sich die Problematik eines »Medien-Oligopol-Kapitalismus« (ebenda, 119) abzeichne, der den normativen Ansprüchen an eine Bildungsfunktion für mündige Bürger, der Förderung von Demokratie und der Aufklärung konträr gegenü-

Prokop: »Medien-Oligopol-Kapitalismus«

Zwangsmechanismus einer spätkapitalistischen Gesellschaft klassifiziert. – Kulturelle Verfallsszenarien werden in essayistischer Form auch von dem amerikanischen Medienkritiker Neil Postman in seinem populärwissenschaftlichen Band »Wir amüsieren uns zu Tode« aus dem Jahr 1985 (vgl. Postman 1985) aufgegriffen. Er sieht die öffentliche Urteilsbildung aufgrund der kommerziell ausgerichteten Unterhaltungsprogramme gefährdet, da sie jedes Thema speziell im Fernsehen als Unterhaltung präsentieren. Damit sei die rationale Kompetenz der Zuschauer in Frage gestellt, wodurch sich negative Konsequenzen für die politische Diskurskultur abzeichnen (vgl. weiterführend auch Kottlorz 1998).

berstehe. Der Autor benennt die Problematik, dass aufgrund der skizzierten Entwicklungen gegebenenfalls eine »kommerzielle Einschaltöffentlichkeit« entstehe, die ab einem gewissen Punkt »keine demokratische Öffentlichkeit« (ebenda, 145) mehr sein werde.

Dennoch ist seine Prognose hinsichtlich der Rezipienten-Mündigkeit nicht *nur* pessimistisch: In seiner Auseinandersetzung mit der Theorie der Kulturindustrie von Horkheimer und Adorno wendet sich Prokop nämlich gegen die »Ausblendung des Publikum-Verstandes« (ebenda, 169). Das rationale bzw. vernünftige Publikum werde durch eine derart pauschale Diffamierung konsequent missachtet. Er bemängelt jedoch, dass die Rezipienten von den Programmmachern in ihrer Rolle als Bürger nicht ernst genommen werden, sondern primär als Verbraucher von Programmen und Produkten fungieren, die Medieninhalte rezeptiv aufnehmen. Diesem Publikum den Öffentlichkeitscharakter völlig abzusprechen, hält Prokop hingegen für problematisch, denn »[...] es reagiert auf vielfältige Weise, es diskutiert das Gehörte und Gesehene, und es bildet sich ein Urteil, es wählt und kauft.« (Ebenda, 203)

Publikum ernst nehmen

Prokops Anspruch zufolge besteht die Aufgabe der kritischen Medienforschung darin, die Menschen als rationale, vernünftige, kreative und politisch interessierte Individuen zu begreifen, die zum Teil triviale Kost über die Massenmedien serviert bekommen, aber dennoch zwischen fiktiven Programminhalten und sozialer Realität differenzieren können. Monokausale Erklärungsmuster der Medienwirkungsforschung für ein bestimmtes soziales Verhalten oder für bestimmte Rezeptionsgewohnheiten hält Prokop hingegen für nicht stichhaltig.

Prokops Konzept einer kritischen Medienforschung

Insgesamt fungieren Massenmedien nach Auffassung des Frankfurter Hochschullehrers zwar kaum noch als Forum einer kritischen Öffentlichkeit, dessen Inhalte zu reflektierten Anschlussdiskursen bei den Rezipienten über politische und ökonomische Problemfelder führen; vielmehr habe die Qualität der Medienberichterstattung sukzessive abgenommen. Das Erfolgskriterium für Massenmedien aus der Perspektive der Macher liege weniger in der Informationsvermittlung, sondern vielmehr in ihrer kommerziellen Ausrichtung mit Blick auf Einschaltquoten und Werbeeinnahmen. Entgegen der formulierten Verfallsthese über die Inhalte beim Leitmedium Fernsehen ist in der Analyse von Prokop dennoch keine *streng* kulturpessimistische Haltung vorzufinden. Vielmehr werden normative Kriterien und Standards an die Medien gerichtet, die jedoch die Unterhaltungsbedürfnisse der Rezipienten ernst nehmen.

Der Bamberger Soziologe Richard Münch orientiert sich im Anschluss an Habermas an den aktuellen Produktionsbedingungen gesellschaftlicher Diskurse und massenmedialer Kommunikation. Insbesondere die kommerziellen Rahmenbedingungen mit den daraus resultierenden Beschleunigungsvorgängen und Dramatisierungszwängen werden in seiner Bewertung von Medieninhalten und Produktionsbedingungen in Rechnung gestellt. Aus ihnen entsteht Münch zufolge die simplifizierende und unzureichende Darstellung komplexer politischer Zusammenhänge im Rahmen der Medienberichterstattung. Er bezieht in seine *Diskursanalyse* der aktuellen Medienwirklichkeit die strukturellen Entwicklungen im kommerziell orientierten Mediensystem und in den gesellschaftlichen Funktionssystemen ein. Münch verweist auf den Zusammenhang zwischen den Strukturen der – aus Macht, Strategie, Geld und Argumentation stets gemischten – Diskurse in den gesellschaftlichen Teilsystemen und den Medien auf der einen und deren Rückkopplung zu nichtöffentlichen Gesprächen auf der anderen Seite, in denen ohne strategische Darstellungszwänge der argumentative Gehalt der medial vermittelten Diskurse überprüft werden könne. Während sich die Diskurstheorie von Habermas in erster Linie mit *idealtypischen* Modellen und unhintergehbaren Voraussetzungen der Argumentation beschäftigt, um die normative Essenz diskursiver Verfahren systematisch herausarbeiten zu können, hält Münch dieses Verfahren für zu eindimensional, um die strukturellen Zusammenhänge des Mediensystems innerhalb der funktional ausdifferenzierten Gesellschaft (→ 2.7 Systemtheorien der Medien) adäquat erfassen zu können. Münch befürwortet zwar die Durchführung von Diskursen auf allen gesellschaftlichen Ebenen, zugleich betont er jedoch die notwendige Rückbindung dieser Diskurse an die ökonomischen, politischen und rechtlichen Rahmenbedingungen der modernen Gesellschaft. In seinem Entwurf zu einer Theorie der *»Dialektik der Kommunikationsgesellschaft«* diagnostiziert Münch eine fortwährende Vermehrung, Beschleunigung und Verdichtung der Kommunikation. Es stellt sich die Frage, wie mit diesem Phänomen sinnvoll umgegangen werden kann: »Die moderne Gesellschaft wird in Zukunft ebenso Strategien zur

Münch: »Dialektik der Kommunikationsgesellschaft«

Diskursanalyse der Medienwirklichkeit

Modifikation des Konzepts von Habermas

Bewältigung von Wortinflationen erarbeiten müssen, wie sie Strategien zur Bewältigung von Geldinflationen entwickelt hat.« (Münch 1995, 36)

Kommunikation avanciere in unserer Gesellschaft zum »zentralen strategischen Spiel«, das über Erfolg und Misserfolg von Individuen, Organisationen, gesellschaftlichen Gruppen und ganzen Gesellschaften entscheide (ebenda). Dabei komme es darauf an, medienspezifische Selbstinszenierungen und Darstellungen zu erkennen, um den Bezug zur ›Wirklichkeit‹ nicht zu verlieren:

Entfernung von Sprache und Wirklichkeit

»Je mehr sich der ökonomische Gebrauch der Sprache verselbständigt, je mehr sie in Werbung und Öffentlichkeitsarbeit aufgeht und nicht mehr an die erfahrene Wirklichkeit der anderen Lebensbereiche rückgebunden wird, um so weiter werden sich Sprache und Wirklichkeit voneinander entfernen und Wirklichkeitsbilder allein noch Trugbilder sein. Diesen Tendenzen zur Inflation der Worte kann nur entgegengewirkt werden, wenn es gelingt, Kopplungen zwischen der strategischen öffentlichen Kommunikation und dem nichtöffentlichen Gespräch ohne strategische Darstellungszwänge herzustellen. Darauf muß eine konsequente Kontrolle der inflationären Tendenzen der öffentlichen Kommunikation ausgerichtet sein.« (Münch 1995, 101)

Abnahme direkter Kommunikation

In seinem Kapitel über Massenkommunikation weist Münch (1992) darauf hin, dass die Rolle der massenmedial vermittelten Öffentlichkeit gemäß ihres eigenen Anspruchs auf die Förderung und Ermöglichung mündiger Bürgerschaft angelegt ist. Autoren und Künstler verlören jedoch durch die Verbreitung moderner Massenmedien mehr und mehr den direkten Kontakt zu den Rezipienten; direkte kommunikative Austauschprozesse fänden kaum noch statt. Münch verweist auf die Problematik, dass Kriterien der Wahrheit und Qualität in der massenmedialen Darstellung zunehmend in den Hintergrund rücken: »Die massenwirksame Darstellung wird wichtiger als der Inhalt, Vereinfachung und dramatisierende Verzerrung werden zu strategischen Mitteln der Erzeugung von Aufmerksamkeit.« (Münch 1992, 215) Die extreme Beschleunigung und quantitative Zunahme massenmedialer Inhalte, ein »Wachstum der Kommunikation« (Münch 1995, 78) führe – und

Chancen zur Befreiung

das stellt seine positive Prognose dar – auch zur Chance der Befreiung von traditionellen Zwängen und Beschränkungen. Transparenz und Mündigkeit könnten auch durch Aufklärungsambitionen mit Hilfe der Massenmedien gefördert werden. Bezogen auf die derzeitige Medienentwicklung ist die Prognose von Münch jedoch eher resignativ. An die Stelle der Verständigung, so seine Diagnose, tritt in der Praxis eher die Konfrontation mit publikumswirksamen Schlagworten in den Medien.

»Denn über Erfolg oder Mißerfolg politischer Maßnahmen entscheidet immer weniger die Richtigkeit der Maßnahme und immer mehr die Art ihrer öffentlichen Thematisierung. Politik wird von der Dramaturgie der öffentlichen Darstellung diktiert. Die öffentliche Inszenierung wird zum eigentlichen Erfolgskriterium der Politik.« (Münch 1992, 95)

Öffentliche Inszenierung dominiert

Im öffentlichen Diskurs, so Münch weiter, würden Darstellungszwänge regieren, bei denen die Akteure versuchen, sich möglichst in ein »rechtes Licht zu rücken«. Es werden in den Medien Sachverhalte in erster Linie »idealisiert, dramatisiert, mystifiziert, geglättet und harmonisiert«. Über Probleme und Missstände werde nur unzureichend informiert – das »Widerspenstige« werde »unterdrückt« (Münch 1995, 92).

Empirische Anwendungen

Es wird den Vertretern der Kritischen Medientheorie oft vorgeworfen, dass sie ein distanziertes Verhältnis zu den Methoden der empirischen Sozialforschung hätten.[7] Der Einfluss der Kritischen Theorie ist innerhalb der Medienwirkungsforschung dennoch in Debatten um Fragen zwischen Sozialstruktur und Kultur zu beobachten. So differenziert McQuail (1994, 41 ff.) in seinem Lehrbuch »Mass Communication Theory« zwischen einem *dominanten* und einem *alternativen Paradigma*. Während beim Ersteren das Ideal einer liberaleren pluralistischen Gesellschaft im Mittelpunkt steht, das sich an den Gütekriterien der empirischen Sozialforschung orientiert, konzentriert sich das alternative Paradigma auf den Typ eines kritischen Gesellschaftsverständnisses, das Massenmedien als stabilisierendes Element moderner Industriegesellschaften klassifiziert und einen Ideologieverdacht gegenüber den Medieneinflüssen hegt.

Distanziertes Verhältnis zur Empirie?

---

[7] So hat sich etwa Adorno im Rahmen einer Kontroverse mit dem Direktor des »Office of Radio Research« geweigert, »sich zum Zwecke des Messens von Kultur bestimmter verdinglichter Methoden zu bedienen« (Jäckel 1999, 84).

Cultural Studies als Anwendung Kritischer Medientheorie

Bei der Forschungsrichtung des »*Cultural Studies Approach*« (vgl. Hepp/Winter 1997; → 2.5 Kulturtheorien der Medien) wird Kultur als die Summe symbolischer Ausdrucksformen einer Gesellschaft definiert. So fungiert z. B. das ›Leitmedium‹ Fernsehen als kulturelles Forum, das die Ausdrucksformen einer Gesellschaft reflektiert. Es kann »die verschiedenen Lebensauffassungen und Lebensstile der Gesellschaft thematisieren und damit öffentlich verhandelbar machen.« (Mikos u. a. 2000, 51) Die entscheidende Differenz zum ursprünglichen Ansatz der Kritischen Medientheorie liegt Jäckel (1999, 85) zufolge darin, dass nicht eine »homogene Masse« bei der Betrachtung des Zuschauerkreises vorausgesetzt wird. Vielmehr wird bei der Analyse versucht, »die jeweilige soziale Position des Rezipienten unter Bezugnahme auf seine lebensweltlichen Hintergründe zu verankern« (ebenda).

Die pointierten Thesen Horkheimers und Adornos sind insbesondere innerhalb der aktuellen Debatte um die Angemessenheit unterhaltender und inszenierender Elemente im Kontext der Politikvermittlung aufgegriffen worden. Die Kritik an ihrer Position resultiert zum einen daraus, dass ihre Thesen nicht durch empirische Studien untermauert werden und insofern spekulativ sind. Zum anderen wird die behauptete völlige Gleichförmigkeit der unterhaltungskulturellen Produkte in Frage gestellt. Auch die unterschiedlichen Optionen der *Aneignung* von Medienprodukten würden von den Autoren der Frankfurter Schule nicht ins Kalkül gezogen. Zerstreuung werde nicht automatisch zum Massenbetrug, und Mediennutzer würden durch den Konsum von unterhaltsamen Medieninhalten nicht automatisch zu Marionetten eines unterdrückenden Herrschaftssystems (zu dieser Kritik an Adorno/Horkheimer vgl. zusammenfassend Dörner 2001, 78 ff.).

»Aneignung« von Medieninhalten

Dörner (2001) vertritt hingegen die Auffassung, dass die Kultur einer *Unterhaltungsöffentlichkeit* vielmehr einen Interdiskurs darstellen kann, der in sozial differenzierten Gesellschaften den Fragmentierungstendenzen entgegenwirken, Aufmerksamkeit erzeugen und demzufolge gesellschaftliches Agenda-Setting und eine massenmedial evozierte Anschlusskommunikation produzieren kann, bei der die Nutzer ihre medialen Erlebnisse in eine kommunikative und interaktive Praxis umsetzen können. Durch die Konsonanzbildung in Unterhaltungsöffentlichkeiten würden den Rezipienten Orientierungshilfen angeboten, bei denen u. a. Traditionsbestände durch die permanente Inszenierung politisch-kultureller Vorstel-

Dörner: »Unterhaltungsöffentlichkeit«

lungswelten sichtbar gemacht werden. Somit werde politische Identität in eindringlichen Symbolen emotional fassbar gemacht. Schließlich eröffnen Unterhaltungsöffentlichkeiten gemeinsame Kommunikationsräume, in denen soziale Integration vollzogen wird, um daraus politische Gemeinschaften mit gemeinsamen politischen Identitäten zu bilden. Dörner vertritt die Auffassung, dass durch innovative Unterhaltungsformate im Bereich der politischen Berichterstattung Politik sichtbar und emotional erfahrbar werde, Themen allgemein zugänglich gemacht und Wert- und Sinnfiguren geschaffen werden, die den Konsensbereich politischer Kultur entscheidend prägen und schließlich Modelle politischen Handelns durch Identifikationsangebote erzeugen können. Politische Informationen in einem unterhaltsamen Rahmen können durchaus eine angemessene Art der Politikvermittlung sein, wenn die Chance der Erreichung eines großen und dispersen Publikums nicht lediglich zur Unterhaltung, sondern auch zur Information über entsprechende Sachverhalte genutzt wird. *Unterhaltung kann dementsprechend auch eine affirmative integrierende Funktion für die Öffentlichkeit haben.* (Vgl. ausführlicher Dörner 2000)

Auch politische Information kann Unterhaltung sein

Die von den Vertretern der Kritischen Medientheorie behauptete Nivellierung und Gleichförmigkeit sei empirisch ebenso wenig erwiesen wie die These, dass die Rezipienten von unterhaltenden Medieninhalten passiv oder gar abgestumpft seien. Unterhaltende Medienrezeption müsse nicht automatisch politischer Aktivität entgegenstehen. In *qualitativen Analysen politischer Informationssendungen* (vgl. Meyer/Ontrup/Schicha 2000; Schicha 2001) mit einem hohen Unterhaltungsgrad hat sich weiterhin gezeigt, dass Beiträge, die die Aufmerksamkeit der Zuschauer durch aktionsreiche, emotional ansprechende und visuell reizvolle Inszenierungsformen bündeln, durchaus eine Vielzahl an Hintergrundinformationen und Strukturen transportieren können, die ein der Komplexität der Sache angemessenes Bild verdichten und gegebenenfalls politische Anschlussdiskurse initiieren können. Insofern kann von einem Verblendungssystem selbst durch unterhaltsame Formen im Rahmen der massenmedialen Berichterstattung zumindest nicht pauschal gesprochen werden.

Unterhaltung schließt politische Aktivität nicht aus

2.3.4 Kritik und Weiterentwicklung der Theorien

Normative Orientierung

Die Kritische Medientheorie stellt ein heterogenes Forschungsfeld dar, das sich von einer normativen Öffentlichkeitskonzeption mit diskursiven Ansprüchen über eine generelle Gesellschafts- und Kulturkritik bis hin zu konkreten Medienphänomenen auf der Inhaltsebene – etwa im Unterhaltungskontext – ebenso nährt wie von den strukturellen Bedingungen der Medienwirkung. Aufgrund des breiten Themenspektrums und der bisweilen recht unsystematischen Herangehensweise an die dispersen Problematiken durch die Medienkritiker fällt es bisweilen nicht leicht, ihnen in ihren Argumentationslinien konsequent zu folgen.

Mangel an Empirie und pauschale Wirkungsvorstellungen

Vor allem der *Mangel an Empirie* und die *pauschal behauptete Wirkungsdimension* von Medieninhalten auf die Rezipienten-Ebene hält meines Erachtens einer systematischen Überprüfung der Thesen in vielen Fällen nicht stand. Monokausale Medienwirkungsmodelle scheinen mir ebenso wenig die Debatte substanziell voranzutreiben wie der rein kulturpessimistische Ansatz, Unterhaltungsprogramme *per se* als Trivialkultur und Verblendung zu diskreditieren, die eine kritische Öffentlichkeit von vornherein verhindern. Eine konkrete Einzelfallanalyse von Medienphänomenen und die Analyse einer von zahlreichen Faktoren abhängigen Wirkungsdimension kann durch pauschale Urteile der Medienkritiker nicht ersetzt werden.[8]

Varianten der Selbstkritik

Die Eckpunkte der Kritischen Medientheorie sind demzufolge von zahlreichen Autoren selbst wiederum kritisch kommentiert worden.[9] Eine Hauptkritik an den Thesen liegt darin, dass sowohl das Medienpublikum als auch die Medienangebote als weitestge-

---

[8] Ebenso zentral scheint mir die Prüfung der medienrechtlichen und kommunikationspolitischen Grundordnung des jeweiligen Mediensystems zu sein, durch das sich gegebenenfalls Konzentrationsentwicklungen herausbilden können.

[9] Jürgen Habermas warf etwa Horkheimer und Adorno vor, in ihrer Kritischen Medientheorie mit »stilisierende[n] Übervereinfachungen« (Habermas 1981a, 572) gearbeitet zu haben. Sie hätten weder die historische Dimension bei ihrer Analyse angemessen berücksichtigt noch die Unterschiede zwischen privaten und öffentlich-rechtlichen Programmstrukturen reflektiert. Ebenso wenig sei auf die Unterschiede bei der Programmgestaltung und den Rezeptionsgewohnheiten eingegangen worden. Ihr Ansatz sei durch eine gewisse »Überprägnanz« (ebenda, 574) geprägt, der ein manipulatives Potenzial der Massenmedien voraussetzt und dabei die Verpflichtungen des journalistischen Programmauftrags ignoriert. Die Möglichkeit einer »kritischen Publizität« (Habermas 1990, 357 ff.) bleibe vorhanden. Dennoch sei durch die Kommerzialisierung eine Entwicklung zu kon-

hend *homogen* angesehen werden, wodurch sich wenig Raum für Differenzierung ergibt (vgl. Jäckel 1999, 82). – Diese weiter gehende Differenzierung wurde jedoch zum Teil von Habermas, Münch und Prokop vorgenommen. Während sich Habermas in seiner differenzierten Analyse mit dem ambivalenten Potenzial der Massenmedien auseinandersetzt (das sogar Enzensberger trotz seiner ansonsten eher radikal-kritischen Medienanalyse einräumt), rückt Münch die ökonomischen und strukturellen Zwänge des Mediensystems in den Mittelpunkt seiner Analyse. Prokop zeigt hingegen an konkreten Feldern der Medienentwicklung die zunehmende Monopolisierung und konstruktive Kritik am manipulativen Potenzial der Inhalte auf.

Insofern hat die Kritische Theorie durchaus interessante Akzente gesetzt, die auch heute noch aufgegriffen werden können. Insbesondere die von Horkheimer und Adorno aufgestellte These, dass die vom Konsumenten wahrgenommene große Vielfalt in den Medien faktisch nur eine minimale Variation des Immergleichen darstellt, hat sich Mitte der achtziger Jahre mit der Zulassung der privat-kommerziellen Rundfunkanbieter in der Bundesrepublik Deutschland zum Teil bewahrheitet, obwohl inzwischen eine Reihe von kulturellen und politischen Programmen die deutsche Medienlandschaft auf dem Informationssektor bereichert haben. – Wie stichhaltig die jeweiligen Prognosen und Theorieentwürfe jedoch

Kritische Medientheorie am Scheideweg

---

statieren, bei der Medienunternehmen verstärkt Einfluss nehmen. Dadurch etabliere sich »eine Medienmacht, die, man ipulativ eingesetzt, dem Prinzip der Publizität seine Unschuld raubt« (Habermas 1990, 28; vgl. weiterführend Holzer 1994).
Karl Popper, Hauptvertreter des Kritischen Rationalismus, formulierte eine vernichtende Einschätzung insbesondere gegenüber den Thesen Adornos. Popper bezeichnete seine Einstellung zu Adornos Thesen als »völlig negativ«. Dies begründete er damit, dass die Theorie der Frankfurter Schule »völlig abstrakt« sei. Er warf Adorno »kulturellen Snobismus« ebenso vor wie die Haltung einer »Kulturelite«. Faktisch, so Popper weiter, sei die Kritische Theorie »ohne Inhalte, sie liefert keine systematische Kritik. Man hört nur Klagen oder dunkle Kassandra-Rufe über die schlechten Zeiten, in denen wir leben und über die Verkommenheit der bürgerlichen Kultur.« (Popper in Habermas/Bovenschen 1968, 130 ff.).
Ähnlich äußerte sich Ralf Dahrendorf, für den Adorno »ein moderner Kulturpessimist [...], sehr anti-industriell und antimodern eingestellt [...]«, sei (Dahrendorf in Habermas/Bovenschen 1968, 136).

faktisch sind, wird erst in weiteren Studien systematisch herauszuarbeiten sein.[10]

---

[10] Informationen über die aktuelle Ausrichtung des Arbeits- und Forschungsprogramms des Instituts für Sozialforschung in Frankfurt am Main, das sich derzeit u. a. mit »Paradoxien der kapitalistischen Modernisierung« unter der Leitung des Direktors Axel Honneth beschäftigt, finden sich im Internet unter <http://www.ifs.uni-frankfurt.de/institut/programm.htm> sowie in der »Zeitschrift für kritische Theorie« (vgl. etwa Mahnkopf 1998).

Literatur

Adorno, Theodor W. (1963): Eingriffe. Neun kritische Modelle. Frankfurt am Main: Suhrkamp.
Anders, Günther (1980): Die Antiquiertheit des Menschen. Über die Seele im Zeitalter der zweiten industriellen Revolution. Band 1. München: Beck. [Zuerst 1956]
Benjamin, Walter (1979): Das Kunstwerk im Zeitalter seiner technischen Reproduzierbarkeit. Frankfurt am Main: Suhrkamp. [Zuerst 1936]
Brosda, Carsten (2001): Wegbereiter und Wegbegleiter der bundesdeutschen Demokratie. Friedenspreis des Deutschen Buchhandels für Jürgen Habermas. In: Zeitschrift für Kommunikationsökologie, 2. Jahrgang, Heft 3, S. 53-57.
Dietschreit, Frank/Heinze-Dietschreit, Barbara (1986): Hans Magnus Enzensberger. Stuttgart: Metzler.
Dörner, Andreas (2000): Politische Kultur und Medienunterhaltung. Konstanz: UVK Medien.
Dörner, Andreas (2001): Politainment. Frankfurt am Main: Suhrkamp.
Enzensberger, Hans Magnus (1957): Die Sprache des Spiegel. In: Glotz, Peter (Hg.) (1997): Baukasten zu einer Theorie der Medien. Kritische Diskurse zur Pressefreiheit. München: Rainer Fischer, S. 14-44.
Enzensberger, Hans Magnus (1970): Baukasten zu einer Theorie der Medien. In: Kursbuch 20, 5. Jahrgang, S. 159-186.
Enzensberger, Hans Magnus (1983): Der Triumph der Bild-Zeitung oder Die Katastrophe der Pressefreiheit. In: Glotz, Peter (Hg.) (1997): Baukasten zu einer Theorie der Medien. Kritische Diskurse zur Pressefreiheit. München: Rainer Fischer, S. 133-144.
Enzensberger, Hans Magnus (1988): Warum alle Klagen über das Fernsehen gegenstandslos sind. In: Glotz, Peter (Hg.) (1997): Baukasten zu einer Theorie der Medien. Kritische Diskurse zur Pressefreiheit. München: Rainer Fischer, S. 145-158.
Falkenstein, Henning (1977): Hans Magnus Enzensberger. Berlin: Colloquium.
Habermas, Jürgen (1981a): Theorie des kommunikativen Handelns. Band 2. Zur Kritik der funktionalistischen Vernunft. Frankfurt am Main: Suhrkamp.
Habermas, Jürgen (1981b): Werden wir richtig informiert – Antworten auf vier Fragen (1968). In: Habermas, Jürgen: Kleine politische Schriften. Frankfurt am Main: Suhrkamp, S. 245-248.
Habermas, Jürgen (1990): Strukturwandel der Öffentlichkeit. Frankfurt am Main: Suhrkamp. [Zuerst 1962]
Habermas, Jürgen (1992): Faktizität und Geltung. Beiträge zur Diskurstheorie des Rechts und des demokratischen Rechtsstaates. Frankfurt am Main: Suhrkamp.

Habermas, Jürgen (2001): Kommunikatives Handeln und detranszendentalisierte Vernunft. Stuttgart: Reclam.
Habermas, Jürgen/Bovenschen, Silvia u. a. (1968): Gespräche mit Herbert Marcuse. Frankfurt am Main: Suhrkamp.
Haug, Wolfgang Fritz (1971): Kritik der Warenästhetik. Frankfurt am Main: Suhrkamp.
Hepp, Andreas/Winter, Rainer (Hg.) (1997): Kultur – Medien – Macht: Cultural Studies und Medienanalyse. Opladen: Westdeutscher Verlag.
Holzer, Horst (1994): Medienkommunikation. Eine Einführung. Opladen: Westdeutscher Verlag.
Horkheimer, Max/Adorno, Theodor W. (2000): Dialektik der Aufklärung. Philosophische Fragmente. Frankfurt am Main: Fischer. [Zuerst 1944]
Jäckel, Michael (1999): Medienwirkungen. Ein Studienbuch zur Einführung. Opladen/Wiesbaden: Westdeutscher Verlag.
Kottlorz, Peter (1998): Wie frei macht Fernsehunterhaltung? Diskutiert an den Texten von Adorno/Horkheimer und Postman. In: Wunden, Wolfgang (Hg.): Freiheit und Medien. Frankfurt am Main: Gemeinschaftswerk der evangelischen Publizistik, S. 131-144.
Mahnkopf, Claus-Steffen (1998): Kritische Gesellschaftstheorie ohne Kulturkritik? Einlassung zum Arbeitsprogramm des Instituts für Sozialforschung. In: Zeitschrift für kritische Theorie, 4. Jahrgang, Heft 7, S. 5-10.
McQuail, Dennis (1994): Mass Communication Theory. An Introduction. Third Edition. London: Sage.
Meyer, Thomas/Ontrup, Rüdiger/Schicha, Christian (2000): Die Inszenierung des Politischen. Zur Theatralität medialer Diskurse. Wiesbaden: Westdeutscher Verlag.
Mikos, Lothar u. a. (2000): Im Auge der Kamera. Das Fernsehereignis Big Brother. Berlin: Vistas.
Münch, Richard (1992): Dialektik der Kommunikationsgesellschaft. Frankfurt am Main: Suhrkamp.
Münch, Richard (1995): Dynamik der Kommunikationsgesellschaft. Frankfurt am Main: Suhrkamp.
Münch, Richard (1998): Kulturkritik und Medien – Kulturkommunikation. In: Saxer, Ulrich (Hg.): Medien-Kulturkommunikation [Publizistik, Sonderheft 2/1998]. Opladen/Wiesbaden: Westdeutscher Verlag, S. 55-66.
Postman, Neil (1985): Wir amüsieren uns zu Tode. Urteilsbildung im Zeitalter der Unterhaltungsindustrie. Frankfurt am Main: Fischer.
Prokop, Dieter (Hg.) (1985): Medienforschung. Band 3. Analysen, Kritiken, Ästhetik. Frankfurt am Main: Suhrkamp.

Prokop, Dieter (2000): Der Medien-Kapitalismus. Das Lexikon der neuen kritischen Medienforschung. Hamburg: VSA.
Prokop, Dieter (2001): Der Kampf um die Medien. Das Geschichtsbuch der neuen kritischen Medienforschung. Hamburg: VSA.
Schicha, Christian (2001): Öffentlichkeit unter Medienbedingungen. Zur Diskrepanz zwischen normativen Konzepten und der Praxis der Politikberichterstattung. In: Schicha, Christian/Brosda, Carsten (Hg.): Medienethik zwischen Theorie und Praxis. Münster: Lit, S. 173-194.
Waschkuhn, Arno (2000): Kritische Theorie. Politikbegriffe und Grundprinzipien der Frankfurter Schule. München: Oldenbourg.
Wiegerling, Klaus (1998): Medienethik. Stuttgart/Weimar: Metzler.

Übungsfragen

1. Worin unterscheiden sich die Konzepte ›Kulturindustrie‹ und ›Bewusstseinsindustrie‹?
2. Was versteht Richard Münch unter der »Dialektik der Kommunikationsgesellschaft«?
3. Stellen Sie die Theorie des kommunikativen Handelns von Jürgen Habermas in ihren Grundzügen dar!
4. Diskutieren Sie mögliche Argumentationslinien Kritischer Theorie angesichts aktueller Entwicklungen zum Trash- und Trivial-Fernsehen, etwa anhand der Frage, inwieweit Konzepte wie ›Manipulation‹ oder ›Massenbetrug‹ heute (nicht mehr oder wieder?) Sinn machen.
5. Vergleichen Sie die generelle Bewertung von Unterhaltung via Massenmedien in der Kritischen Theorie und bei den Cultural Studies.
6. Benennen Sie historische bzw. gesellschaftspolitische Gründe für eine sukzessive Abschwächung der radikalen Kulturkritik von Adorno/Horkheimer durch Enzensberger, Prokop, Habermas, Münch und schließlich die Cultural Studies und erwähnen Sie pro Theoretiker bzw. theoretischer Richtung einen zentralen Theorie-Baustein, der für diese Abschwächung der Radikal-Kritik bzw. für eine ambivalente(re) Einschätzung des Potenzials der Massenmedien steht.
7. Versuchen Sie argumentativ zu begründen, wie aus den Positionen von Habermas und Münch eine normative Forderung nach Qualität in den Medien abgeleitet werden kann und formulieren Sie in einem zweiten Schritt eine (Meta-)Kritik an ebendieser.

2.4 Zeichentheorien der Medien
Gloria Withalm

Semiotik in Kontrast zur technischen Kommunikationstheorie

Nahezu in jedem einführenden Werk, Lexikonartikel oder Handbuch zu Kommunikations- und Medienwissenschaften wird das Modell von Shannon und Weaver aus dem Jahre 1949 abgebildet und seine beschränkte Reichweite diskutiert. Mehr als 30 Jahre vorher wurde aber bereits einmal eine Visualisierung der Kommunikation publiziert, die genau jene Aspekte abbildet, die bei einem Modell der eindirektionalen technischen Signalübermittlung fehlen: die *semantische* oder Bedeutungsdimension, die *pragmatische* Dimension (also die aktive Produktion und Rezeption dessen, was übermittelt wird) und die *dialogische* Situation. Gemeint ist der *Redekreislauf* des Schweizer Sprachwissenschaftlers Ferdinand de Saussure (1916/1967, 14).

Der Redekreislauf von Ferdinand de Saussure

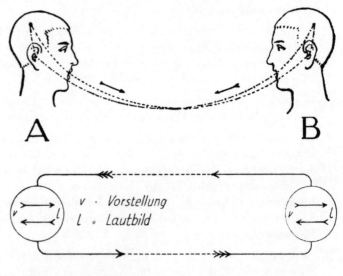

(Quelle: Saussure 1916/1967, 14)

Kommunikation ist neben Signifikation und Kognition eines der zentralen Untersuchungsobjekte der Semiotik/Semiologie. Seit ihren Anfängen als Disziplin vor über 100 Jahren hat sich die Semiotik – *die Lehre oder Theorie von den Zeichen* – daher auch als Wissenschaft von Kommunikation und Medien verstanden, und von beiden Gründervätern gibt es Aussagen zum Stellenwert der Semiotik im Verhältnis zu anderen Disziplinen:

»It has never been in my power to study anything, – mathematics, ethics, metaphysics, gravitation, thermodynamics, optics, chemistry, comparative anatomy, astronomy, psychology, phonetics, economics, the history of science, whist, men and women, wine, metrology, except as a study of semeiotic.« (Peirce 1977, 85)

»Die Sprache ist ein System von Zeichen, die Ideen ausdrücken und insofern der Schrift, dem Taubstummenalphabet, symbolischen Riten, Höflichkeitsformen, militärischen Signalen usw. usw. vergleichbar. Man kann sich also eine Wissenschaft vorstellen, *welche das Leben der Zeichen im sozialen Leben untersucht* [...]; wir werden sie Semeologie (von griechisch semeîon, ›Zeichen‹) nennen. Sie würde uns lehren, worin die Zeichen bestehen und welche Gesetze sie bestimmen.« (Saussure 1916/1967, 19)

Semiotik ist die Lehre von den Zeichen

Saussure und Peirce als wichtigste Gründerväter

Zentrale Begriffe, Konzepte, Theorie- und Analysemodelle in den Kommunikations- und Medienwissenschaften haben ihren Ursprung in semiotischer Theoriebildung, die Vielfalt der semiotisch fundierten Ansätze in der Medienwissenschaft ist ein Spiegel der Vielfalt von Modellen, Richtungen und Schulen, die heute unter dem gemeinsamen Label Semiotik zusammengefasst werden.

2.4.1 Kurze Geschichte der Zeichentheorien

Beide Begriffe, ›Semiotik‹ und ›Semiologie‹, wurden Jahrzehnte sowohl synonym verwendet als auch zur Unterscheidung der beiden Haupttraditionen: *Semiologie* für die europäisch-linguistische Ausprägung und *Semiotik* für die amerikanisch-philosophische Richtung. Mit der Gründung der International Association for Semiotic Studies – Association Internationale de Sémiotique 1969 in Paris hat sich trotz weiterer Versuche einer terminologischen Differenzierung der Begriff Semiotik durchgesetzt. Beide Begriffe

Semiologie und Semiotik

gehen auf griechische Wörter für Zeichen zurück (*semeion* bzw. *sema*); in der griechischen Antike liegen auch die Anfänge der europäischen Auseinandersetzung mit jenen Fragen, die heute von der Semiotik untersucht werden.

In der Geschichtsschreibung der Semiotik ist daher zwischen Semiotik als Disziplin, semiotischen Fragestellungen und Untersuchungen, impliziten und expliziten Theorieansätzen sowie Analysen von Zeichenprozessen zu unterscheiden. Die Geschichte der Semiotik im Sinne von Thematisierung und Theoriebildung ist über weite Strecken identisch mit der Geschichte jener Bereiche der Philosophie, die sich mit der Sprache, der Natur der Zeichen, mit Fragen von Kognition und Repräsentation beschäftigen. Theorien über das Zeichen finden sich von der Antike bis ins 19. Jahrhundert in Texten zur Poetik, Hermeneutik, Rhetorik, Grammatik, Logik, Ästhetik, aber auch Medizin.

Obgleich der Begriff bereits im 17. Jahrhundert auftaucht, beginnt Semiotik im heutigen Sinne im ausgehenden 19. Jahrhundert. Als Hauptbegründer gilt Charles Sanders Peirce[1]. Für Peirce ist Semiotik die allgemeinste Wissenschaft, die Grundlage des Denkens, denn »all thought is in signs« (Peirce CP 5.253). Im Mittelpunkt steht aber nicht das Zeichen, sondern die *Semiose*, der *Zeichenprozess*: »*Semiotics* is the doctrine of the essential nature and fundamental varieties of possible semiosis.« (Peirce CP 5.488) Charles William Morris (1901-1979) beschäftigt sich mit dem Zeichenverhalten. Er verbindet Pragmatismus (sowie Empirismus und Logischen Positivismus) mit dem Behaviorismus von George H. Mead. Ausgehend von den Dimensionen des Zeichens im Zeichenprozess umfasst Semiotik drei Teildisziplinen: *Syntaktik*, *Semantik* und *Pragmatik*.

Syntaktik, Semantik und Pragmatik

---

[1] Amerikanischer Philosoph des Pragmatismus, Logiker, Naturwissenschaftler (1839-1914; der Name wird wie das englische Wort ›purse‹ ausgesprochen, nicht wie ›pierce‹). Sein umfangreiches Werk ist noch immer nicht vollständig publiziert. Als Hauptquelle lagen – abgesehen von wenigen Einzelpublikationen – über Jahrzehnte nur die Textfragmente in den acht Bänden der *Collected Papers* vor (Peirce 1931-58; zitiert als CP Band-Nr. Paragraph), in den sechziger Jahren folgte eine Microfilm-Ausgabe der Manuskripte (Peirce 1961-66; zitiert als MS #), seit 1982 publiziert das Peirce Edition Project eine kritische Gesamtausgabe (Peirce 1982 ff.).

Nahezu zeitgleich mit Peirce entwickelt Ferdinand de Saussure[2] in Genf die moderne Sprachwissenschaft als Teil einer umfassenden Semiologie. Sein zweigliedriges Zeichenmodell war in Europa einflussreicher als das dreigliedrige Semiosemodell von Peirce, es wirkt bis in den Strukturalismus und Poststrukturalismus (Claude Lévi-Strauss, Jacques Lacan bis hin zu Jacques Derrida → 2.10 Poststrukturalistische Medientheorien). Zahlreiche Personen, die wichtige Beiträge zur Semiotik lieferten, können hier nur erwähnt werden: Victoria Lady Welby (*Signifies*), Ernst Cassirer, Louis Hjelmslev (*Glossematik*; Ausdrucksebene und Inhaltsebene des Zeichens), Karl Bühler (Organon-Modell der Sprache), Prager Strukturalismus (Jan Mukařovsky), Roman Jakobson (kommunikative Funktionen), Roland Barthes, Michel Foucault, Moskau-Tartu-Schule der Kultursemiotik (Juri M. Lotman, Vjačeslav Vs. Ivanov), Algirdas J. Greimas (Pariser Schule; semiotisches Viereck, Aktantenmodell), Umberto Eco (Codetheorie), Ferruccio Rossi-Landi (Homologie von materieller und Zeichenproduktion, Rolle der Zeichen in der gesellschaftlichen Reproduktion). Abgesehen von den Textwissenschaften, die ohne Semiotik nicht mehr denkbar wären, gibt es auch eine entwickelte *Biosemiotik* und Berührungspunkte zu den kognitiven Wissenschaften.

Weitere Vertreter der Semiotik

Spektrum von Kultur- bis Biosemiotik

2.4.2 Grundbegriffe, Konzepte und Modelle der Zeichentheorien

Eine Vielzahl von zeichentheoretischen Begriffen gehört heute zum selbstverständlichen terminologischen Repertoire der Kommunikations- und Medienwissenschaften. Bereits innerhalb der Semiotik können jedoch Begriffe nicht beliebig übertragen werden, ihre je spezifische Geschichte, Definition, Reichweite und Tragfähigkeit ist an einen theoretischen Rahmen gebunden, der gerade bei der

---

[2] (1857-1913). 1916 werden zwei Studentenmitschriften seiner drei Vorlesungen (1907-11) *Cours de linguistique générale* veröffentlicht, Jahrzehnte später erscheinen kritische Ausgaben (Mauro 1974, Engler 1968-74); erst in den neunziger Jahren werden Schriften aus seinem Nachlass publiziert (Saussure 1997) und der *Cours* durch andere Mitschriften erweitert (Komatsu/Harris 1993, 1996 und 1997).

vom ursprünglichen Kontext abgelösten Verwendung mitbedacht werden muss.³

Semiotik ist die Lehre von den Zeichen und Zeichenprozessen, somit ist *Zeichen* einer der wichtigsten Begriffe. Im Gegensatz zum alltagssprachlichen Zeichenbegriff (Verkehrszeichen) ist das Zeichen in allen Modellen, so verschieden sie auch sind, *immer* eine *Relation* von Elementen, es ist keine Entität, es ist nicht natürlich vorhanden und wird im Zeichenprozess erst konstituiert. In einer ersten Annäherung kann das Zeichen als Relation des *renvoi* (des Verweises) gesehen werden – etwas (ein Zeichenträger) steht für etwas anderes, *aliquid stat pro aliquo* (vgl. Jakobson 1979, 16). Ein Zeichenträger steht nie allein, sondern immer in Beziehung zu anderen Zeichenträgern, diese Dimension wird in der *Syntaktik* untersucht; ein Zeichen steht für etwas anderes – jene Dimension, mit der sich die *Semantik* beschäftigt; Zeichen werden produziert, rezipiert, interpretiert – das Aufgabenfeld der *Pragmatik* (vgl. Morris 1938/1972, 26 f.).

Zeichen ist eine Relation von Elementen

Im Wesentlichen kann zwischen *dyadischen* und *triadischen* Konzepten unterschieden werden. Ferdinand de Saussure entwickelte ein zweigliedriges Modell des sprachlichen Zeichens, dessen Elemente *rein mental* sind, es »vereinigt in sich nicht einen Namen und eine Sache, sondern eine Vorstellung und ein Lautbild« (Saussure 1916/1967, 77). Zur Präzisierung der Verbindung zwischen den beiden im *Zeichen* nennt er das Lautbild *signifiant* (*Signifikant, Bezeichnendes*) und die Vorstellung *signifié* (*Signifikat, Bezeichnetes*) (Saussure 1916/1967, 78 f.). Im sprachlichen Zeichen ist die Verbindung zwischen Signifikant und Signifikat *arbiträr* (*beliebig, nichtmotiviert*). Das Saussure'sche Zeichenmodell kennt weder einen materiellen Zeichenträger noch einen Referenten (also das, worauf verwiesen wird). Mit der Verbreitung des dyadischen Modells finden sich jedoch auch Konzepte, die den Signifikanten als Zeichenträger sehen (z. B. bei Roman Jakobson).

Saussure: zweigliedriges (dyadisches) Zeichenmodell

Peirce: dreigliedriges (triadisches) Semiosemodell

Charles S. Peirce geht von einer triadischen Relation aus, einer »triple connection of *sign, thing signified, cognition produced in the mind*« (Peirce CP 1.372). Ein Zeichen (*sign* oder *representamen*) ist

---

³ Für eine detaillierte Diskussion von zentralen Begriffen und ihrer je unterschiedlichen Definition in den semiotischen Theorien vgl. das Kapitel III (Zeichen und System) in Nöth (1985/2000, 131-226).

etwas, das für etwas anderes steht (*object*) und als solches von jemandem verstanden wird:

> »A sign, or *representamen*, is something which stands to somebody for something in some respect or capacity. It addresses somebody, that is, creates in the mind of that person an equivalent sign, or perhaps a more developed sign. That sign which it creates I call the *interpretant* of the first sign. The sign stands for something, its *object*.« (Peirce CP 2.228)

Zeichen – Objekt – Interpretant

Obwohl der Mensch hier konstitutiv eingeführt ist – »nothing is a sign unless it is interpreted as a sign« (Peirce CP 2.172) –, darf der *Interpretant* nicht mit der interpretierenden Person verwechselt werden, er ist vielmehr die Wirkung des Zeichens in ihrem Denken oder Fühlen. Peirce gibt hier keine Definitionen des Zeichens, sondern beschäftigt sich mit der *Semiose*, dem *Zeichenprozess*:

> »But by ›semiosis‹ I mean, on the contrary, an action, or influence, which is, or involves, a cooperation of *three* subjects, such as a sign, its object, and its interpretant, this trirelative influence not being in any way resolvable into actions between pairs.« (Peirce CP 5.484)

Fokus von Peirce auf Semiose

Die Grundlage der Peirce'schen Semiotik bilden die drei Universalkategorien aller Phänomene: *Erstheit* als Kategorie der reinen *Qualität* oder *Möglichkeit*; *Zweitheit* als Kategorie der *Relation*, Reaktion (Ursache-Wirkung); *Drittheit* als Kategorie der Gesetzmäßigkeit, *Repräsentation*, Kommunikation, Semiose. Die drei Korrelate der Semiose sind in ihren Bezügen zueinander (Zeichen- oder Mittelbezug, Objektbezug, Interpretantenbezug) jeweils in *Trichotomien* zu beschreiben, die auf den drei Kategorien beruhen. Die bekannteste Trichotomie, die weit über die Peirce'sche Semiotik hinaus Eingang in Analysen gefunden hat, ist jene des Zeichens in Bezug auf sein Objekt: *Ikon*, *Index* und *Symbol*. *Ikons* repräsentieren ein Objekt über gemeinsame Merkmale, »by its similarity« (Peirce CP 2.276). Zu den *Ikons* zählen neben den Bildern auch Diagramme und Metaphern. Bei *Indices* besteht eine direkte Relation zwischen Objekt und Zeichen (Kausalität, Kontiguität, Teil-Ganzes; vgl. Peirce CP 2.299 f.), Beispiele wären Rauch für Feuer (›natürliche‹ Zeichen), Fußspuren, Thermometer, Richtungspfeil.

Trichotomie von Ikon, Index und Symbol

Das Peirce'sche *Symbol*[4] ist ein Zeichen, das mit seinem Objekt ausschließlich durch eine Idee, Konventionalität, Gesetzmäßigkeit verbunden ist, wie z. B. in der Sprache: »All words, sentences, books and other conventional signs are symbols.« (Peirce CP 2.292) Beim Symbol ist die Beziehung somit arbiträr, bei Ikon und Index motiviert. Es ist jedoch zu beachten, dass es sich bei den Trichotomieklassen um Konzepte handelt, die in der Wirklichkeit kaum je rein anzutreffen sind.

Erweiterung der Modelle durch den Signal-Begriff

An und mit beiden Modellen – dem dyadischen und dem triadischen – wurde weiter gearbeitet, sie wurden erweitert und modifiziert, Begriffe wurden neu eingeführt oder differenziert. So taucht auch bei einigen Theoretikern der *Signal*-Begriff auf, allerdings in sehr genau und eng definierten Zusammenhängen, die hier im Detail nicht erläutert werden können. Generell gilt jedoch, dass Signal in keinem Fall mit Zeichen gleichgesetzt werden darf.

Bedeutungen des Code-Begriffs

Obwohl *Zeichensystem* begriffsgeschichtlich aus der dyadisch-strukturalen Tradition stammt (bereits Saussure nennt in seiner zitierten Sicht der Semiologie neben der Sprache andere Systeme von Zeichen), wird er heute auch außerhalb dieses Kontextes verwendet. Der Begriff wird häufig mit *Code* bzw. *Kode* synonym gesetzt, für einige Theoretiker bleibt *Code* den Regeln zur Korrelation von Elementen aus zwei verschiedenen Systemen vorbehalten. Als weitere terminologische Varianten finden sich *Zeichenrepertoire* (wobei hier auf die Unterscheidung zwischen individuellen Zeichenvorräten der Kommunikationspartner in einigen Kommunikationsmodellen und der systemischen Verwendung zu achten ist)

Weitere Begriffe für Zeichensysteme

oder die *modellierenden Systeme* der Moskau-Tartu-Schule der Kultursemiotik. Am weitesten wird der Begriff von Rossi-Landi definiert, der darunter nicht nur die Codes und Regeln subsumiert, sondern auch Kommunikationskanäle, mögliche Botschaften und Kommunikationspartner.[5]

---

[4] Bei Saussure ist es genau umgekehrt, er nennt das motivierte Zeichen Symbol. Bei Ogden und Richards heißt der Zeichenträger generell *symbol*, das in einer Dreiecksbeziehung zu *thought or reference* und *referent* (Objekt) steht (1923, 14). Insbesondere beim Symbol-Begriff ist auf den definitorischen und paradigmatischen Rahmen zu achten, da er neben Alltagsgebrauch und verschiedenen Positionen in semiotischen Theorien auch Teil zahlreicher weiterer Wissenschaftssprachen ist und darin jeweils andere Bedeutungen innehat.

[5] »Un sistema segnico comprende almeno un codice, cioè i materiali su cui si lavora e gli strumenti con cui si lavora; ma comprende anche le regole per applicare i secondi sui primi (il *locus* delle regole è duplice: esse stanno in qualche

Einer der vielschichtigsten Begriffe ist wohl *Bedeutung*, denn je nach Autor nimmt er diametrale Positionen im Modell des Zeichen(prozesse)s ein und tritt in verschiedenen Begriffspaarungen auf. Bei *Bedeutung* vs. *Bezeichnung* tritt er an die Stelle der Inhaltsseite, der *Referenz*, der *Interpretanten*relation des Zeichens; in *Sinn* (*Intension* bzw. *Signifikation*) vs. *Bedeutung* (*Extension*) wird er genau umgekehrt in die *Objekt*relation des Zeichens gesetzt und entspricht in etwa dem *Referenten*, der *Denotation*.

Begriff der Bedeutung

In einem weiteren Begriffspaar wird (u. a. in vielen Analysen medialer Texte) die Denotation der *Konnotation* gegenübergestellt (einerseits als Intension, andererseits als sekundäre Bedeutung gesehen, vgl. Barthes 1964a/1983, 75-78). Trotz der Schwierigkeiten einer trennscharfen definitorischen Abgrenzung zu Denotation (vgl. Eco 1972, 101-112 sowie Eco 1976/1987, 82-86) bleibt der Begriff hilfreich, um neben dem eindeutig bezeichneten Objekt all jene sozio-kulturell mit dem Referenten verknüpften Bedeutungen, die wir in der Rezeption mitlesen, einzubeziehen und von individuellen, persönlichen Assoziationen zu unterscheiden.

Denotation versus Konnotation

Entgegen der engen Sicht von *Text* als geschrieben/gedruckt geht die semiotische Analyse von einem *erweiterten Textbegriff* aus, der jede Form von Diskursen und kulturellen Botschaften umfasst. In der Moskau-Tartu-Schule wird die gesamte *Kultur* als aus Texten aufgebaut analysiert. Basierend auf den Rollen und Erzählfunktionen, die Vladimir Propp 1928 für das Zaubermärchen beschrieben hat, entwickelt Greimas 1966 sein *Aktantenmodell* zur Analyse von Narration, wobei auch dieser Begriff weit über die Literatur hinausgeht, da jede Manifestation von Bedeutung als narrativer Text

Erweiterter Textbegriff

Greimas: Aktantenmodell

> modo anche nel codice, ma ancor più stanno in chi lo adopera), i canali e le circostanze che permettono la comunicazione, e inoltre gli emittenti e riceventi che di quel codice si servono. Un sistema segnico comprende dunque anche tutti i messaggi che si scambiano e si possono scambiare all'interno dell'universo che il sistema stesso istituisce.« [Übers. d. Verf.: »Ein Zeichensystem enthält zumindest einen Code, d. h. die Materialien, die man bearbeitet, und die Instrumente, mit denen man arbeitet; aber es enthält auch die Regeln, um die Letzteren auf die Ersteren anzuwenden (der *locus* der Regeln ist doppelt: Sie sind in gewisser Weise auch im Code, aber noch mehr sind sie in dem, der sie benutzt), die Kanäle und die Umstände, die die Kommunikation erlauben, und darüber hinaus die Sender und Empfänger, die sich dieses Codes bedienen. Ein Zeichensystem enthält daher auch alle Nachrichten, die getauscht werden oder getauscht werden können, innerhalb des Universums, welches das System selbst stiftet.«] (Rossi-Landi 1985, 242)

analysiert werden kann (z. B. Zeitungsartikel, Comics, Film, Werbeanzeigen). Sechs Aktanten stehen zueinander in drei paarweisen Relationen: Ein *Subjekt* begehrt ein *Objekt* und wird dabei von einem *Gegner* behindert bzw. von einem *Helfer* unterstützt, schließlich erhält es das Objekt vom *Sender* und wird damit selbst zum *Empfänger* (oder gibt das Objekt an diesen weiter).[6]

Greimas: semiotisches Viereck

Ein weiteres Modell von Greimas ist das semiotische Viereck, das u. a. in der Analyse von Werbeanzeigen verwendet wird (vgl. Floch 1990). Zwei einander voraussetzende Konzepte (z. B. Leben/Tod) stehen in einer Kontraritätsbeziehung. Das zweite Konzeptpaar steht dazu in Kontradiktion, d. h. die Konzepte schließen einander aus (Leben/Nicht-Leben). Die dritte Relation, die je zwei Terme verbindet, ist die Komplementarität (Leben impliziert Nicht-Tod).

2.4.3 Anwendungen in der Medienwissenschaft

Theoretische Anwendungen

Die Beziehung zwischen Semiotik und den Kommunikations- und Medienwissenschaften ist vielschichtig und kann nicht auf eine einfache Relation der Anwendung von Theoriefragmenten oder Analysemethoden reduziert werden. Dies ist einerseits im gemeinsamen Objektbereich begründet:

Kommunikation als Schlüsselbegriff der Semiotik

»Kommunikation ist ein Schlüsselbegriff der Semiotik, denn in der Semiotik geht es um die verbale und nonverbale, menschliche und animalische, auditive und visuelle sowie viele andere Modi der Kommunikation; und doch ist die Semiotik nicht deckungsgleich mit Kommunikationswissenschaft, denn der Gegenstandsbereich der Semiotik ist nicht nur die Kommunikation, sondern auch die Kognition und die Signifikation.« (Nöth 1985/2000, 235)

Andererseits umfasst Semiotik neben der theoretischen Auseinandersetzung mit Zeichen und Zeichenprozessen in der *allgemeinen Semiotik* auch die *angewandte Semiotik* (die ihrerseits in den Anwendungsfeldern auch theoriebildend wirken kann). Medien,

---

[6] Trotz der identischen Begriffe sind Sender (oder Geber) und Empfänger hier als rein textimmanente Aktanten in einer narrativen Handlung zu verstehen.

Medienprodukte und der Umgang mit diesen Texten in Produktion und Rezeption sind seit den sechziger Jahren bevorzugte Themen.

Wenn Jakobson feststellt, dass »[t]he subject matter of semiotic is the communication of any messages whatever« (Jakobson 1973, 32) und auf der anderen Seite

> »communication science seeks to understand the production, processing, and effects of symbol and signal systems by developing testable theories, containing lawful generalizations, that explain phenomena associated with the production, processing and effects« (Berger/Chaffee 1987, 17),

so ist eine zeichentheoretische Fundierung der Beschäftigung mit Kommunikation nahe liegend und sicher zielführend:

Semiotische Fundierung der Kommunikationswissenschaft

> »Indeed, there was a strong need in communication studies to focus on the complex nature of the communicative process, and semiotics was better suited than psychology or sociology to understand this element of crucial relevance in mass communication processes.« (Wolf 2003, § 2.1)

Ein Angebot der Semiotik liegt in der differenzierten Darstellung des Kommunikationsprozesses als Zeichenprozess. Der Fokus auf den Menschen als Produzenten und Rezipienten (oder Re-Produzenten) der Botschaft, die notwendigerweise in Form von Zeichen(trägern) übermittelt wird, ist keine Einengung, sondern in sich ein anti-reduktionistischer Ansatz gegen eine Verkürzung durch technische oder nur massenkommunikative Modelle. Die Beschreibung von Kommunikation als *Semiose* ist auch nicht als ausschließlich bedeutungszentriert im Gegensatz zu sozial orientierten Ansätzen zu sehen, denn es werden drei Bereiche vernetzt: Bedeutungskonstitution (*Semantik*), Struktur der Botschaft (*Syntaktik*) und Benutzung der Botschaft inklusive daraus resultierender Haltungen und Handlungen (*Pragmatik*). Am explizitesten ist die gesellschaftliche Integration von Kommunikation als Zeichenaustausch in der Semiotik der *sozialen Reproduktion* von Rossi-Landi. Die soziale Reproduktion umfasst drei unverzichtbare und unzertrennbare Korrelate – *Produktion/Austausch/Konsumtion*. Austausch ist dabei immer gleichzeitig und konstitutiverweise *materieller Austausch* und *Austausch von Zeichen* (d. h. *Kommunikation*), der seinerseits *Zeichenproduktion, Zeichenaustausch* (im engeren Sinne)

Kommunikation als Zeichenaustausch

und *Zeichenkonsumtion* umfasst (Rossi-Landi 1975, 65; 1985, 38; vgl. auch Bernard/Withalm 1986 und 2003).

Da es *die* Semiotik nicht gibt, existiert auch nicht *das* Modell der Semiose.[7] Stellvertretend soll hier der Beitrag von Roman Jakobson stehen, der bereits Eingang in kommunikationstheoretische Diskurse gefunden hat. Ausgehend vom Organonmodell der Sprache, das Karl Bühler in den dreißiger Jahren entwickelt hat (1934), formuliert Jakobson (1960) sechs *konstitutive Faktoren* der Kommunikation, denen jeweils eine *Funktion* entspricht: Sender (emotiv), Botschaft (poetisch), Empfänger (konativ), den Kontext, auf den sich die Botschaft bezieht (referentiell), Kontakt zwischen Sender und Empfänger (phatisch) und Code (metasprachlich). Auf den ersten Blick scheint dieses Modell den informationstheoretischen ähnlich zu sein (nicht zuletzt durch seine graphische Darstellung), der grundlegende Unterschied liegt jedoch in den Elementen (insbesondere Kontext und Kode) und den Funktionen. Jakobson geht zwar von der Sprache aus, das Modell wurde jedoch auch auf *nonverbale* Kommunikationsprozesse übertragen.[8]

Da Sprache zweifellos ein wichtiges Zeichensystem ist, kann es kaum eine Analyse von *verbaler* Kommunikation ohne semio-linguistische Ansätze geben: von der Situation und dem Ablauf eines Gesprächs über die verwendeten Sprachregister bis zum Gesagten selbst. Ein großer Teil der Arbeiten zur *nonverbalen* Kommunikation ist innerhalb der Semiotik angesiedelt – von den grundlegenden Forschungen zu ›Körpersprache‹, Mimik und Gesten bis zum proxemischen Verhalten. Wenn wir über den Bereich der rein menschlichen Kommunikation hinausgehen und die ›Mensch-Maschine-Kommunikation‹ betrachten, bieten sich vielfältige Beziehungen und Überschneidungen von Semiotik und Kognitionswissenschaften bzw. AI-Forschung an.

---

[7] Kapitel II des Handbuchs *Semiotik* (Posner/Robering/Sebeok 1997-2003) trägt die Überschrift »Aspekte der Semiose – Kanäle, Medien und Kodes«; hier sei insbesondere auf den Beitrag von Krampen (1997a) verwiesen, der verschiedene Modelle diskutiert und seine eigene semiosische Matrix präsentiert (vgl. auch Krampen 1997b).

[8] Die Anwendungen reichen von Architektur bis zur Werbung. Jüngstes Beispiel ist die Diskussion von semiotischen Ansätzen (u. a. Jakobson) im Kontext neuer Medien und *multiagent environments* bei Petric/Tomic-Koludrovic/Mitrovic (2001). Itamar Even-Zohar entwickelt das Modell in seiner Polysystemtheorie weiter (Even-Zohar 1990).

Jakobson: sechs konstitutive Faktoren der Kommunikation

Verbale und nonverbale Kommunikation

Mit *Massenkommunikation* schließlich betreten wir die Grenzzone zu den Medienwissenschaften. Doch auch in Teilbereichen der Massenkommunikationsforschung finden sich Verbindungslinien, etwa in der Wende von einer Wirkungsforschung zur Beschäftigung mit der Kompetenz der Rezipienten im Umgang mit massenmedialen Botschaften (→ 2.5 Kulturtheorien der Medien; → 2.6 Konstruktivistische Medientheorien).

Bei der Frage nach dem Anteil von semiotischen Theorien und Analysen in den *Medienwissenschaften* muss einerseits die Vielfalt der semiotischen (und semiotiknahen) Ansätze betrachtet werden (und ihre je historische Wirksamkeit, vgl. Wolf 2003), andererseits die länderspezifischen Unterschiede in der Überschneidung der Disziplinen, wie sie Nöth an mehreren Stellen beschreibt:

»Während in Ländern wie Italien (besonders unter dem Einfluß von Eco), Frankreich, Spanien oder etwa Brasilien Medienwissenschaft und Mediensemiotik geradezu Synonyme zu sein scheinen, wird in Deutschland sowie in den anglophonen Ländern der Stellenwert der Semiotik für die Medienwissenschaft als weniger zentral angesehen.« (Nöth 1998, 54)

Ein Blick auf Publikationen der vergangenen Jahre bzw. auf Lehrveranstaltungen (und deren Literaturlisten) in den einschlägigen Fächern zeigt jedoch eine beginnende Trendwende zugunsten der *Mediensemiotik* (wobei die enge Verflechtung von mediensemiotischen Paradigmen und Cultural Studies in England einer gesonderten Diskussion bedarf; → 2.5 Kulturtheorien der Medien).

Mediensemiotik und Cultural Studies

Im Sinne der theoretischen Auseinandersetzung mit Modellen und Konzepten bietet die Semiotik eine systematische Abklärung von zentralen Begriffen wie *Kanal* oder *Medium* (Wulff 1978/1986), die sowohl die Übereinstimmung zwischen Zeichen und Medium als Vermittlungsinstanz zwischen Realität und Bewusstsein reflektiert[9] als auch die vielfältigen Verwendungszusammenhänge des Medienbegriffs. Ausgehend vom tatsächlichen Gebrauch in Alltag und Fachliteratur unterscheidet Posner (1985, 255 ff.) sechs verschiedene Medienbegriffe und die zugrunde lie-

Begriffe Kanal und Medium

---

[9] Peirce stellt 1906 fest: »All my notions are too narrow. Instead of ›Sign‹, ought I not to say Medium?« (Peirce MS 339), vermutlich 1905 schreibt er an anderer Stelle: »A sign is plainly a species of medium of communication.« (Peirce MS 283, 125)

Differenzierung des Medien-Begriffs

genden Kriterien (biologisch/Sinnesmodalität, physikalisch/Kontaktmaterie, technisch/verwendete Apparate und ihre Produkte, soziologisch/Institution, kulturbezogen/Textsorte, kodebezogen/Kode). Mit Blick auf einen wachsenden Objektbereich, nämlich den der Multimedialität, und auf die Rolle, die die Semiotik hier leisten kann, handelt es sich für Hess-Lüttich dabei um

»Dimensionen eines Medienbegriffes, die in Semiosen praktisch zusammenwirken, analytisch aber danach unterschieden werden, auf welchen Aspekt der Vermittlung sich das Interesse vornehmlich richtet. [...] Erst ein [...] kommunikationstheoretisch integrierter und semiotisch differenzierter Medienbegriff erlaubt die jeweils genau zu spezifizierende Analyse multi-medialer Semioseprozesse.« (Hess-Lüttich/Schmauks 2003, § 2)

Empirische Anwendungen

Zumindest seit den sechziger Jahren hat die Semiotik ihren Beitrag in der empirischen Analyse von medialen Texten geleistet, denn ein auffälliger Anteil der Arbeiten in der angewandten Semiotik ist innerhalb der Mediensemiotik zu situieren.

Beispiel Barthes: Semiotische Analyse der Werbung

Werbung war von Beginn an ein bevorzugtes Gebiet. Stellvertretend für die frühen Arbeiten[10] sei hier auf die Analyse der französischen Panzani-Anzeige von Roland Barthes verwiesen (1964b/1969). Ausgehend von den abgebildeten Objekten (Einkaufsnetz mit Spaghetti, Sugodose, Parmesan, Tomaten, Zwiebeln, Champignons etc.) entwickelt er die Ebenen der Zeichen (frische Produkte, Italianità, komplette Mahlzeit, Stillleben) und die verschiedenen Nachrichten: eine linguistische, ein codierte ikonische (symbolische) und eine nicht codierte ikonische (buchstäbliche) Nachricht. Neben der mythenkritischen, rhetorischen oder narrativen Analyse von Werbebotschaften hat sich seit den achtziger Jahren eine allgemeinere semiotische Beschäftigung mit *Marketing* entwickelt (Umiker-Sebeok 1987; Floch 1990; Mick 1997).

Beispiel visuelle Semiotik

Die *visuelle Semiotik* (Sonesson 1989) ist zwar nicht auf Medientexte zu reduzieren, denn sie untersucht ebenso Werke der bildenden Kunst, aber Photographie, visuelle Texte aus Printmedien, Cartoons und Comics zählen selbstverständlich zu den Forschungsobjekten (Eco 1984). Dabei gehören gerade die vielfältigen Beziehun-

---

[10] Für weitere beispielhafte Analysen siehe Eco 1972.

gen zwischen Bild und Text zum klassischen Feld der Semiotik (Schnitzer 1994).

Filmsemiotik nimmt nicht nur innerhalb der angewandten Semiotik einen wichtigen Platz ein, sondern auch im Rahmen der Filmtheorie. Im Gegensatz zur Semiotik (allgemein und angewandt) wurde die Filmsemiotik auch in den deutschsprachigen Ländern bereits früh rezipiert und weiterentwickelt.[11] Die Frühgeschichte reicht zu den Schriften der russischen Formalisten der zwanziger Jahre zurück (Ėjchenbaum, Šklovskij, Tynjanov). Als Begründer der Filmsemiotik in den sechziger Jahren wird Christian Metz angesehen, dessen Publikationen und wechselnde Paradigmen auch als Entwicklungslinie der Filmsemiotik gelesen werden können: von der Suche nach der Filmsprache und den kleinsten, bedeutungstragenden Einheiten des Films über Code- und Montagetheorien zum Filmerleben der Zuschauer und schließlich zur Analyse der komplexen Äußerung. In der semiotischen *Fernsehforschung* bilden – neben Arbeiten zu Nachrichtensendungen – die Analysen von *telenovelas* bzw. soap operas einen Schwerpunkt. Als eigenständige Richtung in der Auseinandersetzung mit Fernsehtexten (bzw. allgemein mit Medientexten) sind die englischen Arbeiten zum Encodierungs-/Decodierungsprozess zu sehen (Stuart Hall, David Morley), die zeichentheoretische Überlegungen zur Bedeutungskonstitution und die soziale Realität bzw. Wertesysteme der Rezipienten verbinden (→ 2.5 Kulturtheorien der Medien). In der gegenwärtigen Filmsemiotik finden wir einen Methodenpluralismus mit Querverbindungen zu feministischen, psychoanalytischen, neo-formalistischen oder konstruktivistischen Ansätzen (Stam/Burgoyne/Flitterman-Lewis 1992).

Medientexte sind zunehmend durch *Intertextualität* und *Intermedialität* (Jürgen E. Müller) bzw. *Multimedialität* (Ernest W. B. Hess-Lüttich) charakterisiert – einen genuin semiotischen Themenbereich. Einige der jüngsten Felder der Medienwissenschaft und damit der Mediensemiotik sind *neue Medien*, *Hypertextualität* und *virtuelle Welten*. Die Arbeiten bewegen sich von der grundsätzlichen Auseinandersetzung mit der Repräsentation im Zeitalter des Digitalen bzw. dem Computer als semiotischem Medium (Andersen 1990; Santaella 1998) über Fragen der Produktion und Rezep-

Beispiel Filmsemiotik

Semiotische Fernsehforschung

Hall: Encodierung/ Decodierung

Intertextualität Intermedialität Hypertextualität

---

[11] Vgl. Knilli 1971. Zur Filmsemiotik in Deutschland siehe u. a. die Arbeiten von Rolf Kloepfer, Karl-Dietmar Möller, Hans J. Wulff oder Peter Wuss.

tion von Hypertexten (Landow 1994) zur konkreten Analyse der Narrativität von Computerspielen (Wenz 1998 sowie 2003), Expertensystemen oder der zeichentheoretisch reflektierten Produktion von multimedialen Applikationen oder Websites (Stockinger 1993; Stockinger de Pablo/Fadili/Stockinger 1998).

2.4.4 Kritik und Weiterentwicklung der Theorien

Im Rahmen des Kanons der Wissenschaften hat die Semiotik eine zweifache Stellung: Einerseits ist sie eine Disziplin (auch wenn es ihr an einer tiefen institutionellen Verankerung in universitären Curricula noch mangelt), andererseits überschreitet sie in und durch ihren Zugang zu einem zentralen Moment unserer gesellschaftlichen Realität – den Zeichensystemen und -prozessen – die engen Disziplingrenzen, sie ist eine »neue Disziplin, quer zu den existierenden Disziplinen« (Marty 1985, 236). Hier ist jedoch nicht der Ort für eine wissenschaftstheoretische Diskussion über die Art der Grenzüberschreitung und Beziehung zu anderen Disziplinen, über die feinen Unterschiede von Inter-, Trans-, Meta- oder Pluridisziplinarität, eine Diskussion, die in der Semiotik selbst bereits in den achtziger Jahren initiiert wurde (vgl. Withalm 1988 und 1991). Die Rolle der Semiotik im Verhältnis der Disziplinen ist allerdings nicht nur eine theoretische Frage, sondern auch eine wissenschaftspolitische. Aufgrund des umfassenden Objektbereichs der Semiotik und der theoretischen Fundierung als allgemeine Wissenschaft von den Zeichenprozessen wird ihr ein Dominanzanspruch unterstellt, dem die traditionellen Disziplinen durch Abgrenzung begegnen. Schließlich ist der Stellenwert von zeichentheoretisch basierter Forschung in einer Disziplin auch durch ›Moden‹ und arbeitsökonomische Überlegungen bestimmt. In den frühen siebziger Jahren wurde die Semiotik auf eine praktische Analysemaschine für (mediale) Botschaften reduziert, eine erste Ernüchterung trat ein, als sich herausstellte, dass es nicht ohne echte Auseinandersetzung mit semiotischen Theorien geht. Mittlerweile ist eine neue Annäherung erfolgt, Lehrveranstaltungen zur Zeichentheorie sind Bestandteil vieler medienwissenschaftlicher Curricula.

Die fortschreitende Mediatisierung unserer Welt, neue Formen von Medien und medialen Texten (Stichwort *Interaktivität*) verlangen nach einer gemeinsamen Weiterentwicklung semiotischer

Semiotik überschreitet enge Disziplin-Grenzen

Theorien – einerseits in der medienwissenschaftlichen Sichtung und Anwendung von noch wenig genutzten Ansätzen aus der allgemeinen Semiotik, andererseits in der semiotischen Reflexion medientheoretischer Arbeiten.

Nicht zuletzt hat die Semiotik nicht nur eine akademische Rolle, sondern nach wie vor auch eine alltagswirksame, aufklärerische Funktion. Morris stellte bereits in den vierziger Jahren des 20. Jahrhunderts fest, dass wir

> »von der Wiege bis zum Grab [...] einer unendlichen Zeichenflut ausgesetzt [sind], mit der andere Menschen ihre Ziele durchsetzen wollen. [...] Gegen diese Ausbeutung des individuellen Lebens kann die Semiotik als Gegenkraft dienen.« (Morris 1946/1973, 352)

Dass diese Sichtweise auch Jahrzehnte später nichts von ihrer Aktualität eingebüßt hat, zeigen die Aussagen des Medienwissenschaftlers Daniel Chandler am Ende seines Einführungskapitels zu *Semiotics for Beginners*:

> »Studying semiotics can assist us to become more aware of reality as a construction and of the roles played by ourselves and others in constructing it. [...] We learn from semiotics that we live in a world of signs and we have no way of understanding anything except through signs and the codes into which they are organized. [...] Deconstructing and contesting the realities of signs can reveal whose realities are privileged and whose are suppressed. The study of signs is the study of the construction and maintenance of reality. To decline such a study is to leave to others the control of the world of meanings which we inhabit.« (Chandler 1994/2001, hier <http://www.aber.ac.uk/media/Documents/S4B/sem01.html>)

Zeichen als Wirklichkeitskonstrukteure

Zitierte Literatur

Andersen, Peter Bøgh (1990): A Theory of Computer Semiotics. Semiotic Approaches to Construction and Assessment of Computer Systems. Cambridge: Cambridge University Press.

Barthes, Roland (1964a): Eléments de sémiologie. In: Communications, Heft 4, S. 91-141 [Dt.: Elemente der Semiologie. Frankfurt am Main: Suhrkamp 1983].

Barthes, Roland (1964b): Rhétorique de l'image. In: Communications, Heft 4, S. 40-51 [Dt.: Rhetorik des Bildes. In: Schiwy, Günther (Hg.) (1969): Der französische Strukturalismus. Reinbek bei Hamburg: Rowohlt, S. 158-166].

Berger, Charles R./Chaffee, Steven H. (Hg.) (1987): Handbook of Communication Science. Newbury Park CA: Sage.

Bernard, Jeff/Withalm, Gloria (1986): Materie Dialektik Arbeit/Gesellschaft Geschichte Vermittlung. Ortende Bemerkungen zu Rossi-Landis sozio-prozessualer Zeichentheorie. In: Schmid, Georg (Hg.): Die Zeichen der Historie. Beiträge zu einer semiologischen Geschichtswissenschaft [= Materialien zur Historischen Sozialwissenschaft 5]. Wien/Köln: Böhlau, S. 173-202.

Bernard, Jeff/Withalm, Gloria (2003): Socio-Semiotics as a General Semiotics: Ferruccio Rossi-Landi (1921-1985). In: Schmitz, Walter/Sebeok, Thomas A. (Hg.): Das Europäische Erbe der Semiotik – The European Heritage of Semiotics [= Dresdner Studien zur Semiotik 2]. Dresden: W.E.B. Universitätsverlag (im Druck).

Chandler, Daniel (1994/2001): Semiotics for Beginners. WWW-Dokument. <http://www.aber.ac.uk/media/Documents/S4B/>

Eco, Umberto (1972): Einführung in die Semiotik. München: Fink.

Eco, Umberto (1976): A Theory of Semiotics. Bloomington: Indiana University Press [Dt.: Semiotik. Entwurf einer Theorie der Zeichen. München: Fink 1987].

Eco, Umberto (1984): Apokalyptiker und Integrierte. Zur kritischen Kritik der Massenkultur. Frankfurt am Main: Fischer.

Engler, Rudolf (Hg.) (1968-74): Ferdinand de Saussure. Cours de linguistique générale. Edition critique. 2 Bände. Wiesbaden: Harrassowitz.

Even-Zohar, Itamar (1990): The Position of Translated Literature within the Literary Polysystem. In: Poetics Today, 11. Jahrgang, Heft 1 [= Polysystem Studies], S. 44-46.

Floch, Jean-Marie (1990): Sémiotique, marketing et communication. Paris: PUF [Engl.: Semiotics, Marketing and Communication. London: Palgrave/MacMillan 2001].

Hess-Lüttich, Ernest W. B./Schmauks, Dagmar (2003): Multimediale Kommunikation. In: Posner, Roland/Robering, Klaus/Sebeok, Thomas A. (Hg.): Semiotik. Ein Handbuch zu den zeichentheoretischen Grundlagen von Natur und Kultur. Berlin/New York: de Gruyter, Band 3 (im Druck).
Jakobson, Roman (1960): Linguistics and poetics. In: Sebeok, Thomas A. (Hg.): Style in Language. Cambridge, MA: MIT Press, S. 350-377.
Jakobson, Roman (1973): Main Trends in the Science of Language. London: Allen & Unwin.
Jakobson, Roman (1979): Coup d'œil sur le développement de la sémiotique. In: Chatman, Seymour/Eco, Umberto/Klinkenberg, Jean-Marie (Hg.): A Semiotic Landscape – Panorama Sémiotique. Proceedings of the First Congress of the International Association for Semiotic Studies, Milan, June 1974 – Actes du premier congrès de l'Association Internationale de Sémiotique, Milan, juin 1974 [= Approaches to Semiotics 29]. The Hague/Paris: Mouton, S. 3-18.
Knilli, Friedrich (Hg.) (1971): Semiotik des Films. München: Hanser.
Komatsu, E./Harris, Roy (Hg.) (1993): Saussure's Third Course of Lectures on General Linguistics: From the Notebooks of Emile Constantin. Oxford: Pergamon.
Komatsu, E./Harris, Roy (Hg.) (1996): Saussure's First Course of Lectures on General Linguistics: From the Notebooks of Albert Riedlinger. Oxford: Pergamon.
Komatsu, E./Harris, Roy (Hg.) (1997): Saussure's Second Course of Lectures on General Linguistics: From the Notebooks of Albert Riedlinger and Charles Patois. Oxford: Pergamon.
Krampen, Martin (1997a): Models of Semiosis. In: Posner, Roland/Robering, Klaus/Sebeok, Thomas A. (Hg.): Semiotik. Ein Handbuch zu den zeichentheoretischen Grundlagen von Natur und Kultur. Berlin: de Gruyter, Band 1, S. 247-287.
Krampen, Martin (1997b): Semiosis of the mass media: Modeling a complex system. In: Nöth, Winfried (Hg.): Semiotics of the Media. State of the Art, Projects, and Perspectives [= Approaches to Semiotics 127]. Berlin/New York: Mouton de Gruyter, S. 87-97.
Landow, George P. (Hg.) (1994): Hyper-Text-Theory. Baltimore: Johns Hopkins University Press.
Marty, Robert (1985): Über die Regulation der Semiotiker-Gemeinschaft. In: Semiotische Berichte, 9. Jahrgang, Heft 3, S. 233-241.
Mauro, Tullio de (1974): Cours de linguistique générale par Ferdinand de Saussure. Edition critique. Paris: Payot.

Mick, David Glen (1997): Semiotics in Marketing and Consumer Research: Balderdash, Verity, Pleas. In: Brown, Stephen/Turley, Darach (Hg.): Consumer Research: Postcards from the Edge. London/New York: Routledge, S. 249-262.

Morris, Charles William (1938): Foundations of the Theory of Signs. Chicago: University Press [Dt.: Grundlagen der Zeichentheorie. Ästhetik und Zeichentheorie. München: Hanser 1972].

Morris, Charles William (1946): Signs, Language, and Behavior. New York: Braziller [Dt.: Zeichen, Sprache und Verhalten. Düsseldorf: Schwann 1973].

Nöth, Winfried (1985): Handbuch der Semiotik. Stuttgart: Metzler [2. erw. Aufl.: Stuttgart/Weimar: Metzler 2000].

Nöth, Winfried (1998): Die Semiotik als Medienwissenschaft. In: Nöth, Winfried/Wenz, Karin (Hg.): Medientheorie und die digitalen Medien [= Intervalle 2]. Kassel: Kassel University Press, S. 47-60.

Ogden, Charles K./Richards, Ivor A. (1923): The Meaning of Meaning. New York: Harcourt.

Peirce, Charles Sanders (1931-58): Collected Papers [Bände 1-6 Hg. Hartshorne, Ch./Weiss, Peter; Bände 7-8 Hg. Burks, A. W.]. Cambridge, MA: Harvard University Press.

Peirce, Charles Sanders (1963-70): The Charles S. Peirce Papers. 33 reels, microfilm edition. Cambridge, MA: The Houghton Library, Harvard University Library Microreproduction Service.

Peirce, Charles Sanders (1977): Semiotics and Significs: The correspondence between Charles S. Peirce and Victoria Lady Welby. Hg. Hardwick, C. S. Bloomington: Indiana University Press.

Peirce, Charles Sanders (1982 ff.): Writings of Charles S. Peirce. A Chronological Edition. Bloomington: Indiana University Press [bis 2001 sechs Bände].

Petric, Mirko/Tomic-Koludrovic, Inga/Mitrovic, Ivica (2001): A Missing Link: The Role of Semiotics in Multiagent Environments. In: Clarke, Andy u. a. (Hg.): Proceedings COSIGN 2001. 1st Conference on Computational Semiotics for Games and New Media, Amsterdam, 10-12 September 2001. Amsterdam: Centruum voor Wiskunde en Informatica, S. 108-112. WWW-Dokument. <http://www.cosignconference.org/cosign2001/papers/Petric.pdf>

Posner, Roland (1985): Nonverbale Zeichen in öffentlicher Kommunikation. In: Zeitschrift für Semiotik, 7. Jahrgang, Heft 3, S. 235-271.

Posner, Roland/Robering, Klaus/Sebeok, Thomas A. (1997-2003): Semiotik. Ein Handbuch zu den zeichentheoretischen Grundlagen von Natur und Kultur. Berlin/New York: de Gruyter.

Rossi-Landi, Ferruccio (1975): Linguistics and Economics [= Janua Linguarum, Series Maior 81]. The Hague: Mouton.

Rossi-Landi, Ferruccio (1985): Metodica filosofica e scienza dei segni. Nuovi saggi sul linguaggio e l'ideologia [= Studi Bompiani – Il campo semiotico]. Milano: Bompiani.

Santaella, Lucia (1998): Der Computer als semiotisches Medium. In: Nöth, Winfried/Wenz, Karin (Hg.): Medientheorie und die digitalen Medien [= Intervalle 2]. Kassel: Kassel University Press, S. 121-158.

Saussure, Ferdinand de (1916): Cours de linguistique générale. Hg. Bally, Charles/Sechehaye, Albert. Lausanne/Paris: Payot [Dt.: Grundfragen der Allgemeinen Sprachwissenschaft. Berlin: Walter de Gruyter 1931, 2. Aufl. 1967].

Saussure, Ferdinand de (1997): Linguistik und Semiologie. Notizen aus dem Nachlaß. Hg. Fehr, J. Frankfurt am Main: Suhrkamp.

Schnitzer, Johannes (1994): Wort und Bild. Die Rezeption semiotisch komplexer Texte. Wien: Braumüller.

Sonesson, Göran (1989): Pictorial concepts. Inquiries into the semiotic heritage and its relevance for the analysis of the visual world. Lund: Lund University Press.

Stam, Robert/Burgoyne, Robert/Flitterman-Lewis, Sandy (1992): New Vocabularies in Film Semiotics. Structuralism, Post-structuralism and Beyond. London/New York: Routledge.

Stockinger, Peter (Hg.) (1993): Themenheft ›Explorations in the World of Multimedia‹. S – European Journal for Semiotic Studies, 5. Jahrgang, Heft 3.

Stockinger de Pablo, Elisabeth/Fadili, Hammou/Stockinger, Peter (1998): Sémio-Net. Spécification, production et implémentation de services d'information en-ligne. In: Bernard, Jeff/Withalm, Gloria (Hg.): Kultur und Lebenswelt als Zeichenphänomene. Akten eines internationalen Kolloquiums zum 70. Geburtstag von Ivan Bystřina und Ladislav Tondl, Wien, Dezember 1994 [= S-Addenda]. Wien: ÖGS/ISSS, S. 177-234.

Umiker-Sebeok, Jean (Hg.) (1987): Marketing and Semiotics: New Directions in the Study of Signs for Sale. Berlin: Mouton de Gruyter.

Wenz, Karin (1998): Narrativität in Computerspielen. In: Schade, Sigrid/Tholen, Christoph (Hg.): Konfigurationen: Zwischen Kunst und Medien. München: Fink, S. 209-219.

Wenz, Karin (2003): Computerspiele: Hybride Formen zwischen Spiel und Erzählung. In: Glasenapp, Jörn (Hg.): Cyberspace und Populärkultur. Göttingen: Königshausen & Neumann (im Druck).

Withalm, Gloria (1988): Depictions – reflections – perspectives: Some remarks on the self-referential discourse on/in semiotics. In: Semiotica, 69. Jahrgang, Heft 1/2, S. 149-178.

Withalm, Gloria (1991): Zwischenräume. Inter-Disziplin Semiotik und/vs. Philosophie. In: Nagl, Ludwig/List, Elisabeth/Bernard, Jeff/Withalm, Gloria

(Hg.): Philosophie und Semiotik. Akten der Arbeitsgruppe beim 2. Kongreß der Österreichischen Gesellschaft für Philosophie, Wien 1990 [= S-Addenda. Semiotic Studies]. Wien: ÖGS/ISSS, S. 139-152.

Wolf, Mauro (2003): Semiotic aspects of mass media studies. In: Posner, Roland/Robering, Klaus/Sebeok, Thomas A. (1997-2003): Semiotik. Ein Handbuch zu den zeichentheoretischen Grundlagen von Natur und Kultur. Berlin/New York: de Gruyter, Band 3 (im Druck).

Wulff, Hans J. (1978): Medium und Kanal. In: Dutz, Klaus D. (Hg.): Zur Terminologie der Semiotik I [= papmaks 10]. Münster: MAkS Publikationen 1986 [3. Auflage], S. 47-71.

Weiterführende Literatur

Biocca, Frank (1990): Semiotics and mass communication research. In: Sebeok, Thomas A./Umiker-Sebeok, Jean (Hg.): The Semiotic Web 1989. Berlin: Mouton de Gruyter, S. 471-529.

Bouissac, Paul (Hg.) (1998): Encyclopedia of Semiotics. New York/Oxford: Oxford University Press.

Chandler, Daniel (2001): Semiotics: The Basics. London/New York: Routledge.

Colapietro, Vincent M. (1993): Glossary of Semiotics [= Paragon House Glossaries for Research, Reading, and Writing]. New York: Paragon House.

Danesi, Marcel (2000): Encyclopedic Dictionary of Semiotics, Media, and Communication [= Toronto Studies in Semiotics and Communication]. Toronto: University of Toronto Press.

Eco, Umberto (1977): Zeichen. Einführung in einen Begriff und seine Geschichte. Frankfurt am Main: Suhrkamp.

Greimas, Algirdas Julien/Courtès, Joseph (1979): Sémiotique – Dictionnaire raisonné de la théorie du langage I. Paris: Hachette.

Greimas, Algirdas Julien/Courtès, Joseph (1986): Sémiotique – Dictionnaire raisonné de la théorie du langage II. Paris: Hachette.

Krampen, Martin/Oehler, Klaus/Posner, Roland/Uexküll, Thure von (Hg.) (1981): Die Welt als Zeichen. Klassiker der modernen Semiotik. Berlin: Severin und Siedler.

Nöth, Winfried (Hg.) (1997): Semiotics of the Media. State of the Art, Projects, and Perspectives [= Approaches to Semiotics 127]. Berlin/New York: Mouton de Gruyter.

Nöth, Winfried/Wenz, Karin (Hg.) (1998): Medientheorie und die digitalen Medien [= Intervalle 2]. Kassel: Kassel University Press.

Sebeok, Thomas A. (Hg.) (1986): Encyclopedic Dictionary of Semiotics. 3 Bände. Berlin: de Gruyter.

Übungsfragen

1. Was ist bei Saussure ein Zeichen?
2. Was ist bei Peirce unter Semiose zu verstehen?
3. Erklären Sie die Begriffe Syntaktik, Semantik und Pragmatik.
4. Erklären Sie die Begriffe Ikon, Index und Symbol.
5. Erklären Sie anhand eines Schildes für Einbahnstraße die Grundbegriffs-Trias der Semiotik.
6. Wie würde Roland Barthes aus semiotischer Sicht die Bilder des einstürzenden World Trade Center analysieren?
7. »The study of signs is the study of the construction and maintenance of reality.« Nehmen Sie dieses Statement von Daniel Chandler zum Ausgangspunkt eines Vergleichs der zentralen Annahmen von Semiotik und Konstruktivismus.

2.5 Kulturtheorien der Medien
Rudi Renger

Kulturwissenschaften und *cultural turn*

Der aktuelle Stand wissenschaftlicher Theorien ist nicht nur durch den so genannten *cultural turn*[1], sondern auch durch eine ethisch-politische Wende gekennzeichnet. Unmittelbarer Ausdruck dieser Entwicklung scheint zu sein, dass die alten theoretischen ›Schulen‹ ihre Homogenität eingebüßt haben und bisher unversöhnliche Differenzen zunehmend durch »Kontaktzonen« (Biti 2001, 8) substituiert wurden, die sowohl einen interdisziplinären Erkenntnisaustausch ermöglichen als auch brisante Problembrennpunkte voller Reibungen schaffen. Diese zu einem Teil befruchtenden, zum anderen aber auch zahlreiche neue Diskussionsfronten eröffnenden Diskurse sorgen für einen dauerhaften Antagonismus zwischen den einzelnen Theoriefeldern und sind gerade hinsichtlich des ›Overall-

Weit gefasster Begriff der »Kultur«

Begriffs‹ *Kultur* von zahlreichen Antinomien geprägt und bedroht. »Die eine Zugehörigkeit erzeugt die Bedingung der Unmöglichkeit der anderen«, so Biti (2001, 9), »indem sie ihre endgültige Konstituierung behindert.« Aus dieser Tücke des Kulturbegriffs lässt sich einerseits zwar seine gegenwärtige Attraktivität begründen, andererseits sperrt sich eben diese Weitläufigkeit einer normativ-theoretischen wie auch empirischen Erfassung. Kultur kann deshalb ohne Zweifel als einer der schwierigsten, aber auch schwerwiegendsten ›Großbegriffe‹ der akademischen Wissenschaft bezeichnet werden. Darüber hinaus verfügt er auch außerwissenschaftlich über viele schillernde Ausprägungen.

All dem – nichts weniger als ein postmodernes ›patch work‹ – muss eine theoretische Annäherung versuchen gerecht zu werden.

Kultur als symbolische Ordnung

So wird von manchen alles, was an menschlicher Gesellschaft nicht biologisch ist, als Kultur ausgewiesen, für andere bedeutet Kultur hingegen eine *symbolische Ordnung*, die *gesamte Lebensweise* oder – durch das Verfahren der Narration als »Manufaktur der Identität« (Ruthner 2002, 7) begründet – eine spezifische »Gedächtnisge-

---

[1] Die kulturelle Wende besagt, dass jedwede Theorie mit einem kulturellen Index versehen wurde bzw. wird, um auf diese Weise ihre Reichweite einzugrenzen (vgl. Biti 2001, 8), und »alles Geistige in das symbolische Beziehungsgeflecht eingewoben [ist], das Kultur etabliert.« (Müller-Funk 2002, 9)

meinschaft« (Müller-Funk 2002, 7). Letztere Perspektive entspricht somit einer Art von sozialem Konstruktivismus (→ 2.6 Konstruktivistische Medientheorien), indem postuliert werden kann, dass sämtliche Determinanten von Kultur ...

Kultur und sozialer Konstruktivismus

»[...] keine vorgegebenen Größen [sind], in welche dann eine Äußerung einfach eingebettet wird; sie sind vielmehr ein beweglicher Zusammenhang, der durch jegliches Redeereignis umgestaltet und in neue Bedeutungsbeziehungen gestellt wird.« (Biti 2001, 130)

Das scheint mit ein Grund dafür zu sein, dass die Diskussion um Kultur mittlerweile jene um Ökonomie oder Ökologie in den Hintergrund gedrängt hat, und nicht zuletzt schließt die *kulturalistische Wende* auch die Einsicht in die »Materialität von Kultur« mit ein (Müller-Funk 2002, 187).

Kulturalistische Wende

Wie der Begriff Kultur wird auch die derzeit wohl bekannteste und am häufigsten Anwendung findende Kultur-›Theorie‹, die so genannten *Cultural Studies*, niemals nur von *einer* Theorie oder *einer* bestimmten theoretischen Position dominiert (vgl. Grossberg 1994, 29). Der aus dem angelsächsischen Raum kommende wissens- und bedeutungsorientierte Kulturwissenschafts-Ansatz hält sich nicht an starre Theorien, sondern begreift – ganz im Sinne des oben genannten *cultural turn* – diese als Hypothesen und Ressourcen, die an das jeweilige Forschungsvorhaben anzupassen und mit den Untersuchungsobjekten in Verbindung zu setzen sind. »I'm not interested in theory«, bekennt Stuart Hall in eben diesem Sinne, »I am interested in going on *theorizing*.« (Zitiert nach Ang 1989, 110) Zur Überwindung bisheriger traditioneller Disziplingrenzen empfiehlt Lindner (1994, 52) sogar – und das bewusst respektlos –, »auf dem Gebiet anderer Disziplinen zu plündern.« Theorien können auf diese Weise quasi als Ressourcen ›eingekauft‹ und weniger als fertige Antworten oder Bestärkungen für operationalisierte Hypothesen übernommen werden. Durch ihre Verwendung im je spezifischen Projektzusammenhang erfahren sie in der Folge eine entsprechende Re- bzw. Neuartikulation.

Cultural Studies als bekannteste Kulturtheorie

Geht man nun davon aus, dass Kultur insgesamt Bereiche wie Tradition, Habitus, Lebenskultur sowie das Gedächtnis sozialer Entitäten (traditioneller Gemeinschaften genauso wie moderner Gesellschaften) erfasst (vgl. Müller-Funk 2002, 4), so wird der Anspruch an eine moderne Kulturtheorie deutlich: Sie muss wissenschaftlich *und* politisch ausgerichtet sein, denn ...

»[...] Kultur wird zum Thema, weil die Ortslosigkeit der modernen Welt von Ökonomie, Technik und Medien die Frage des Ortes keineswegs erledigt. Kultur in diesem Sinn lässt sich als eine Reaktion auf die zunehmende Globalisierung und Internationalisierung von Prozessen bezeichnen, die vergleichsweise symbolisch schwach codiert sind, vom Geld über die Medien bis zu politischen Prozeduren.« (Müller-Funk 2002, 4)

Cultural Studies als Form intellektueller Praxis

In diesem Sinne begreifen sich Cultural Studies auch selbst als eine »Art der Kontextualisierung und Politisierung intellektueller Praxis« (Grossberg 1994, 12) und besetzen so aus der Motivation intellektueller Vernunft heraus ihren Platz zwischen beschreibend-erklärendem und gestaltendem Handeln.

2.5.1 Kurze Geschichte der Cultural Studies

Vor allem im deutschsprachigen Raum werden Cultural Studies häufig als modisches Schlagwort gebraucht, denn »wenn hierzulande irgendwo Cultural Studies draufsteht, ist noch lange nicht Cultural Studies drin.« (Mikos 1997, 159) Die Arbeiten der englischen, amerikanischen und australischen Kulturanalytiker werden nicht selten als eine Art Zauberdisziplin betrachtet. So scheinen viele in traditionellen Disziplinen Tätige anzunehmen, dass sie bereits Cultural Studies betreiben, wenn sie beginnen, kritisch z. B. über Fernsehen oder Rockmusik zu schreiben (vgl. Grossberg 1994, 12). Mittlerweile informieren aber eine Reihe von propädeutischen Arbeiten recht übersichtlich über die zahlreichen und zum Teil differenzierten Positionen des Cultural-Studies-Approach.[2]

Zwischen kritischer Sozialforschung und Kulturwissenschaft

Allgemein handelt es sich bei diesem Ansatz um eine Forschungsperspektive »zwischen kritischer Sozialforschung und Kulturwissenschaft« (Göttlich 2001, 15), die sich auf unterschiedliche und zum Teil miteinander konkurrierende intellektuelle Strömungen bezieht und eine Vielzahl von mehr oder weniger konsistenten

---

[2] Vgl. hier u. a. Bennett 1998, Hepp 1998, Hepp/Winter 1997, Jäckel/Peter 1997, Alasuutari 1996, Göttlich 1996, Storey 1996, Grossberg 1994 und 1997, Lutter/Reisenleitner 1999, Hepp 1999, Renger 2000b, 327-362, Winter/Mikos 2001, 7-16 sowie Göttlich/Mikos/Winter 2001.

Erkenntnisobjekten fokussiert. »It is extremely difficult to define ›Cultural Studies‹ with any degree of precision«, bedauert Sparks: »It is not possible to draw a sharp line and say on one side of it we can find the proper province of cultural studies. Neither is it possible to point it to a unified theory or methodology which are characteristic to it or of it. A *veritable rag-bag of ideas, methods and concerns* from literary criticism, sociology, history, media studies, etc., are lumped together under the convenient label of cultural studies.« (Sparks 1996, 14)

Grenzziehung schwierig

In einem einführenden Reader zu Cultural Studies stellt das Herausgeberteam schließlich unmissverständlich fest: »The question of ›what cultural studies *really* is‹ may have become impossible to specify for all times and places.« (Nelson/Treichler/Grossberg 1992, 3)

So scheinen Cultural Studies noch am zutreffendsten im Bild einer ›crossroad‹ (Grossberg 1997), einer Straßenkreuzung, beschrieben zu sein: ein inter- und transdisziplinäres Projekt, das sich sowohl aus dem Blickwinkel von Akteuren als auch Strukturen gut zur Analyse von kulturellen Distinktionen und Bedeutungssystemen eignet (vgl. Alasuutari 1996, 36). Besonderes Augenmerk erhalten in diesem Zusammenhang die Massenmedien, wobei Cultural Studies hier in erster Linie die individuellen Interpretations- und Nutzungsmöglichkeiten der Massenkommunikationsmittel betrachten und diese auch nachweisen.

Cultural Studies als »crossroad«

Ausgangspunkt der Cultural Studies war Großbritannien, wo Ende der fünfziger und in den sechziger Jahren vor allem die Arbeiten von Raymond Williams, Richard Hoggart und Edward P. Thompson und deren Studien zur Kultur der englischen Arbeiterklasse im gedanklichen Fahrwasser der ›new left‹ für Furore sorgten (vgl. Harris 1992, xiiif). Der thematische Grundtenor lag in einer (weitgehend politisch motivierten) Ablehnung einer bestimmten Vorstellung von dominanter Kultur. Der damals zur Disposition stehende Kulturbegriff bezog sich beinah unbefragt – und mehr oder weniger einer ideologisch motivierten »Standpunkt-Epistemologie« (Biti 2001, 119) folgend – auf die Werke der bürgerlichen Hochkultur. Gerade die Massenmedien – die immer auch Reproduktionsmedien sind – waren es aber, die diesen exklusiven Status angriffen und die Originalität und Einzigartigkeit der musealen Artefakte in ein Nischendasein zwangen, was gemeinhin als Devi-

Beginn der Cultural Studies in Großbritannien

anz bzw. Kulturzerstörung interpretiert wurde (vgl. Neitzel 1999, 197).[3]

Williams: Kultur als »whole way of life«

Bahnbrechend für das neue Kulturverständnis waren die Forschungsarbeiten von Raymond Williams. In seinem Buch »The Long Revolution« (Williams 1961 und 1977, 50 ff.) entwickelte er sein theoretisches Verständnis von Kultur als »a whole way of life«. Dieser viel diskutierte Vorschlag läuft darauf hinaus, intellektuelle und ästhetische Praxisformen in den breiteren Horizont einer gemeinsamen Kultur des Gewöhnlichen bzw. Alltäglichen, d. h. der »gesamten Lebensweise« von sozialen Klassen, einzugliedern. »Culture is ordinary« lautet bezeichnenderweise auch der Titel eines seiner frühen Aufsätze (vgl. Williams 1958). Williams unternimmt mit seinem Begriff des »whole way of life« eine *gesellschaftliche* Bestimmung der Kultur, welche die Bedingungen und Formen umfasst, in denen in der Gesellschaft Bedeutungen, Werte und Normen strukturiert und artikuliert werden. Diese Prozesse finden sich einerseits in *institutionalisierten* Formen, was die Produktion und Rezeption von massenmedial vermittelten Botschaften betrifft, andererseits im *alltäglichen* Leben, wo es um die täglichen symbolischen Interaktionen zwischen Individuen, Subkulturen und anderen Kollektiven geht. Eine Analyse von Kultur hat demnach eine Klärung der Bedeutungen und Werte zu besorgen, die von einer bestimmten Kultur als Lebensweise implizit oder explizit verkörpert werden (vgl. Zoonen 1996, 6).

Rezeption von Althusser und Gramsci

Als wichtigste Kritikpunkte an Williams' Entwurf führt Sparks (1996, 16) an: »[…] its combination of historic nostalgia and radical ahistoricity; its combination of democratic aspirations and fundamental conservatism; its combination of political intentions, and neglect of politics.« Nicht zuletzt das Bewusstsein um diese Schwächen führte in Folge zu einer intensiven Rezeption der Cultural Studies von »variants of marxism«, allen voran von Ansätzen von Althusser und Gramsci.[4]

---

[3] Vgl. dazu v. a. die aus dem Kreis der so genannten ›Frankfurter Schule‹ stammenden Analysen wie etwa jene zur Theorie der Kulturindustrie von Horkheimer/Adorno 1992 (→ 2.3 Kritische Medientheorien). Einen Vergleich zwischen Kritischer Theorie und Cultural Studies hat Göttlich (1996) unternommen.

[4] Für eine komprimierte Darstellung der Einflüsse von Althusser und Gramsci vgl. Jäckel/Peter (1997, 48); ausführlicher Hall (1990b, 26 ff.), Bennett (1986), Harris (1992) und Storey (1993, 199 f.).

Inhaltlich bearbeitet wurden diese frühen Projekte im »Centre for Contemporary Cultural Studies« (CCCS) an der Universität von Birmingham, das die erste – und jahrelang weltweit einzige – institutionelle Basis der Cultural Studies darstellte. Das Institut wurde 1964 unter dem Direktor und Literaturwissenschaftler Hoggart, einem Gründungsvater der britischen ›Neuen Linken‹, ins Leben gerufen. Seinen eigentlichen Start erlebte das Forschungszentrum aber erst durch seinen zweiten Vorstand, Stuart Hall. Ab 1969 war dieser wesentlich dafür verantwortlich, dass sich im Rekurs auf marxistisch orientierte Autoren ein theoretisches Gerüst der Cultural Studies herausbildete, welches sich – undogmatisch und stets in empirischer Absicht – auf Konzepte von Ideologie und Hegemonie stützte. Über die zahlreichen Studien sowie seine spezifische »version of the struggles faced by the Centre in its early years« (Harris 1992, ix) informiert ein Reader Halls sowie eine Synopse von Turner (vgl. Hall u. a. 1990 und Turner 1991). Hall verfolgte in Birmingham eine charakteristische Kombination von individueller Forschung und Kooperationsprojekten zwischen Lehrenden und Studierenden. Der Effekt dieser Arbeitsstruktur fand in zahlreichen ›grauen‹ Publikationen seinen Niederschlag, die das Centre in den siebziger Jahren zu einem »exciting, new, interdisciplinary, radical and democratic research grouping really at the forefront of things« machten (Harris 1992, x).

Hoggart und Hall: »Centre for Contemporary Cultural Studies«

So ließ auch die Außenwirkung – national wie auch in den USA – nicht lange auf sich warten. Aus der britischen Cultural-Studies-Tradition heraus waren es vor allem John Fiske und Lawrence Grossberg, die bedeutende Beiträge verfassten. Grossberg gewann durch seine Darstellung von Halls Arbeiten (vgl. Grossberg 1986) beim amerikanischen akademischen Publikum an Einfluss, Fiske durch seine auf Hall basierende Weiterentwicklung der »reader-as-writer«-Position sowie mit wichtigen Beiträgen zur Populärkulturforschung insgesamt und Fernsehrezeption im Speziellen (Fiske 1990a, 1992, 1994 und 2000; vgl. dazu auch Winter/Mikos 2001). Für die nordamerikanische Rezeption der Cultural Studies ist als wichtiger Proponent auch Clarke (1991) zu nennen, der für seine Auseinandersetzung mit »Class and consumerism« mehr oder weniger Gramscis Version des Modells der ›relativen Autonomie‹ als Erklärungsmuster gesellschaftlicher Artikulationen verwendet.

Auswirkungen auf den amerikanischen Raum durch Fiske und Grossberg

Sowohl in den angelsächsischen wie in den US-amerikanischen Sozialwissenschaften erleben heute die Cultural Studies einen enormen Aufschwung und haben sich zu einem Sammelbecken qualitativer, ethnographischer, phänomenologischer, symbolisch-interaktionistischer und sonstiger nicht dem sozialwissenschaftlichen Mainstream zuordenbarer Ansätze entwickelt (vgl. Krotz 1997, 117). In gewisser Weise kann inzwischen international bereits von einer »Disziplin« der Cultural Studies gesprochen werden (vgl. Bennett 1998, 530 f.). Die schrittweise Amerikanisierung und »beginnende Blüte« (Horak 1994, 8) des Ansatzes und seine Weiterverbreitung bzw. weltweite »Circulation« (Grossberg) stellt anhand einiger Länderstudien Storey (1996) dar. Abschließend ist hier auch die Einbeziehung neuer Forschungsthemen und -inhalte wie Feminismus, Gender Studies (→ 2.8 Feministische Medientheorien), Politikwissenschaft und die Behandlung von Ethnizität und Rassismus (etwa in Form von ›black studies‹ bzw. ›race studies‹) zu nennen.

Amerikanisierung der Cultural Studies

Cultural Studies im deutschsprachigen Raum

In der deutschsprachigen Wissenschaft galt der Cultural-Studies-Approach bis vor kurzem noch als eine Art von »Neuling, der sich seinen Platz erst noch erobern muß.« (Krotz 1997, 117) Die einflussreiche Kulturindustriethese der Frankfurter Schule (→ 2.3 Kritische Medientheorien), die die Massenmedien über Jahrzehnte hinweg resignativ »weniger als Faktor der (Medien-)Kultur denn als Verursacher von Un-Kultur« (Neitzel 1999, 197) apostrophierte, war über Jahre hinweg als dominantes Paradigma und Blockadefaktor vermutlich dafür verantwortlich, dass eine breite, produktive Aneignung der britischen Kulturdiskussion wenn nicht zum Teil verhindert, so doch nachhaltig verzögert wurde (vgl. Mikos 1997, 159). Zwar scheinen die Theorien Adornos und Horkheimers, Fromms, Benjamins und Löwenthals letztlich im gleichen Boden wie die von Williams und Thompson oder der Birmingham-Gruppe zu wurzeln, wie Krotz feststellt, aber ...

Kritische Theorie als Blockadefaktor

Unterschiede zwischen Kritischer Theorie und Cultural Studies

»[...] es macht einen Unterschied, ob man wie die Kritische Theorie die Arbeiten Lukács rezipiert oder sich wie die Cultural Studies prominent auf das Kultur- und Hegemoniekonzept Gramscis bezieht, ob man den Verlust der Hochkultur im banalen Allerlei von Radio und Fernsehen in den Vordergrund stellt oder der Frage nachgeht, woher der Genuß am Weitverbreiteten wohl stammt.« (Krotz 1997, 117)

Allgemein weisen Cultural Studies gegenüber der Kulturindustriethese einige wesentliche Vorteile auf, die Mahnkopf (1993, 67 f.) zusammenfasst:
(a) der expansive Kulturbegriff der gesamten Lebensweise,
(b) die optimistischere Sicht der Massenkultur und deren Medien sowie
(c) die Verwendung des wertfreieren Begriffs der *Populärkultur*, verstanden als Ausdruck der genuinen Lebenserfahrung gesellschaftlicher Schichten.

»Populärkultur« versus »Kulturindustrie«

Mikos sieht nicht nur die spezifische Entwicklung der deutschen kulturwissenschaftlichen Tradition seit dem Zweiten Weltkrieg als Hemmschwelle für eine breite Rezeption der Cultural Studies, sondern auch soziokulturelle Unterschiede auf einer nationenspezifischen Ebene, denn: »Weder die britische Erfahrung von Klassenstrukturen noch die amerikanische Erfahrung der Populärkultur sind für Deutschland typisch.« (Mikos 1997, 160) Und schließlich würden sich – so polemisiert Lindner (1994, 52) – die aufgeräumten, geistesgeschichtlichen Studierstuben der Deutschen im Allgemeinen dagegen sträuben, die schmutzige Welt ›da draußen‹ in das akademische Bürgerleben aufzunehmen. Als interdisziplinäres, transdisziplinäres und zuweilen *gegen*disziplinäres Unterfangen würden Cultural Studies nach wie vor den Geruch einer »disziplinlosen Disziplin« verbreiten (vgl. Lindner 1994, 52). Wenig verwunderlich also, dass der Ansatz in der deutschsprachigen akademischen Gemeinschaft nach wie vor eine Art von ›Underground-Status‹ besitzt.

Cultural Studies als Underground

Die schrittweise Aneignung des Ansatzes in deutschsprachigen Landen begann vor rund 25 Jahren, als 1976 in einem Schwerpunktheft der Zeitschrift »Ästhetik und Kommunikation« zum Thema »Freizeit im Arbeiterviertel« eine Selbstdarstellung des CCCS sowie ein Aufsatz von Clarke/Jefferson über »jugendliche Subkulturen der Arbeiterklasse« abgedruckt wurden. Mitte der achtziger Jahre verstand sich die kleine deutsche Cultural-Studies-›Gemeinde‹ als interdisziplinäres Projekt, in dem semiotische Ansätze mit kulturwissenschaftlichen, ethnographischen und feministischen verbunden wurden (→ 2.4 Zeichentheorien der Medien; → 2.8 Feministische Medientheorien). Vor allem Soziologen und Amerikanisten beschäftigten sich in der Folge mit den Phänomenen der Fernsehserien bzw. der ›soap operas‹.

Beginn in den Siebzigern

Forschungsboom in den Neunzigern

In den neunziger Jahren entdeckten Wissenschaftler verschiedener Disziplinen, die sich hierzulande mit Massenmedien und Populärkultur befassten, den Cultural-Studies-Ansatz und rezipierten in erster Linie die angloamerikanische Literatur (vgl. dazu u. a. Göttlich 1996, Hepp/Winter 1997, Renger 1997 sowie Hepp 1998). Mit Ende des 20. Jahrhunderts setzte im deutschsprachigen Raum eine rege Übersetzungs- und Publikationstätigkeit ein. Einige Grundlagentexte der Cultural Studies erschienen in Deutsch (vgl. Fiske 1997 und 2000, Hall 2000a und 2000b, Winter/Mikos 2001), während bestimmte Aspekte des Ansatzes systematisch aufgearbeitet (vgl. Hepp 1999) oder dessen grundlegende Leitlinien (vgl. Lutter/Reisenleitner 1999) in einer Art von »Werkzeugkiste« (Göttlich/Mikos/Winter 2001) zusammengefasst wurden. Die bisherige Rezeption des Cultural-Studies-Ansatzes wird von Horak (1999, 111) dennoch leicht resignativ beurteilt: »In summary, cultural studies arrived late in Germany, its reception was highly selective; and it ended in a pedagogical discourse.«

2.5.2 Grundbegriffe und Modelle der Cultural Studies

Verweigerung der definitorischen Wut

Nicht wenige Darstellungen der Cultural Studies sparen eine Definition ihrer wichtigsten Stand- und Ausgangspunkte, aber auch eine kritische Beurteilung der vorhandenen Potentialitäten und Schwachstellen aus. Der Ansatz verweigert sich aber auch durchaus bewusst der definitorischen Wut formalistischer Denksysteme, zieht doch der kulturwissenschaftliche Wille zu umfassender Theoriebildung zwangsläufig eine *interdisziplinäre Vernetzung* nach sich. So verstehen sich Cultural Studies zuallererst als »Bewegung«, »Netzwerk« (Johnson 1996, 75) und »intellektuelles Projekt« (Grossberg 1994, 12). Johnson schlägt als Erklärungsmöglichkeit deshalb eine *relationale* bzw. *kontextuelle* Einschätzung vor: »Cultural studies can be defined as an intellectual and political tradition, in its relations to the academic disciplines, in terms of theoretical paradigms, or by its characteristic objects of study.« (Johnson 1996, 78) Und Bennett betont einmal mehr die Beziehungen zwischen kultureller Praxis und Macht: Cultural Studies seien ...

»[...] a term of convenience for a fairly dispersed array of theoretical and political positions which, however widely divergent they may be in other respects, share a commitment to examining cultural practices from the point of view of their intrication with, and within, relations of power.« (Zitiert nach Nelson/Treichler/Grossberg 1992, 3) Aller Unschärfen und Verweigerungen zum Trotz lassen sich als die zentralen terminologischen Kategorien der Cultural Studies die Begriffe *Kontext, Bedeutung, Text* und *Lesen* bestimmen. Die zu analysierenden kulturellen Phänomene und Produkte – und damit auch die Medieninhalte – werden aus Gründen der theoretischen Abstraktion immer als *Texte* behandelt (→ 2.4 Zeichentheorien der Medien), die Produktion wie auch die Rezeption stehen für den Vorgang des *Lesens*, der Prozess der Zirkulation bzw. Distribution für jenen des *Schreibens*. Lesen wird also nicht nur als Rezeption oder Wissens- bzw. Informationsaufnahme definiert, sondern in sich selbst als Produktionsakt, der in die sozialen Strukturen des Alltags eingebettet ist. Die Termini Lesen, Schreiben und Text haben – wie auch die Urform des Cultural-Studies-Ansatzes selbst – ihre Wurzeln in der Literaturwissenschaft und sind vielseitig anwendbar.

Grundbegriffe der Cultural Studies

»Text und Leser bleiben keineswegs auf schriftlich fixierte Kommunikation beschränkt: Fernseh- oder Radiosendungen, Spielfilme, selbst menschliche Handlungen können Texte sein. Ein Text besteht somit, allgemein gesagt, aus einer Folge von Zeichen, also aus gesprochener oder geschriebener Sprache, u. U. auch aus Gestik und Mimik. [...] Dementsprechend kann der Leser natürlich auch ein Zuschauer oder ein Zuhörer sein.« (Jäckel/Peter 1997, 52; vgl. auch Krotz 1992, 415)

Ebene Text und Leser

Texte ziehen stets die Existenz, oder besser: die Produktion von Lesern nach sich. All das weist auf die Wichtigkeit des *Kontextes* hin. Dieser schließt sämtliche oben genannten Prozesse mit ein und ist darüber hinaus sowohl von unmittelbaren, aktuellen Situationen als auch von den größeren historischen Zusammenhängen beeinflusst. Das Wesentliche ist jedoch: »Context determines the meaning, transformations or salience of a particular subjective form as much as the form itself.« (Johnson 1996, 102) Das hat tief greifende Konsequenzen für die Betrachtung von Kultur. Da zwischen den gelebten kulturellen Ensembles und den öffentlichen kulturel-

Ebene Text und Kontext

len Formen unauflösliche Verbindungen bestehen, lauten zwei zentrale methodologische Forderungen der Cultural Studies:
(a) Kulturen müssen immer textuell ›gelesen‹ und
(b) auf Basis der Rekonstruktion der sozialen Struktur des Publikums analysiert werden (vgl. Johnson 1996, 106).

Vielschichtigkeit der Bedeutungsproduktion

Der Cultural-Studies-Forschung geht es also vordergründig darum, den Prozessen der Bedeutungsproduktion nachzuspüren. Allgemein sind Bedeutungen jedoch sehr instabil. Da sie in Lebensinteraktionen, in Beziehungen zwischen unterschiedlichen Personen sowie sozialen und textuellen Begegnungen entstehen – nach Foucault (1974, 430 f.) »gewissermaßen die Schicht eines Diskurses bilden« (→ 2.10 Poststrukturalistische Medientheorien) –, sind sie analytisch schwer zu fixieren. Bedeutungen verändern sich fortwährend, sie sind Bestandteil von hoch entwickelten Genre-Taxonomien bzw. Klassifikations-Systemen. Was auch immer ein Ereignis, ein Text oder eine Begegnung bedeutet, steht in der *Mehrzahl* und hängt vom Blickwinkel beider oder mehrerer Teilnehmer bzw. Beobachter ab. Bedeutungen sind beinahe allgegenwärtig: »Everywhere you look, think, speak, know, and in everything you do, there are meanings, because the human brain and human culture live inside an enclosing universe of them.« (Hartley 1996, 2) Hartley (ebenda) spricht deshalb unter Verwendung eines Begriffs von Lotman (1990) von einer »Semiosphäre«.

Bedeutungen als Beziehungs-Aspekte

Bedeutungen werden produziert und sind Ausdruck von Beziehungen zwischen einem Adressant (dem Absender) und einem Adressat (dem Empfänger). Deren Beziehung ist dialogisch und erfordert neben den beiden Parteien auch ein Kommunikationsmedium. Bedeutungen können kaum beobachtet, gemessen, gezählt, zusammengefasst oder befragt und mit ihnen kann nicht experimentiert werden. Das Resultat aus jeder Begegnung zwischen einem Adressanten und einem Adressaten in jeglichem Medium ist jedoch immer ein ›Text‹ (vgl. Hartley 1996, 2 f.).

Entwürfe zu einer Theorie der Cultural Studies

Der Wunsch der Cultural Studies nach institutioneller Flexibilität und thematischer Vielseitigkeit führte von Anbeginn an zu Ausbrüchen aus den vorgezeichneten Wegen der drei wichtigen Leitdisziplinen Literaturwissenschaft, Soziologie und Geschichte. *Antidisziplinarität* wurde damit für die Cultural Studies quasi auch zu einer Art von Grundprogramm: »The stress lies on routes out, on

Antidisziplinarität als Grundprogramm

absences and dissatifications and exasperations and dissent within the well-established boundaries of knowledge.« (Green 1996, 53) Die verschiedenen ›Ausfahrten‹ vom Highway[5] des wissenschaftlichen Mainstreams eröffnen den Cultural Studies aber auch zahlreiche Verbindungsmöglichkeiten zwischen bisher getrennten Bereichen. Da der Ansatz in erster Linie die Kultur und deren vielfältige Beziehungsgeflechte – wobei der Schwerpunkt auf der »not-culture of the masses« (Johnson 1996, 79) liegt – ins Zentrum seiner Forschungsvorhaben stellt, ist er mehr oder weniger zur inter-, trans- und antidisziplinären Arbeit gezwungen – auch weil Kultur, Macht und deren Beziehungen einer kontinuierlichen Veränderung unterworfen sind. Keine der akademischen Disziplinen wäre theoretisch und/oder methodisch in der Lage, die gesamte Komplexität von kulturellen Prozessen zu erfassen, denn: »Cultural processes do not correspond to the contours of academic knowledges, as they are.« (Johnson 1996, 79)

Zusammenhang von Kultur und Macht

Die ›Ausfahrt‹ aus der *Literaturwissenschaft* brachte die Cultural Studies zu populärkulturellen Formen wie die Massenmedien, schuf ein Interesse an Texten und Textualität außerhalb des ›Sprache und Literatur‹-Idioms sowie an der Dependenz von Literalität und Geschlecht bzw. Klasse. Die ›Abzweigung‹ aus der *Geschichtswissenschaft* führte im weitesten Sinn zur ›Geschichte von unten‹, aber auch zu Ansätzen wie ›oral history‹ und ›popular memory‹. Der ›Exit‹ *Soziologie* schließlich machte Cultural Studies mit Richtungen wie Ethnomethodologie vertraut, erweckte das Interesse an Prozessen der Bedeutungskonstruktion und Untersuchungen der sozialen Reproduktion von Herrschaft und Unterdrückung (vgl. Green 1996, 53). Wesentlich für das Grundverständnis und die Identität des Cultural-Studies-Approaches sind die Verbindungsstränge zwischen diesen drei disziplinären ›Ausfahrten‹. Dabei handelt es sich stets auch um

Cultural Studies und geisteswissenschaftliche Disziplinen

(a) gelebte Erfahrung, wobei die Aufmerksamkeit den »maps of meaning« im Alltag bestimmter Kulturen und Subkulturen gilt,
(b) um Texte, die eine dichte Beschreibung der symbolischen Formen erfordern sowie

---

[5] Auch Grossberg (1997) greift in seiner Beschreibung der Cultural Studies zu einer Straßenverkehrs-Metapher und bezeichnet den Ansatz auf Grund seiner Inter- bzw. Transdisziplinarität als »crossroad«.

(c) um soziale Strukturen, die aufgrund ihrer breiten Determinationsfähigkeit nach einer historischen Darstellung der gesamten Gesellschaft verlangen (vgl. Green 1996, 53).

Definierende Merkmale der Cultural Studies

Erfassung der Cultural-Studies-Position durch Grossberg

Ausgehend von den oben beschriebenen Problemen rund um eine präzise definitorische Erfassung der Cultural-Studies-Positionen soll im Folgenden versucht werden, einen – wie Grossberg (1994, 12) es nennt – »umgrenzten Raum für das Projekt der Cultural Studies« zu schaffen. Cultural Studies wollen die Existenz und Wirkungen diskursiver Praktiken und Allianzen im Rahmen gesellschaftlich-sozialer Zusammenhänge aufzeichnen und analysieren. Generell geht es um die drei Ausformungen von Beziehungen bzw. Artikulationen zwischen

(a) diskursiven Verbindungen als Konfigurationen von Praktiken, die definieren, wo und wie Menschen bestimmte Praktiken und Beziehungen leben,

(b) den Praktiken und Konfigurationen des alltäglichen Lebens (als Stätten spezifischer Formen von Bestimmungen, Kontrollen, Machtstrukturen, Kämpfen, Vergnügen etc.) sowie

(c) den Machtapparaten, die verschiedene Praktiken und Wirkungen mobilisieren, um den Raum des menschlichen Lebens und die Möglichkeiten von Allianzen bzw. Verbindungen zu organisieren (vgl. Grossberg 1994, 37).

Auf der Grundlage eines derartigen Rasters konnten auch bei den vorliegenden Medienanalysen der Cultural Studies die ...

Wie gehen die Cultural Studies vor?

»[...] komplexen sowie vielfältigen Aktivitäten des Publikums besser erforscht und unter anderem gezeigt werden, daß in der Medienproduktion und der Medienrezeption in alltäglichen Kontexten Macht ausgeübt wird, die Zuschauer sich zum Teil kontrovers, oppositionell und produktiv mit Medien auseinandersetzen und der Medienkonsum eine Art ›kultureller Kampf‹ darstellt. [...] Dabei wurden die Aktivitäten der ZuschauerInnen nicht isoliert von den kulturellen und gesellschaftlichen Praktiken, in die sie eingebettet sind, untersucht.« (Winter 1997b, 4)

Bennett (1998) ist die Zusammenstellung eines Überblicks über die sechs wichtigsten definierenden Merkmale der Cultural Studies zu verdanken. Demnach charakterisiert sich der Ansatz durch folgende strukturierende Kernbereiche (vgl. im Folgenden Bennett 1998, 535 ff.):

Cultural Studies präferieren und privilegieren als Untersuchungsobjekte nicht die hohe Kunst bzw. hohe Literatur. Kultur wird sowohl als ›way of life‹, der Ideen, Verhalten, Gewohnheiten, Sprachen, Institutionen und Machtstrukturen umfasst, als auch als ein weites Feld von kultureller Praxis verstanden, das sich in künstlerischen Formen, Texten, Architektur etc. zeigt. Weil alle kulturellen Objekte die Gesellschaft und das alltägliche Leben durchdringen, meint Kultur auch das Leben, das die Menschen leben: »the wider life they live« (Alasuutari 1996, 25).

Merkmal 1: Ein breites Kulturkonzept

Dadurch eröffnet der Ansatz ein Spektrum, das die Rolle von kulturellen Formen und Handlungen innerhalb der Organisation des alltäglichen Lebens oder der Kultur als gesamte Lebensweise (im Sinne Williams') einschließt. Diese Herangehensweise hat allgemein unter der Bezeichnung *Kulturalismus*[6] in den Cultural Studies weite Verbreitung gefunden. Für die Medienforschung ist der Hinweis interessant, dass Cultural Studies ...

Kulturalismus von Williams

»[...] might concern the ways in which different media and forms of cultural expression (film, television, painting, writing) share certain formal or thematic properties in particular historical contexts: for example, common ways of envisaging and addressing the public.« (Bennett 1998, 536)

Die breitere Sichtweise von Kultur bedingt, dass diese stets in einer bestimmten kontextuellen Situation zu betrachten ist. Die Kontextualität bedingt automatisch auch die inter- und transdisziplinäre Praxis der Cultural Studies, denn sie schafft einen Bezug zu angrenzenden Bereichen wie soziologischen und politikwissenschaftlichen

Merkmal 2: Denken in Kontextualität

---

[6] Nach Hall (1996) weisen die Cultural Studies zwei Paradigmen auf: Während der *Kulturalismus* die Kultur »as a whole« (R. Williams) in ihren materiellen Kontext eingebettet sieht (Hauptvertreter sind Williams und Thompson), postuliert die ›Gegentradition‹ des *Strukturalismus* die relative Unabhängigkeit bzw. Autonomie von subjektiven Formen und Mitteln der Signifikation. Einflüsse kamen dafür von de Saussure, Lévi-Strauss und Barthes (→ 2.4 Zeichentheorien der Medien). Hall entwickelte daraus die Sichtweise von kultureller Praxis als »signifying practices« (vgl. Hall 1990b, 29 ff., Johnson 1996, 86 und Jäckel/Peter 1997, 47 f.). Die Unterscheidung zwischen den beiden Paradigmen Kulturalismus und Strukturalismus war bis Anfang der achtziger Jahre gebräuchlich, hat aber heute weitgehend an Relevanz verloren.

Fragestellungen. Der Kontext wird aber nicht einfach als ein bestimmter *Hintergrund* aufgefasst, sondern ist die *Bedingung* dafür, dass überhaupt etwas möglich wird. Alle Formen der kulturellen Produktion müssen deshalb in Beziehung zu anderen Praktiken und zu sozialen und historischen Strukturen untersucht werden. Den Cultural Studies geht es dabei um die begriffliche Verarbeitung des Alltagslebens (vgl. Mikos 1997, 165). Nicht zuletzt darum wurde für den Ansatz das Schlagwort des *radikalen Kontextualismus* geprägt, weshalb Grossberg (1994, 21) auch vorschlägt, Cultural Studies als »Diszplin der Kontextualität« zu beschreiben.

»Radikaler Kontextualismus«

Merkmal 3: Zusammenspiel von Kultur und Macht

In der spezifischen Bewertung der Cultural Studies sind bestimmte Formen von Kultur immer mit der Organisation und Ausführung von spezifischen Formen von Macht verstrickt und bilden einen Teil davon. »Wobei Macht nicht unbedingt als Form der Vorherrschaft verstanden wird, sondern immer als eine ungleiche Beziehung von Kräften im Interesse bestimmter Bevölkerungsgruppen.« (Grossberg 1994, 14) Macht ist aber nicht nur in Institutionen und im Staat auffindbar, sondern auch dort wirksam, wo Menschen ihr alltägliches Leben verbringen. Die Forschungsrichtung ist in ihrem gesellschaftspolitischen Anspruch durchaus optimistisch, hier »ein ganz klein wenig« bewegen zu können, denn: »Der Macht gelingt es nie, immer und überall das zu erzielen, was sie möchte, es besteht stets die Möglichkeit, die Strukturen und Organisationen der Macht zu verändern.« (Grossberg 1994, 23)

Merkmal 4: Kultur als Institution

Die Art und Weise, wie Kultur im Kontext von bestimmten Machtbeziehungen operiert, hängt immer von ihrem institutionellen Hintergrund ab, d. h. von dem Ausmaß, in dem sie Teil von Institutionen ist. Kultur besteht demnach nicht nur aus Texten, Bedeutungen und ihren institutionellen Bedingungen, sondern auch aus »interdependent components of a complex set of interactive processes – of cultural production, dissemination and effect – which are simultaneously institutional and textual.« (Bennett 1998, 537) Cultural Studies begreifen Kultur folglich als hybrides Phänomen, nämlich als *Institution*[7], d. h. als sozialen und materiellen Prozess sowie als Netzwerk von sozialen und semiotischen Beziehungen.

Ein wesentlicher Charakterzug der Cultural Studies ist auch ihr großes Interesse an viablen Wegen, das menschliche Sein theoretisch und repräsentativ zu erfassen, also ›definite readings‹ zu erstellen. Im Mittelpunkt der Betrachtungen stehen immer die Lebensformen, d. h. die gelebten Erfahrungen im Alltag, die beobachtbare soziale Wirklichkeit (vgl. Mikos 1997, 165). Die Verbindung der Kultur mit dem Subjekt bzw. mit Subjektivität zeigt sich in philosophischen oder psychoanalytischen Fragestellungen, in Diskussionen rund um den Begriff der Identität sowie über Sprache und Diskurs.

Merkmal 5: Betonung der Subjektivität

Die Motivation zur Forschungsarbeit lässt sich für Cultural Studies nicht nur akademisch begründen, sondern vor allem auch politisch. Der Ansatz verfolgt insofern einen bestimmten Verwertungszusammenhang, als er mit seinen Ergebnissen den Anspruch einer Kultivierung und gesellschaftlichen Umsetzung verbindet. Intellektuelle Arbeit und generell die Rolle der Intellektuellen muss demnach eine politische und praktische Relevanz aufweisen oder, wie es Grossberg (1994, 19) ausdrückt, »interventionistisch« und »parteiisch« sein. So sehen sich Cultural Studies auch als »ein Weg der *Theoretisierung von Politik* und der *Politisierung von Theorie*, es ist ein Weg der Produktion von politisch brauchbarem Wissen.« (Mikos 1997, 166)

Merkmal 6: Politische und praktische Relevanz

Zwischen diesen sechs Basisbereichen der Cultural Studies, die als ein Set von Ansprüchen im Zusammenhang der Theorie, Praxis und Politik von Kultur zu begreifen sind, besteht eine clusterhafte Interaktion. Sie sollten die Grundstruktur eines jeden Projekts bilden und fungieren als Orientierungsraster für sämtliche Analysen der Cultural Studies.

---

[7] Ähnliche Denkansätze wären die Konzepte der »kulturellen Technologien«, des »kulturellen Apparatus« (→ 2.1 Techniktheorien der Medien) oder der Foucault'sche Begriff des »Dispositivs«, der die institutionellen und diskursiven Komponenten jeder Handlung (als kulturellen Ausdruck) in dieser komplexen Größe zusammenfasst (vgl. Bennett 1998, 537; → 2.10 Poststrukturalistische Medientheorien).

2.5.3 Anwendungen in der Medienwissenschaft

Die Anwendung des Cultural-Studies-Rahmens für Projekte der Medien- und Kommunikationsforschung verlangt nach einem operationalisierbaren Konzept. Ein wichtiges Leitprinzip zur Anordnung bzw. Reihung der verschiedenen Objekte und Themen bildet der Gedanke der ›Verhandlung‹ bestimmter Diskurse in medialen Bedeutungen, den organisierenden Rahmen liefert Halls Modell des »Encoding/Decoding« von Bedeutungen in Medientexten (vgl. Hall 1990a, auch Zoonen 1996, 8 ff.). Mit letzterem Entwurf präsentierte Hall ein wichtiges Konzept zur (Re-)Konstruktion von Bedeutung in Medientexten und -diskursen. Die Massenkommunikation betrachtet Hall nicht als transparenten Vorgang, in dem stabile Bedeutungen von einem Sender zu einem Empfänger transportiert werden und auf der Basis eines linearen Rück- bzw. besser Kurzschlusses von der Form des Mediums auf die Art der Rezeption geschlossen werden kann. So wird in institutionalisierten Prozessen der Medienproduktion Bedeutung zwar in diskursiven Formen codiert, diese konstituieren aber kein geschlossenes ideologisches System, sondern beinhalten auch die Widersprüche des Produktionsprozesses (z. B. Spannungen zwischen kreativen Journalisten und marketingorientierten Managern). Die auf diese Weise verschlüsselte Bedeutungsstruktur versorgt zu einem anderen Zeitpunkt der Bedeutungsproduktion die Decodierungspraxis des Publikums.

Zwar erscheint der Konsumationsprozess grundsätzlich der Kulturproduktion untergeordnet, weil die Verbraucher statt zu ihr selbst sich lediglich einen Zugang zu ihren Produkten verschaffen können. Der Verbrauch kann aber einen mehr oder weniger großen Grad an Kreativität in einem »selektiven, funktionalen, antagonistischen oder sogar verzerrenden Verhältnis den Produkten gegenüber« erreichen (Biti 2001, 116). Codierung und Decodierung müssen demnach nicht symmetrisch sein, d. h., das Publikum muss nicht notwendigerweise die gleiche Bedeutung wie das Medienunternehmen produzieren. Eher ist aus Gründen der Asymmetrie zwischen den Codes der Quelle und der Empfänger ein bestimmtes Missverständnis wahrscheinlich. Was üblicherweise als Kommunikationsstörung diagnostiziert wird, rührt von diesem Äquivalenzmangel zwischen den beiden Produktionsseiten her (vgl. Zoonen 1996, 8). Nach Fiske (1990b, 1 f.) sind es genau diese Kodierungen, die in einer Kultur Bedeutungen erzeugen und verteilen. Ein *Code* wird demnach als ein System verstanden, in dem Zeichen nach Regeln organisiert sind und das die Beziehungen der Zeichen untereinander bestimmt (→ 2.4 Zeichentheorien der Medien).

Konzept des Codes

Ein entscheidendes Merkmal des »Encoding/Decoding«-Modells besteht in der Annahme, dass ein Mediendiskurs zur selben Zeit von der Medieninstitution und vom Publikum produziert wird. Mediendiskurse sind keine Aktivitäten von Einzelinstitutionen oder Individuen, sondern soziale Prozesse, eingebettet in bestehende Macht- und Diskursformationen. Gledhill (1988) identifiziert diesen Prozess auch als »kulturellen Handel«[8], der sowohl auf der Ebene der Medienunternehmen als auch auf der Text- und Publikumsebene ausgetragen wird. Obwohl Halls Modell aus unterschiedlichen Gründen kritisiert wurde (vgl. etwa Morley 1989), liefert es doch einen nützlichen Rahmen zur Überprüfung und Bearbeitung von Medientheorie und -forschung, wobei die zentrale Fragestellung lautet: Wie werden bestimmte Diskurse zu den verschiedenen Zeitpunkten der Konstruktion von medialen Bedeutungen – der Produktion, des Textes, der Rezeption – verhandelt (vgl. Zoonen 1996, 8 f.)?

Diskussion von Halls Modell

Die unterschiedlichen Lesarten der Rezipienten auf der Decodierungsseite (d. h. auf der Publikumsebene) gründen weniger auf einer kommunikativen als vielmehr auf einer gesellschaftlichen Basis. Hall unterscheidet zwischen drei idealtypischen »reading positions«, von denen aus ein medialer Text entschlüsselt werden kann:

Halls drei idealtypische Lesarten

- die *Vorzugslesart*, die »dominant-hegemonic position«, die mit dem herrschenden ideologischen System übereinstimmt und wo die Leser/Hörer/Zuschauer die konnotative (und damit ideologische) Bedeutung eines medialen Textes – z. B. einer Nachrichtensendung – vollständig übernehmen. Die Botschaften werden mehr oder weniger affirmativ ›gelesen‹;

---

[8] Diese Sichtweise hat ihren Ursprung in Gramscis *Hegemoniekonzept*. Demzufolge »versuchen dominierende Gruppen ständig, neben ihrer wirtschaftlichen auch ihre ideologische und kulturelle Macht insofern zu konsolidieren, als sie ihre Interessen mit denen der dominierten Gruppen *verhandeln* (Hegemonie wird dabei als Prozeß verstanden).« (Jäckel/Peter 1997, 48; Hervorhebung im Original)

- die *ausgehandelte Lesart*, die »negotiated position«, wo die Rezipienten grundsätzlich die dominanten Definitionen von Situationen und Ereignissen, die diese in größere Zusammenhänge, nationale und globale Problemlagen einordnen, akzeptieren. Gleichzeitig gibt es aber auch Regelausnahmen: Indem das Publikum die dominante Interpretation an seine eigenen sozialen Erfahrungen – seine regionale oder persönliche Betroffenheit – anpasst, agiert es hier zum Teil auch oppositionell, d. h. es können Umdeutungen stattfinden;
- die *oppositionelle Lesart*, die »oppositional position«, wo die Leser/Hörer/Zuschauer zwar die Vorzugslesart eines medialen Textes verstehen, diese aber vollständig ablehnen und dem Text eine völlig andere Bedeutung beimessen, als sie von den Produzenten intendiert wurde. (Vgl. Hall 1990a, 136 ff., auch Winter 1997a, 50 und Luger 1998, 323)

Halls Konzept der Vorzugsbedeutungen

Am häufigsten auffindbar ist der Mittelweg zwischen der Beeinflussung durch die ideologischen Botschaften medialer Texte und den Konzeptionen der Macht sowie der Aktivität des Publikums. Macht lokalisiert Hall zunächst auf Seiten der Encodierung, da Texte auf der Senderseite so genannte »preferred meanings« (Hall 1990a, 134) enthalten: Vorzugsbedeutungen im Sinne von Versuchen, die dargestellten Ereignisse und Themen auf eine spezifische Art und Weise interpretativ zu rahmen. Zwar werden die Bedeutungen dem Publikum nicht aufgezwungen, sondern lediglich vorgeschlagen, dieses befindet sich aber nicht in der gleichen Machtposition wie die Medienmacher, und die Kontrolle über den Signifikationsapparat der Medien führt automatisch zu einem bestimmenden Einfluss auf die Decodierung. Zwar können Texte anders interpretiert werden, das bedeutet aber nicht, dass sie gänzlich offen sind. Da in allen Texten stets ein bestimmter Gestaltungswille seitens der Produzenten angelegt ist, existieren durchaus Grenzen der Interpretation (vgl. Winter 1997a, 51).

Weiterentwicklung durch Fiske

Fiske (1994, 64 ff.) knüpft eng an das »Encoding/Decoding«-Modell an und entwickelt es weiter. Seinen Überlegungen zufolge produziere das Publikum in der Regel Bedeutungen, indem es die von der dominanten Ideologie nahe gelegten Bedeutungen, die Lücken und Widersprüche von medialen Texten ausnutzend, »moduliere«. Eine der wichtigsten theoretischen Innovationen Fiskes ist sein Vorschlag, in medialen Texten nicht nur eine singuläre Vorzugsbedeutung zu suchen, sondern auf der Leser- bzw.

Zuschauerseite von »preferred readings«, d. h. Präferenzstrukturen auszugehen, die manche Bedeutungen eher nahe legen und andere in den Hintergrund drängen. Fiske macht so auch die Rezeption und Aneignung von Texten zu *sozialen* Ereignissen, in denen sich gesellschaftliche Widersprüche und Differenzen manifestieren. Auch sie sind Teil der Zirkulation von Bedeutungen und Vergnügungen, die letztendlich die Kultur determinieren (vgl. Winter 1997a, 48 ff.).

2.5.4 Kritik und Weiterentwicklung der Theorien

Das Medienpublikum ist nach dieser Diagnose als ein undiszipliniertes zu begreifen, denn es taucht in einen massenmedialen Text ein und selektiert je nach individueller Relevanz Fragmente, denen es Aufmerksamkeit zuwendet. Die Bedeutung einer massenmedial vermittelten ›message‹ entsteht nach Fiske aber erst dann, wenn sie sich auch *oral* ins ›Gewebe‹ der Alltagskultur des Publikums einfügen lässt (vgl. Fiske 1990a, 196). Damit ist ein grundlegendes Kriterium festgelegt, denn populärkulturelle Produkte lassen sich hinsichtlich ihrer Bedeutungsstruktur schwer disziplinieren. Sie spiegeln dadurch auch die Disziplinlosigkeit des Alltags wider, in den die Medien »eingreifen, den sie mitbestimmen, in dem sie in jedem Moment gegenwärtig sind, den sie täglich verändern und in dem sie jede(n) ständig betreffen.« (Neitzel 1999, 197)

> Bedeutung der Alltagskultur

Trotz dieser Ubiquität von Massenmedien bzw. Informations- und Kommunikationstechnologien und deren zentralem Stellenwert im Alltag verstehen sich Cultural Studies *nicht* als Rahmen für eine wie auch immer ausgestaltete Methodologie der Medienanalyse. Zwar besteht eine sichtbare und auch zunehmende Bereitschaft ihrer Vertreter, hier den Diskussionsstand einschlägiger Sozial- und Geisteswissenschaften aufzugreifen, Medien werden aber immer als »umfassende kommunikationskulturelle Zusammenhänge« bzw. in den gesamten Kreislauf von Kultur integriert ausgewiesen (vgl. Hepp 1999, 271 f.). Die vorliegenden Studien aus dem Bereich der Cultural Studies zu Medien im Allgemeinen und Speziellen werden im kritischen Überblick von Hepp (1999, 109 ff.) systematisch dargestellt und diskutiert. Zur meta-analytischen Kategorisierung schlägt er einen dreiteiligen Raster vor:

> Medien + Kultur = Medienkultur?

Cultural Studies und Journalistik

(a) Produktionsanalyse,
(b) Text- und Produktanalyse sowie
(c) Aneignungsforschung.

Die methodischen Zugänge bilden die kritische Ethnographie und die Diskursanalyse. Insgesamt weisen die Studien zu massenmedialen Phänomenen und Problemen ein weites inhaltliches Spektrum auf, wobei dem Bereich Fernsehen bzw. Fernsehunterhaltung ein zentraler Schwerpunkt zukommt. Eine »Journalistik mit Kulturorientierung« wurde hingegen von Renger (2000a und 2000b, 433 ff.) entworfen.

Abschließend ist festzustellen, dass eines der wesentlichsten Ziele der Cultural Studies darin besteht, »an einer nicht endenden, offenen und politisch orientierten Debatte teilzunehmen« (Ang 1999, 319), die auf eine kritische Analyse der jeweils gegenwärtigen kulturellen Rahmenbedingungen abzielt. Die Medien sind ein wichtiger Teil dieses Kontextes.

Literatur

Alasuutari, Pertti (1996): Researching Culture. Qualitative Method and Cultural Studies. London/Thousand Oaks/New Dehli: Sage Publications.

Ang, Ien (1989): Wanted: Audiences. On the politics of empirical audience studies. In: Seiter, Ellen u. a. (Hg.): Remote control. Television, audiences, and cultural power. London/New York: Routledge, S. 96-115.

Ang, Ien (1999): Kultur und Kommunikation. Auf dem Weg zu einer ethnografischen Kritik des Massenkonsums im transnationalen Mediensystem. In: Bromley, Roger/Göttlich, Udo/Winter, Carsten (Hg.): Cultural Studies. Grundlagentexte zur Einführung. Lüneburg: Dietrich zu Klampen, S. 317-340.

Bennett, Tony (1986): Introduction: popular culture and »the turn to Gramsci«. In: Bennett, Tony u. a. (Hg.): Popular culture and social relations. Milton Keynes: Open University Press, S. xi-xix.

Bennett, Tony (1998): Cultural Studies: a reluctant Discipline. In: Cultural Studies, Heft 4, S. 528-545.

Biti, Vladimir (2001): Literatur- und Kulturtheorie. Ein Handbuch gegenwärtiger Fachbegriffe. Reinbek bei Hamburg: Rowohlt.

Clarke, John (1991): New Times and Old Enemies. Essays on Cultural Studies and America. London: Harper Collins Academic.

Fiske, John (1990a): Reading the Popular. Boston u. a.: Unwin Hyman.

Fiske, John (1990b): Introduction to communication studies. London/New York: Routledge.
Fiske, John (1992): Understanding Popular Culture. London/New York: Routledge.
Fiske, John (1994): Television Culture. London/New York: Routledge.
Fiske, John (1997): Populäre Texte, Sprache und Alltagskultur. In: Hepp, Andreas/Winter, Rainer (Hg.): Kultur – Medien – Macht: Cultural Studies und Medienanalyse. Opladen: Westdeutscher Verlag, S. 65-84. [Zuerst Kapitel 5: Popular Texts. In: Fiske, John (1989): Understanding Popular Culture. London/New York: Routledge, S. 103-127.]
Fiske, John (2000): Lesarten des Populären. Wien: Turia + Kant.
Foucault, Michel (1974): Die Ordnung der Dinge. Eine Archäologie der Humanwissenschaften. Frankfurt am Main: Suhrkamp.
Gledhill, Christine (1988): Pleasurable negotiations. In: Pribram, E. Deidre (Hg.): Female Spectators: Looking at Film and Television. London: Verso, S. 64-79.
Göttlich, Udo (1996): Kritik der Medien. Reflexionsstufen kritisch-materialistischer Medientheorien am Beispiel von Leo Löwenthal und Raymond Williams. Opladen: Westdeutscher Verlag.
Göttlich, Udo (2001): Zur Epistemologie der Cultural Studies in kulturwissenschaftlicher Absicht: Cultural Studies zwischen kritischer Sozialforschung und Kulturwissenschaft. In: Göttlich, Udo/Mikos, Lothar/Winter, Rainer (Hg.): Die Werkzeugkiste der Cultural Studies. Perspektiven, Anschlüsse und Interventionen. Bielefeld: Transcript, S. 15-42.
Göttlich, Udo/Mikos, Lothar/Winter, Rainer (Hg.) (2001): Die Werkzeugkiste der Cultural Studies. Perspektiven, Anschlüsse und Interventionen. Bielefeld: Tanscript.
Green, Michael (1996): The Centre for Contemporary Cultural Studies. In: Storey, John (Hg.): What is Cultural Studies? A Reader. London u. a.: Arnold, S. 49-60.
Grossberg, Lawrence (1986): On Postmodernism and Articulation: An Interview with Stuart Hall. In: Journal of Communications Inquiry, Heft 2, S. 45-61.
Grossberg, Lawrence (1994): Cultural Studies. Was besagt ein Name? In: Cultural Studies. Eine Intervention. IKUS Lectures 17+18, S. 11-40.
Grossberg, Lawrence (1997): Der Crossroad Blues der Cultural Studies. In: Hepp, Andreas/Winter, Rainer (Hg.): Kultur – Medien – Macht: Cultural Studies und Medienanalyse. Opladen: Westdeutscher Verlag, S. 15-29.
Hall, Stuart (1990a): Encoding/decoding. In: Hall, Stuart u. a. (Hg.): Culture, Media and Language. Working Papers in Cultural Studies, 1972-79. London u. a.: Unwin Hyman, S. 128-138. [Zuerst 1980]

Hall, Stuart (1990b): Cultural Studies and the Centre: some problematics and problems. In: Hall, Stuart u. a. (Hg.): Culture, Media and Language. Working Papers in Cultural Studies, 1972-79. London u. a.: Unwin Hyman, S. 15-47. [Zuerst 1980]

Hall, Stuart u. a. (Hg.) (1990): Culture, Media and Language. Working Papers in Cultural Studies, 1972-79. London u. a.: Unwin Hyman.

Hall, Stuart (1996): Cultural Studies: two paradigms. In: Storey, John (Hg.): What is Cultural Studies? A Reader. London u. a.: Arnold, S. 31-48.

Hall, Stuart (2000a): Ideologie – Kultur – Rassismus. Ausgewählte Schriften 1. Hamburg: Argument Verlag.

Hall, Stuart (2000b): Cultural Studies – Ein politisches Theorieprojekt. Ausgewählte Schriften 3. Hamburg: Argument Verlag.

Harris, David (1992): From class struggle to the politics of pleasure. The effect of gramscianism on cultural studies. London/New York: Routledge.

Hartley, John (1996): Popular Reality. Journalism, Modernity, Popular Culture. London u. a.: Arnold.

Hepp, Andreas/Winter, Rainer (Hg.) (1997): Kultur – Medien – Macht: Cultural Studies und Medienanalyse. Opladen: Westdeutscher Verlag.

Hepp, Andreas (1998): Fernsehaneignung und Alltagsgespräche. Fernsehnutzung aus der Perspektive der Cultural Studies. Opladen: Westdeutscher Verlag.

Hepp, Andreas (1999): Cultural Studies und Medienanalyse. Eine Einführung. Opladen: Westdeutscher Verlag.

Horak, Roman (1994): Cultural Studies am Wendepunkt. Vorläufige Bemerkungen. In: Cultural Studies. Eine Intervention. IKUS Lectures 17+18, S. 5-9.

Horak, Roman (1999): Cultural studies in Germany (and Austria): and why there is no such thing. In: European Journal of Cultural Studies, Heft 2, S. 109-115.

Horkheimer, Max/Adorno, Theodor W. (1992): Kulturindustrie. Aufklärung als Massenbetrug. In: Horkheimer, Max/Adorno, Theodor W.: Dialektik der Aufklärung. Philosophische Fragmente. Frankfurt am Main: Fischer, S. 128-176. [Zuerst 1944]

Jäckel, Michael/Peter, Jochen (1997): Cultural Studies aus kommunikationswissenschaftlicher Perspektive. Grundlagen und grundlegende Probleme. In: Rundfunk und Fernsehen, Heft 1, S. 46-68.

Johnson, Richard (1996): What is cultural studies anyway? In: Storey, John (Hg.): What is Cultural Studies? A Reader. London u. a.: Arnold, S. 75-112.

Krotz, Friedrich (1992): Kommunikation als Teilhabe. Der »Cultural Studies Approach«. In: Rundfunk und Fernsehen, Heft 3, S. 412-431.

Krotz, Friedrich (1997): Gesellschaftliches Subjekt und kommunikative Identität: Zum Menschenbild der Cultural Studies. In: Hepp, Andreas/Winter, Rainer (Hg.): Kultur – Medien – Macht: Cultural Studies und Medienanalyse. Opladen: Westdeutscher Verlag, S. 117-126.

Lindner, Rolf (1994): Cultural Studies in der Bundesrepublik Deutschland. Eine Rezeptionsgeschichte. In: Cultural Studies. Eine Intervention. IKUS Lectures 17+18, S. 50-57.

Lotman, Yuri (1990): The Universe of the Mind: A Semiotic Theory of Culture. Bloomington/Indianapolis: Indiana University Press.

Luger, Kurt (1998): Lesarten der Populärkultur. Die geringfügigen Botschaften und ihre Bedeutungen. In: Luger, Kurt: Vergnügen, Zeitgeist, Kritik. Streifzüge durch die populäre Kultur. Wien: Österreichischer Kunst- und Kulturverlag, S. 316-328.

Lutter, Christina/Reisenleitner, Markus (1999): Cultural Studies. Eine Einführung. Wien: Turia + Kant.

Mahnkopf, Birgit (1993): Das Arbeiterkultur-Konzept in der anglo-marxistischen Debatte. In: Apitzsch, Ursula (Hg.): Neurath – Gramsci – Williams. Theorien der Arbeiterkultur und ihre Wirkung. Hamburg: Argument Verlag, S. 64-80.

Mikos, Lothar (1997): Die Rezeption des Cultural Studies Approach im deutschsprachigen Raum. In: Hepp, Andreas/Winter, Rainer (Hg.): Kultur – Medien – Macht: Cultural Studies und Medienanalyse. Opladen: Westdeutscher Verlag, S. 159-169.

Morley, David (1989): Changing paradigms in audience studies. In: Seiter, Ellen u. a. (Hg.): Remote control. Television, audiences and cultural power. London/New York: Routledge, S. 16-43.

Müller-Funk, Wolfgang (2002): Die Kultur und ihre Narrative. Eine Einführung. Wien/New York: Springer.

Neitzel, Britta (1999): Massen-Medien-Kultur. Zur Einführung. In: Pias, Claus/Vogl, Joseph/Engell, Lorenz u. a. (Hg.): Kursbuch Medienkultur. Die maßgeblichen Theorien von Brecht bis Baudrillard. Stuttgart: DVA, S. 197-201.

Nelson, Carey/Treichler, Paula A./Grossberg, Lawrence (1992): An Introduction. In: Grossberg, Lawrence/Nelson, Carey/Treichler, Paula A. (Hg.): Cultural Studies. London/New York: Routledge, S. 1-22.

Renger, Rudi (Hg.) (1997): Cultural Studies – Forschung & Rezeption. Schwerpunktheft Medien Journal, Heft 4.

Renger, Rudi (2000a): Journalismus als kultureller Diskurs. Cultural Studies als Herausforderung für die Journalismustheorie. In: Löffelholz, Martin (Hg.): Theorien des Journalismus. Ein diskursives Handbuch. Wiesbaden: Westdeutscher Verlag, S. 467-481.

Renger, Rudi (2000b): Populärer Journalismus. Nachrichten zwischen Fakten und Fiktion. Innsbruck/Wien: Studien Verlag.

Ruthner, Clemens (2002): Das unaufhörliche Raunen des Sinns. In: Der Standard, 30. März 2002, S. 7.

Sparks, Colin (1996): The evolution of cultural studies. In: Storey, John (Hg.): What is Cultural Studies? A Reader. London u. a.: Arnold, S. 14-30.

Storey, John (1993): An introductory guide to cultural theory and popular culture. New York u. a.: Harvester Wheatsheaf.

Storey, John (Hg.) (1996): What is Cultural Studies? A Reader. London u. a.: Arnold.

Turner, Grame (1991): British Cultural Studies: An Introduction. Boston: Unwin Hyman.

Williams, Raymond (1958): Culture is Ordinary. In: McKenzie, Norman (Hg.): Conviction. London: MacGibbon and Kee, S. 74-92.

Williams, Raymond (1961): The Long Revolution. London: Penguin.

Williams, Raymond (1977): Innovationen. Über den Prozeßcharakter von Literatur und Kultur. Frankfurt am Main: Syndikat.

Winter, Rainer (1997a): Cultural Studies als kritische Medienanalyse: Vom »encoding/decoding«-Modell zur Diskursanalyse. In: Hepp, Andreas/Winter, Rainer (Hg.): Kultur – Medien – Macht: Cultural Studies und Medienanalyse. Opladen: Westdeutscher Verlag, S. 47-63.

Winter, Rainer (1997b): Die Herausforderung der Cultural Studies. In: Medien Journal, Heft 4, S. 3-9.

Winter, Rainer/Mikos, Lothar (Hg.) (2001): Die Fabrikation des Populären. Der John Fiske Reader. Bielefeld: Transcript.

Zoonen, Liesbet van (1996): Feminist Media Studies. London/Thousand Oaks/New Dehli: Sage Publications.

Übungsfragen

1. Erklären Sie den breiten Kulturbegriff von Raymond Williams (inkl. einiger Beispiele).
2. Was ist ein Code?
3. Welche drei Lesarten unterscheidet Stuart Hall (jeweils anhand eines Beispiels)?
4. Was ist unter »radikalem Kontextualismus« zu verstehen?

5. Rekonstruieren Sie den Einfluss des semiotischen Text-Begriffs auf das Verständnis von ›Text‹ in den Cultural Studies.
6. Vergleichen Sie das kritisch-distanzierte Verhältnis zur klassischen kanonisierten Theorien- und Disziplinenbildung bei Cultural Studies und im Poststrukturalismus und benennen Sie Gründe für die geäußerten Vorbehalte. Was ist Ihre Meinung zu diesen Reserviertheiten?
7. Versuchen Sie unter Anwendung der Cultural Studies in Grundzügen eine mögliche Theorie der Rezeption boulevardformatiger Medien zu skizzieren.

2.6 Konstruktivistische Medientheorien
Stefan Weber

Die folgenden Überlegungen beschäftigen sich mit dem Einfluss des konstruktivistischen Diskurses auf Theoriebildung und Empirie der Medien- und Kommunikationswissenschaft.[1] Zunächst wird in einem kurzen Abriss die Theoriegeschichte des Konstruktivismus skizziert – philosophie- und geistesgeschichtlich, naturwissenschaftlich (v. a. neurobiologisch) und auch medientheoretisch. Dabei wird gezeigt, dass der Konstruktivismus als philosophische Position durchaus auf eine Jahrhunderte währende Tradition verweist, seine Anwendung in der Medienwissenschaft jedoch erst eine Errungenschaft der vergangenen Jahre ist. Dann werden die Grundbegriffe des medientheoretischen Konstruktivismus in seinen unterschiedlichen Spielarten erläutert sowie konstruktivistische Modellierungen des Zusammenhangs von Medien, Kultur, Kognition und Kommunikation vorgestellt. Der konkreten Anwendung in der Medienwissenschaft (anhand von ausgewählten Problemfeldern) ist ein eigener Unterabschnitt gewidmet. Schließlich werden kritische Überlegungen zum Konstruktivismus entwickelt und Zukunftsoptionen der weiteren Ausdifferenzierung bzw. Modifikation des konstruktivistischen Diskurses vorgestellt.

Philosophische Tradition

Kognition, Kommunikation, Medien und Kultur

2.6.1 Kurze Geschichte des Konstruktivismus

Konstruktivistisches Denken ist keine Erfindung unserer Tage. Die gesamte abendländische philosophische Tradition beschäftigte die Frage, ob die Außenwelt, die Realität ›da draußen‹ bereits unabhängig von uns gegeben ist oder ob sie vielmehr erst durch unsere Sinneswahrnehmungen erzeugt wird. Positionen, die die Existenz einer materiellen, real existierenden Außenwelt behaupten, heißen in der Philosophie traditionell *ontologische* Positionen. *Realismus*, *Materialismus* oder auch *Essentialismus* wären derartige Positionen. Der Realismus etwa behauptet die prinzipielle Existenz und

Gegenpositionen sind ontologisch

---

[1] Zum Einfluss des Konstruktivismus auf die Medienwissenschaft vgl. auch einführend Großmann 1999 und Weber 2002a.

Erkennbarkeit einer realen Außenwelt. Innerhalb des Realismus findet man verschiedene Strömungen – wie etwa den *naiven Realismus*, der eine prinzipielle Deckungsgleichheit (= Isomorphie) von erkannter und realer Welt behauptet, den *hypothetischen Realismus*, der das Passen der erkannten Welt in die reale untersucht oder den *internen Realismus* u. a.

Varianten des Realismus

Im Gegensatz zu realistischen, materialistischen oder essentialistischen Strömungen gab es in der Philosophiegeschichte immer auch Positionen, die behaupteten, unsere Außenwelt sei nicht vorgegeben und werde von uns auch nicht sukzessive entdeckt bzw. enthüllt, sondern sie werde vielmehr von uns, unserer Sprache und unseren Wahrnehmungen, erzeugt bzw. erst aufgebaut. Diese Positionen interessieren sich nicht für das Wesen der Dinge, sondern für den Akt des Erkennens: Was-Fragen werden durch Wie-Fragen ersetzt, es geht nicht um das Sein, sondern um das Werden von etwas. Solche Denkbewegungen sind *epistemologische* Positionen, sie treten auf im Gewand des *Konstruktivismus*, *Idealismus* oder auch *Nominalismus*. Der Konstruktivismus als philosophische Position, die sich explizit so nennt, taucht erst in den vergangenen Jahrzehnten auf, wenngleich zeitgenössische konstruktivistische Philosophen wie etwa Ernst von Glasersfeld gerne eine lange philosophische Ahnenreihe konstruktivistischen Denkens skizzieren: Zu denken wäre an die antiken Skeptiker, an Kant, Vico, Berkeley und Schopenhauer, aber auch an Bentham und Vaihinger. Die Idee einer Konstruiertheit unserer Welt findet man in unterschiedlichen Formen bei all diesen Denkern. Gebündelt ausformuliert und auf eine empirische Basis gebracht wurde dieses Grundtheorem jedoch erst in den vergangenen Jahrzehnten durch eine Reihe von Wissenschaftlern aus verschiedenen Disziplinen:[2]

Wie wird Wirklichkeit aufgebaut?

Von den antiken Skeptikern bis ins 20. Jahrhundert

- Der Psychotherapeut Paul *Watzlawick* (vgl. Watzlawick/Beavin/Jackson 1969) lieferte mit seiner systemischen Kommunikationstheorie und seinem generalisierenden Kommunikationsbegriff (man könne »nicht nicht kommunizieren«, ebenda, 51)

Watzlawick

---

[2] Den wohl profundesten Standard-Überblick über die grundlegenden (radikal-) konstruktivistischen Positionen von Maturana, Varela, von Glasersfeld, von Foerster u. a. bietet Schmidt 1987. Des Weiteren sei auf die folgenden Sammelbände verwiesen, die sich jeweils mit der interdisziplinären Bandbreite konstruktivistischen Denkens befassen: Watzlawick/Krieg 1991, Fischer 1995, Fischer/Schmidt 2000 und Pörksen 2001. Eine gute monographische Einführung in die konstruktivistische Philosophie stellt Jensen 1999 dar.

eine wichtige Basis für spätere konstruktivistische kommunikationstheoretische wie psychotherapeutische Ansätze.

Bateson
- Der Biokybernetiker Gregory *Bateson* (vgl. Bateson 1981) steuerte mit seiner Modellierung von Information als doppelte Differenz[3] ein wesentliches Fundament für eine spätere konstruktivistische Konzeption des Informationsbegriffs bei.

Von Foerster
- Der Kybernetiker Heinz *von Foerster* (vgl. die Aufsatzsammlung Foerster 1993) hat die Entwicklung des Konstruktivismus ebenso maßgeblich beeinflusst, obwohl er sich selbst nicht als Konstruktivisten bezeichnen würde. Seine *Kybernetik zweiter Ordnung* (Kybernetik der Kybernetik, d. h. Lehre von der Steuerung und Regelung beobacht*ender* anstelle von beobacht*eter* Systeme) lenkte das Interesse vom Forschungsgegenstand zum Analyseinstrumentarium und wurde damit zu einer wesentlichen Wurzel des späteren Konstruktivismus. – Heinz von Foerster und Paul Watzlawick verbindet auch die (radikal-konstruktivistische) Idee, dass die Umwelt[4] von uns nicht entdeckt, sondern erfunden werde.

Maturana
- Der Bio-Epistemologe Humberto R. *Maturana* (vgl. die Aufsatzsammlung Maturana 1982) gilt für viele als wichtigster Begründer und Vertreter des Konstruktivismus. Maturana hat – aufbauend auf Laborversuchen zur Farbwahrnehmung – in den sechziger Jahren des 20. Jahrhunderts eine biologische Theorie des Erkennens als interne Selbstorganisation des Nervensystems sowie des Gehirns entworfen. Maturana versteht Kognition (= Erkennen) nicht als Abbildung einer Außenwelt, sondern als aktiven Aufbau einer Welt ohne Original im Nervensystem. Diese Sichtweise hat dann bei Maturana Konsequenzen auch für unser Verständnis von Sprache, Kommunikation, Wissenschaft und Realität.

Kognitive Systeme sind autopoietisch

»Als autopoietische [= sich selbst reproduzierende, Anm. d. Verf.], geschlossene, strukturdeterminierte Systeme haben wir keinerlei Möglichkeit, irgendeine kognitive

---

[3] Bei Bateson heißt es: »Der *terminus technicus* ›Information‹ kann vorläufig als *irgendein Unterschied, der bei einem späteren Ereignis einen Unterschied ausmacht,* definiert werden.« (Bateson 1981, 488; Hervorh. im Orig.)

[4] Heinz von Foerster bemerkt: »Die Umwelt enthält keine Information. Die Umwelt ist, wie sie ist.« (Foerster 1993, 102) Freilich werden findige Philosophen nun (zu Recht) einwenden, woher von Foerster das so genau wissen könne, wenn dem ›wirklich‹ so sei.

Aussage über eine absolute Realität zu machen. Jede Aussage, die wir machen, ist eine Aussage mit Hilfe unserer Sprache und gehört somit zu einem konsensuellen Bereich. Jedes Wertesystem, jede Ideologie, jede Beschreibung ist eine Operation in einem Konsensbereich, deren Gültigkeit nur durch jene hergestellt wird, die sie durch ihr konsensuelles Verhalten validieren [= für gültig erklären, Anm. d. Verf.].« (Maturana 1982, 29 f.)

- Der Neurobiologe Gerhard *Roth* (siehe grundlegend Roth 1994) hat als einer der ersten deutschsprachigen Naturwissenschaftler die Erkenntnisse Maturanas in Bezug auf die operationale Geschlossenheit des Nervensystems und die autopoietische Organisation lebender Systeme auf das Gehirn übertragen. Roth zufolge konstruiert auch das (reale) Gehirn seine Wirklichkeit, die grundlegend durch eine Differenzierung in Ich-Welt, Körper-Welt und Um-Welt gekennzeichnet ist.[5] Spezifische Arbeitsweisen des Gehirns wie etwa die parallel-distributive Informationsverarbeitung (die Einheit eines Wahrnehmungsobjekts ist das Ergebnis der Tätigkeit ganz unterschiedlicher Hirnareale) lassen für Roth den Schluss zu, dass nicht das Ich oder das Bewusstsein, sondern eben das Gehirn ›Mutter‹ aller Wirklichkeitskonstruktionen ist. Gerhard Roth vertritt also – mit anderen Fachkollegen wie etwa Wolf Singer – einen *neurobiologischen Konstruktivismus*.

Roth

Wirklichkeitskonstruktion beginnt im Gehirn

- Dagegen hat der Philosoph Ernst *von Glasersfeld* einen philosophischen Konstruktivismus, den so genannten *Radikalen Konstruktivismus* entwickelt (vgl. grundlegend Glasersfeld 1996). Dieser stützt und beruft sich zwar auf naturwissenschaftliche Thesen und Modellierungen von Foerster, Maturana u. a., ist jedoch philosophisch stringenter, weil er darum bemüht ist, den Konstruktivismus philosophiegeschichtlich zu platzieren. Der Radikale Konstruktivismus Ernst von Glasersfelds leugnet zwar keine absolute Realität, behauptet aber, dass wir sie niemals erkennen können. Unsere Wirklichkeiten sind unsere Konstruktionen – und das ist alles.

Glasersfeld

---

[5] Dazu präzisiert Gerhard Roth, »daß die Wirklichkeit und ihre Gliederung in drei Bereiche ein *Konstrukt* des Gehirns ist, und zwar ein Konstrukt, in dem die physiologisch-neuronalen Prozesse des Gehirns, die den mentalen Zuständen zugrunde liegen, nicht vorkommen. [...] Daß die Wirklichkeit ein Konstrukt ist, läßt sich empirisch gut nachweisen.« (Roth 1994, 281)

Piaget

- Es wären noch weitere wichtige Wurzeln des Konstruktivismus zu erwähnen: Etwa die *genetische Epistemologie* von Jean *Piaget*, die sich mit der ontogenetischen Konstruktion von Wirklichkeit befasst oder aber auch die *allgemeine Systemtheorie*. Letztere wird jedoch in einem eigenen Theorie-Abschnitt (→ 2.7 Systemtheorien der Medien) ausführlich dargestellt.

Naturalistische und kulturalistische Konstruktivismen

Die bislang erwähnten Wurzeln und Spielarten des Konstruktivismus lassen sich grob unterscheiden in naturwissenschaftliche (Watzlawick, Bateson, Maturana, von Foerster und Roth) und geisteswissenschaftliche (Glasersfeld) Konstruktivismen. Man könnte auch von ›naturalistischen‹ und ›kulturalistischen‹ Konstruktivismen sprechen (vgl. Weber 2002a, 23 f.). Die exakte Grenzziehung ist freilich kaum möglich. So kommt etwa Maturana aus der Biologie, trifft aber sehr wohl Schlussfolgerungen für Sprache, Kommunikation und Kultur. Gerhard Roth ist Hirnforscher, aber beschäftigt sich mit philosophischen Fragen zur Realität. Und Ernst von Glasersfeld ist umgekehrt Philosoph, der aber zur Stützung seiner Argumente immer wieder Erkenntnisse aus der Psychologie benutzt.

Varianten des kulturalistischen Konstruktivismus

Zu ergänzen wäre das Feld der bislang vorgestellten Konstruktivismen um zahlreiche weitere Konstruktivismen im philosophischen und kulturalistischen Umfeld: etwa vom Erlanger bis zum Siegener Konstruktivismus, vom konstruktivistischen Kulturalismus (Peter *Janich*) bis zum medien- und soziokulturellen Konstruktivismus (Siegfried J. *Schmidt*). Da insbesondere medienkulturelle Konstruktivismen in den nächsten Abschnitten noch genauer vorgestellt werden, genügt hier zunächst lediglich ihre Erwähnung.

2.6.2 Grundbegriffe und Modelle des Konstruktivismus

Was ist die forschungsleitende Frage des Konstruktivismus? Ganz allgemein geht es um das Problem, wie eine Instanz (die im Konstruktivismus in der Regel als ›Beobachter‹ bezeichnet wird) eine Wirklichkeit *sui generis* erzeugt, die nicht als Abbildung einer realen, schon vorab existierenden Außenwelt begriffen werden kann. Die Grundbegriffe des Konstruktivismus sind folglich zunächst: Beobachter, Wirklichkeit versus Realität, Konstruktion. In weiterer

Folge wären zu nennen: Autopoiesis, Autokonstitution, strukturelle Kopplung, operationale Geschlossenheit, semantische Selbstreferentialität, Viabilität.

- Ein *Beobachter* ist im Konstruktivismus (zumindest seit Maturana) jedes lebende und erkennende System, also gemeinhin jeder ›Mensch‹. Obwohl in seiner theoretischen Ausrichtung individuenzentriert, vermeidet der Konstruktivismus in der Regel die ›Mensch-Semantik‹. Die Rede ist dann etwa vom ›kognitiven System‹ (H. R. Maturana) oder vom ›Aktanten‹ (S. J. Schmidt). Wichtig erscheint hierbei der systemische Aspekt: das Subjekt als operational geschlossene Menge von relationierten Elementen (siehe zum System-Begriff genauer → 2.7 Systemtheorien der Medien).

  Beobachter als »kognitives System« oder »Akant«

- In manchen Spielarten des Konstruktivismus (etwa bei Ernst von Glasersfeld oder Gerhard Roth) wird zwischen *Wirklichkeit* und *Realität* unterschieden. Dabei wird Wirklichkeit als jene phänomenale Welt definiert, die von uns erzeugt wird, und Realität als das unerkennbare Jenseits dieser Wirklichkeitskonstruktionen, das nicht geleugnet wird. Es gibt innerhalb des Konstruktivismus eine breite Diskussion darüber, ob dieses Konzept der ›Realität‹ philosophisch konsistent ist oder nicht. So beharrt etwa der philosophische radikale Konstruktivismus Ernst von Glasersfelds auf dieser Unterscheidung, während sie vom soziokulturellen Konstruktivismus Siegfried J. Schmidts (vgl. etwa Schmidt 1998, 16 ff.) sukzessive problematisiert und de-ontologisiert wird.

  Konstruierte Wirklichkeit versus unerkennbare Realität

- Der Begriff *Konstruktion* bzw. *Wirklichkeitskonstruktion* nimmt eine zentrale Stellung im konstruktivistischen Denken ein. Gemeinhin bzw. alltagssprachlich wird unter Konstruktion so etwas wie ein planmäßiges Entwerfen verstanden – man denke etwa an Entwurfsprozesse in der Kunst oder der Architektur. Im konstruktivistischen Diskurs wird unter Konstruktion jedoch zumeist gerade *nicht* das planerische, absichtliche bzw. intentionale Entwerfen einer Wirklichkeit, sondern vielmehr das unbewusste, implizit ablaufende Erzeugen ebendieser verstanden. Wichtig erscheint hierbei, dass diese Fokussierung auf das unbewusste Konstruieren so gut wie alle beobachteten Konstruktionsinstanzen betrifft: das Gehirn wie die Kultur, das ›kognitive System‹ wie die Medien. Aus aktantenorientierter Sicht schreibt Siegfried J. Schmidt:

»Wirklichkeitskonstruktion ist zurechenbar an Individuen als empirische Orte dieser Konstruktion; aber sie erfolgt keinesfalls in subjektiver Willkür, sondern kann allgemein bestimmt werden als gesellschaftliche Sinnproduktion im Individuum.« (Schmidt 1993, 107)

Konstruktion meint im streng konstruktivistischen Sinne also keine Verfahren der bewussten Erzeugung von Wirklichkeit. Es gehe dann etwa auch im journalismuswissenschaftlichen Kontext nicht um »die bewußte Manipulation von Sachverhalten« oder die »Erfindung spektakulärer Ereignisse bzw. Verfälschung von Tatsachen« (Rusch 1999a, 9). Diese Differenz erscheint wesentlich, wenn es um die Übertragung konstruktivistischer Überlegungen auf Kommunikationsprozesse oder die Massenmedien geht. Der Konstruktivismus beschäftigt sich also mit jener Konstruktivität, die uns oft gar nicht bewusst wird, die latent abläuft – sowohl neurobiologisch wie auch kulturell. Konstruktion, so lautet die wahrscheinlich allgemeinste Definition, meint dann jegliche Form *kognitiv-sozialen Operierens*.

Konstruieren = kognitiv-soziales Operieren

- *Autopoiesis, strukturelle Kopplung* und *operationale Geschlossenheit* sind drei Konzepte aus der Bio-Epistemologie H. R. Maturanas. Da sie auch in der Systemtheorie eine prominente Stellung einnehmen, werden sie im Kapitel zur Systemtheorie ausführlich erklärt (→ 2.7 Systemtheorien der Medien). Hier genügt der Hinweis, dass Autopoiesis als Kriterium für lebende Systeme so viel wie Selbstreproduktion von eigenen Elementen aus eigenen Elementen meint, wobei der Modus dieser Selbstreproduktion über (a) eine operationale Schließung des Systems gegenüber der Umwelt und (b) eine strukturelle Kopplung des Systems mit der Umwelt erfolgt. Autopoietische Systeme sind somit geschlossen (sie haben eine Systemgrenze) und offen zugleich (im Sinne ihrer Kopplung mit der Umwelt). Im Rahmen der Systemtheorie kommt es zur expliziten Übertragung dieser Sichtweise von lebenden Systemen auf soziale Systeme, im Konstruktivismus spielt lediglich die Metapher der ›strukturellen Kopplung‹ (etwa von Kognition und Kommunikation) eine wichtige Rolle.

Autopoiesis = Selbstreproduktion

Operationale Geschlossenheit und strukturelle Kopplung

- Der konstruktivistische Diskurs ist auch bemüht, Vorstellungen aus dem Realismus und Kritischen Rationalismus über Sinn und Wert von Erkenntnis abzulösen bzw. zumindest zu relativieren: Anstelle von Verifikation oder Falsifikation von Wissen verwendet der Konstruktivismus die Konzepte *Viabilität* (bei Ernst von Glasersfeld, übersetzbar mit ›Gangbarkeit‹) und *Validierung* (bei Humberto R. Maturana, übersetzbar mit ›Gültigkeitserklärung‹). So wird etwa ausgeschlossen, dass man jemals mit Sicherheit sagen könne, ob Wissen mit realen Sachverhalten übereinstimme oder auch nur adäquat sei – vielmehr erweise sich Wissen als viabel oder nicht, in einem durchaus lebenspragmatischen Sinne. Wissenschaftliche Erklärungen können überdies weder an der Realität scheitern noch durch diese bestätigt werden, sondern sie werden – laut Maturana – durch wissenschaftsinterne Verfahren für gültig (d. h. valide) erklärt.[6]

Viabilität und Validierung

Neben der Einführung neuer Begriffe war der Konstruktivismus auch bemüht, den Erkenntnisprozess per se aus konstruktivistischer Sicht neu zu modellieren. Zwei Modelle sollen im Folgenden kurz dargestellt werden:

- Der Neurobiologe Gerhard Roth hat ein Modell der Erkenntnis entworfen, in dem das reale Gehirn eine Wirklichkeit erzeugt, die sich in drei Welten, nämlich Ich-Welt, Körper-Welt und Um-Welt differenziert. Erkenntnistheoretisch problematisch ist dabei allerdings die ›Verlagerung‹ der Konstruktionsinstanz Gehirn in die (unerkennbare) Realität.

Roth: Körperwelt, Ichwelt und Umwelt

- In einer Abkehr von neurobiologischen und letztlich dualistischen Modellierungen hat der Medienkulturwissenschaftler Siegfried J. Schmidt in den neunziger Jahren ein Modell entwickelt, das gleichsam forschungsleitend für viele konstruktivistische Anschlussüberlegungen wurde: Schmidt bestimmt Wirklichkeitskonstruktion als autokonstitutiven (= sich selbst tragenden und bestimmenden) Kreislauf von vier (abstrakt angenommenen) Instanzen, nämlich von *Kognition, Kommunikation, Medien* und *Kultur* (vgl. grundlegend Schmidt 1994; in der Folge viele Ausdifferenzierungen). Dabei meinen ›Kognition‹ und ›Kommunikation‹ gemeinhin das, was unter den Begriff ›Mensch-Semantik‹ fällt, Medien und Kultur sind vergleichbar mit den sozialen Umwelten. Schmidts allgemeine These ist jene, dass Kognition (›Denken‹) und Kommunikation (›Sprechen‹, allgemeiner: Mitteilen) immer kategorial voneinander getrennt ablaufen (die Innenwelt des Mitdenkens ist nie direkt kommu-

Schmidt: Kreislauf von Kognition, Kommunikation, Medien und Kultur

---

[6] Kritiker des Konstruktivismus sehen in diesen Sichtweisen einen Aufruf zur haltlosen Beliebigkeit und eine Huldigung des grenzenlosen Relativismus.

nizierbar) und Aktanten deshalb darauf angewiesen sind, dass die beiden getrennten Sphären zusammengebracht werden (vgl. auch Feilke/Schmidt 1995): Dies geschehe gemäß Schmidt, indem Medien und Kultur Kognition und Kommunikation strukturell verkoppeln.[7] ›Kultur‹ wird dabei sehr allgemein bestimmt als Programm für Verhalten, als Programm für die Interpretation eines (immer binären) Wirklichkeitsmodells einer Gesellschaft (vgl. Schmidt 1995, 31 ff.). Etwas enger werden hingegen ›Medien‹ definiert. Die folgende Bestimmung ist zentral für medienkulturelle konstruktivistische Theoriebildung – Siegfried J. Schmidt fasst unter seinen ›Kompaktbegriff‹ Medium:

Schmidts Kompaktbegriff »Medium«

»• semiotische Kommunikationsinstrumente (z. B. natürliche Sprachen)
• Materialien der Kommunikation (z. B. Zeitungen)
• technische Mittel zur Herstellung und Verbreitung von Medienangeboten (z. B. Computer oder Kameras)
• soziale Organisationen zur Herstellung und Verbreitung von Medienangeboten (z. B. Verlage oder Rundfunkanstalten, samt ihren ökonomischen, juristischen, sozialen und politischen Handlungsvoraussetzungen)
• schließlich die Medienangebote selbst (also Zeitungsartikel, Rundfunk- und Fernsehsendungen usw.)« (Schmidt 1996, 3)

Medienkultureller Konstruktivismus versus Systemtheorie

Siegfried J. Schmidts Modell der zirkulären Wirklichkeitskonstruktion im Kreislauf von Kognition, Kommunikation, Medien und Kultur gilt bis heute als Standardmodell des soziokulturellen bzw. medienkulturellen Konstruktivismus.[8] Es kann auch als alternatives Modell zu Niklas Luhmanns Typologie sozialer Systeme (Maschinen, Organismen, psychische Systeme und soziale Systeme) gelesen werden (→ 2.7 Systemtheorien der Medien), wobei das konstruktivistische Modell trotz seines Abstraktionsgrades unter Umständen sogar operationalisierbarer und empirisierbarer erscheint.

---

[7] Siegfried J. Schmidt präzisiert: »Meine generelle These lautet daher: *Die autonomen Bereiche Kognition und Kommunikation werden unter Aufrechterhaltung ihrer Autonomie strukturell gekoppelt durch Medienangebote, weil sich die Aktanten in allen drei Bereichen in hinreichend vergleichbarer Weise auf die symbolischen Ordnungen beziehen, die ich ›Kultur‹ nenne.*« (Schmidt 1995, 31; Hervorhebung im Original)

[8] Alternative Kommunikationsmodelle kognitiver Systeme wurden etwa im Rahmen des Siegener Konstruktivismus auch von Gebhard Rusch entwickelt, vgl. Rusch 1999b.

S. J. Schmidt fasst die Kernaussage seiner konstruktivistischen Position selbst wie folgt zusammen:

> »[...] Wirklichkeitskonstruktionen von Aktanten sind subjektgebunden, aber nicht subjektiv im Sinne von willkürlich, intentional oder relativistisch. Und zwar deshalb, weil die Individuen bei ihren Wirklichkeitskonstruktionen im geschilderten Sinne *immer schon zu spät* kommen: Alles, was bewußt wird, setzt vom Bewußtsein aus unerreichbare neuronale Aktivitäten voraus; alles, was gesagt wird, setzt bereits das unbewußt erworbene Beherrschen einer Sprache voraus; worüber in welcher Weise und mit welchen Effekten gesprochen wird, all das setzt gesellschaftlich geregelte und kulturell programmierte Diskurse in sozialen Systemen voraus. Insofern organisieren diese Prozesse der Wirklichkeitskonstruktion sich selbst und erzeugen dadurch ihre eigenen Ordnungen der Wirklichkeit(en).« (Schmidt 2000, 47 f.)

Zentrales Theorem von Schmidts Konstruktivismus

2.6.3 Anwendungen in der Medienwissenschaft

Theoretische Anwendungen

Konstruktivistische Theoriebemühungen in der Medienwissenschaft verstehen sich zumeist als grundlegende Alternativen zum (vorherrschenden) Realismus im Fachbereich. Realismus und Konstruktivismus treten also, wie im Abriss zur Kurzgeschichte geschildert, in den meisten Fällen als zwei unterschiedliche Denkrichtungen bzw. Denklogiken auf, was das Verhältnis von Medien/Journalismus hier und Wirklichkeit/Realität dort anbelangt. Traditionelle realistische Modelle von Medien und Journalismus gehen tendenziell von einer Wirklichkeit aus, die auf die Medien einströmt und von diesen dann an die Rezipienten (selektiert/gefärbt/›biased‹) weitergegeben wird. Der Konstruktivismus stellt diese Denkrichtung auf den Kopf bzw. kehrt sie um: Die Rezipienten konstruieren sich aktiv aus den Medienwirklichkeiten ihre Rezipientenwirklichkeiten (analog zum Uses-and-Gratifications-Ansatz wie auch zu den Cultural Studies, → 2.5 Kulturtheorien der Medien), und die Medien erzeugen erst Wirklichkeiten, indem sie publizieren. Realistische Modelle wie etwa die Nachrichtenwert-Theorie oder auch

Konstruktivismus versus Realismus

der Gatekeeper-Ansatz hingegen beschreiben eine außermediale Wirklichkeit, aus der nach gewissen Prioritäten selektiert wird – etwa gemäß der Nachrichtenfaktoren bzw. -werte.

Blicken wir nun konkreter auf theoretische Anwendungen des Konstruktivismus im Bereich der Medien- und Kommunikationswissenschaft, so macht es Sinn, die Bereiche (primär interpersonelle) Kommunikation, Journalismus und Massenmedien zu differenzieren.

- Im Bereich der *interpersonellen Kommunikation* schlägt der Konstruktivismus eine Abkehr vom Container- bzw. Transportmodell von Information vor. Information werde nicht von Kommunikator A zu Kommunikator B gleichsam als ›Informationspaket‹ transportiert, sie werde nicht einmal re-konstruiert, sondern vielmehr jeweils vom Kommunikator nach internen Regeln, biologischer Konditionierung und kultureller Einbettung erst erzeugt. Es sei, so ein Theorem des Konstruktivismus, immer der Empfänger, der den Wert einer Botschaft bestimme.[9]

Krippendorff: Modell interpersoneller Kommunikation

Konkrete Modellierungsversuche eines konstruktivistischen Modells der interpersonellen Kommunikation stammen von Klaus Krippendorff (vgl. Krippendorff 1993, 30 ff.). Seine Leitbegriffe für eine konstruktivistische Revision von Kommunikations- und Verstehensprozessen sind Autopoiesis, Rekursion (= Rückbezüglichkeit) und insbesondere Wirklichkeitskonstruktion.

Weischenberg: Systemtheorie der Journalistik

- Im Bereich der *Journalistik* hat vor allem Siegfried Weischenberg an einer konstruktivistischen Journalismustheorie gearbeitet (zur Positionierung dieses Ansatzes vgl. auch Pörksen 2000). Für Weischenberg geht der Realismus von folgenden Annahmen aus:

  »Dazu [zum Realismus, Anm. d. Verf.] gehören der Glaube an allmächtige Medien, der pauschale Vorwurf der Manipulation durch Medien, das Beharren auf der Existenz von Falsifikationsmaßstäben für *Medienrealität*, der Rekurs auf ontologische Gewißheiten und damit auf absolute Bezugspunkte für die Beurteilung von Medienkommunikation.

---

[9] Darauf baut eine wichtige ethische Debatte auf, inwieweit der Konstruktivismus dann den Sender von Information von seiner Verantwortung freispricht.

Der Konstruktivismus setzt diesen Vorstellungen (hier gewiß ganz *radikal*) entgegen: die Subjektabhängigkeit der Wirklichkeitskonstruktion, die kognitive Nichtzugänglichkeit von Realität aufgrund der operativen Geschlossenheit des Gehirns und eine Verantwortungsethik anstelle von Wahrheit oder Realität als Handlungsmaßstab. Für den Journalismus bedeutet dies u. a., daß nicht die Ereignisse verantwortlich sind für die Berichterstattung, sondern die Journalistinnen und Journalisten, welche Medienangebote produzieren.« (Weischenberg 1995, 47)

Weber (1999) hat versucht, Realismus und Konstruktivismus als zwei Denkrichtungen in der Journalistik gegenüberzustellen. Das »realistische Modell der Nachrichtenselektion« (ebenda, 205 ff.) geht von einer Menge an Ereignissen aus, die in der Summe die Wirklichkeit darstellen und die von den Medien (bzw. dem Journalismus) nach gewissen Regeln und Prozeduren selektiert werden. Die daraus resultierenden Nachrichten werden an eine disperse Masse von Rezipienten vermittelt. Das »konstruktivistische Modell der Nachrichtenkonstruktion« (ebenda, 208 ff.) hingegen geht vom *einzelnen* Rezipienten, vom Aktanten als empirischen Ort der Wirklichkeitskonstruktion (im Sinne S. J. Schmidts) aus und untersucht dessen (selektiv-konstruktive) Hinwendung zu Medienangeboten. In journalistischen Systemen ist es erneut der einzelne Journalist als Aktant, der Wirklichkeiten konstruiert und damit Objektivität erst entstehen lässt. Wirklichkeiten als Ereignismengen entstehen somit erst aus den Operationsweisen von Aktanten – auf Seiten der professionellen Kommunikatoren wie auf Seiten der Rezipienten.

Weber: Realismus und Konstruktivismus

Während Weischenberg Realismus und Konstruktivismus als diametrale, unvereinbare Gegensätze behandelt und klar für den Konstruktivismus optiert, lässt Weber in seiner Argumentation beide Modelle jeweils situativ-empirisch gelten und schlägt in der Folge ein »situatives Modell der Nachrichtenproduktion« vor (Weber 1999, 210 ff.), das die Denkrichtungen des Realismus und des Konstruktivismus vereinen soll.

- Für die *Massenmedien* als Ganzes bzw. für Theorien der Medienwirkung sind vor allem die Arbeiten von Klaus Merten zu nennen – wie etwa zur Reflexivität der ›Öffentlichen Meinung‹ als Erweiterung der Theorie der Schweigespirale, vor allem aber zur multifaktoriellen Medienwirkung. In Abkehr von Stimulus-Response-Modellen der Medienwirkung (den sog. ›Kanonentheorien‹) hat Merten ein konstruktivistisches ›oktamodales[10] Medienwirkungsmodell‹ (Merten 1995, 17 ff.; erweitert Merten 1999, 392 ff.) entwickelt, das nicht nur die Reflexivität von Wirkungen berücksichtigt (Wirkungen verändern Wirkungen), sondern auch die Abhängigkeit der Medienwirkungen von kontextuellen Einbettungen. Interner und externer Kontext finden sich in diesem transklassischen Wirkungsmodell in gleicher Weise berücksichtigt wie der mediale Stimulus selbst.

- Das konstruktivistische Denken hat mittlerweile auch die theoretische Forschung zu *Werbung* und *PR* inspiriert. So kann etwa Public Relations konstruktivistisch definiert werden als »*Prozeß intentionaler und kontingenter Konstruktion wünschenswerter Wirklichkeiten durch Konstruktion viabler Images in der Öffentlichkeit*« (Merten 1995, 13; vgl. auch ausführlicher Merten/Westerbarkey 1994). Bei dieser Definition zeigt sich allerdings bereits, dass der orthodoxe Konstruktivismus suspendiert wird: Konstruktion bezieht sich hier nun auch auf intentionale und nicht bloß unabsichtliche, unwillkürliche Prozesse.
- Schließlich ist auf die Nützlichkeit konstruktivistischer Theoriebildung für die Analyse der neuen Medien *Internet*, *VR* und *Multimedia* zu verweisen (vgl. etwa diverse Beiträge in Krämer 1998). – Auch Gianni Vattimo und Wolfgang Welsch schreiben: »Die Funktion der Medien hat sich in den letzten Jahrzehnten von der Wirklichkeitsvermittlung zur Wirklichkeitsprägung gewandelt. Der Bit Bang des World Wide Web und die weltweite Konjunktur des Internet haben diesen Funktionswandel unübersehbar gemacht. Zudem sollen die Simulationstechnologien der Virtual Reality es schon bald ermöglichen, sich mit Hilfe von Datenanzügen und Datenhelmen in den digital erzeugten Welten des Computers wie in realen Landschaften zu bewegen, wodurch der konstruktivistische, wirklichkeitsgestaltende Charakter der Medien noch weiter zugespitzt wird.« (Vattimo/Welsch 1998, 7)

---

[10] Oktamodal = von acht Modalitäten ausgehend.

Freilich ist darauf hinzuweisen, dass auch hier von einer graduellen Vorstellung von Konstruktivität ausgegangen wird, die von erkenntnistheoretischen Aussagen zur Wirklichkeitskonstruktion ›an sich‹ unterschieden werden müsste.[11]

Empirische Anwendungen

Realistische Medienwissenschaft im Allgemeinen und realistische Journalistik im Besonderen eint der Versuch, empirisch Medienrealität mit der Realität ›da draußen‹ zu vergleichen und dementsprechend Verzerrungen bzw. Verfälschungen (im Sinne von Über- oder Untertreibungen) der Medien festzustellen. Wiewohl die Realität ›da draußen‹ nicht direkt zugänglich ist, so gibt es doch Realitäts*indikatoren*, die auf sie hinweisen: wie etwa offizielle Statistiken von Polizei oder Behörden usw. Eine typische, dem realistischen Forschungsgeist entsprechende Untersuchung vergleicht dann etwa forschungsmethodologisch die Entwicklung der Berichterstattung über Aids-Tote mit der ›faktischen‹ Entwicklung der Anzahl an Aids-Toten (vgl. etwa paradigmatisch Kepplinger/Habermeier 1995). Auch im Bereich der Messung der Medienwirkung gibt es zahllose methodische Settings, die nach realistischer Strickart gebaut sind und somit in der Regel immer schon Ergebnisse liefern, die der Intuition und dem *Common sense* entsprechen.

Distanz zu Realitätsindikatoren

Konstruktivistische empirische Medienforschung ersetzt den Vergleich von Medienrealität und ›Realität an sich‹ durch die Untersuchung konkurrierender, alternativer Medienwirklichkeiten: Der *intermediale* Wirklichkeitsvergleich gerät in den Brennpunkt der Forschung. Konstruktivistische Empirie geht folglich nicht vom Dualismus Medienbild versus Wirklichkeit aus, sondern interessiert sich für unterschiedliche Wirklichkeiten in unterschiedlichen Medien und für deren Ursachen (man denke etwa nur an die Berichterstattung über den Selbstmord Hannelore Kohls in unterschiedlichen bundesdeutschen Printmedien). Methodisch gesehen sind in diesem Forschungsbereich komparatistische Inhalts- und Textanalysen nahe liegend.

Intermedialer Vergleich anstelle von Medien versus Wirklichkeit

---

[11] Zu dieser Problematik – vor allem in Bezug auf neue Medien wie das Netz – vgl. auch Weber 2001. Eine Anwendung des schmidtschen Modells von Kognition, Kommunikation, Medien und Kultur auf Netzkommunikationen, -medien und -kulturen findet sich ebendort, 34 ff.

Eine ›ältere‹ konstruktivistische Tradition liegt in der aktiv-teilnehmenden Redaktionsbeobachtung. Konstruktivistische empirische Forschung interessiert sich hier nicht so sehr für Selektionsweisen und für das Verhältnis von Ereignissen oder eingehendem Material und Berichterstattung (Gatekeeper-Studien, Input/Output-Analysen), sondern für redaktionsinterne Routinen, Prozesse und Rituale, die an der Konstruktion journalistischer Wirklichkeiten (mit-)beteiligt sind. Gaye Tuchman, eine aus der Phänomenologie und Ethnomethodologie kommende Soziologin[12], hat etwa bereits in den frühen Siebzigern als eine der ersten ein konstruktivistisches Konzept von Objektivität vorgelegt (vgl. Tuchman 1972) und schließlich ihre teilnehmenden Beobachtungen von Redaktionen zu der Pionierstudie »Making News. A Study in the Construction of Reality« (Tuchman 1978) verdichtet. Während Tuchman journalistische Objektivität als ›strategisches Ritual‹ outet, das durch gewisse Prozeduren (wie etwa das Zitieren von Expertenmeinung und Experten-Gegenmeinung) erzeugt wird, interessiert sie sich bei den ›Nachrichtenarbeitern‹ für deren Typifikationen (*frames* bzw. Rahmen), die für die subjektive Einschätzung von Ereignissen verantwortlich sind.

Die theoretisch-empirische Arbeit »Die Konstruktion von Realität in den Nachrichtenmedien« (Schulz 1976) ist eine weitere empirische Pionierarbeit aus der Perspektive des Konstruktivismus, noch bevor der Markenname ›Radikaler Konstruktivismus‹ sich durchsetzte. Obwohl hier zunächst noch vom Selektionsdenken und von einer durchaus realistischen Interpretation der Nachrichtenfaktoren ausgegangen wird, wird dann doch eine »theoretische Neuorientierung« (ebenda, 25) gefordert, die aus heutiger Sicht als konstruktivistische Wende gelesen werden kann:

> »Untersuchungen über die Darstellung der Realität in den Nachrichtenmedien sind bisher immer als eine Art Falsifikationsversuch aufgefaßt worden: man will nachweisen, daß die von Medien vermittelte Realität nicht mit der ›faktischen‹ Realität – mit dem, ›was wirklich geschah‹ – übereinstimmt. [...]

---

[12] Tuchman verweist auch auf eine andere, vor allem im angloamerikanischen Raum rezipierte Tradition des Konstruktivismus, die hier nicht primär Thema ist – von der Phänomenologie (Husserl, Schütz) über die Ethnomethodologie (Garfinkel) bis zum sozialen Konstruktivismus von Berger/Luckmann.

Uns scheint jedoch der Versuch, die Medienrealität falsifizieren zu wollen, grundsätzlich ungerechtfertigt und auch unmöglich zu sein.« (Schulz 1976, 25)
Aufbauend auf seiner Skepsis gegenüber dem Realismus und dem Falsifikationsdenken kommt Schulz schließlich zu dem Schluss:

»Auf dieser Grundlage muß man konsequenterweise auch die ›Abbildtheorie‹ aufgeben, die Annahme, Nachrichten würden Realität widerspiegeln. Tatsächlich erscheint es plausibler, davon auszugehen, daß Nachrichten eine Interpretation unserer Umwelt sind, eine Sinngebung des beobachtbaren und vor allem auch des nicht beobachtbaren Geschehens. Man kann also sagen, daß Nachrichten ›Realität‹ eigentlich konstituieren.« (ebenda, 28; zur Gegenüberstellung von Realismus und Konstruktivismus vgl. auch Schulz 1989)

Wider den abbildtheoretischen Realismus

Empirische Arbeiten aus der Perspektive des Konstruktivismus liegen mittlerweile auch zur Wirklichkeitskonstruktion im Boulevardformat (vgl. Weber 1995) oder zum kommerziellen Werbespot im Fernsehen vor (vgl. Schmidt/Spieß 1996), um nur zwei Arbeiten exemplarisch herauszugreifen. Konstruktivistische ›Spurenelemente‹ finden sich hingegen in vielen Studien der vergangenen Jahre (vgl. etwa den Sammelband Baum/Schmidt 2002) – von Studien zur Netznutzung bis zu Kommunikatorstudien (etwa Journalistenbefragungen aus konstruktivistisch-systemtheoretischer Perspektive).

Nachrichtenkonstruktion im Boulevardmedium

2.6.4 Kritik und Weiterentwicklung der Theorien

Mit der zunehmenden Popularisierung des Konstruktivismus und seiner Fruchtbarmachung in zahlreichen Disziplinen wuchs in den vergangenen Jahren auch die Kritik an ihm. Vielerlei erschien kritikwürdig:

- Zunächst wurde die Übertragung von Begriffen und Konzepten aus der Biologie (wie etwa Autopoiesis oder strukturelle Kopplung von Maturana) auf soziokulturelle Prozesse kritisiert. Wieder einmal wurde der Verdacht laut, hier werde lediglich eine Neuauflage eines naturalistischen Reduktionismus betrieben, der so tue, als würden kulturelle Prozesse genauso ablaufen wie natürlich-organische.

Kritik an biologistischen Tendenzen

Empirie-Theorie-Problem

- In einem nächsten, differenzierteren Schritt wurde Maturanas Begrifflichkeit, die für den Konstruktivismus so prägend war, selbst kritisiert. Es wurde kritisch hinterfragt, ob die weitreichenden Schlussfolgerungen, die Maturana aus seinen (wenigen) empirischen Versuchen zog, legitim sind (vgl. zu dieser Kritik grundlegend Mitterer 1992b).

Dualismus-Problem

- Der Dualismus von unerkennbarer Realität und konstruierter Wirklichkeit (explizit bei Roth, in abgeschwächter Form bei Glasersfeld) wurde als paradox und philosophisch nicht haltbar entlarvt (ebenfalls von Mitterer 1992b; aber auch aus den Reihen der Konstruktivisten selbst, vgl. etwa Schmidt 2002, 5: »Noch in avancierten konstruktivistischen Theorien wird ein Dualismus von unerkennbarer Realität und konstruierter Wirklichkeit vertreten.«) Die argumentativen Nöte liegen ja auf der Hand: Wenn die Realität unerkennbar ist, wie wäre dann erkennbar, dass sie unerkennbar ist?

- Als problematisch erwiesen sich auch die Konzentration des zentralen Konzepts der Wirklichkeitskonstruktion auf unwillkürliche, unbewusste Prozesse und der Ausschluss jedweder Form von möglicher strategischer Wirklichkeitskonstruktion. Dies führte nicht nur zu Ebenen-Verwechslungen und immer wiederkehrenden Missverständnissen, sondern auch zu Problemen bei Empirisierungs-Versuchen: Wie sollte dann etwa eine konstruktivistische Analyse von Boulevardmedien aussehen, wie könnte man Identitätskonstruktion im Internet dann noch empirisch (und vor allem auch quantitativ!) untersuchen, wenn es kein Mehr oder Weniger an (eben auch bewusster) Konstruktivität geben solle?[13]

Mitterer: »nicht-dualisierende Redeweise«

Der österreichische Philosoph Josef Mitterer (1992a, 2001) hat indes einen alternativen philosophischen Ansatz entwickelt, der sich mit den stillschweigenden Voraussetzungen sowohl von Realismus als auch von Konstruktivismus beschäftigt. Kurz gesagt versucht Mitterer nachzuweisen, dass es lediglich eine Redensart sei, ob man sich als Realist oder als Konstruktivist bezeichnet. Ob man behauptet, die Sprache bilde die Wirklichkeit ab (= Realismus), oder ob man vielmehr davon ausgeht, die Wirklichkeit werde durch die Sprache erst konstruiert (= Konstruktivismus), sei relativ einer-

---

[13] Diese Debatte ist noch nicht beendet, vgl. etwa die kontroversen Beiträge von Schmidt 2002 und Weber 2002b.

lei, solange beide Positionen in ihren Argumenten den Dualismus Sprache – Wirklichkeit voraussetzen. Mitterers eigener Ansatz wird indes als ›nicht-dualisierende Redeweise‹ bezeichnet.

Vor allem der medienkulturelle Konstruktivismus Siegfried J. Schmidts hat die Herausforderungen der vergangenen Jahre angenommen und eine Variante des Konstruktivismus entworfen (siehe zur Entwicklung Schmidt 1994, 1998 und 2000), die über den kritisierten Dualismus hinauszugehen versucht und vor allem mittlerweile ganz ohne biologische bzw. naturalistische Argumente auskommt. In Fortschreibung aktueller Tendenzen im Konstruktivismus wird es jedoch zunehmend fraglich, ob das Theorievorhaben weiter als ›Konstruktivismus‹ bezeichnet werden soll bzw. ob nicht vielmehr ›non-dualistischer Kulturalismus‹ eine passendere Bezeichnung für die dominante aktuelle Orientierung innerhalb dieses Theorie-Diskurses wäre.

Dualismuskritischer medienkultureller Konstruktivismus

Literatur

Bateson, Gregory (1981): Ökologie des Geistes. Anthropologische, psychologische, biologische und epistemologische Perspektiven. Frankfurt am Main: Suhrkamp.

Baum, Achim/Schmidt, Siegfried J. (Hg.) (2002): Fakten und Fiktionen. Über den Umgang mit Medienwirklichkeiten. Konstanz: UVK. (Schriftenreihe der Deutschen Gesellschaft für Publizistik- und Kommunikationswissenschaft, Band 29)

Feilke, Helmuth/Schmidt, Siegfried J. (1995): Denken und Sprechen. Anmerkungen zur strukturellen Kopplung von Kognition und Kommunikation. In: Trabant, Jürgen (Hg.): Sprache denken. Positionen aktueller Sprachphilosophie. Frankfurt am Main: Fischer, S. 269-297.

Fischer, Hans Rudi (Hg.) (1995): Die Wirklichkeit des Konstruktivismus. Zur Auseinandersetzung um ein neues Paradigma. Heidelberg: Carl-Auer-Systeme Verlag.

Fischer, Hans Rudi/Schmidt, Siegfried J. (Hg.) (2000): Wirklichkeit und Welterzeugung. In memoriam Nelson Goodman. Heidelberg: Carl-Auer-Systeme Verlag.

Foerster, Heinz von (1993): Wissen und Gewissen. Versuch einer Brücke. Frankfurt am Main: Suhrkamp.

Glasersfeld, Ernst von (1996): Radikaler Konstruktivismus. Ideen, Ergebnisse, Probleme. Frankfurt am Main: Suhrkamp.

Großmann, Brit (1999): Der Einfluß des Radikalen Konstruktivismus auf die Kommunikationswissenschaft. In: Rusch, Gebhard/Schmidt, Siegfried J. (Hg.): Konstruktivismus in der Medien- und Kommunikationswissenschaft. DELFIN 1997. Frankfurt am Main: Suhrkamp, S. 14-51.

Jensen, Stefan (1999): Erkenntnis – Konstruktivismus – Systemtheorie. Einführung in die Philosophie der konstruktivistischen Wissenschaft. Opladen/Wiesbaden: Westdeutscher Verlag.

Kepplinger, Hans Mathias/Habermeier, Johanna (1995): The Impact of Key Events on the Presentation of Reality. In: European Journal of Communication, 10. Jahrgang, Heft 3, S. 371-390.

Krämer, Sybille (Hg.) (1998): Medien – Computer – Realität. Wirklichkeitsvorstellungen und Neue Medien. Frankfurt am Main: Suhrkamp.

Krippendorff, Klaus (1993): Schritte zu einer konstruktivistischen Erkenntnistheorie der Massenkommunikation. In: Bentele, Günter/Rühl, Manfred (Hg.): Theorien öffentlicher Kommunikation. Problemfelder, Positionen, Perspektiven. München: Ölschläger, S. 19-51. (Schriftenreihe der Deutschen Gesellschaft für Publizistik- und Kommunikationswissenschaft, Band 19)

Maturana, Humberto R. (1982): Erkennen: Die Organisation und Verkörperung von Wirklichkeit. Braunschweig/Wiesbaden: Vieweg.

Merten, Klaus/Westerbarkey, Joachim (1994): Public Opinion und Public Relations. In: Merten, Klaus/Schmidt, Siegfried J./Weischenberg, Siegfried (Hg.): Die Wirklichkeit der Medien. Eine Einführung in die Kommunikationswissenschaft. Opladen: Westdeutscher Verlag, S. 188-211.

Merten, Klaus (1995): Konstruktivismus als Theorie für die Kommunikationswissenschaft. Eine Einführung. In: Medien Journal, 19. Jahrgang, Heft 4, S. 3-20.

Merten, Klaus (1999): Einführung in die Kommunikationswissenschaft. Band 1/1: Grundlagen der Kommunikationswissenschaft. Münster: Lit.

Mitterer, Josef (1992a): Das Jenseits der Philosophie. Wider das dualistische Erkenntnisprinzip. Wien: Passagen Verlag.

Mitterer, Josef (1992b): Wie radikal ist der Konstruktivismus? Eine Kritik der Epistemologie von Humberto Maturana. In: Mitterer, Josef: Das Jenseits der Philosophie. Wider das dualistische Erkenntnisprinzip. Wien: Passagen Verlag, S. 115-151.

Mitterer, Josef (2001): Die Flucht aus der Beliebigkeit. Frankfurt am Main: Fischer.

Pörksen, Bernhard (2000): ›Journalismus macht aus allem Journalismus.‹ Im Gespräch mit Siegfried Weischenberg. In: Communicatio Socialis, 33. Jahrgang, Heft 2, S. 132-150.

Pörksen, Bernhard (2001): Abschied vom Absoluten. Gespräche zum Konstruktivismus. Heidelberg: Carl-Auer-Systeme Verlag.

Roth, Gerhard (1994): Das Gehirn und seine Wirklichkeit. Kognitive Neurobiologie und ihre philosophischen Konsequenzen. Frankfurt am Main: Suhrkamp.
Rusch, Gebhard (1999a): kommunikation der wirklichkeit der medien der wirklichkeit der kommunikation. Ein Vorwort. In: Rusch, Gebhard/Schmidt, Siegfried J. (Hg.): Konstruktivismus in der Medien- und Kommunikationswissenschaft. DELFIN 1997. Frankfurt am Main: Suhrkamp, S. 7-12.
Rusch, Gebhard (1999b): Eine Kommunikationstheorie für kognitive Systeme. Bausteine einer konstruktivistischen Kommunikations- und Medienwissenschaft. In: Rusch, Gebhard/Schmidt, Siegfried J. (Hg.): Konstruktivismus in der Medien- und Kommunikationswissenschaft. DELFIN 1997. Frankfurt am Main: Suhrkamp, S. 150-184.
Schmidt, Siegfried J. (Hg.) (1987): Der Diskurs des Radikalen Konstruktivismus. Frankfurt am Main: Suhrkamp.
Schmidt, Siegfried J. (1993): Kommunikation – Kognition – Wirklichkeit. In: Bentele, Günter/Rühl, Manfred (Hg.): Theorien öffentlicher Kommunikation. Problemfelder, Positionen, Perspektiven. München: Ölschläger, S. 105-117. (Schriftenreihe der Deutschen Gesellschaft für Publizistik- und Kommunikationswissenschaft, Band 19)
Schmidt, Siegfried J. (1994): Kognitive Autonomie und soziale Orientierung. Konstruktivistische Bemerkungen zum Zusammenhang von Kognition, Kommunikation, Medien und Kultur. Frankfurt am Main: Suhrkamp.
Schmidt, Siegfried J. (1995): Medien – Kultur – Gesellschaft. Medienforschung braucht Systemorientierung. In: Medien Journal, 19. Jahrgang, Heft 4, S. 28-35.
Schmidt, Siegfried J. (1996): Die Welten der Medien. Grundlagen und Perspektiven der Medienbeobachtung. Braunschweig/Wiesbaden: Vieweg.
Schmidt, Siegfried J./Spieß, Brigitte (1996): Die Kommerzialisierung der Kommunikation. Fernsehwerbung und sozialer Wandel 1956-1989. Frankfurt am Main: Suhrkamp.
Schmidt, Siegfried J. (1998): Die Zähmung des Blicks. Konstruktivismus – Empirie – Wissenschaft. Frankfurt am Main: Suhrkamp.
Schmidt, Siegfried J. (2000): Kalte Faszination. Medien – Kultur – Wissenschaft in der Mediengesellschaft. Weilerswist: Velbrück Wissenschaft.
Schmidt, Siegfried J. (2002): Medien als Wirklichkeitskonstrukteure. In: Medienimpulse, Heft 40, S. 5-10.
Schulz, Winfried (1976): Die Konstruktion von Realität in den Nachrichtenmedien. Analyse der aktuellen Berichterstattung. Freiburg/München: Karl Alber.

Schulz, Winfried (1989): Massenmedien und Realität. Die »ptolemäische« und die »kopernikanische« Auffassung. In: Kaase, Max/Schulz, Winfried (Hg.): Massenkommunikation. Theorien, Methoden, Befunde. Sonderheft 30 der Kölner Zeitschrift für Soziologie und Sozialpsychologie, S. 135-150.

Tuchman, Gaye (1972): Objectivity as Strategic Ritual: An Examination of Newsmen's Notions of Objectivity. In: American Journal of Sociology, 77. Jahrgang, Heft 4, S. 660-679.

Tuchman, Gaye (1978): Making News. A Study in the Construction of Reality. New York: The Free Press.

Vattimo, Gianni/Welsch, Wolfgang (1998): Einleitung. In: Vattimo, Gianni/Welsch, Wolfgang (Hg.): Medien-Welten – Wirklichkeiten. München: Fink, S. 7-11.

Watzlawick, Paul/Beavin, Janet H./Jackson, Don D. (1969): Menschliche Kommunikation. Formen, Störungen, Paradoxien. Bern/Stuttgart/Toronto: Hans Huber.

Watzlawick, Paul/Krieg, Peter (Hg.) (1991): Das Auge des Betrachters. Beiträge zum Konstruktivismus. München/Zürich: Piper.

Weber, Stefan (1995): Nachrichtenkonstruktion im Boulevardmedium. Die Wirklichkeit der »Kronen Zeitung«. Wien: Passagen Verlag.

Weber, Stefan (1999): Was können Systemtheorie und nicht-dualisierende Philosophie zu einer Lösung des medientheoretischen Realismus/Konstruktivismus-Problems beitragen? In: Rusch, Gebhard/Schmidt, Siegfried J. (Hg.): Konstruktivismus in der Medien- und Kommunikationswissenschaft. DELFIN 1997. Frankfurt am Main: Suhrkamp, S. 189-222.

Weber, Stefan (2001): Medien – Systeme – Netze. Elemente einer Theorie der Cyber-Netzwerke. Bielefeld: Transcript.

Weber, Stefan (2002a): Konstruktivismus und Non-Dualismus, Systemtheorie und Distinktionstheorie. In: Scholl, Armin (Hg.): Systemtheorie und Konstruktivismus in der Kommunikationswissenschaft. Konstanz: UVK, S. 21-36.

Weber, Stefan (2002b): Was heißt »Medien konstruieren Wirklichkeit«? Von einem ontologischen zu einem empirischen Verständnis von Konstruktion. In: Medienimpulse, Heft 40, S. 11-16.

Weischenberg, Siegfried (1995): Konstruktivismus und Journalismusforschung. Probleme und Potentiale einer neuen Erkenntnistheorie. In: Medien Journal, 19. Jahrgang, Heft 4, S. 47-56.

Übungsfragen

1. Definieren Sie »Wirklichkeitskonstruktion« aus konstruktivistischer Sicht.
2. Erklären Sie unter Verwendung des konstruktivistischen Modells von Siegfried J. Schmidt, wie Wirklichkeiten entstehen.
3. Welche Konsequenzen hat die kategoriale Trennung von Kognition und Kommunikation für Verstehensprozesse (evtl. anhand eines Beispiels aus dem Alltag)?
4. Welche Gemeinsamkeiten und welche Unterschiede gibt es zwischen Konstruktivismus und Systemtheorie, was die Inspiration durch die Biologie von Humberto R. Maturana und die erkenntnistheoretischen Grundlagen beider Theoriestränge anbelangt?
5. Welche Gemeinsamkeiten und welche Unterschiede gibt es im Verständnis von ›Kultur‹ zwischen Konstruktivismus und Cultural Studies?
6. Versuchen Sie, alle anderen in diesem Sammelband behandelten Theorie- ›Cluster‹ (von Semiotik bis zu Feminismus) in den Polen von (naivem) Realismus und (radikalem) Konstruktivismus in einer Längsachse anzuordnen und begründen Sie jeweils, warum der jeweilige Theoriestrang überwiegend realistisch oder überwiegend konstruktivistisch argumentiert.
7. Diskutieren Sie einige Möglichkeiten der empirischen Anwendung des nondualistischen Ansatzes von Josef Mitterer in der Medien- und Kommunikationswissenschaft (etwa in der Journalistik oder in der Netzforschung).

2.7 Systemtheorien der Medien
Stefan Weber

Dieses Kapitel beschäftigt sich mit Anwendungen der Systemtheorie in der Medien- und Kommunikationswissenschaft. Dabei ist einleitend gleich einzuschränken, dass mit ›Systemtheorie‹ im Folgenden primär die autopoietische Systemtheorie Niklas Luhmanns gemeint ist und deren Anwendung im vorrangig modelltheoretischen Sinne in der Medienwissenschaft – von Manfred Rühl bis zu Frank Marcinkowski. Diese Vorbemerkung ist deshalb wichtig, um etwaige Missverständnisse von vornherein auszuschließen: Mehrere Wissenschaftler arbeiten zwar unter dem Label ›Systemtheorie‹, schließen aber nicht orthodox an Niklas Luhmann an, sondern haben ihre eigenen Versionen von Systemtheorie entwickelt, die mehr oder weniger anschlussfähig sind. Als Beispiele seien genannt: Die Verknüpfung von Konstruktivismus, Systemtheorie und Semiologie (→ 2.4 Zeichentheorien der Medien) durch David J. Krieger (vgl. Krieger 1996) oder die eigene Systemtypologie von Ulrich Saxer (vgl. Saxer 1995), die teils erheblich von der Typologie Niklas Luhmanns abweicht.[1]

Fokus auf Systemtheorie Luhmanns

Zunächst werden die Wurzeln der Systemtheorie Luhmanns behandelt – wie etwa die Allgemeine Systemtheorie Ludwig von Bertalanffys, die Kybernetik erster Ordnung von Norbert Wiener oder die differenzlogischen Entwürfe von George Spencer Brown und Ranulph Glanville. Nach dieser wissenschaftslogischen Kontextualisierung erfolgt eine Darstellung der Grundthesen, -begriffe, -definitionen und -differenzierungen der Systemtheorie Niklas Luhmanns. Dabei soll vor allem verdeutlicht werden, dass es sich bei der Systemtheorie um eine umfassende Makro-Theorie im strengen Sinne handelt, die vor allem auch durch definitorische Präzision gekennzeichnet ist. Idealerweise hat diese Einführung den Sinn, die oftmals kritisierte ›Sperrigkeit‹ der Theorie gar nicht erst aufkommen zu lassen.

Systemtheorie als umfassende Makro-Theorie

---

[1] Leider präsentieren beide genannten Autoren ihre Versionen von Systemtheorie auch noch im Einführungs-Kontext, was die Orientierung für Laien einmal mehr erschwert.

Im anschließenden Unterabschnitt geht es um theoretische und empirische Anwendungen der Systemtheorie in der Medienwissenschaft. Dabei werden sowohl alle relevanten Entwürfe der vergangenen Jahre vorgestellt, welche die Massenmedien, Öffentlichkeit, Publizistik oder den Journalismus als soziales Funktionssystem konzipieren, als auch empirische Anwendungen der Systemtheorie (Stichworte: Indikatoren für Selbstreferentialität, Selbst-/Fremdsteuerungsproblem, Systeme und virtuelle bzw. Cyber-Netzwerke). Schließlich werden Optionen für eine Fortführung der systemtheoretischen Debatte innerhalb der Medien- und Kommunikationswissenschaft diskutiert (Stichworte: Systemtheorie und Ökonomisierung sozialer Systeme, Systemtheorie und Interpenetrationszonen sozialer Systeme u. a.).

Gegenstandsbereich der Medienwissenschaft als System

2.7.1 Kurze Geschichte der Systemtheorie

Der Begriff des ›Systems‹, wie er in der Wissenschaft seit dem 18. Jahrhundert verwendet wird und auf das griechische Wort ›sýstema‹ zurückgeht, meint zunächst ein (geordnetes, strukturiertes bzw. gegliedertes) Ganzes, das aus Teilen (Elementen bzw. Komponenten) besteht. Ein System ist im ursprünglichen Sinne ein Gesamt-Zusammenhang, ein Ganzes, das aus Teilen besteht, das aber eben, um als ›System‹ definiert zu werden, auch mehr ist als *bloß die Summe* seiner Teile (Prinzip der ›Übersummation‹ oder – avancierter ausgedrückt – Prinzip der ›Emergenz‹). Ein System ist somit auch etwas, das eine spezifische systemische ›Qualität‹ aufweist, die nicht allein durch die Teile (Elemente) erklärt bzw. erfasst werden kann. Beispiele für diesen Systembegriff wären etwa eine Nation, der Markt oder auch das Internet.

- Dieser klassische Systembegriff findet sich noch in der *Allgemeinen Systemtheorie* von *Ludwig von Bertalanffy*, der ersten großen Ausformulierung eines wissenschaftstheoretischen System-Ansatzes im 20. Jahrhundert (vgl. Bertalanffy 1971). Bertalanffy versteht Systeme als »sets of elements standing in interrelation« (ebenda, 37). Wichtig ist hier auch der Hinweis auf den Aspekt der Relationen (der Beziehungen), so dass wir die oben angeführte System-Definition erweitern können: *Ein System ist ein Ganzes, das aus Teilen besteht, die miteinander in Beziehungen stehen.* Bertalanffy unterschied dabei explizit zwischen offenen und

Von Bertalanffy: Allgemeine Systemtheorie

Stefan Weber

geschlossenen Systemen: solchen, die permanent im Austausch mit ihrer Umwelt stehen, und solchen, die gegenüber ihrer Umwelt abgeschlossen sind, also über eine feste Systemgrenze verfügen.

Wiener: Kybernetik erster Ordnung

- Der Systembegriff Bertalanffys taucht im Wesentlichen auch in der *Kybernetik erster Ordnung* von *Norbert Wiener* auf (der Lehre von der Steuerung und Regelung von Systemen, vgl. Wiener 1992). Auch diese Spielart der Kybernetik kennt offene und geschlossene Systeme sowie solche, die sich selbst steuern, und solche, die von der Umwelt gesteuert werden. Charakteristisch für systemtheoretisches Denken ist bereits hier die *Unterscheidung von System und Umwelt*: Für ein jeweils fokussiertes System ist der Rest der Welt die Umwelt. (Beobachtet man etwa einen spezifischen Organismus als ein System, so ist der Rest der Welt Umwelt für das System: Zu ihr gehören geographische und klimatische Bedingungen sowie alle ›Inputs‹ von außen wie Nahrungszufuhr usw.)

Spencer Brown: Gesetze der Form

- Eine formallogische Präzisierung, die in einem gewissen Sinn vom frühen Systembegriff der Allgemeinen Systemtheorie Bertalanffys und der Kybernetik erster Ordnung Wieners abweicht, erfährt der Begriff des Systems durch die logische Arbeit »Laws of Form« von *George Spencer Brown* (deutsch: »Gesetze der Form«, Spencer Brown 1997). Bei Spencer Brown entsteht ein System durch eine (von einem Beobachter getroffene) Unterscheidung, die in einem unmarkierten Raum (unmarked space) einen markierten Zustand (marked state) von einem unmarkierten Zustand (unmarked state) separiert. Den unmarkierten Raum kann man sich – in einem oft zitierten Vergleich – etwa als ein leeres Blatt Papier vorstellen, den markierten Zustand als die Fläche eines Kreises, welcher auf das Blatt gezeichnet wurde, und den unmarkierten Zustand als das Kreisäußere. So entstehen ein *System* (der Kreis) und seine *Umwelt* (das Äußere) in der *Welt* (dem Blatt Papier). Systeme werden deshalb auch oft als Kreise oder Kugeln visualisiert: als Einheiten, die zirkulär sind und sich von ihrer Umwelt durch eine geschlossene Grenze abheben.

Luhmann: Soziale Systeme

- *Niklas Luhmann*, der Begründer der modernen Systemtheorie, hat seinen Systembegriff unter dem Einfluss von George Spencer Brown, Ranulph Glanville (vgl. Glanville 1988) und Heinz von Foerster (vgl. Foerster 1993) wie folgt geschärft: Systeme sind für Luhmann zunächst *Einheiten in Differenz zur Umwelt*, die (a) operativ geschlossen und (b) selbstreferenziell sind (vgl. Luhmann 1990, 278). *Operative Geschlossenheit* meint, dass Systeme durch ihr Operieren (ihr ›Arbeiten‹, ihr ›Funktionieren‹) einen geschlossenen Regelkreis konstituieren. *Selbstreferentialität* meint den permanenten Bezug von Elementen des Systems auf andere Elemente des Systems. Diese Definition bedeutet jedoch nicht, dass Systeme immer schon völlig autark und abgekapselt von ihrer Umwelt existieren würden: Vielmehr ist bei Luhmann die Rede von operativer (und auch informationeller!) Geschlossenheit, aber auch von material-energetischer Offenheit.[2] Es bestehen also sehr wohl Beziehungen zwischen System und Umwelt, doch werden diese nicht als Inputs aus der Umwelt konzipiert: Alles, was ›ins System kommt‹, wird von diesem – gemäß Luhmann – sofort in ein systemeigenes Element aufgrund der jeweils systemeigenen Rationalität umgewandelt. Ein gutes Beispiel hiefür wäre eine Pressemitteilung, die an eine Redaktion geschickt wird: Als ›Input‹ aus der Umwelt wird diese zum systemeigenen Element der Berichterstattung, sofern sie nicht wegselektiert wird.

Systeme operieren selbstreferenziell

- Zu Beginn der achtziger Jahre setzt in Luhmanns Systemtheorie die so genannte *›autopoietische Wende‹* ein, die von Luhmann selbst als »Paradigmawechsel« bezeichnet wurde (Luhmann 1984, 15): Soziale Systeme werden konsequenterweise im Anschluss an die Konzeption Humberto R. Maturanas als sich selbst reproduzierende (= autopoietische) Einheiten aufgefasst, bei denen die Elemente, aus denen sie bestehen, jeweils zwingend und nur durch eigene Elemente (re-)produziert werden. Dabei wäre zwar analytisch immer fein säuberlich zu unterscheiden zwischen einer Ausdifferenzierung von Systemen, einer Autonomisierung von Systemen, der Selbstreferentialität von Systemen und eben der beschriebenen Autopoiesis von Systemen, doch wurde diese Unterscheidung von der Systemtheorie nicht immer stringent durchgehalten.

Autopoietische Wende in der Systemtheorie

---

[2] Diese Konzeption stammt ursprünglich, wie diverse andere Übernahmen Luhmanns, von dem Bio-Epistemologen Humberto R. Maturana (→ 2.6 Konstruktivistische Medientheorien).

Weiterentwicklung der System/Umwelt-Unterscheidung

- Hat Luhmann zunächst Bertalanffys Unterscheidung von offenen und geschlossenen Systemen durch die Theorie autopoietischer, operativ ›immer schon‹ geschlossener Systeme sowie die erkenntnistheoretische Unterscheidung von Subjekt und Objekt durch die differenzlogische von System und Umwelt ersetzt, so lassen sich in den vergangenen Jahren aktuelle Entwicklungen in der Systemtheorie beobachten, die Differenz von System und Umwelt selbst durch die von *Form* und *Medium* zu rekonzipieren. Für diese jüngsten Entwicklungen in der Systemtheorie steht nicht nur das Werk des späten Luhmann, sondern stehen auch Luhmann-Schüler wie etwa Peter Fuchs oder Dirk Baecker. Im Folgenden steht vor allem die autopoietische Fassung der Systemtheorie Niklas Luhmanns im Mittelpunkt, nicht zuletzt deshalb, weil sie die am weitesten fortgeschrittene und begrifflich komplexeste Fassung der Systemtheorie darstellt.

2.7.2 Grundbegriffe und Modelle der Systemtheorie

System besteht aus Elementen in Differenz zur Umwelt

Zur Einführung in die Grundbegriffe der Systemtheorie erfolgt noch einmal eine kurze Zusammenfassung des bislang Erörterten: Die Systemtheorie geht als Denkansatz immer von einem *System* aus, das man sich als operativ geschlossene Einheit vorstellen kann, die aus Elementen besteht, die in einer gewissen Weise ein Netzwerk von Beziehungen konstituieren. Diese Elemente reproduzieren sich, man könnte sagen: analog zur Zelle, selbst. So stabilisieren sich etwa auch soziale Systeme. Das, was nicht zum bzw. ins System gehört, was also gleichermaßen jenseits der Systemgrenze liegt, ist die *Umwelt* eines Systems. Der jeweils systemrelative Rest der Welt ist also Umwelt für ein System. Systemtheorie kann somit als Theorie der systemrelativen Weltwahrnehmung als Umwelt verstanden werden. Wichtig erscheint die Ergänzung, dass in der Umwelt von Systemen freilich jeweils wieder zahllose weitere Systeme vorkommen, für die jeweils wieder der Rest der Welt Umwelt ist usw. usf.

Die Grundbegriffe der Systemtheorie[3] sind so mannigfaltig und komplex wie die Theorie selbst: Rückt man zunächst die Grenze von System und Umwelt in den Mittelpunkt, so wäre an die Begriffe und Konzepte *strukturelle Kopplung, konsensueller Bereich, Penetration* und *Interpenetration* sowie *Inklusion* und *Exklusion* zu denken. Geht es im Speziellen um soziale Systeme, so wären die Leitbegriffe *symbolisch generalisiertes Kommunikationsmedium, binärer Code, Funktion* und *Leistung, symbiotischer Mechanismus* und *Programme* zu klären. Geht es – wie oben bereits erwähnt – um die Beobachtung systemischer Eigendynamiken, wären die Begriffe *Ausdifferenzierung, Autonomisierung, Selbstreferentialität* und *Autopoiesis* zu präzisieren. Doch vorab muss eine modelltheoretische Verortung der Systemtheorie erfolgen.

Grundbegriffe der Systemtheorie

Die Systemtheorie geht von der lapidaren Feststellung aus, »daß es Systeme gibt« (Luhmann 1984, 30). Ebenfalls relativ nachvollziehbar ist es, dass Luhmanns Systemtheorie nur vier Systemtypen kennt: Maschinen, biologische Systeme (= Organismen), psychische Systeme (= Bewusstseine) und soziale Systeme (hier und zum Folgenden vgl. Luhmann 1984, 16 ff.). Diese Theorie-Entscheidung ist insofern elementar, weil sie ausschließt, dass ›alles‹ (etwa auch ein Tisch oder ein Buch) als System bezeichnet werden kann. Dies wird oft verwechselt und von Systemtheoretikern selbst nicht immer streng durchgehalten. Aus der Perspektive der Systemtheorie Niklas Luhmanns ist jedoch festzuhalten: Systeme sind entweder Maschinen, Organismen, Bewusstseine oder soziale Funktionssysteme. Maschinen sind als einziger Systemtyp keine *autopoietischen* (= sich selbst reproduzierenden), sondern *allopoietische* Systeme. Sie produzieren etwas von sich selbst Verschiedenes, etwa der Kaffeeautomat heißen Kaffee. Biologische Systeme sind in der Konzeption Luhmanns autopoietische Systeme analog zur Theorie Humberto R. Maturanas. Luhmanns eigene Theoriearbeit beginnt bei psychischen und sozialen Systemen: Psychische Systeme seien gemäß Luhmann insofern autopoietisch, weil Gedanke an

Vier Systemtypen

Autopoietische versus allopoietische Systeme

---

[3] Für eine kurze und prägnante Einführung in Niklas Luhmanns Leben und Werk vgl. Filk 1999. Als Einführung in die Begrifflichkeiten der luhmannschen Systemtheorie sind besonders geeignet: Becker/Reinhardt-Becker 2001, Krause 2001 (das »Luhmann-Lexikon«) sowie Baraldi/Corsi/Esposito 1997 (der »GLU« – Luhmann-Glossar). Schließlich sollen zwei Sammelbände empfohlen werden, die sich mit der Wirkung der Systemtheorie im interdisziplinären Kontext beschäftigen: Gripp-Hagelstange 2000 sowie de Berg/Schmidt 2000.

Gedanke anschließt, somit also Bewusstsein sich selbst reproduziert und ausdifferenziert.

Für alle weiteren Überlegungen brauchen Maschinen, Organismen und Bewusstseine nicht mehr mitgedacht werden – im Mittelpunkt der Analyse stehen dann nur noch soziale Systeme. Wichtig erscheint hier jedoch der folgende nahe liegende Einwand: Wo ist der *Mensch* in dieser Konzeption? Luhmanns Antwort wäre, dass der Mensch lediglich eine ›operative Fiktion‹ sei, ein Konglomerat aus biologischem, psychischem und sozialem System.[4] Damit erscheint bereits klar, dass die Systemtheorie keine Akteurs-Konstellationen im engeren Sinne untersuchen kann, dass sie also keine Mikro-Theorie des Handelns von Individuen ist. Nicht das (rational) handelnde und entscheidende Individuum steht im Mittelpunkt der Systemtheorie, sondern Kommunikation im und durch das System.

> **Der Mensch als bloße operative Fiktion**

Gehen wir nun zu sozialen Systemen über, die auch bei Luhmann im Mittelpunkt seines Werks stehen. Dabei muss zunächst die Frage geklärt werden, wie diese Systeme entstanden sind. Luhmann beobachtet die Evolution der Gesellschaft als Dreischritt von (a) primär *segmentärer*, (b) primär *hierarchisch stratifikatorischer* und (c) primär *funktionaler Differenzierung*. Moderne soziale Funktionssysteme hätten sich demnach entwickelt, um eine je spezifische Funktion für die Gesamtgesellschaft wahrzunehmen. Stand in hierarchisch stratifizierten Gesellschaften ein System wie die Religion oder die Politik an der Spitze der Gesellschaft, so ist die moderne Gesellschaft dadurch gekennzeichnet, dass sie über keine Spitze, über kein Zentrum mehr verfügt. Funktionale Differenzierung der Gesellschaft meint also nichts anderes als die nach Funktionen organisierte arbeitsteilige Gliederung der Gesellschaft. Soziale Funktionssysteme sind bei Luhmann die *Wirtschaft*, die *Politik*, die *Religion*, die *Kunst*, das *Recht*, die *Wissenschaft*, die *Erziehung*, die *Familie* bzw. *Intimbeziehung* und schließlich auch die *Massenmedien*. Noch einmal ist analytisch anzumerken, dass diese Systeme *nicht* der Gesellschaft gegenüberstehen, sondern vielmehr *Teile* der Gesellschaft sind. Mit anderen Worten: Im Gegensatz zu Max Weber geht es bei Luhmann also nicht um »Wirtschaft und Gesell-

> **Segmentäre, stratifikatorische und funktionale Differenzierung**

> **Neun Funktionssysteme der Gesellschaft**

---

[4] Begriffe wie die vom Menschen, vom Individuum, vom Akteur oder vom Subjekt kommen in der Systemtheorie so gut wie gar nicht vor. Wie bereits erwähnt, geht es um die Ersetzung des Subjektbegriffs durch den Systembegriff.

schaft«, sondern um »die Wirtschaft der Gesellschaft«. Die genannten Funktionssysteme sind Systeme *innerhalb* der Gesellschaft – das Soziale ist also kein Bereich, den man dem Politischen, dem Wirtschaftlichen oder dem Religiösen gegenüberstellen könnte.

Die sozialen Funktionssysteme Wirtschaft, Politik usw. entsprechen gleichsam einer horizontalen Analyse sozialer Systeme. Diese können nun aber auch noch vertikal differenziert werden: in Interaktions-, Organisations- und Gesellschaftssysteme. So besteht etwa das System der Massenmedien als soziales Funktionssystem aus zahllosen Interaktions- und Organisationssystemen. Ein *Interaktionssystem* wird durch die An- oder Abwesenheit von Interaktionspartnern konstituiert (Mikro-Ebene). So bildet etwa ein in einer bestimmten Redaktion aktuell anwesendes Team ein solches Interaktionssystem innerhalb des übergreifenden, abstrakten Systems der Massenmedien. *Organisationssysteme* verweisen auf den nächsthöheren Differenzierungsgrad (Meso-Ebene): Sie entstehen als systemische Einheiten durch Mitgliedsrollen, durch Zuschreibungen. Zum Organisationssystem einer Redaktion gehören dann im Gegensatz zum bloßen Interaktionssystem alle Mitarbeiter (jeweils wahrgenommen als Berufsrollen) – also etwa auch jene, die gerade nicht materiell anwesend sind, weil sie freihaben oder unterwegs sind. Der höchste Differenzierungsgrad ist die Gesellschafts-Ebene. Luhmann zufolge gibt es nur eine Erscheinungsform der Gesellschaft, nämlich die *Weltgesellschaft*. Und diese differenziert sich gerade in die genannten Funktionssysteme.

Unter dem Einfluss von Talcott Parsons hat Luhmann seine Theorie sozialer Funktionssysteme Schritt für Schritt ausdifferenziert. Zunächst nimmt selbstredend jedes Funktionssystem eine spezifische (Primär-)*Funktion* für die Gesamtgesellschaft wahr und erfüllt spezifische *Leistungen* für einzelne andere Funktionssysteme. Die Funktion der Politik besteht etwa im Herstellen kollektiv verbindlicher Entscheidungen, die Funktion der Massenmedien in der Selbstbeobachtung und Selbstbeschreibung der Gesellschaft. Soziale Systeme legitimieren und stabilisieren sich durch ihre Funktion, die sie für die Gesellschaft ausüben.[5] *Symbolisch generalisierte*

Drei Ebenen: Interaktion, Organisation und Gesellschaft

Gesellschaft = Weltgesellschaft

Funktion und Leistung

---

[5] Theoretisch wäre die Frage interessant, ob Systeme, die ihre Funktion langfristig nicht mehr erfüllen, auch vom Zustand der Autopoiesis in den der Autodestruktion übergehen können. Konkret wäre dies etwa am Beispiel der Massenmedien diskussionswürdig.

Stefan Weber

Kommunikationsmedien	*Kommunikationsmedien* können verstanden werden als Währungen von Systemen, als Garanten für erfolgreiche Anschlusskommunikationen. Das Kommunikationsmedium der Wissenschaft ist etwa die Wahrheit, das der Wirtschaft das Geld, das der Familie/Intimbeziehung die Liebe, das der Politik die Macht und das der Religion der Glaube (vgl. dazu und im Folgenden einführend Faulstich 1991, 163 ff.). Soziale Funktionssysteme verfügen außerdem zwingend
Binäre Codes	über einen *binären Code*, eine Art Duplikationsregel, die entscheidet, was zum System gehört bzw. was vom System verarbeitet wird und was nicht. Bei den Massenmedien wäre dies gemäß Luhmann der Code Information/Nicht-Information (vgl. Luhmann 1996, 36; dieser Theorievorschlag ist allerdings umstritten), innerhalb der Intimbeziehung wäre der binäre Code du/kein anderer (weitere binäre Codes wären in der Wissenschaft wahr/falsch, in der Wirtschaft haben/nicht-haben oder in der Kunst schön/hässlich – auch Letzteres ist allerdings nicht unumstritten). Schließlich wird
Symbiotische Mechanismen	unter *symbiotischem Mechanismus* der körperliche Bezug und Zugriff von Systemen verstanden: in der Intimbeziehung etwa die Sexualität, in der Politik etwa die physische Gewalt (z. B. durch Polizei oder Militär).
Kommunikation = Selektion aus Information, Mitteilung und Verstehen	Soziale Funktionssysteme bestehen laut Luhmanns Systemtheorie nicht aus Personen oder Menschen, auch nicht aus Handlungen oder Entscheidungen. Sie bestehen einzig und allein aus *Kommunikationen*, an die weitere Kommunikationen autopoietisch anschließen.[6] Das Mittel und das (Letzt-)Element der Selbstreproduktion sozialer Systeme ist also *Kommunikation*. Der Begriff der Kommunikation selbst ist bei Luhmann abstrakt definiert als dreistellige Selektion aus *Information, Mitteilung* und *Verstehen*. Die Grenzen

---

[6] Niklas Luhmanns Verständnis von Kommunikation klingt zunächst sowohl kontra-intuitiv (warum sollten Menschen nicht kommunizieren können?) als auch tautologisch (»nur die Kommunikation kann kommunizieren«). Im Original heißt es bei Luhmann: »Es ist eine Konvention des Kommunikationssystems Gesellschaft, wenn man davon ausgeht, daß Menschen kommunizieren können. Auch scharfsinnige Analytiker sind durch diese Konvention in die Irre geführt worden. Es ist aber relativ leicht, einzusehen, daß sie nicht zutrifft, sondern nur als Konvention und nur in der Kommunikation funktioniert. Die Konvention ist erforderlich, denn die Kommunikation muß ihre Operationen auf Adressaten zurechnen, die für weitere Kommunikation in Anspruch genommen werden. Aber Menschen können nicht kommunizieren, nicht einmal ihre Gehirne können kommunizieren, nicht einmal das Bewußtsein kann kommunizieren. Nur die Kommunikation kann kommunizieren.« (Luhmann 1995, 37)

soziale Systeme sind folglich auch weder territoriale noch technische oder sonstige Grenzen, sondern einzig und allein *Sinn*grenzen. Soziale Systeme sind somit auch als Sinn-Einheiten bzw. Sinnprovinzen vorstellbar. Neben der Tatsache, dass es in der funktional ausdifferenzierten Gesellschaft keine Spitze und kein Zentrum, also kein Leit- oder Supersystem gibt, ist auch folgendes Faktum in der Systemtheorie unumstößlich: Soziale Systeme existieren überschneidungsfrei, es gibt keine Schnittmengen im engeren Sinne. Entweder eine Kommunikation gehört zu diesem oder aber zu jenem System – tertium non datur. Kommunikationen sind, wenn die Systemtheorie streng gehandhabt wird, immer klar einem System zuzuordnen: Die hier vorliegende Kommunikation gehört etwa ins Wissenschafts-System. Sie gehört nicht ins System der Massenmedien, nur weil sie drucktechnisch massenhaft verbreitet wird. Sie gehört auch nicht schon alleine deshalb ins System der Erziehung, weil sie von Studierenden an Universitäten gelesen wird. Entscheidend ist immer der Sinn- bzw. Inhalts-Aspekt von Kommunikation.

Soziale Systeme haben Sinngrenzen

Die Systemtheorie bestreitet allerdings nicht, dass es intersystemische Beziehungen gibt: Dafür hat sie die bereits erwähnten Begriffe und Konzepte strukturelle Kopplung, konsensueller Bereich, Penetration und Interpenetration, Inklusion und Exklusion sowie darüber hinaus *Irritation*, *Perturbation* und *Resonanz* entwickelt. Die Klärung dieser Begriffe wird, soweit vonnöten, im folgenden Abschnitt zur Systemtheorie der Massenmedien unternommen.

Strukturelle Kopplungen sichern Umweltkontakt

2.7.3 Anwendungen in der Medienwissenschaft

Theoretische Anwendungen

Systemtheoretisches Denken im Sinne der frühen, allgemeinen Systemtheorie hatte in der Medienwissenschaft bereits in den sechziger Jahren des 20. Jahrhunderts eine gewisse Tradition (vgl. Rühl 1969). Systemische, kybernetische und funktionalistische Modelle des massenkommunikativen Prozesses bildeten schon bald eine eigene Achse der medienwissenschaftlichen Theoriegeschichte (vgl. auch Pürer 1998, 153 ff.). Die Anwendung der neueren, autopoietischen Systemtheorie Niklas Luhmanns setzte in der Medien- und

Kybernetik und Systemtheorie

Kommunikationswissenschaft erst richtig in den neunziger Jahren des 20. Jahrhunderts ein.[7] Eine Arbeit aus der Zeit vor der ›autopoietischen Wende‹ verdient jedoch hier Erwähnung – die Studie »Die Zeitungsredaktion als organisiertes soziales System« von Manfred Rühl (1979). In Kritik akteurszentrierter Ansätze wie etwa der Gatekeeper-Forschung wird hier von Rühl erstmals ein Modell des Journalismus entwickelt, in dem Subjekte konsequent durch Systeme ersetzt werden. Rühl konzipiert Redaktionen als »entscheidende Handlungssysteme« (Rühl 1979, 56 ff.), was freilich noch nicht der späteren Theorie-Entscheidung der Systemtheorie entspricht, als Letztelemente von Systemen nur noch Kommunikationen anzunehmen.

Rühl: Zeitungsredaktion als organisiertes soziales System

- Erst Frank Marcinkowski gelang mit seiner Arbeit »Publizistik als autopoietisches System« (Marcinkowski 1993) ein entscheidender Theorie-Fortschritt. Während Luhmann (vgl. Luhmann 1981) noch zögerlich war, nahm Marcinkowski den publizistischen Komplex explizit in die Theorie sozialer Systeme herein. Seine Arbeit kann bereits aus heutiger Sicht als theoretische Pionierleistung bezeichnet werden. Für Marcinkowski zeichnet das publizistische System all das aus, was auch für andere bereits von Luhmann beschriebene soziale Systeme wie Politik, Recht oder Wissenschaft gilt: Es verfügt über ein symbolisch generalisiertes Kommunikationsmedium (namentlich die Publizität), über einen binären Code (öffentlich/nicht-öffentlich) sowie über eine systeminterne Differenzierung (in Journalismus und aktuelles sowie potentielles Publikum). Aber vor allem: Die Publizistik hat eine bestimmte Funktion in der Gesellschaft.

Marcinkowski: Publizistik als autopoietisches System

»Die Primärfunktion der Publizistik, die Beziehung des Systems zur Gesellschaft, ist die Ermöglichung der Selbst- und Fremdbeobachtung ihrer Teile. Alle Funktionssysteme der Gesellschaft beobachten sich selbst und andere Beobachter in ihrer Umwelt im Spiegel publizistischer Selbstbeobachtungskommunikation [...]« (Marcinkowski 1993, 148).

Selbst- und Fremdbeobachtung

---

[7] Für eine prägnante Kurz-Zusammenfassung der Systemtheorie in der Medienwissenschaft vgl. Filk 1997. Die wesentlichen Positionen werden einzeln diskutiert in Görke/Kohring 1996. Einschlägige Sammelbände zur Systemtheorie sind: für die Journalistik Löffelholz 2000, für die Kommunikationswissenschaft allgemein Scholl 2002.

Das folgende Textbeispiel kann auch als Hinführung und zum Diskurs systemtheoretischer Theoriebildung gelesen werden:
»Publizistik ist schließlich selbstreproduktiv (autopoietisch), wenn und insoweit sie die Elemente des Systems (Veröffentlichungen) ausschließlich mit den Mitteln des Systems, Entscheidungsprogramme und materiellen Ressourcen (Form) einerseits, ungerichtete Aufmerksamkeit (Medium) andererseits, unter operativer Verwendung einer Selbstbeschreibung (Publikumsforschung) im System produziert und rekursiv miteinander verknüpft (neue Veröffentlichungen im Anschluß an erfolgreiche Veröffentlichungen produziert). [...] *Publizistik als System ist die Autopoiesis des Veröffentlichens.*« (Marcinkowski 1993, 149 f.)

Publizistik als Autopoiesis des Veröffentlichens

- Während bei Marcinkowski das System Publizistik heißt und Journalismus ein Teil des publizistischen Systems ist, hat Bernd Blöbaum nur ein Jahr später seine Studie »Journalismus als soziales System« (Blöbaum 1994) veröffentlicht. Blöbaums System des Journalismus differenziert sich in Leistungsrollen (Journalisten) und Publikumsrollen (Rezipienten); Funktion des Journalismus ist die »aktuelle Vermittlung von Informationen zur öffentlichen Kommunikation«[8] (Blöbaum 1994, 20).

Blöbaum: Journalismus als soziales System

- Niklas Luhmann selbst hat den Fokus einmal mehr umgestellt mit seiner Schrift »Die Realität der Massenmedien« (Luhmann 1996). Mit ihr liegen also bereits drei Systemtheorien der Medien vor: Marcinkowskis Publizistik als autopoietisches System, Blöbaums Journalismus als soziales System und Luhmanns Massenmedien als soziales Funktionssystem. Luhmann hat mit dieser Arbeit versucht, auch die Massenmedien in den Kanon der sozialen Funktionssysteme aufzunehmen, was zahlreiche weitere kritische Überlegungen hervorrief. Luhmann bemerkt zunächst:

Luhmann: Realität der Massenmedien

---

[8] Freilich sind solche Definitionen immer folgenschwer. Man mag sich etwa fragen, ob nicht auch folgende Funktionsbestimmung sinnvoll wäre: die »aktuelle oder aktualisierte Konstruktion von (zunehmend) unterhaltenden Informationen zur sozialen Anschlusskommunikation«. Klassisch-realistische Konzepte wie »Vermittlung« oder normativ aufgeladene Konstrukte wie »öffentliche Kommunikation« können mitunter in systemtheoretischen Ansätzen problematisch sein.

Massenmedien als eigenes Funktionssystem

»Unter ›Ausdifferenzierung‹ ist die Emergenz eines besonderen Teilsystems der Gesellschaft zu verstehen, das die Merkmale der Systembildung, vor allem autopoietische Selbstreproduktion, Selbstorganisation, Strukturdeterminiertheit und mit all dem: operative Schließung selbst realisiert. [...] Die Analyse des Systems der Massenmedien liegt deshalb auf derselben Ebene wie die Analyse des Wirtschaftssystems, des Rechtssystems, des politischen Systems usw. der Gesellschaft und hat über alle Unterschiede hinweg auf Vergleichbarkeit zu achten. Der Aufweis eines funktionssystemspezifischen Codes, der nur in dem betreffenden System als Leitdifferenz benutzt wird, ist ein erster Schritt in diese Richtung.« (Luhmann 1996, 49)

Luhmann bestimmt in der Folge ›Information/Nicht-Information‹ als Code des Systems der Massenmedien – und dies, obwohl in seiner allgemeinen Bestimmung von Kommunikation auch die Selektion Information/Nicht-Information enthalten ist, die bekanntlich für *alle* sozialen Systeme elementar ist.

Nachrichten und Berichte, Werbung und Unterhaltung

Als die drei Programmbereiche des Systems der Massenmedien nennt Luhmann Nachrichten und Berichte (= gemeinhin Journalismus), Werbung und Unterhaltung.

- Nach Marcinkowski, Blöbaum und Luhmann haben Alexander Görke und Matthias Kohring ein System der Öffentlichkeit entwickelt – mit Journalismus, Werbung und PR (sowie eventuell auch Unterhaltung) als Leistungssysteme der Öffentlichkeit (zur Kritik an den bisherigen systemtheoretischen Entwürfen vgl.

Görke und Kohring: Funktionssystem Öffentlichkeit

Görke/Kohring 1997; zum Entwurf eines neuen Funktionssystems Öffentlichkeit vgl. Kohring/Hug 1997). In dieser Systemkonzeption wurde bislang am konsequentesten versucht, technische Systemgrenzen bzw. Systemdefinitionen, die an einem technischen Verständnis von Massenmedien orientiert sind, durch ein Denken in Sinngrenzen abzulösen. Offen bleibt jedoch hier wiederum die Frage, ob Öffentlichkeit tatsächlich ein eigenes soziales System konstituiert oder nicht vielmehr im Sinne Luhmanns die hintergrundartige Umwelt aller sozialen Systeme darstellt.

Damit sind die derzeit wichtigsten vier Systemkonzeptionen dargestellt (vgl. auch ausführlicher und überblicksartig Scholl/Weischenberg 1998, 63 ff., speziell tabellarisch 76). Zu ergänzen wäre noch, dass sowohl weitere zumindest systemtheoretisch inspirierte Konzeptionen von Jürgen Gerhards und Peter M. Spangenberg vorliegen wie auch Bemühungen, die bisherigen systemtheoretischen Entwürfe ihrerseits meta-systemtheoretisch zu ordnen und in ein ganzheitliches System der Medienkommunikation zu integrieren (vgl. Weber 2000, 54 ff., speziell graphisch 58).

Empirische Anwendungen

Empirische Anwendung findet die Systemtheorie vor allem in der Suche nach Indikatoren für Selbstreferenz in sozialen Systemen auf den unterschiedlichen Ebenen (Mikro, Meso und Makro; Interaktion, Organisation und Gesellschaft; Akteur, System und Kultur usw.). Im Folgenden werden einige Arbeiten vorgestellt, die sich um eine Empirisierung der Systemtheorie bemühen:

- Stefan Weber hat in seiner Studie »Was steuert Journalismus?« (Weber 2000) versucht, zentrale Annahmen über Selbststeuerung und Autopoiesis des sozialen Systems Journalismus mit einer Redakteursbefragung zu verbinden. Dabei konnte nachgewiesen werden, dass in der subjektiven Einschätzung der Journalisten das Gefühl der Fremdsteuerung klar vor einem Autonomiebewusstsein rangiert. Freilich widerlegt dies nicht die Systemtheorie, da diese theoretisch nicht auf der Mikro-Ebene der Akteure argumentiert. Dennoch wurde theoretisch vorgeschlagen, Journalismus als ›oszillierendes System‹ zwischen Selbstreferenz und Fremdsteuerung neu zu konzipieren. *Weber: Selbst- oder Fremdsteuerung des Journalismus*

- Armin Scholl und Siegfried Weischenberg (Scholl/Weischenberg 1998) haben die Systemtheorie explizit für ihre Studie »Journalismus in der Gesellschaft« als theoretische Grundlage verwendet und kommen tendenziell eher zu Autonomisierungs-Befunden. Auch bei ihnen ist die Unterscheidung zwischen Autopoiesis auf der Theorie-Ebene und ± empirischer Autonomie konstitutiv. *Scholl/Weischenberg: Journalismus in Deutschland*

- Michael Frieske (1998) hat die Systemtheorie für eine Untersuchung von Selbstbezüglichkeiten in Unterhaltungsprogrammen des Fernsehens fruchtbar gemacht. Am Beispiel der »Harald Schmidt Show« hat der Autor nachgewiesen, dass sich Fernsehunterhaltung zunehmend in sich selbst spiegelt.[9] *Unterhaltung*

---

[9] Zu Selbstreferentialität in der Fernseh-Unterhaltung vgl. außerdem Bleicher 1999; zum Forschungsfeld Selbstreferentialität im Film Withalm 1999.

- Zahlreiche Arbeiten beschäftigen sich schließlich mit einer systemtheoretischen Modellierung des Internets. Exemplarisch sei Peter Fuchs (1998) erwähnt, für den das World Wide Web aufgrund seiner operativen Verweise (der Links) als ein neues autopoietisches System verstanden werden kann.[10] Aktuelle Theorie-Arbeiten im Kontext der Netzkommunikation widmen sich zudem vermehrt dem Dialog von System- und Netzwerk-Ansatz und damit dem Oppositionspaar ›System‹ und ›Netz‹ (vgl. Grassmuck 1998, Weber 2001).

Das World Wide Web als System

- Neben den Feldern Journalismus, Unterhaltung und Internet liegen explizite systemtheoretische Modellierungsversuche mittlerweile auch zur Werbung (vgl. Zurstiege 2002) und zur PR (vgl. Hoffjann 2001) vor. In den letzteren genannten Feldern stellen Empirisierungen noch eine zukünftige Aufgabe der Medien- und Kommunikationswissenschaft dar (sie sind hier dennoch unter ›empirische Anwendungen‹ angeführt, im Sinne einer konkreten Anwendung der Systemtheorie auf Objektbereiche).

Werbung und PR als Systeme

- Für eine zukunftsträchtige Option der Verbindung von Systemtheorie und Empirie ist auch an die empirische *inter-media-agenda-setting*-Forschung zu denken, also an die Untersuchung von selbstbezüglich-rekursiven Agenda-Setting-Phänomenen innerhalb von Medien und Journalisten, zumal auch alltagsempirisch unschwer von der Hand zu weisen ist, dass derartige ›mediale Selbstläufer‹ zunehmen.

Intermediales Agenda Setting

2.7.4 Kritik und Weiterentwicklung der Theorien

Kritik an der Systemtheorie

Eine Theorie, die einen derart breiten Anspruch erhebt wie die Systemtheorie, muss klarerweise auch mit umso deutlicherer Kritik rechnen: Die Systemtheorie sei tautologisch und empiriefern, lautet ein oft gehörter Einwand. Ebenso ist vor allem aus dem Lager der Kritischen Theorie (→ 2.3 Kritische Medientheorien) oftmals zu hören, die Systemtheorie rechtfertige mit ihrem Autopoiesis-Konzept nur die herrschenden Verhältnisse, sie sei also eine affir-

---

[10] Als weitere empirische Indikatoren für Selbstreferentialität im Netz wären zu nennen: Suchmaschinen im World Wide Web oder *threads* (Themenfäden) in Mailinglisten.

mative, konservative Theorie, die gesellschaftliche Umwälzungen theoriebautechnisch gar nicht erst vorsehe. Neben der Übertragung biologischer Konzepte auf soziale Phänomene wird auch die Exklusion des Menschen aus der Theorie kritisiert. Schließlich gibt es Einwände allgemein erkenntnistheoretischer, ja metaphysischer Natur, die die grundsätzliche Sinnhaftigkeit des luhmannschen Argumentierens anzweifeln (vgl. Schulte 1993).

›Konkurrenz‹ bekam die Systemtheorie luhmannscher Prägung jüngst durch einen neuen soziologischen Ansatz, den der Berliner Soziologe Rodrigo Jokisch[11] entwickelt hat. In seiner überaus komplexen »Logik der Distinktionen« (Jokisch 1996) versucht der Autor eine Weiterentwicklung der Theorie Niklas Luhmanns, indem er von der Beobachtung von Kommunikationen auf die Beobachtung von Kommunikationen, Handlungen und Entscheidungen umstellt. Grundlegend für die Argumentation Jokischs ist die strikte Trennung von *Differenz* (symmetrischer Distinktion) und *Unterscheidung* (asymmetrischer Distinktion), woraus sich neuartige Kommunikations- und Handlungskonzepte destillieren lassen.

Jokisch: Distinktionstheorie als Modifikation der Systemtheorie

Distinktion, Differenz und Unterscheidung

Aus empirischer Sicht hat die Systemtheorie mit folgenden Problemen zu kämpfen:
*   Warum liegen mehrere Theorieentwürfe zu Journalismus und Publizistik vor, aber bislang noch kein expliziter zur Unterhaltung? Auch Großmann fragt sich zu Recht, »ob dann neben dem Funktionssystem Journalismus sich ein anderes, ebenfalls als autopoietisch zu konzipierendes Funktionssystem Unterhaltung entwickelt hat, das sich eventuell ähnlicher Organisationen, Rollen und Techniken bedient« (Großmann 1999, 37). Alexander Görke (2001) hat dazu ein Forschungsvorhaben skizziert, in dem er Unterhaltung explizit als weiteres Leistungssystem der Öffentlichkeit neben dem Journalismus konzipiert.
*   Wie begegnet die Systemtheorie dem oft gehörten Einwand, Kommerzialisierungs- und Ökonomisierungstendenzen, die ja

Eigenes Funktionssystem der Unterhaltung?

---

[11] Jokisch erweitert bereits das logische Fundament der luhmannschen Systemtheorie, von George Spencer Brown und Ranulph Glanville stammend (siehe Unterabschnitt zur Theoriegeschichte, S. 204), um Phillip G. Herbst und Gotthard Günther (vgl. Jokisch 1996, 62 ff.). – Grob vereinfacht gesagt geht es darum, dass Luhmann mit einer Asymmetrie startet, nämlich der Fokussierung auf das System. Jokisch schlägt indes vor, dass dies nur eine von zwei Möglichkeiten ist, wenn eine Distinktion gesetzt wurde.

Autopoiesis versus Ökonomisierung sozialer Systeme

mittlerweile nicht mehr nur auf der Mikro-Ebene zu lokalisieren sind, stehen letztlich im Widerspruch zum Autonomie- und Autopoiesis-Postulat? Auch laut Christian Filk (1997, 235) »ist kritisch zu fragen, ob solchen Entwürfen in ihrem akribischen Bestreben, dem Konstruktivismus bzw. der Systemtheorie kompromißlos zu folgen und das Massenmediensystem als autopoietisches System zu beschreiben, nicht gewisse Entwicklungen im Mediensektor – wie beispielsweise Konzentrationsprozesse oder Monopolbildungen unter den Programmanbietern – zwangsläufig entgehen müssen«.

Interpenetrationszonen sozialer Systeme

Einen Ausweg könnte die weitere theoretische Ausarbeitung des Konzepts der *Interpenetration* bzw. der Bildung von *Interpenetrationszonen* sozialer Systeme darstellen. Eventuell wäre es für zukünftige Theoriebemühungen im Lichte der Systemtheorie sinnvoll, die Orthodoxie von der Überschneidungsfreiheit sozialer Systeme aufzugeben und doch partielle Interpenetrationsbereiche, also Bereiche der wechselseitigen Durchdringung von Systemen, zuzulassen (vgl. aus zwei unterschiedlichen Blickwinkeln Westerbarkey 1995 und Siegert 2001).[12]

Integration von Akteurs- und Systemtheorie

- Als wahrscheinlich zukunftsträchtigste Theorie-Option werden sich wohl Ansätze erweisen, die sowohl auf System- als auch auf Akteurs-Ebene argumentieren. So genannte ›Akteur-im-System‹ -Ansätze liegen etwa für den Journalismus bereits vor (vgl. etwa Neuberger 2000). Hier wird versucht, im Sinne eines Mehrebenen-Modells sowohl Journalisten konkret-empirisch als auch systemische Kontextbedingungen (*constraints*) zu beobachten und in einem integrativen Modell zu verschränken.[13]

---

[12] Auch Scholl/Weischenberg bemerken aus journalismuswissenschaftlichem Blickwinkel: »Neue Differenzierungen und Entdifferenzierungen entstehen jedoch nicht nur aufgrund technologischer Veränderungen; auch strukturelle und organisatorische Veränderungen beeinflussen die Produktion aktueller Medienangebote. So wird die Differenz zwischen Journalismus und Public Relations zunehmend schwieriger zu beobachten sein, da sich die *Interpenetrationszonen* ausweiten und somit die Strukturen des Journalismus immer mehr durch Überlagerungen von anderen Systemen (Wirtschaft, Technik, Politik) und deren Selbstbeschreibungen gekennzeichnet sind.« (Scholl/Weischenberg 1998, 272)

[13] In der Diskussion zukünftiger Theorie-Optionen sollten auch die sich vielfältig ausdifferenzierenden Dialoge zwischen Systemtheorie und benachbarten Theorien nicht vergessen werden: etwa Systemtheorie und Hermeneutik, Systemtheorie und Rational Choice – oder auch Systemtheorie und Chaostheorie (!) als Versuch einer neuartigen ›systemischen Nachrichtentheorie‹ (vgl. Frerichs 2000).

Freilich mag man abschließend die Frage stellen, inwieweit nach diesen Modifikationen noch von Systemtheorie im strengen Sinn gesprochen werden kann und sollte. Wenn nicht mehr nur Kommunikationen, sondern Kommunikationen, Entscheidungen und Handlungen, wenn nicht mehr nur Systeme, sondern Systeme und Akteure, wenn nicht mehr nur Autonomie und Autopoiesis, sondern auch Heteronomie und Allopoiesis in den Fokus der Theoriebildung geraten, ist das dann überhaupt noch modifizierte Systemtheorie oder in der Summe nicht vielmehr ein neuer soziologischer Ansatz, eine Art nicht-dualistische, integrative Sozialtheorie (oder eben auch Distinktionstheorie im Sinne Jokischs)? Die Theorie-Debatten (vgl. etwa Löffelholz 2000) zu diesem Thema sind längst noch nicht abgeschlossen, was eine dynamische Weiterentwicklung des systemischen Theoriegebäudes erwarten lässt.

Auf dem Weg zu einer integrativen Sozialtheorie?

Literatur

Baraldi, Claudio/Corsi, Giancarlo/Esposito, Elena (1997): GLU. Glossar zu Niklas Luhmanns Theorie sozialer Systeme. Frankfurt am Main: Suhrkamp.

Becker, Frank/Reinhardt-Becker, Elke (2001): Systemtheorie. Eine Einführung für die Geschichts- und Kulturwissenschaften. Frankfurt am Main/New York: Campus.

Bertalanffy, Ludwig von (1971): General System Theory. Foundations – Development – Applications. London: The Penguin Press.

Bleicher, Joan Kristin (1999): Unterhaltung in der Endlosschleife oder wie das Fernsehen mit sich selbst spielt. In: Latzer, Michael u. a. (Hg.): Die Zukunft der Kommunikation. Phänomene und Trends in der Informationsgesellschaft. Innsbruck/Wien: Studien Verlag, S. 115-128.

Blöbaum, Bernd (1994): Journalismus als soziales System. Geschichte, Ausdifferenzierung und Verselbständigung. Opladen: Westdeutscher Verlag.

De Berg, Henk/Schmidt, Johannes F. K. (Hg.) (2000): Rezeption und Reflexion. Zur Resonanz der Systemtheorie Niklas Luhmanns außerhalb der Soziologie. Frankfurt am Main: Suhrkamp.

Faulstich, Werner (1991): Medientheorien. Einführung und Überblick. Göttingen: Vandenhoeck und Ruprecht.

Filk, Christian (1997): Konstruktivismus und Systemtheorie in der Medienforschung. Einführende Bemerkungen. In: Rundfunk und Geschichte, 23. Jahrgang, Heft 4, S. 233-238.

Filk, Christian (1999): Beobachtungen diesseits und jenseits der Differenz. Niklas Luhmann (1927-1998). In: Rundfunk und Geschichte, 25. Jahrgang, Heft 1, S. 46-52.
Foerster, Heinz von (1993): Wissen und Gewissen. Versuch einer Brücke. Frankfurt am Main: Suhrkamp.
Frerichs, Stefan (2000): Bausteine einer systemischen Nachrichtentheorie. Konstruktives Chaos und chaotische Konstruktionen. Wiesbaden: Westdeutscher Verlag.
Frieske, Michael (1998): Selbstreferentielles Entertainment. Televisionäre Selbstbezüglichkeit in der Fernsehunterhaltung. Wiesbaden: Deutscher Universitäts-Verlag.
Fuchs, Peter (1998): Realität der Virtualität – Aufklärungen zur Mystik des Netzes. In: Brill, Andreas/de Vries, Michael (Hg.): Virtuelle Wirtschaft. Virtuelle Unternehmen, Virtuelle Produkte, Virtuelles Geld und Virtuelle Kommunikation. Opladen/Wiesbaden: Westdeutscher Verlag, S. 301-322.
Glanville, Ranulph (1988): Objekte. Berlin: Merve.
Görke, Alexander/Kohring, Matthias (1996): Unterschiede, die Unterschiede machen: Neuere Theorieentwürfe zu Publizistik, Massenmedien und Journalismus. In: Publizistik, 41. Jahrgang, Heft 1, S. 15-31.
Görke, Alexander/Kohring, Matthias (1997): Worüber reden wir? Vom Nutzen systemtheoretischen Denkens für die Publizistikwissenschaft. In: Medien Journal, 21. Jahrgang, Heft 1, S. 3-14.
Görke, Alexander (2001): Unterhaltung als Leistungssystem öffentlicher Kommunikation: ein systemtheoretischer Entwurf. In: Schmidt, Siegfried J./Westerbarkey, Joachim/Zurstiege, Guido (Hg.): a/effektive Kommunikation: Unterhaltung und Werbung. Münster: Lit, S. 53-74.
Grassmuck, Volker (1998): Geschlossene Gesellschaft. Mediale und diskursive Aspekte der »drei Öffnungen« Japans. Berlin: Freie Universität (Dissertation).
Gripp-Hagelstange, Helga (Hg.) (2000): Niklas Luhmanns Denken. Interdisziplinäre Einflüsse und Wirkungen. Konstanz: UVK.
Großmann, Brit (1999): Der Einfluß des Radikalen Konstruktivismus auf die Kommunikationswissenschaft. In: Rusch, Gebhard/Schmidt, Siegfried J. (Hg.): Konstruktivismus in der Medien- und Kommunikationswissenschaft. DELFIN 1997. Frankfurt am Main: Suhrkamp, S. 14-51.
Hoffjann, Olaf (2001): Journalismus und Public Relations. Ein Theorieentwurf der Intersystembeziehungen in sozialen Konflikten. Wiesbaden: Westdeutscher Verlag.
Jokisch, Rodrigo (1996): Logik der Distinktionen. Zur Protologik einer Theorie der Gesellschaft. Opladen: Westdeutscher Verlag.

Kohring, Matthias/Hug, Detlef Matthias (1997): Öffentlichkeit und Journalismus. Zur Notwendigkeit der Beobachtung gesellschaftlicher Interdependenz – Ein systemtheoretischer Entwurf. In: Medien Journal, 21. Jahrgang, Heft 1, S. 15-33.

Krause, Detlef (2001): Luhmann-Lexikon. Eine Einführung in das Gesamtwerk von Niklas Luhmann. Stuttgart: Lucius & Lucius.

Krieger, David J. (1996): Einführung in die allgemeine Systemtheorie. München: Fink/UTB.

Löffelholz, Martin (Hg.) (2000): Theorien des Journalismus. Ein diskursives Handbuch. Wiesbaden: Westdeutscher Verlag.

Luhmann, Niklas (1981): Veränderungen im System gesellschaftlicher Kommunikation und die Massenmedien. In: Luhmann, Niklas: Soziologische Aufklärung 3. Soziales System, Gesellschaft, Organisation. Opladen: Westdeutscher Verlag, S. 309-320.

Luhmann, Niklas (1984): Soziale Systeme. Grundriß einer allgemeinen Theorie. Frankfurt am Main: Suhrkamp.

Luhmann, Niklas (1990): Über systemtheoretische Grundlagen der Gesellschaftstheorie. In: Deutsche Zeitschrift für Philosophie, 38. Jahrgang, Heft 3, S. 277-284.

Luhmann, Niklas (1995): Wie ist Bewußtsein an Kommunikation beteiligt? In: Luhmann, Niklas: Soziologische Aufklärung 6. Die Soziologie und der Mensch. Opladen: Westdeutscher Verlag, S. 37-54.

Luhmann, Niklas (1996): Die Realität der Massenmedien. 2., erweiterte Auflage. Opladen: Westdeutscher Verlag.

Marcinkowski, Frank (1993): Publizistik als autopoietisches System. Politik und Massenmedien. Eine systemtheoretische Analyse. Opladen: Westdeutscher Verlag.

Neuberger, Christoph (2000): Journalismus als systembezogene Akteurkonstellation. Vorschläge für die Verbindung von Akteur-, Institutionen- und Systemtheorie. In: Löffelholz, Martin (Hg.): Theorien des Journalismus. Ein diskursives Handbuch. Wiesbaden: Westdeutscher Verlag, S. 275-291.

Pürer, Heinz (1998): Einführung in die Publizistikwissenschaft. Systematik – Fragestellungen – Theorieansätze – Forschungstechniken. Konstanz: UVK Medien.

Rühl, Manfred (1969): Systemdenken und Kommunikationswissenschaft. In: Publizistik, 14. Jahrgang, Heft 2, S. 185-206.

Rühl, Manfred (1979): Die Zeitungsredaktion als organisiertes soziales System. Freiburg: Universitätsverlag.

Saxer, Ulrich (1995): Systemtheorie und Kommunikationswissenschaft. In: Burkart, Roland/Hömberg, Walter (Hg.): Kommunikationstheorien. Ein Textbuch zur Einführung. Wien: Braumüller, S. 91-110.

Scholl, Armin/Weischenberg, Siegfried (1998): Journalismus in der Gesellschaft. Theorie, Methodologie und Empirie. Opladen/Wiesbaden: Westdeutscher Verlag.

Scholl, Armin (Hg.) (2002): Systemtheorie und Konstruktivismus in der Kommunikationswissenschaft. Konstanz: UVK.

Schulte, Günter (1993): Der blinde Fleck in Luhmanns Systemtheorie. Frankfurt am Main/New York: Campus.

Siegert, Gabriele (2001): Ökonomisierung der Medien aus systemtheoretischer Perspektive. In: Medien und Kommunikationswissenschaft, 49. Jahrgang, Heft 2, S. 167-176.

Spencer Brown, George (1997): Laws of Form. Gesetze der Form. Lübeck: Bohmeier.

Weber, Stefan (2000): Was steuert Journalismus? Ein System zwischen Selbstreferenz und Fremdsteuerung. Konstanz: UVK Medien.

Weber, Stefan (2001): Medien – Systeme – Netze. Elemente einer Theorie der Cyber-Netzwerke. Bielefeld: Transcript.

Westerbarkey, Joachim (1995): Journalismus und Öffentlichkeit. Aspekte publizistischer Interdependenz und Interpenetration. In: Publizistik, 40. Jahrgang, Heft 2, S. 152-162.

Wiener, Norbert (1992): Kybernetik. Regelung und Nachrichtenübertragung im Lebewesen und in der Maschine. Düsseldorf/Wien/New York/Moskau: Econ.

Withalm, Gloria (1999): Der Blick des Films auf Film und Kino. Selbstreferentialität und Selbstreflexivität im Überblick. In: Latzer, Michael u. a. (Hg.): Die Zukunft der Kommunikation. Phänomene und Trends in der Informationsgesellschaft. Innsbruck/Wien: Studien Verlag, S. 147-160.

Zurstiege, Guido (2002): Werbung als Funktionssystem. In: Scholl, Armin (Hg.): Systemtheorie und Konstruktivismus in der Kommunikationswissenschaft. Konstanz: UVK, S. 147-159.

Übungsfragen

1. Was ist ein »autopoietisches System«?
2. Wie unterscheiden sich die Systembegriffe von Bertalanffy und Luhmann?
3. Geben Sie folgenden sozialen Sachverhalten den richtigen systemtheoretischen Begriff: Die anwesenden Teilnehmerinnen und Teilnehmer eines jährlichen wissenschaftlichen Fachkongresses; das Mitgliederverzeichnis einer wissenschaftlichen Fachgesellschaft; geschäftliche Beziehungen zwischen der Anzeigenabteilung einer Tageszeitung und einem werbetreibenden Unternehmen.
4. Benennen Sie jeweils einen theorieimmanenten Schwachpunkt in den systemtheoretischen Modellen von Marcinkowski, Blöbaum, Luhmann und Görke/Kohring.
5. Versuchen Sie, einige empirische Indikatoren für (a) aktuelle Selbststeuerungstendenzen und (b) aktuelle Fremdsteuerungstendenzen im System Journalismus zu finden (eingeschränkt auf Marktjournalismus westlicher Prägung).
6. Nennen Sie die wichtigsten Unterschiede zwischen Systemtheorie und Kritischer Theorie in Bezug auf die Analyse der Gesamtgesellschaft sowie auf das Gesamtverständnis von wissenschaftlicher Praxis.
7. Versuchen Sie, aus der Perspektive der Distinktionstheorie von Rodrigo Jokisch ein integratives System der »Netzkommunikation« zu entwerfen.

2.8 Feministische Medientheorien
Sibylle Moser

2.8.1 Zur Beobachtung von Geschlecht

»Das sexuelle Modell, das in der liberalen Gesellschaft, in der Bruno und Christiane lebten, durch die offizielle Kultur (Werbung, Zeitschriften, soziale Einrichtungen und Gesundheitsbehörden) propagiert wurde, war das Modell des *Abenteuers*: Innerhalb eines solchen Systems tauchen sexuelles Begehren und sexuelle Lust im Anschluß an einen Prozeß der *Verführung* auf, der den Akzent auf das Neue, die Leidenschaft und die individuelle Kreativität legt (also jene Eigenschaften, die im übrigen auch von den Angestellten im Rahmen ihres Berufslebens verlangt werden).«
Michel Houellebecq, Elementarteilchen

Bruno und Christiane, zwei ›Auslaufmodelle‹ des 20. Jahrhunderts, sind für die aktuelle Kommunikationsforschung noch immer ein interessantes Phänomen. Auch zu Beginn des 21. Jahrhunderts ist es nicht vorstellbar, dass in Kommunikationen auf geschlechtliche Identifizierungen verzichtet wird – wer ist nicht irritiert, wenn er für die Dauer eines Gesprächs, einer Buchlektüre oder einer Talkshow über das Geschlecht seines/seiner Gesprächspartners/partnerin, einer Romanfigur oder des/der TV-Moderators/Moderatorin im Unklaren gelassen wird? Trotz de facto eingesetzter Reproduktionstechnologien und ausdifferenzierter Lebensstile nehmen die meisten Mitglieder postmoderner Mediengesellschaften sich vor dem Hintergrund des »archaischen Duals« (Schimank 1988, 64) männlich/weiblich wahr und interpretieren soziale Erfahrungs- und Handlungszusammenhänge im Rahmen eines ausgeklügelten Regelwerks von Geschlechterdifferenzen. Die Unterscheidung der Geschlechter ist deshalb für das Verständnis kultureller Wirklichkeiten entscheidend. Sie betrifft die *persönliche Identität* kommunikativer Aktant/inn/en ebenso wie die *gesellschaftliche Organisation* von Kommunikation und die Interpretation *symbolischer Ordnungen* (vgl. Harding 1986, 52 ff.). Die Frage nach der kommunikati-

Männlich/weiblich als »archaisches Dual«

ven Wirkungsweise des Geschlechts infiltriert die Grundfragen der Kommunikations- und Medienwissenschaften. Sie überschneidet sich mit der Frage nach dem Verhältnis von Medien, Bewusstsein und sozialer Wirklichkeit ebenso wie mit der Frage nach dem Verhältnis von Zeichensetzung, individueller Handlung und gesellschaftlicher Kontrolle. Die Beobachtung der Geschlechterdifferenz ist damit eine zentrale Aufgabe der Kommunikations- und Medienforschung. Ihre konkrete Umsetzung variiert mit der Vielfalt an theoretischen und methodischen Beschreibungsangeboten und greift auf viele Grundlagen zurück, die sich in anderen Kapiteln dieses Bandes finden, so zum Beispiel auf → 2.9 Psychoanalytische Medientheorien, → 2.10 Poststrukturalistische Medientheorien und → 2.3 Kritische Medientheorien. Um vorhandenen Einführungen zu feministischen Ansätzen in der Kommunikationswissenschaft nicht nur eine weitere Zusammenfassung hinzuzufügen[1], orientiert sich der folgende Überblick explizit an einem – für jede wissenschaftliche Textproduktion unvermeidbaren – Beobachtungsstandpunkt. Meine Sondierung feministischer bzw. *gender-sensitiver* Forschungsansätze entsteht vor dem Hintergrund der konstruktivistischen Kommunikations- und Medientheorie (→ 2.6 Konstruktivistische Medientheorien) und behandelt die Geschlechterdifferenz als wissenschaftliche *Unterscheidung*, die weitreichende Beobachtungen ermöglicht. Ich werde entsprechend die gendertheoretische These von der *Konstruktion des Geschlechts* fokussieren und versuchen, diese in ihren unterschiedlichen theoretischen Ausprägungen und methodischen Überprüfungen exemplarisch in aktuelle Forschungsbereiche einzuordnen.

Beobachtung der Geschlechterdifferenz

Gender-sensitive Forschungsansätze

These von der Konstruktion des Geschlechts

2.8.2 Kurze Geschichte des Feminismus

Aktuelle feministische Interpretationen gesellschaftlicher Wirklichkeit wurzeln im politischen Kontext der neuen Frauenbewegungen, die sich Ende der sechziger Jahre als Systeme sozialer Selbstbeob-

---

[1] Repräsentative Einführungen finden sich beispielsweise bei Angerer/Dorer 1994, Fröhlich/Holtz-Bacha 1995, Dorer/Geiger/Böck 1999 und Schäfer 2000. Eine aktuelle Synopse mit einer ausführlichen Bibliographie von 1968 bis 2000 zur Forschung im deutschsprachigen Raum bieten Klaus/Röser/Wischermann 2001.

Sibylle Moser

Feministisches Denken zunächst Aufklärungskritik

achtung in westlichen Demokratien entwickelt haben (vgl. Moser 1997, 103 ff.). Feministisches Denken formiert sich seit seiner Entstehung um 1830 als *Aufklärungskritik*, welche die Schattenseiten von Modernisierungsprozessen aufzeigt (vgl. Fraisse 1995). So basiert die Entstehung der bürgerlichen Gesellschaft auf dem Ausschluss von Frauen aus den öffentlichen Sphären von Bildung, Politik, Wirtschaft, Recht und Wissenschaft und verwirklicht damit eine »Geschlechterdialektik der Aufklärung« (Maihofer 1994, 240). Im Zentrum feministischer Theorie steht entsprechend ein politisches Anliegen:

Politische Anliegen der Frauenbewegung

> »Ihr Thema ist die theoretische Reflexion der Zielsetzungen und Erfahrungen der Frauenbewegung, die Situation von Frauen in einer patriarchal organisierten Gesellschaft und die kritische Analyse der politischen Struktur des traditionellen Geschlechterverhältnisses als Herrschaftsbeziehung.« (List 1989, 17)

Während Disziplinen wie Soziologie, Geschichte oder die Literaturwissenschaften in den achtziger Jahren die Institutionalisierung feministischer Beobachtung vorantrieben und die angloamerikanische akademische Welt die Kategorie *Gender* für die Forschung entdeckte, träumte die Medien- und Kommunikationsforschung im deutschsprachigen Raum im Wesentlichen einen geschlechterindifferenten Dornröschenschlaf. E. Klaus weist darauf hin, dass bis zu Beginn der neunziger Jahre kaum Daten zur Kommunikation der Geschlechterdifferenz zur Verfügung standen (vgl. Klaus 2001, 21). Eine Studie zum Bild der Frau im deutschen Fernsehen (Küchenhoff 1975) teilte sich das Regal mit einer Bestandsaufnahme zur Berufssituation von Journalistinnen (Neverla/Kanzleiter 1984). Viele Untersuchungen zur Geschlechterdifferenz wurden als ›graue Literatur‹ von Studentinnen im Rahmen von Magisterarbeiten durchgeführt. Erst in den neunziger Jahren setzte die Institutionalisierung der Geschlechterbeobachtung auch in den Kommunikations- und Medienwissenschaften ein. Buchreihen wurden gegründet, Schwerpunktnummern von Fachzeitschriften herausgegeben[2] und die Fachgruppe »Medien, Öffentlichkeit und

Untersuchungen zur Geschlechterdifferenz

---

[2] Ausgaben zum Themenschwerpunkt »Medien und Geschlecht« sind beispielsweise: Medien Journal 1992/Heft 3, 1994/Heft 1, 1995/Heft 2; Medien und Zeit 1995/Heft 1 und 2000/Heft 1; Medienimpulse 1995/Heft 12; Das Argument 1997/Heft 6.

Geschlecht« in der Deutschen Gesellschaft für Publizistik- und Kommunikationswissenschaft (DGPuK) eingerichtet. In der Bandbreite der Zugänge orten J. Dorer und M.-L. Angerer vier fundierende Kennzeichen feministischer Theorien: 1) Wissenschafts- und Gesellschaftskritik; 2) Interdisziplinarität; 3) Auffassung des Geschlechts als ideologische Ressource, die alle gesellschaftlichen Bereiche betrifft und diese hierarchisiert sowie 4) Kopplung von wissenschaftlicher Erkenntnis und politischer Praxis (vgl. Angerer/Dorer 1994, 12). Aufgrund der expliziten Vermittlung von Erkenntnisposition und Forschungsinteresse wurde der Versuch unternommen, die verschiedenen politischen Ausrichtungen feministischer Theorie nach ihrem erkenntnistheoretischen Selbstverständnis zu systematisieren (vgl. Angerer/Dorer 1994, 8 ff.; Moser 1997, 28 ff.; Klaus 2001, 23).[3]

Vier fundierende Kennzeichen feministischer Theorien

Egalitätsorientierte Frauenforschung folgt einem *empiristischen Objektivitätsanspruch*, mit dem das Modell einer liberalen Gesellschaftsordnung korrespondiert. Der aufklärerische Anspruch, Frauen den Männern gleichzustellen, führt zu dem Bemühen, den Kanon kultureller Medienangebote, der nicht zuletzt durch die Selektionsstrategien wissenschaftlicher Forschung entsteht, durch das Schaffen von Frauen zu erweitern und die berufliche Situation von Frauen im Journalismus aufzuzeigen. Egalitätsorientierte Frauenforschung folgt mit dieser Auffassung feministischer Wissenschaftspraxis einer Logik der Ergänzung. Die gesellschaftliche Ungleichheit der Geschlechter soll durch die feministische Korrektur wissenschaftlicher Beobachtungen tendenziell aufgehoben werden. Man bzw. ›frau‹ muss nur den Kriterien rationaler Wissenschaft folgen, dann werden Verzerrungen der Wirklichkeit erkannt und Ungerechtigkeiten zwischen Frauen und Männern aufgelöst. Viele egalitätsorientierte Forschungen kritisieren die falsche Darstellung der sozialen Realität in den Medien und ihre unkritische Übernahme in der wissenschaftlichen Beobachtung. Ihr Anspruch, Frauen in den Medien wie in der Medienforschung *sichtbar* zu

Egalitätsorientierte Frauenforschung

---

[3] Mitte der achtziger Jahre führte die Wissenschaftstheoretikerin S. Harding die Unterscheidung von empiristischen, standpunkttheoretischen und postmodernen Erkenntnispositionen feministischer Wissenschaft ein (vgl. Harding 1986), eine Unterscheidung, welche in der Diskussion der neunziger Jahre ausdifferenziert wurde und auch die aktuelle feministische Erkenntnis- und Wissenschaftskritik informiert (vgl. exemplarisch Haraway 1988; Nagl-Docekal 2000, 124 ff.; Walby 2001).

machen, rekurriert auf die Tatsache, dass männliche Akteure die Tendenz haben, sich überproportional häufig ›in Szene zu setzen‹. So genannte ›Frauenthemen‹ wie der Bereich gesellschaftlicher Reproduktion (›Kinder, Küche, Kirche‹) kommen in der Berichterstattung signifikant seltener vor, Bildschirme werden von männlichen Protagonisten bevölkert, Zeitungsredaktionen von Chefredakteuren dominiert.

Differenzorientierte Frauenforschung

Differenzorientierte Frauenforschung kritisiert an der liberalen Frauenforschung, dass sie sich unkritisch an männlichen Maßstäben (Vorwurf des Androzentrismus) orientiert und geschlechtsspezifische Bedingungen der Wirklichkeitskonstitution ignoriert. Aufgrund ihrer latent empiristischen Ausrichtung kommen ihr gesellschaftsstrukturelle Ursachen und mediale Funktionsweisen der konstatierten Ungleichheiten nicht in den Blick. Warum werden Erfahrungszusammenhänge, die traditionellerweise Frauen zugeordnet werden, in den Medien seltener dargestellt? Welche Rolle spielt geschlechtsspezifische Arbeitsteilung bei der Produktion und Rezeption von Medienangeboten? Feministische Differenzforschung macht sich auf die Suche nach geschlechtstypischem Mediennutzungsverhalten, nach geschlechtstypischen Berufssphären und Kommunikationsstilen und analysiert ökonomische, soziokulturelle und psychische Ursachen geschlechtlicher Ungleichheit. Sie zielt auf die *explizite Berücksichtigung von Unterschieden* zwischen den Geschlechtern ab und argumentiert aus der Perspektive eines weiblichen Erfahrungsstandpunkts, der normative Grundlagen und die Theoriegeleitetheit wissenschaftlicher Beobachtung betont. Die zentrale These lautet, dass Frauen und Männer in geschlechtersegregierten Gesellschaften unterschiedliche Erfahrungen machen. Mit der Annahme, dass dichotome Geschlechtercharaktere ein ideologisches Fundament bürgerlicher Gesellschaften sind (vgl. Bovenschen 1979), wird die ideologiekritische Analyse von *Weiblichkeitsbildern* (›Hausfrau, Hure, Heilige‹) historisch und gesellschaftstheoretisch kontextualisiert. Die komplexe Bestimmung der Kategorie Geschlecht findet ihren Niederschlag in der Ausweitung des kommunikationswissenschaftlichen Beobachtungsfelds. Die Analyse geschlechtsspezifischer Medieninhalte wird durch die Beobachtung von Differenzen in der Produktion und Rezeption von Medienangeboten erweitert. So beschäftigt sich die Forschung mit der Frage, ob und – wenn ja – warum Frauen spezifische Medien nutzen, spezifische Medienangebote

Geschlechtstypisches Mediennutzungsverhalten

bevorzugen, bestimmte Rezeptionsstrategien favorisieren und eigene journalistische Stile ausprägen. Politisch wird die Annahme einer genuinen Erfahrungsdifferenz unterschiedlich interpretiert. Während der *sozialistische Feminismus* die Geschlechterdifferenz als gesellschaftsstrukturelle Kategorie kapitalistischer Produktionsverhältnisse ausweist, führt die Akzentuierung der Differenz von Frauen im *radikalen Feminismus* zur Abgrenzung und Aufwertung weiblicher Erfahrungszusammenhänge und findet ihren Niederschlag in der Entstehung frauenzentrierter *Gegenöffentlichkeiten*.

Die Kritik dieser Differenzorientierung wird im Laufe der neunziger Jahre immer massiver und markiert die Entstehung *postmoderner Positionen* in feministischer Politik und Forschung. Im Kontext einer erkenntnistheoretischen Repräsentationskritik wird die fundierende Unterscheidung feministischer Forschung, die Geschlechterdifferenz selbst, zum Problem. Worauf beziehen sich feministische Theoretiker/innen, wenn sie von ›Frauen‹ und ›Männern‹ sprechen? Welche objektiven Eigenschaften teilen Individuen, die mit dem Etikett ›weiblich‹ klassifiziert werden? Gibt es tatsächlich eine spezifisch *weibliche* Erfahrung? Sind gesellschaftliche Unterschiede wie Klasse, ethnische Zugehörigkeit und sexuelle Orientierung nicht ebenso ausschlaggebend für die Wahrnehmung und Kommunikation sozialer Wirklichkeiten? Die Erfahrungsvielfalt weist darauf hin, dass politisches Handeln im Rahmen moderner Mediengesellschaften in unterschiedlichen und wechselnden Kontexten verwirklicht wird. Frauen haben verschiedene Interessen und Identitäten, die sich nur temporär und im Hinblick auf Diskriminierungen zu einer Einheit kollektivieren lassen. Die allgemeine Skepsis gegenüber der Möglichkeit beobachtungsunabhängiger Erkenntnis führt zur Entwicklung *konstruktivistischer* und *dekonstruktivistischer* Positionen in der feministischen Theorie. Die Betonung der wirklichkeitsbildenden Macht jeder Unterscheidung zielt auf die Auflösung der Geschlechterdifferenz als wirklichkeitskonstitutiver Kategorie. Postmoderne Positionen bringen damit ein fundamentales Paradox feministischer Beobachtung auf den Punkt: Die zentrale Differenz der Forschung, die Unterscheidung der Geschlechter, soll durch ebendiese Forschung aufgelöst werden (vgl. Hagemann-White 1993; Scott 1995; Klaus 2001, 26). Die politische Umorientierung, die aus der Thematisierung dieses Paradoxes resultiert, spiegelt sich in der Entstehung der *Gender Studies* in den neunziger Jahren. Die Beobachtung der homogenen Einheit

Ab den Neunzigern postmoderne Positionen

Konstruktivistische versus dekonstruktivistische Positionen

Entstehung der Gender Studies

»Frauen« wird auf die Vielfalt möglicher Identitäten und Prozesse der Geschlechtskonstruktion umorientiert. *Genderforschung* konzipiert Geschlecht als *Relation* männlicher und weiblicher Identitäten im Schnittpunkt vielfältiger gesellschaftlicher Differenzlinien (vgl. Becker-Schmidt/Knapp 2000, 39 ff.; Hassauer 1994, 12 ff.). Die zentrale These von der *Konstruktion des Geschlechts* weist Kommunikationsprozessen eine fundamentale epistemologische Interpretation zu, da Geschlechterwirklichkeiten in je medienspezifischen Kommunikationen realisiert werden (vgl. Angerer 1999, 26). Die aktuelle feministische Theoriebildung hat damit maßgeblich Anteil an der Reflexion des kommunikationswissenschaftlichen Gegenstandsbereichs. Sie oszilliert zwischen empirischen Forschungen, welche die Geschlechterdifferenz als Faktum beobachten (*Beobachtung 1. Ordnung*), und wissenschaftlichen Reflexionen, welche forschungsleitende Unterscheidungen sowie die Konstruktion der Geschlechter diskutieren (*Beobachtung 2. Ordnung*).

Geschlechterwirklichkeiten werden in Kommunikationen realisiert

2.8.3 Grundbegriffe und Modelle des Feminismus

Die feministische Diskussion des Geschlechtsbegriffs verdeutlicht, dass die Einführung theoretischer Begriffe von erkenntnistheoretischen Vorannahmen und praktischen Zielvorstellungen geprägt ist. Wissenschaftliche Theorien sind *Begriffsnetze*, die zur Strukturierung komplexer Erfahrungen und zur Lösung von Problemen entwickelt werden (Moser 2001, 33 ff.). Entsprechend stellen die gewählten Begriffe aus der feministischen Theorie *vieldimensionale Konzepte* dar, die mit kommunikations- und medienwissenschaftlichen Begriffen wie ›Kommunikation‹, ›Rezeption‹, ›Medienangebot‹ oder ›Mediensystem‹ verknüpft sind und diese im Rahmen einer Theorie des Geschlechts reformulieren bzw. spezifizieren.

Sex/Gender

Sex versus Gender

Die Unterscheidung der Begriffe *Sex* und *Gender* wurde 1975 von G. Rubin in die feministische Diskussion eingebracht. G. Rubin definiert das *Sex/Gender-System* als »Gruppe von Übereinkünften, auf deren Grundlage eine Gesellschaft die biologische Sexualität in Produkte menschlicher Aktivität transformiert und diese transformierten sexuellen Bedürfnisse befriedigt« (Rubin zitiert nach Nicholson 1994, 200). Das Bemühen, den biologischen Geschlechtskörper (*Sex*) von seiner gesellschaftlichen Interpretation (*Gender*) abzugrenzen, ist feministisch motiviert. Es wird als Bollwerk gegen einen biologischen Determinismus errichtet, der Machtverhältnisse zwischen den Geschlechtern als Ausdruck ihrer natürlichen Verschiedenheit legitimiert. Die Unterscheidung *Sex/Gender* zielt entsprechend darauf ab, a) die Erklärung und Legitimation geschlechtlicher Unterschiede durch biologische Sachverhalte wie Reproduktionsfunktionen in Frage zu stellen und b) Geschlechterdifferenzen als gesellschaftliche Sachverhalte zu reformulieren. Grundannahme der *Sex/Gender*-Unterscheidung ist, dass gesellschaftliche und kulturelle Sozialisationsprozesse körperliche Gegebenheiten überformen. Entscheidend für die patriarchale *Gender-Sozialisation* ist die *Naturalisierung* gesellschaftlicher Ungleichheit: »Gender eröffnet die Perspektive, einer naturalisierten Gesellschaftlichkeit auf die Spur zu kommen.« (Hauser 1999, 18)

Gegen biologische Verkürzung

Ab den achtziger Jahren wird die Unterscheidung *Sex/Gender* mit dem Argument in Frage gestellt, dass sie die Gegenüberstellung von Natur und Kultur wiederhole und damit der *Naturalisierung des Geschlechtskörpers* Vorschub leiste (vgl. Nicholson 1994, 201). »Wie kommt es, dass uns der Körper als unhinterfragbare, objektive, natürliche Wirklichkeit des Geschlechts vorkommt?« (Villa 2000, 64) Der Körper wird mit dem Hinweis auf die historische Variabilität der Geschlechtswahrnehmung als kulturelle Konstruktion bestimmt (vgl. Laqueur 1996). Die soziokulturelle Interpretation der *Sex/Gender*-Unterscheidung schließt die feministische Diskussion mit der Medien- und Kommunikationstheorie kurz. Sie kulminiert in der Frage, welche symbolischen Verfahren die soziale Erfahrung von Geschlechtlichkeit ermöglichen.

Kritik an der Unterscheidung Sex/Gender

Geschlechtskonstruktion

Die *Sex/Gender-Debatte* diskutiert auf vielfältige Weise die These von der gesellschaftlichen und kulturellen *Konstruktion des Geschlechts*. In den neunziger Jahren steht die Konturierung dieser These und die Ausdifferenzierung verschiedener theoretischer Positionen im Zentrum.[4]

Soziale Konstruktion des Geschlechts

---

[4] Die (De-)Konstruktivismus-Diskussion formiert sich rund um Judith Butlers Buch »Gender Trouble« (vgl. Butler 1991) und versammelt eine Vielzahl prominenter angloamerikanischer und deutschsprachiger Theoretiker/innen. Zur

»Doing Gender«:
Geschlecht wird in sozialen Interaktionen gemacht

Die sozialkonstruktivistische Grundannahme, dass Geschlechter nicht einfach gegeben sind, sondern in sozialen Interaktionen immer wieder symbolisch hergestellt werden, wurde 1978 von den Ethnomethodologinnen S. Kessler und W. McKenna im Konzept des *Doing Gender* zusammengefasst. Im Umkreis dieser Konzeption finden sich jüngst auch explizite Rückgriffe auf die soziologische Systemtheorie (→ 2.7 Systemtheorien der Medien). So wird die »Wahrnehmung und Kommunikation von Geschlecht« (vgl. Braun/Pasero 1997; Pasero 1999) als Prozess der wechselseitigen Stabilisierung sozialer Erwartungen modelliert. Indem Frauen und Männer einander als solche wahrnehmen und kommunikativ kennzeichnen, bestätigen sie ihre Geschlechtsidentitäten und bringen in rekursiven Handlungskreisläufen die Geschlechterdifferenz als Wirklichkeit hervor: »Geschlechtsstereotype Erwartungen rufen geschlechtsstereotypes Verhalten hervor und umgekehrt.« (Pasero 1999, 18) Prominent wurde das Konzept des *Doing Gender* in den neunziger Jahren mit Studien zur *Transsexualität*. Diese interpretieren den Prozess der Geschlechtsumwandlung als ethnomethodologisches »Krisenexperiment«, das die unbewussten Routinen der Geschlechtsidentifikation aufdeckt, indem es »Verhaltenserwartungen« eines Gegenübers »konsequent verletzt« (Lindemann 1994, 124). S. Hirschauer rekonstruiert in seiner Studie zur sozialen Konstruktion der Transsexualität das vielschichtige Wissen darüber, wie man eindeutige Geschlechtsidentitäten konstruiert, als *Geschlechtszuständigkeit* (Hirschauer 1993, 49 ff.). Die Zuständigkeit für die Darstellung von Geschlecht ist a) unhinterfragt, b) lebenslang, c) dichotom und d) biologisch legitimiert (vgl. Villa 2000, 75). Diese Annahmen werden in der Rekonstruktion von Prozessen symbolischer Vergeschlechtlichung virulent. Die Darstellung des Geschlechts arbeitet mit sozialen Ressourcen wie Kleidern, Geld, Bildung und körperlicher ›Ausstattung‹ (vgl. Villa 2000, 29 ff., 91 ff.). Mit Hilfe dieses symbolischen Repertoires wird *Zweigeschlechtlichkeit* als scheinbar unhintergehbare soziale Realität hergestellt. Für die feministische Kommunikationswissenschaft birgt das Konzept des *Doing Gender* das Potenzial, kommunikative Prozesse allgemein als *geschlechtskonstitutiv* zu interpretieren.

Beispiel Transsexualität

Vielfalt der Anschluss-Debatte siehe Publikationen von Benhabib u. a. 1993 bis zu Waniek/Stoller 2001. Eine ausgezeichnete Übersicht und konstruktive Integration der Debatte zu den »sexy bodies« bietet Villa 2000.

Das Konzept des *Performing Gender* wurde von J. Butler in die feministische Diskussion eingebracht (Butler 1991 und 1995). Sie entfaltet die These von der Konstruiertheit des Geschlechts im Rahmen einer poststrukturalistischen Zeichenauffassung, die Sprache nicht als Repräsentation von Wirklichkeit, sondern als wirklichkeitsschaffenden Bedeutungsprozess bestimmt. Zeichen sind demnach zeitlich relative Differenzsetzungen, die immer Unbenanntes (»Abwesendes«) zur Voraussetzung haben. Neben J. Derridas Sprachphilosophie basiert J. Butlers differenztheoretische Argumentation auf kritischen Relektüren der Psychoanalyse J. Lacans (→ 2.9 Psychoanalytische Medientheorien) und der Diskursanalyse M. Foucaults (→ 2.10 Poststrukturalistische Medientheorien). Beide stellen die Vorstellung der Aufklärung, dass der Mensch ein rationales, sich seiner selbst bewusstes Subjekt ist, in Frage. Das psychoanalytische Paradigma verweist darauf, dass Subjektivität erst durch die Spaltung in symbolische und unbewusste Existenz entsteht; die Diskursanalyse bestimmt Subjektkonzepte als Effekte diskursiver Praktiken. Beide Argumente weisen die *Geschlechterdifferenz als Produkt sozialer Regulationsmechanismen* aus. J. Butler stellt damit die ›kulturelle Intelligibilität‹ des Geschlechts ins Zentrum der gendertheoretischen Konstruktivismus-Debatte. Ihre zentrale erkenntnistheoretische Grundfrage ist, »welche Sprach- und Diskurs-Formation die Trope einer vordiskursiven (körperlichen) Realität [...] zu welchen Zwecken (erzeugt)« (Knapp 1994, 274). Im Anschluss an J. Austins Konzept *performativer Sprechakte* betont sie, dass die Wiederholung (»Zitation«) jedes Bezeichnungsakts konstitutiv für die Bedeutung des Bezeichneten ist. *Performativität* meint »die ständig wiederholende und zitierende Praxis, durch die der Diskurs die Wirkungen erzeugt, die er benennt« (Butler 1995, 22). Demnach ist das biologische Geschlecht *(Sex)*, der scheinbar natürliche Referent der Geschlechtsidentität *(Gender)*, ein Effekt ebenjener diskursiven Praktiken, welche die Geschlechterdifferenz beständig als Normalität setzen. Analog ist die Frau als »Subjekt des Feminismus« (Butler 1991, 15) ein Phantasma feministisch-kollektiver Sprechweisen. Mit dem Begriff der *zwangsheterosexuellen Matrix* verweist J. Butler auf die normativen Implikationen der Zweigeschlechtlichkeit. Die dichotome Unterscheidung von zwei Geschlechtern geht mit der Normierung und Kontrolle von Begehrensformen, Körpererfahrungen und Lebensweisen einher. Das Konzept des *Performing Gender* wird entsprechend im Rahmen der

»Performing Gender«: Geschlecht als wirklichkeitsschaffende Performativität

Butler: Geschlecht als performativer Akt

Beispiel Queer Theory

Dekonstruktiver Feminismus

Queer Theory (Hark 1993; Braidt 1998, 15 f.) empirisch konkretisiert, indem diese im Kontext sexueller Subkulturen das politische und symbolische Potenzial von *Geschlechter-Travestien* untersucht.

Der *dekonstruktive Feminismus* J. Butlers zielt insgesamt darauf ab, die »rhetorische Verfassung« der Geschlechter (Vinken 1992, 19) aufzudecken und gesellschaftliche Ausschlussverfahren zu kritisieren. *Dekonstruktion* besteht in der kritischen Analyse von (Film-, TV- und Buch-)Texten, mit dem Anspruch, Sinngebungsprozesse durch neue Lesarten (Relektüren) zu subvertieren (vgl. Babka 2002). Da Sprache im Poststrukturalismus *das* Paradigma für soziale Beziehungen darstellt, erscheint die gesamte soziale Welt und mit ihr die Wissenschaft als textuelle Praxis. Entsprechend markiert der Begriff Dekonstruktion in der feministischen Kommunikations- und Medienwissenschaft eine politische Strategie, die einerseits »vorgeblich ›objektive‹ Grundkategorien des Faches als normative standpunktbezogene Setzungen« aufzeigen will (Klaus/Röser/Wischermann 2001, 13), andererseits die Relektüre kultureller Signifikationsprozesse im Objektbereich anstrebt. ›Dekonstruktiv‹ bezeichnet deshalb in erster Linie eine erkenntnis- und sprachkritische Zugangsweise. Feministische Forschung, die wissenschaftliche Geltungsansprüche erhebt, befindet sich jenseits der dekonstruktiv-philosophischen ›Spurensuche‹ im engeren Sinn.[5]

Kritik des »Performing Gender«-Ansatzes

Die diskurstheoretische Bestimmung der Genderkonstruktion hat eine Fülle von Einwänden hervorgerufen, die im Wesentlichen die Berücksichtigung konkreter Körpererfahrungen einfordern. So hat die Sozialhistorikerin B. Duden (1993) J. Butlers Konzept des *Performing Gender* als Konstruktion einer »Frau ohne Unterleib« attackiert. Die Erweiterung der gendertheoretischen Konstruktivis-

---

[5] B. Wartenpfuhl betont, dass »weder der diskurstheoretische noch der ethnomethodologische Ansatz etwas mit Dekonstruktion zu tun [haben]. Sie sind bestenfalls als Rekonstruktion zu bezeichnen, da beide Ansätze lediglich nach dem Herstellungsmodus von Zweigeschlechtlichkeit und der soziokulturellen Reproduktion von Geschlechterdifferenz fragen.« (Wartenpfuhl 1996, 191) Dekonstruktion hingegen ist eine selbstkritische »Praxis feministischer Wissenschaftskritik: das Wissen um die Verquickung von Herrschaftskritik mit der Reproduktion von Herrschaftswissen« (ebenda, 207). Umgekehrt grenzen sich empirisch orientierte Forscherinnen des *Doing Gender* von poststrukturalistischen Positionen ab (vgl. Kotthoff 1993, 81).

musdebatte durch *phänomenologische* Argumente stellt den Versuch dar, die Ebenen von kultureller Körperkonstruktion und subjektiver Körperempfindung zu vermitteln. Es wird argumentiert, dass der Körper die Schnittstelle zwischen Subjekt und Gesellschaft ist, an der sich soziale Strukturen materialisieren (vgl. Villa 2000, 14). So wird das *soziale Körperwissen* dem *Leib als Ort subjektiven Binnenerlebens* gegenübergestellt (vgl. Lindemann 1994, 133 ff.). Fühlen ist in diesem Sinn sozial geprägt und für Kommunikationen relevant.[6] Die genderorientierte Konstruktivismusdebatte führt damit zu der brisanten Frage nach dem Zusammenhang von Körpererfahrung, Zeichensetzung und Affekt.

<small>Der Körper als Schnittstelle</small>

Geschlechterverhältnis(se)

Die Konstruktivismusdebatte der neunziger Jahre arbeitet prägnant die kulturelle Dimension der Kategorie Gender heraus, sie weist jedoch makrosoziologische Defizite auf. So werden die *gesellschaftsstrukturellen Bedingungen und Wirkungen der Geschlechtskonstruktion* unzureichend diskutiert. Feministische Gesellschaftstheorien weisen darauf hin, dass Geschlechterbeziehungen und Geschlechterdifferenzen immer in Form spezifischer *Geschlechterverhältnisse* realisiert werden. Die Darstellungsressourcen, die zur Geschlechtskonstruktion zur Verfügung stehen, haben unterschiedlichen Wert, sind ungleich verteilt und schaffen im Zusammenspiel mit einer Vielzahl gesellschaftlicher Unterscheidungen asymmetrische Herrschaftsbeziehungen (vgl. Villa 2000, 110 ff.). Die Wechselwirkung von *Geschlechterideologie* (symbolischen Ordnungen) und gesellschaftlicher Organisation zeigt, dass jedes Geschlechterverhältnis gleichermaßen ein »ideelles Gebilde, eine symbolische Ordnung und ein Sozialgefüge [ist], das eine materielle Basis hat« (Becker-Schmidt/Knapp 2000, 61). Deutlich wird dieser Zusammenhang in der Trennung von öffentlicher Lohnarbeit/Produktion und privater Hausarbeit/Reproduktion, die in bürgerlich-kapitalistischen Gesellschaften alle gesellschaftlichen Bereiche betrifft und den Aus-

<small>Kulturelle Dimension von Gender</small>

---

[6] Entscheidend ist, dass die soziale Wahrnehmung *signifikanter Körperformen* die konkrete Empfindung in »Leibesinseln« konzentriert. Dies zeigt sich wiederum in der transsexuellen Erfahrung von Körperzonen: »Aus einer flachen Männerbrust etwa kann ein weiblich empfundener Busen ›werden‹, aus einer Klitoris ein kleiner Penis.« (Villa 2000, 194)

**Gendering:
Das Entstehen des Geschlechterverhältnisses**

schluss von Frauen aus Machtpositionen organisiert.[7] Geschlecht als Strukturkategorie repräsentiert eine Unterscheidungspraxis, die sich in einem dynamischen Netzwerk von Wechselbeziehungen historisch immer neu formiert. *Gendering*, der »Prozess des Entstehens und der kontinuierlichen Ausgestaltung der sozialen Geschlechterverhältnisse einer Gesellschaft« (Lünenborg 2001, 127) verändert sich mit dem Gesamtgefüge gesellschaftlicher Organisation. So wird die bürgerliche Trennung der Geschlechter im Zuge kapitalistischer ebenso wie emanzipatorischer Interessen teilweise dysfunktional. Beobachtungen aus der soziologischen Systemtheorie (→ 2.7 Systemtheorien der Medien) fassen diesen Sachverhalt in dem Hinweis, dass die Geschlechterdifferenz parallel zu ihrer feministischen Thematisierung in modernen Gesellschaften einem Prozess der Dethematisierung unterworfen ist (vgl. Pasero 1995). Im Kontext moderner Mediengesellschaften erscheint die symbolische Auflading der Geschlechterdifferenz »schlicht überdeterminiert« (Pasero 1999, 18). Systemtheoretiker/innen stellen der primären funktionalen Spezialisierung gesellschaftlicher Teilbereiche deshalb die horizontale *sekundäre Differenzierung* entlang der Geschlechterverhältnisse gegenüber. Mit dieser Sichtweise zeichnet sich klar ein Konflikt ab zwischen der kritischen Gesellschaftstheorie, welche die feministischen Sozialwissenschaften dominiert (→ 2.3 Kritische Medientheorien), und funktionalistischen Systemtheorien, welche die theoretische Diskussion der Kommunikationswissenschaften seit den neunziger Jahren prägen (vgl. Lünenborg 2001, 135 ff.; → 2.7 Systemtheorien der Medien).

Sekundäre Differenzierung der Gesellschaft durch Geschlechterverhältnisse

---

[7] »Es gibt eine frappierende Diskrepanz in der gesellschaftlichen Bewertung der Produktion von Macht-, Informations- und Lebensmitteln gegenüber der Prokreation und Reproduktion des Lebens samt ihrer kulturellen Erfordernisse.« (Becker-Schmidt/Knapp 2000, 60)

2.8.4 Anwendungen in der Medienwissenschaft

Öffentlichkeiten – Kommunikator/inn/en – Kommunikationsstile

Die makrostrukturelle Analyse der Geschlechterverhältnisse unterwirft den Öffentlichkeitsbegriff, der die Beobachtung von massenmedialer Kommunikation leitet, einer kritischen Revision. So findet öffentliche Kommunikation hauptsächlich außerhalb der Sphäre androzentrischer Massenkommunikationen statt. E. Klaus schlägt als Alternative vor, Öffentlichkeit als »Prozeß, in dem die Regeln und Normen des gesellschaftlichen Zusammenlebens festgelegt werden« (Klaus 1994, 75), zu definieren. Mit dieser Sichtweise geraten *Frauenöffentlichkeiten* (Interaktionen auf Spielplätzen, im Supermarkt, in Freizeiträumen etc.) in den Blick, die aus der Sicht der androzentrischen Gegenüberstellung privat/öffentlich irrelevant erscheinen. Die feministische Beobachtung der »heimlichen Öffentlichkeit« von Frauen verdeutlicht, dass die informelle Verständigung über Alltagsprobleme und deren Lösung hocheffiziente Prozesse der Meinungsbildung darstellen.[8] Differenzorientierte Forschungen werfen in diesem Zusammenhang die Frage auf, inwiefern Kommunikationsformen wie der »Klatsch und Tratsch« (ebenda, 81) einen *weiblichen Kommunikationsstil* verwirklichen, welcher der Herstellung und Aufrechterhaltung sozialer Beziehungen dient. Hier wird deutlich, dass die Erklärungsweise des *Doing Gender* eine vorschnelle Festschreibung der Geschlechterdifferenz durch positive Bewertungen verhindern kann. So werden Kommunikationsweisen, die häufiger bei Frauen beobachtbar sind, als interaktive Konstruktion gesellschaftlicher Asymmetrie analysiert. Soziolinguistische Analysen von Expert/inn/en in TV-Diskussionen illustrieren beispielsweise, dass Männer in dieser medienspezifischen Kommunikation die Tendenz haben, monologische »Belehrungen« vorzutragen, Themensetzungen von Frauen nicht aufzugreifen und deren Gesprächsbeiträge abzuwerten. Frauen manövrieren sich komplementär dazu durch eine »explorative Verhand-

Untersuchung von Frauenöffentlichkeiten

Spezifisch weibliche Kommunikationsweisen?

---

[8] E. Klaus führt als Beispiel bevölkerungspolitisch effektive Prozesse der Geburtenkontrolle an, die aus informellen Informationsprozessen unter Frauen resultierten und lange vor der medialen Thematisierung von Verhütungsmitteln in Politik, Kirche und Wirtschaft wirksam wurden (vgl. Klaus 1994, 80).

lung« von Themen und einen »kooperativen« Diskussionsstil häufig in eine rangniedere Position (Kotthoff 1993, 86).⁹ Da *Doing Gender* eine relationale Ordnung verwirklicht, wirken beide Geschlechter interaktiv an der Typisierung der Verhaltensweisen mit. Analog weist E. Klaus darauf hin, dass Frauenöffentlichkeiten häufig den Status quo affirmieren, indem sie die geschlechtstypische Organisation von Reproduktionssphären kommunikativ stabilisieren. Im Kontext *feministischer Gegenöffentlichkeiten* wird im Gegensatz dazu die Unterscheidung öffentlich/privat in alternativen Medien neu verhandelt (vgl. Dorer/Geiger/Böck 1999, 18 f.).

Feministische Gegenöffentlichkeiten

Subkulturelle Medien sind jedoch in dem Paradox gefangen, dass ihre Themen an ›Sprengkraft‹ verlieren, sobald sie im großen Rahmen von Massenmedien oder Parteien aufgegriffen werden. Im vorherrschenden Medienbetrieb scheint ein Engagement für genderspezifische Themensetzungen zudem nicht karrierefördernd zu sein (Dorer/Geiger/Böck 1999, 22). Aktuelle Daten zur beruflichen Situation von Frauen im Journalismus fundieren die gesellschaftstheoretische Annahme, dass die Unterscheidung der Geschlechter als Diskriminierung wirksam wird. Journalistinnen arbeiten häufiger in unsicheren Arbeitsverhältnissen, bekleiden mehrheitlich niedere Positionen und verdienen im Durchschnitt signifikant weniger.¹⁰ Wie M. Lünenborg ausführt, können systemtheoretische Modelle, die Journalismus als soziales System ausschließlich entlang der Leitdifferenz »öffentlich/nicht-öffentlich« beschreiben (→ 2.7 Systemtheorien der Medien), diese strukturelle Asymmetrie der Geschlechterdifferenz im Journalismus nicht erklären (Lünenborg 2001, 136 f.).¹¹ Andererseits bestätigen aktuelle Befunde, dass Journalistinnen und Journalisten sich in ihrem Handeln primär systeminternen kommunikativen Normierungen unterwerfen. Bis jetzt konnte weder ein ›weiblicher‹ journalistischer Stil noch eine mehrheitliche Konzentration von Frauen in so genannten weichen Ressorts wie Kultur oder Freizeit nachgewiesen

Frauen im sozialen System Journalismus

---

[9] Zur Diskussion soziolinguistischer Ansätze in der Geschlechterforschung siehe die Aufsätze in Braun/Pasero 1997.

[10] In Deutschland beträgt der Einkommensunterschied beispielsweise durchschnittlich umgerechnet 350 Euro (vgl. Lünenborg 2001, 129).

[11] So mag man argumentieren, dass die ökonomische Ausbeutung von Frauen für das kapitalistische Wirtschaftssystem funktional ist; warum Frauen bei besserer Qualifikation nicht die Führungspositionen in Medienbetrieben stürmen, bleibt vielen Luhmann-Anhänger/inn/en jedoch ein Rätsel.

werden. E. Klaus resümiert, »dass Frauen und Männer keine unterschiedlichen professionellen Gruppen bilden, generell geschlechterdifferente Herangehensweisen an den Beruf empirisch nicht belegt werden können und theoretisch nicht tragfähig sind.« (Klaus 2001, 28)

Mediennutzung – Publikumsforschung – Rezeptionsweisen

Im Rahmen der Mediennutzungsforschung taucht das Geschlecht zunächst als soziodemographische Variable auf, die Publika eher unspezifisch in männliche und weibliche einteilt. So scheinen etwa Studien zum Leseverhalten zu bestätigen, dass Frauen öfter, mehr sowie eher aus Interesse an Unterhaltung lesen, während Männer sich primär Information von ihren pragmatisch orientierten Lektüren erwarten. Damit korrespondiert die Orientierung von Frauen an Gratifikationen wie Entspannung und Phantasie, ihre Bevorzugung fiktionaler Lesestoffe sowie ästhetisch-hedonistische und sozial-emotive Rezeptionsweisen (vgl. Garbe 1992, 12).[12] Komplementär zum Leseverhalten im Printbereich weisen erste Untersuchungen zum Umgang mit dem Internet darauf hin, dass dieses nach wie vor von Frauen und Männern unterschiedlich häufig genutzt wird (vgl. Schreier 1998; Dorer 2001).

Studien zum Mediennutzungsverhalten von Frauen

Wie werden die konstatierten Differenzen aber erklärt? C. Garbe führt im Rahmen der Leseforschung *medienhistorische* Argumente an und erklärt die Dominanz von Leserinnen durch die *mediensozialisatorischen* Implikationen des modernen Geschlechterverhältnisses. So rekrutierte sich das Publikum der im 18. Jahrhundert entstehenden Lesekultur zu einem Großteil aus bürgerlichen Hausfrauen, welche das neu entstandene Genre des Romans rezipierten. Aktuelle familiäre Sozialisationsprozesse führen diese Tradition einer »weiblichen Lesekultur« fort, was sich daran zeigt, dass Müttern noch immer weitaus häufiger die Rolle des »Lesevorbilds« zukommt (vgl. Garbe 1992, 19). Differenzen in den Rezeptionsweisen werden aber auch bevorzugt im Rahmen unterschiedlicher psychoanalytischer Modelle erklärt, die von der Annahme ausgehen, dass Rezeptionsstile *psychische Dynamiken geschlechtlicher*

Tradition einer spezifisch »weiblichen Lesekultur«?

---

[12] Diese Befunde wurden im Wesentlichen auch für die österreichische Medienlandschaft bestätigt, vergleiche Böck 1998 bzw. die Zusammenfassung ihrer Studie in Dorer/Geiger/Böck 1999, 22 ff.

Erklärungen für Leseverhalten

Identitätsbildung zum Ausdruck bringen. Im Anschluss an N. Chodorows Interpretation der *Object-Relations-Theory* erklärt C. Garbe die Tatsache, dass viele Leserinnen in ihre Lektüren ›eintauchen‹, durch unterschiedliche Subjektivierungsprozesse. Während Frauen aufgrund ihrer Ähnlichkeit mit der Mutter bei ihren Außenweltbeziehungen zwischen Identifikation und Abgrenzung schwanken, setzt die männliche Identitätsbildung die endgültige Abwendung vom mütterlichen Ursprung voraus. Entsprechend könne man den identifikatorischen Lektürestil von Frauen als Ausdruck ihrer Beziehungsorientierung werten (ebenda, 21 ff.).[13]

Kritik differenzorientierter empirischer Forschung

Derartige Erklärungsmuster fundieren *differenzorientierte Genderkonzepte* und mit ihnen die Vorstellung von den »Leserinnen«, »TV-Zuseherinnen« oder »Internet-Userinnen«. Im Kontext der aktuellen *feministischen Publikumsforschung* betont G. Schäfer hingegen die Verschiedenheit von Mediennutzerinnen und ihren Bedürfnissen: »›Die Frau‹ als einheitliche Zielgruppe der Medien erwies sich als obsolete medienpraktische und wissenschaftliche Kategorie.« (Schäfer 2000, 198) Viele Forscher/innen schließen sich deshalb der Kontextorientierung der angloamerikanischen *Cultural Studies* an (→ 2.5 Kulturtheorien der Medien) und votieren für die Erforschung konkreter Rezeptionssituationen (vgl. Gray 2001).[14] Qualitative Forschungen untersuchen entsprechend vermehrt konkret die Nutzungsbiographien und Rezeptionsweisen von Frauen. So rekonstruierte J. Dorer mit Hilfe der Methode der Erinnerungsarbeit die Selbstwahrnehmungen von Internet-Userinnen, deren Unsicherheit und Minderbewertung der eigenen Fähig-

---

[13] J. Lacans poststrukturalistische Interpretation der Psychoanalyse (→ 2.9 Psychoanalytische Medientheorien) reformuliert diesen Trennungsprozess zeichentheoretisch: Die Entwicklung von Geschlechtsidentität wird hier genuin mit dem Eintritt in die »symbolische Ordnung« verknüpft. Da Zeichensetzung immer einer fundamentalen Verkennung bzw. Verdrängung eines Begehrens entspricht, basiert jede Subjektivierung auf einem permanenten semantischen Aufschub. Weiblichkeit als Verdrängtes erscheint aus dieser Perspektive als subversive Dimension der Zeichensetzung, welche die differenzielle Verfasstheit jeder Identität sichtbar macht. Dies führt im dekonstruktiven Feminismus zum Konzept des *weiblichen Lesens*, dessen Spezifik darin besteht, »die Maske der Wahrheit, hinter der der Phallogozentrismus seine Fiktionen versteckt, als Maske zu entlarven« (Vinken 1992, 17).

[14] Die zahlreichen feministischen Film- und TV-Forschungen können hier leider nur beispielhaft berücksichtigt werden. Einen ersten Einstieg bietet neben Klaus/Röser/Wischermann 2001 auch der Überblick zur österreichischen Forschungslage von Dorer/Geiger 2002.

keiten unmissverständlich auf die Verknüpfung medialer Zugangsbedingungen mit hierarchischen Geschlechterverhältnissen hinweist (vgl. Dorer 2001).

Medieninhalte: Weiblichkeitsbilder – Männlichkeitsbilder

Die Beobachtung, dass die Unterscheidung der Geschlechter das semantische Universum metaphorisch restrukturiert (vgl. Pasero 1994, 268), führt zu Untersuchungen der symbolischen Dimension der Geschlechterdifferenz. In Form von Inhaltsanalysen wurde eine Vielzahl von Untersuchungen zur *Geschlechterstereotypisierung* in verschiedenen Massenmedien vorgelegt. Exemplarisch sei auf die Erforschung von *Weiblichkeitsbildern in der Werbung* hingewiesen, die B. Spieß im Rahmen eines Forschungsprojekts zum Wandel des deutschen TV-Werbespots von 1950 bis 1990 durchführte (vgl. Spieß 1994). Sie unterscheidet die inhaltsanalytischen Kategorien »alte Frau«, »berufstätige Frau«, »Ehefrau & Mutter« sowie »selbstbewusste, sich selbst verwirklichende Frau« (ebenda, 413) und kommt zu dem Schluss, dass »die Mehrzahl der deutschen Werbespots, in denen Frauen als Akteurinnen auftreten, traditionelle Rollenklischees [konservieren].« (ebenda, 422) Die konstatierte »Harmonisierung von Innovation und Tradition« (ebenda, 425), die in Klischees wie der ›sich selbst verwirklichenden Hausfrau‹ oder der ›erotischen Karrierefrau‹ zum Ausdruck kommt, lässt sich auch für *Männlichkeitsbilder* nachweisen, die im Zuge der relationalen Ausrichtung der Genderforschung zunehmend Untersuchungsgegenstand werden. S. J. Schmidt fasst die »Mannsbilder« in der Anzeigenwerbung dreier deutscher Magazine folgendermaßen zusammen: »Die Männer sind vor allem sportlich, erfolgreich, tüchtig und vernunftbegabt.« (Schmidt 2000, 254)

Inhaltsanalytische Untersuchungen von Geschlechterstereotypien stehen in der Tradition ideologiekritischer Analysen und variieren mit den zugrunde liegenden Vorstellungen des Verhältnisses von Medien und Wirklichkeit. Während Ansätze in der Tradition des liberalen Feminismus häufig von einer Verzerrung der Wirklichkeit durch die Medien ausgehen, die der Realität von Frauen nicht gerecht wird, betonen konstruktivistische und dekonstruktivistische Argumentationen, dass die mediale Inszenierung der Geschlechter je eigene kommunikative Wirklichkeiten herstellt. So versehen Werbekommunikationen Produkte mit der geschlechts-

Untersuchungen zur Stereotypisierung von Geschlechtern

Beispiel TV-Werbespots

Realistische versus (de-)konstruktivistische Ansätze

spezifischen Konnotation von Lebensstilen und Werten und geben damit Aufschluss über gesellschaftliche Orientierungssysteme. Die systemspezifischen Kontexte der inhaltsanalytisch untersuchten Medienangebote verweisen auf die Notwendigkeit, diese mit kommunikativen Prozessen auf der Rezeptionsebene zu vermitteln.

Medienästhetik:
Interdependenz von Genre und Geschlecht

Besonders deutlich wird die mediale Vermitteltheit von Wirklichkeit in Untersuchungen, die auf die *Verquickung von Gender und Genre* hinweisen. Im Rahmen der feministischen Fernsehforschung wurde in diesem Zusammenhang die Diskussion über *soap operas* prominent. In den achtziger Jahren wurde der Versuch unternommen, diese mit einem genuin weiblichen Lebenszusammenhang zu verknüpfen. *Soap operas*, so das differenzfeministische Argument von Forscherinnen wie T. Modleski, würden sowohl in ihrer narrativen fragmentierten Struktur als auch in ihren Themen die Alltagserfahrungen der sie vorzugsweise rezipierenden Frauen widerspiegeln. Diese Annahmen zeigen die Begrenztheit realistischer Medienkonzepte sowie differenzorientierter Ansätze für die Genderforschung. Denn weder sind alle Zuseherinnen von *soaps* weiße Hausfrauen des amerikanischen Mittelstands, noch spielen sich Rezeptionen als bruchlose Identifikationsprozesse ab (vgl. Schneider 2001, 99 f.).

I. Schneider argumentiert im Rekurs auf *Performing Gender*, dass die Naturalisierung von Gattungen mit ihrer geschlechtsspezifischen Typisierung einhergeht. Sie betont, dass kulturelle Geschlechtskonstruktionen aus dem »Zusammenspiel heterogener Diskurse« entstehen. Genres stellen in diesem Sinn »Mediendiskurse« dar, die Geschlechterstereotypien herstellen. Genres werden nicht als normative Klassifikationen gesetzt, sondern sind kommunikative Klassifikationsprozesse. Entsprechend weist A. B. Braidt (1998) im Anschluss an die konstruktivistische Theorie der Medienschemata auf die genderinfiltrierten Erwartungsmuster von filmischen Genres wie *Horror* oder *Splatter* hin. Sie erweitert die konstruktivistische Argumentation im Rahmen der *Queer Theory* mit der These, dass Überschreitungen von Genreregeln die Überschreitung von Geschlechtsidentitäten ermöglichen.

Neue Medien:
Gender in virtuellen Räumen und Netzwelten

Aufgrund der These von der *Konstruktion des Geschlechts* fokussiert die aktuelle feministische Diskussion zunehmend die konstruktiven Eigendynamiken medialer Wirklichkeiten und betont die *Prozessualität* kultureller Bedeutungskonstruktionen. Deutlich wird, dass Medien Menschen die Möglichkeit eröffnen, je nach Kommunikationssituation und Kontext unterschiedliche soziale Identitäten darzustellen. So zeigen Forschungen im Umkreis der Cultural Studies (→ 2.5 Kulturtheorien der Medien), dass »die Verteilung von Genderpositionen« in Medienprozessen »immer neu ausgehandelt wird« (Angerer 1999, 105).[15] Dies wird besonders an Beobachtungen der Geschlechtskonstruktion in virtuellen medialen Umgebungen deutlich. MUDs (Multi-User-Dimensions) bieten User/inne/n die Möglichkeit, in verschiedene Rollen zu schlüpfen und ihre Geschlechtsidentitäten zu wechseln – stößt man beispielsweise auf eine flotte Blondine, die sich auffällig erotisch gebärdet, liegt der Verdacht nahe, dass sich ein männlicher User gerade im ›genderswapping‹ versucht (vgl. Schreier 1998, 89).

<mark>Genderswapping in virtuellen Kommunikationsräumen</mark>

Gendertheoretikerinnen wie S. Turkle und A. R. Stone betonen entsprechend die intrinsische Verknüpfung virtueller Räume mit Identität und Geschlecht. Entgegen der Annahme, dass Digitalität zur endgültigen Realisierung körperloser Existenz führe, betont A. R. Stone, dass Online-Communities fundamental durch Begehren, Raum und Körper geprägt sind (vgl. Galloway 1997). Die Konstruktion des Geschlechts durch digitale Apparaturen führt dessen naturwüchsige Gegebenheit endgültig ad absurdum. Die Medienphilosophin S. Plant argumentiert, dass der digitale Code die antike Gegenüberstellung von weiblicher Materie und männlicher Form (Geist) überwindet und die Entstehung von Identität in den Raum zwischen eins und null verlegt (vgl. Plant 1998).

<mark>Turkle, Stone und Plant: Geschlecht und Computer</mark>

Die feministische Diskussion digitaler Technologien beruft sich häufig auf das legendäre *Cyborg-Manifest*, das die Wissenschaftshistorikerin D. Haraway Mitte der achtziger Jahre verfasst hat (vgl.

<mark>Haraway: das Cyborg-Manifest</mark>

---

[15] »Nicht mehr die Frage: Wie werden Frauen in Medien repräsentiert? sondern: Welche Geschlechterpositionen werden bei der Medienrezeption eingenommen oder abgelehnt, verändert oder bestätigt? steht nun im Mittelpunkt des Forschungsinteresses.« (Dorer/Geiger/Böck 1999, 30)

Der Cyborg als Hybridwesen

Haraway 1990). Sie führt den/die *Cyborg* als Metapher für die Überschreitung der Grenzen zwischen Mensch, Tier und Maschine ein. Die Tatsache, dass menschliche Körper sich in vielfältiger Weise an Bio- und Kommunikationstechnologien koppeln, löst das humanistisch-westliche Menschenbild auf, welches körperliche Existenzen jenseits weißer Männlichkeit als ›andersartig‹ deklassierte. Das Bild des/der Cyborg als Hybridwesen verdeutlicht, dass die Technologien des »posthumanistischen Zeitalters« gleichermaßen Gefahren wie Potenziale bergen (→ 2.1 Techniktheorien der Medien). In Abgrenzung zu technikfeindlichen Tendenzen im Feminismus weist D. Haraway darauf hin, dass die »Informatik der Herrschaft« (Haraway 1990, 203) nur mit der ihr eigenen Logik von Dezentralisierung und Vernetzung aufgebrochen werden kann. So weist die ›Feminisierung‹ von Produktionsprozessen im Tele-Working einerseits auf die Ausbeutung von Frauen hin, andererseits birgt sie aber auch Chancen beruflicher Selbstständigkeit. S. Plant erweitert diese Argumentation mit dem Hinweis, dass die Kopplung von Frauen und Technik ein konstitutiver Bestandteil abendländischen Denkens ist. Die historische Tatsache, dass Frauen als Weberinnen, Stenotypistinnen und Programmiererinnen immer schon technische Automatisierungsprozesse realisiert hätten, mache deutlich, dass Frauen und die mit ihnen verbundene Natur buchstäblich ein ›technisches Artefakt‹ sind. Diese Argumentation orientiert sich an der französischen Philosophin L. Irigaray, die im Rahmen von Poststrukturalismus und Psychoanalyse das Weibliche als verdrängte Kehrseite abendländischer Subjektivierungsphantasien beschreibt (vgl. Irigaray 1977). S. Plant erweitert diese Sichtweise mit der Annahme, dass die kulturelle Konstruktion der ›Frau‹ als negativer Voraussetzung männlicher Identität diese dazu prädestiniere, binäre Logiken vorzuführen und in ihrer Wiederholung zu unterwandern: »Woman cannot be anything, but she can imitate anything valued by man: intelligence, autonomy, beauty ... perhaps the very possibility of mimesis.« (Plant zitiert nach Galloway 1997) Entsprechend greift der *Cyberfeminismus* die Netzwerkmetapher auf und reinterpretiert die »Matrix«, jenen Datenstrom, aus dem Wirklichkeiten emergieren, als weiblich-subversiven Raum.[16]

Medienphilosophische Sichtweisen

Cyberfeminismus

---

[16] Bekannt wurde die australische Gruppe *VNS Matrix*, die Slogans wie »the clitoris is a direct line to the matrix« prägte. Als Einstieg in die Welt des *Cyberfeminismus* eignen sich <http://www.constantvzw.com/cyberf/main.html> oder

S. Plants Ansatz ist ein markantes Beispiel für die kritische Lektürepraxis einer dekonstruktiv-feministischen Medienphilosophie. Ihre rhetorische Analogiebildung von Mensch/Maschine und Mann/Frau (vgl. Gsöllpointner/Hentschläger 1999, 61) demonstriert die Gefahr, in der Tradition des französischen Differenzfeminismus dichotome Geschlechtszuschreibungen zu wiederholen. M.-L. Angerer verweist in diesem Zusammenhang auf den Unterschied zwischen *posthumanen* Visionen, die das Subjekt der Aufklärung in der beseelten Maschine auferstehen lassen, und *posthumanistischen* Subjektkonzepten in der Tradition des Poststrukturalismus und der lacanschen Psychoanalyse (vgl. Angerer 1999, 134). Die posthumanistische Perspektive wirft die Frage auf, ob die Virtualisierung sozialer Wirklichkeiten die Unbestimmbarkeit jeglicher Identitätsbildung reflektiert und geschlechtliche Identitäten prinzipiell ein flüchtiges »Oberflächenphänomen« (ebenda, 181) sind.

Fluchtpunkt Posthumanismus?

2.8.5 Kritik und Weiterentwicklung der Theorien

In der breiten Palette feministischer Forschungsansätze wiederholt sich die theoretische Heterogenität der aktuellen Kommunikations- und Medienforschung. Offen bleibt, inwieweit einzelne Theoriebildungen im Rahmen aktueller Genderforschungen konzis integrierbar sind.[17] Trotz ihres konzeptuellen Pluralismus bleibt die feministische Medien- und Kommunikationsforschung aufgrund ihrer politischen Wurzeln primär auf Ansätze beschränkt, die ihre Beobachtungsstrategien explizit als *Gesellschaftskritik* markieren. So ist es nicht verwunderlich, dass sie die aktuelle konstruktivistische Medientheorie (→ 2.6 Konstruktivistische Medientheorien) wenig rezipiert, obwohl die These von der Konstruktion des Geschlechts eine ihrer zentralen Annahmen darstellt. Die weitgehende Absti-

Feminismus bleibt gesellschaftskritisch

<http://switch.sjsu.edu/web/v4n1/toc.html>. Zur Kritik am traditionellen Geschlechterverständnis des Cyberfeminismus siehe Angerer 1997 und Angerer 1999, 153 f.

[17] So ist es schwierig, poststrukturalistische Subjektvorstellungen, wie sie dem Konzept der *Performing Gender* zugrunde liegen, mit dem ethnomethodologischen Akteursmodell des *Doing Gender* zu verknüpfen. Während Ersteres methodisch als dekonstruktive Lektürepraxis realisiert wird, wird Letzteres durch empirische Handlungsbeobachtungen validiert.

Dialog mit Radikalem Konstruktivismus und Systemtheorie

nenz gegenüber aktuellen Beobachtertheorien betrifft auch feministische Überlegungen zu den neuen Medien, deren expliziter Bezug auf Kybernetik, Kognitionswissenschaften und Life Sciences einen Dialog mit dem Radikalen Konstruktivismus und (soziologischen, psychologischen und allgemeinen) Systemtheorien nahe legen würde. Ebenso fällt auf, dass bei der Untersuchung der Genese von Geschlechtsidentitäten nach wie vor psychoanalytische Erklärungsmuster dominieren und kognitionspsychologische Alternativen kaum diskutiert werden.[18] Die Frage bleibt, ob sich feministische Medien- und Kommunikationstheoretiker/innen durch diese Abstinenzen wichtige Erkenntnispotenziale entgehen lassen (vgl. Moser 1997, 159 ff.).

E. Klaus, J. Röser und U. Wischermann geben in ihrer aktuellen Einführung den wichtigen Hinweis, dass ein Innovationspotenzial der kommunikations- und medienwissenschaftlichen Genderforschung darin besteht, das Zusammenspiel verschiedener Beschreibungsebenen im Medienprozess zu veranschaulichen:

Stellenwert der Medienkommunikation

»Weil Geschlechterforschung durch ihren Gegenstand immer die *Schnittstelle zwischen Medien, Gesellschaft und Subjekt* analysiert, sind ihre Befunde und Methoden besonders dort innovationsfähig, wo es um das *Ineinandergreifen von gesellschaftlichen Strukturen, Medienkommunikation und subjektivem Handeln* geht.« (Klaus/Röser/Wischermann 2001, 18).[19]

Für die Erfassung der Wechselwirkungen von psychischer Identität, medialer Eigendynamik und gesellschaftlicher Organisation braucht es offensichtlich vieldimensionale Forschungsdesigns und Methodenrepertoires.[20] Der Faktor Geschlecht wirkt auf den Ebenen von *Kognition* und *Kommunikation* ebenso differenzbildend wie auf den Ebenen von *Medien* und *Kultur* (vgl. Schmidt 1994, 322; → 2.6 Konstruktivistische Medientheorien). Eine zentrale

Faktor Geschlecht in Kognition, Kommunikation, Medien und Kultur

---

[18] Eine der wenigen Ausnahmen sind Crawford/Chaffin 1986, deren Ausführungen zur Entwicklung kognitiver *Geschlechtsschemata* aber dem traditionellen Informationsverarbeitungs-Ansatz verpflichtet bleiben.

[19] Ein zentrales Problem komplexer Theoriebildungen in den Kultur- und Sozialwissenschaften ist die Integration von Mikroebene und Makroebene. Vergleiche Klaus/Röser/Wischermann 2001, 12; Villa 2000, 22 ff. sowie Moser 2001, 279 ff.

[20] So können makrotheoretische Hypothesen häufig nicht durch ausschließlich qualitative Forschungsdesigns überprüft werden. Phänomene wie die Bildung feministischer Netzwerke könnten beispielsweise durch *Netzwerkanalysen* untersucht werden.

Frage der Genderforschung ist deshalb, welche Theorien und Methoden sich durch welches Integrationspotenzial auszeichnen (vgl. Lünenborg 2001, 138). Feministische Medien- und Kommunikationstheorien stoßen damit ebenso wie die konstruktivistische Medientheorie auf forschungspraktische Probleme, die aus der Beobachtung komplexer sozialer Wirklichkeiten resultieren. Man darf also gespannt sein, ob die beiden sich bei der Entwicklung möglicher Lösungsansätze doch noch temporär ›koppeln‹ werden.

Literatur

Angerer, Marie-Luise/Dorer, Johanna (1994): Auf dem Weg zu einer feministischen Kommunikations- und Medientheorie. In: Angerer, Marie-Luise/Dorer, Johanna (Hg.): Gender und Medien. Theoretische Ansätze, empirische Befunde und Praxis der Massenkommunikation. Wien: Braumüller, S. 8-23.

Angerer, Marie-Luise (1997): Space does Matter. Erste Überlegungen zu einer Neuen Technologie des Geschlechts. In: Feministische Studien, Heft 1, S. 34-47.

Angerer, Marie-Luise (1999): body options. körper. spuren. medien. bilder. Wien: Turia + Kant.

Babka, Anna (2002): Unterbrochen. Gender und die Tropen der Autobiographie. Wien: Passagen Verlag.

Becker-Schmidt, Regina/Knapp, Gudrun-Axeli (2000): Feministische Theorien zur Einführung. Hamburg: Junius.

Benhabib, Seyla u. a. (1993): Der Streit um Differenz. Feminismus und Postmoderne. Frankfurt am Main: Fischer.

Böck, Margit (1998): Leseförderung als Kommunikationspolitik. Zum Mediennutzungs- und Leseverhalten sowie zur Situation der Bibliotheken in Österreich. Wien: Österreichischer Kunst- und Kulturverlag.

Bovenschen, Silvia (1979): Die imaginierte Weiblichkeit. Exemplarische Untersuchungen zu kulturgeschichtlichen und literarischen Präsentationsformen des Weiblichen. Frankfurt am Main: Suhrkamp.

Braidt, Andrea B. (1998): Performing ›Genre‹. Hybrid Bodies, Splatter Conventions and Transgender Identity in Hans Scheirls Dandy Dust. Unveröffentlichte Dissertation: Department of Film Studies, University of Newcastle.

Braun, Friederike/Pasero, Ursula (Hg.) (1997): Kommunikation von Geschlecht. Pfaffenweiler: Centaurus.

Butler, Judith (1991): Das Unbehagen der Geschlechter. Frankfurt am Main: Suhrkamp.

Butler, Judith (1995): Körper von Gewicht. Die diskursiven Grenzen des Geschlechts. Berlin: Berlin Verlag.

Crawford, Mary/Chaffin, Roger (1986): The Readers's Construction of Meaning: Cognitive Research on Gender and Comprehension. In: Flynn, Elisabeth A./Schweickart, Patrocinio P. (Hg.): Gender and Reading. Essays on Readers, Texts, and Contexts. Baltimore/London: The John Hopkins University Press, S. 3-30.

Dorer, Johanna/Geiger, Brigitte/Böck, Margit (1999): Feministische Kommunikationswissenschaft und Medienforschung. Eine Bestandsaufnahme österreichischer Forschungsbefunde. In: Hey, Barbara (Hg.): Innovationen. Standpunkte feministischer Forschung und Lehre. Wien: Bundesministerium für Wissenschaft und Verkehr, S. 15-36.

Dorer, Johanna (2001): Internet und Geschlecht. Berufliche und private Anwendungspraxen der neuen Technologie. In: Klaus, Elisabeth/Röser, Jutta/Wischermann, Ulla (Hg.): Kommunikationswissenschaft und Gender Studies. Wiesbaden: Westdeutscher Verlag, S. 241-266.

Dorer, Johanna/Geiger, Brigitte (Hg.) (2002): Feministische Medien- und Kommunikationswissenschaft. Ansätze, Befunde und Perspektiven der aktuellen Entwicklung. Wiesbaden: Westdeutscher Verlag.

Duden, Barbara (1993): Die Frau ohne Unterleib: Zu Judith Butlers Entkörperung. Ein Zeitdokument. In: Landweer, Hilge/Rumpf, Mechthild (Hg.): Feministische Studien. Kritik der Kategorie ›Geschlecht‹, 11. Jahrgang, Heft 2. Weinheim: Deutscher Studien Verlag, S. 24-33.

Fraisse, Geneviéve (1995): Geschlecht und Moderne. Archäologien der Gleichberechtigung. Frankfurt am Main: Fischer.

Fröhlich, Romy/Holtz-Bacha, Christina (1995): Frauen und Medien. Opladen: Westdeutscher Verlag.

Galloway, Alex (1997): A Report on Cyberfeminism. Sadie Plant relative to VNS Matrix. In: Switch, 9. Jahrgang, »Electronic Gender: Art at the Interstice«, <http://switch.sjsu.edu/web/v4n1/alex.html>.

Garbe, Christine (1992): Frauen – das lesende Geschlecht. Perspektiven einer geschlechtsdifferenzierten Leseforschung. In: Gilges, Martina (Hg.): Lesewelten. Geschlechtsspezifische Nutzung von Büchern bei Kindern und Erwachsenen. Bochum: Brockmeyer, S. 7-33.

Gray, Ann (2001): Bilanz der angloamerikanischen Publikums- und Rezeptionsforschung. Probleme mit den Publika. In Klaus, Elisabeth/Röser, Jutta/Wischermann, Ulla (Hg.): Kommunikationswissenschaft und Gender Studies. Wiesbaden: Westdeutscher Verlag, S. 73-91.

Gsöllpointner, Katharina/Hentschläger, Ursula (1999): Paramour. Kunst im Kontext Neuer Technologien. Wien: Triton.

Hagemann-White, Carol (1993): Die Konstrukteure des Geschlechts auf frischer Tat ertappen? Methodische Konsequenzen aus einer theoretischen Einsicht. In: Landweer, Hilge/Rumpf, Mechthild (Hg.): Feministische Studien. Kritik der Kategorie ›Geschlecht‹, 11. Jahrgang, Heft 2. Weinheim: Deutscher Studien Verlag, S. 68-78.

Haraway, Donna (1988): Situated Knowledges: The Science Question in Feminism and the Privilege of Partial Perspective. In: Feminist Studies, 14. Jahrgang, Heft 3, S. 575-599.

Haraway, Donna (1990): A Manifesto for Cyborgs: Science, Technology, and Socialist Feminism in the 1980s. In: Nicholson, Linda J. (Hg.): Feminism/Postmodernism. New York: Routledge, S. 190-233.

Harding, Sandra (1986): The Science Question in Feminism. Milton Keynes: Open University Press.

Hark, Sabine (1993): Queer Interventionen. In: Landweer, Hilge/Rumpf, Mechthild (Hg.): Feministische Studien. Kritik der Kategorie ›Geschlecht‹, 11. Jahrgang, Heft 2. Weinheim: Deutscher Studien Verlag, S. 103-109.

Hassauer, Friederike (1994): Homo. Academica. Geschlechterkontrakte, Institution und die Verteilung des Wissens. Wien: Passagen Verlag.

Hauser, Kornelia (1999): Gender: Die Verwandlung eines sozialen Vergesellschaftungs-Phänomens in ein Zeichensystem. In: Klettenhammer, Sieglinde/Pöder, Elfriede (Hg.): Das Geschlecht, das sich (un)eins ist? Frauenforschung und Geschlechtergeschichte in den Kulturwissenschaften. Innsbruck/Wien: Studien Verlag, S. 15-26.

Hirschauer, Stefan (1993): Die soziale Konstruktion der Transsexualität. Über die Medizin und den Geschlechtswechsel. Frankfurt am Main: Suhrkamp.

Irigaray, Luce (1977): Das Geschlecht, das nicht eins ist. Berlin: Merve.

Klaus, Elisabeth (1994): Von der heimlichen Öffentlichkeit der Frauen. In: Institut für Sozialforschung Frankfurt (Hg.): Geschlechterverhältnisse und Politik. Frankfurt am Main: Suhrkamp, S. 72-97.

Klaus, Elisabeth/Röser, Jutta/Wischermann, Ulla (2001): Kommunikationswissenschaft und Gender Studies. Anmerkungen zu einer offenen Zweierbeziehung. In: Klaus, Elisabeth/Röser, Jutta/Wischermann, Ulla (Hg.): Kommunikationswissenschaft und Gender Studies. Wiesbaden: Westdeutscher Verlag, S. 7-18.

Klaus, Elisabeth (2001): Ein Zimmer mit Ausblick? Perspektiven kommunikationswissenschaftlicher Geschlechterforschung. In: Klaus, Elisabeth/Röser, Jutta/Wischermann, Ulla (Hg.): Kommunikationswissenschaft und Gender Studies. Wiesbaden: Westdeutscher Verlag, S. 20-40.

Knapp, Gudrun-Axeli (1994): Politik der Unterscheidung. In: Institut für Sozialforschung Frankfurt (Hg.): Geschlechterverhältnisse und Politik. Frankfurt am Main: Suhrkamp, S. 262-287.

Kotthoff, Helga (1993): Kommunikative Stile, Asymmetrie und ›Doing Gender‹. Fallstudien zur Inszenierung von Expert(inn)entum in Gesprächen. In: Landweer, Hilge/Rumpf, Mechthild (Hg.): Feministische Studien. Kritik der Kategorie ›Geschlecht‹, 11. Jahrgang, Heft 2. Weinheim: Deutscher Studien Verlag, S. 79-95.

Küchenhoff, Erich (1975): Die Darstellung der Frau und die Behandlung von Frauenfragen im Fernsehen. Stuttgart u. a.: Kohlhammer.

Laqueur, Thomas (1996): Auf den Leib geschrieben. Die Inszenierung der Geschlechter von der Antike bis Freud. München: DTV.

Lindemann, Gesa (1994): Die Konstruktion der Wirklichkeit und die Wirklichkeit der Konstruktion. In: Wobbe, Theresa/Lindemann, Gesa (Hg.): Denkachsen. Zur theoretischen und institutionellen Rede vom Geschlecht. Frankfurt am Main: Suhrkamp, S. 115-146.

List, Elisabeth (1989): Denkverhältnisse. Feminismus als Kritik. In: List, Elisabeth/Studer, Herlinde (Hg.): Denkverhältnisse. Feminismus und Kritik. Frankfurt am Main: Suhrkamp, S. 7-34.

Lünenborg, Margret (2001): Geschlecht als Analyseperspektive in der Journalismusforschung. Potenziale und Defizite. In: Klaus, Elisabeth/Röser, Jutta/Wischermann, Ulla (Hg.): Kommunikationswissenschaft und Gender Studies. Wiesbaden: Westdeutscher Verlag, S. 124-143.

Maihofer, Andrea (1994): Geschlecht als Existenzweise. Einige kritische Anmerkungen zu aktuellen Versuchen zu einem neuen Verständnis von ›Geschlecht‹. In: Institut für Sozialforschung Frankfurt (Hg.): Geschlechterverhältnisse und Politik. Frankfurt am Main: Suhrkamp, S. 168-187.

Moser, Sibylle (1997): Weibliche Selbst-Organisation. Der Wirklichkeitsanspruch autobiographischer Kommunikation. Wien: Passagen Verlag.

Moser, Sibylle (2001): Komplexe Konstruktionen. Systemtheorie, Konstruktivismus und empirische Literaturwissenschaft. Wiesbaden: Deutscher Universitätsverlag.

Nagl-Docekal, Herta (2000): Feministische Philosophie. Ergebnisse, Probleme, Konsequenzen. Frankfurt am Main: Fischer.

Neverla, Irene/Kanzleiter, Gerda (1984): Journalistinnen. Frauen in einem Männerberuf. Frankfurt am Main/New York: Campus.

Nicholson, Linda (1994): Was heißt ›gender‹? In: Institut für Sozialforschung Frankfurt (Hg.): Geschlechterverhältnisse und Politik. Frankfurt am Main: Suhrkamp, S. 188-220.

Pasero, Ursula (1994): Geschlechterforschung revisited: konstruktivistische und systemtheoretische Perspektiven. In: Wobbe, Theresa/Lindemann, Gesa (Hg.): Denkachsen. Zur theoretischen und institutionellen Rede vom Geschlecht. Frankfurt am Main: Suhrkamp, S. 264-296.

Pasero, Ursula (1995): Dethematisierung von Geschlecht. In: Pasero, Ursula/Braun, Friederike (Hg.): Konstruktion von Geschlecht. Pfaffenweiler: Centaurus, S. 50-66.

Pasero, Ursula (1999): Wahrnehmung – ein Forschungsprogramm für die Gender Studies. In: Pasero, Ursula/Braun, Friederike (Hg.): Wahrnehmung und Herstellung von Geschlecht. Perceiving and Performing Gender. Opladen: Westdeutscher Verlag, S. 13-20.

Plant, Sadie (1998): nullen + einsen. Digitale Frauen und die Kultur der neuen Technologien. Berlin: Berlin Verlag.

Schäfer, Gudrun (2000): Die Kategorie ›Geschlecht‹ in der Publizistik- und Kommunikationswissenschaft. In: Cottmann, Angelika/Kortendieck, Beate/Schildmann, Ulrike (Hg.): Das undisziplinierte Geschlecht. Frauen- und Geschlechterforschung – Ein Ein- und Ausblick. Opladen: Leske + Budrich, S. 191-204.

Schimank, Uwe (1988): Biographie als Autopoiesis – Eine systemtheoretische Rekonstruktion von Individualität. In: Brose, Hanns-Georg/Hildebrand, Bruno (Hg.): Vom Ende des Individuums zur Individualität ohne Ende. Opladen: Leske + Budrich, S. 55-72.

Schmidt, Siegfried J. (1994): Kognitive Autonomie und soziale Orientierung. Konstruktivistische Bemerkungen zum Zusammenhang von Kognition, Kommunikation, Medien und Kultur. Frankfurt am Main: Suhrkamp.

Schmidt, Siegfried J. (2000): Kalte Faszination. Medien – Kultur – Wissenschaft in der Mediengesellschaft. Weilerswist: Velbrück Wissenschaft.

Schneider, Irmela (2001): Genre and Gender. In: Klaus, Elisabeth/Röser, Jutta/Wischermann, Ulla (Hg.): Kommunikationswissenschaft und Gender Studies. Wiesbaden: Westdeutscher Verlag, S. 92-102.

Schreier, Margrit (1998): Das Internet – ein Medium auch für Frauen! In: Siegener Periodicum zur Internationalen Empirischen Literaturwissenschaft, 17. Jahrgang, Heft 1, S. 81-107.

Scott, Joan W. (1995): Verstörende Spektakel des Paradoxen. In: Springer, Hefte für Gegenwartskunst, 1. Jahrgang, Heft 4, ›Handlungsräume‹, S. 53-55.

Spieß, Brigitte (1994): Weiblichkeitsklischees in der Fernsehwerbung. In: Merten, Klaus/Schmidt, Siegfried J./Weischenberg, Siegfried (Hg.): Die Wirklichkeit der Medien. Eine Einführung in die Kommunikationswissenschaft. Opladen: Westdeutscher Verlag, S. 408-426.

Villa, Paula-Irene (2000): Sexy Bodies. Eine soziologische Reise durch den Geschlechtskörper. Opladen: Leske + Budrich.
Vinken, Barbara (1992): Dekonstruktiver Feminismus – Eine Einleitung. In: Vinken, Barbara (Hg.): Dekonstruktiver Feminismus. Literaturwissenschaft in Amerika. Frankfurt am Main: Suhrkamp, S. 7-29.
Walby, Sylvia (2001): Against Epistemological Chasms: The Science Question in Feminism revisited. In: Signs. Journal for Women in Culture and Society, 26. Jahrgang, Heft 2, S. 485-509.
Waniek, Eva/Stoller, Silvia (Hg.) (2001): Verhandlungen des Geschlechts. Zur Konstruktivismusdebatte in der Gender-Theorie. Wien: Turia + Kant.
Wartenpfuhl, Birgit (1996): Destruktion – Konstruktion – Dekonstruktion. Perspektiven für die feministische Theorieentwicklung. In: Fischer, Ute Luise u. a. (Hg.): Kategorie: Geschlecht? Empirische Analysen und feministische Theorien. Opladen: Leske + Budrich, S. 191-210.

Übungsfragen

1. Erklären Sie den Unterschied zwischen egalitäts- und differenzorientierter Frauenforschung.

2. Erklären Sie die Differenz von Sex und Gender und plausibilisieren Sie in einem zweiten Schritt die Kritik an ihr.

3. Grenzen Sie die Konzepte Doing Gender und Performing Gender voneinander ab.

4. Diskutieren Sie kritisch das Frauenbild in cyberfeministischen Ansätzen.

5. Welche Dialogmöglichkeiten sieht die Autorin dieses Beitrags zwischen feministischer und konstruktivistischer Medientheorie, und wie beurteilen Sie diesen Vorschlag?

6. Inwieweit entspricht der dekonstruktive Feminismus einem (ideologie-)kritischen Verständnis von Wissenschaft und gegen welche Form von Empirie wendet er sich (wenn möglich anhand eines Beispiels)?

2.9 Psychoanalytische Medientheorien
Lutz Ellrich

2.9.1 Skizze eines psychoanalytischen Medienbegriffs

Die Geschichte der psychoanalytischen Medientheorien erlaubt keine einheitliche narrative Präsentation.[1] Obschon hervorragende Texte vorhanden sind, fehlt eine Serie kanonischer Werke, an der sich die allmähliche Verfeinerung der Forschungsmethoden und die stetige Erweiterung der gewonnenen Einsichten ablesen ließe. Dies liegt zunächst einmal an der Heterogenität der psychoanalytischen Ansätze und Schulen, die sich im Zuge ihrer Etablierung oft erbittert bekämpft haben und teilweise noch immer befehden oder schlichtweg nicht zur Kenntnis nehmen. Aber auch die viel beklagte Mehrdeutigkeit des Medienbegriffs wirkt sich hier aus. Beide Faktoren verstärken einander. Wer mit psychoanalytischen Denkfiguren das *mediale Unbewusste* – also die eigentümliche Verborgenheit medialer Strukturen und Wirkmechanismen – zu ergründen sucht, betritt ein theoretisches Gelände, in dem fast alles möglich ist. Dabei wäre in direktem Anschluss an Freud eine forschungspragmatische *Engführung des Medienbegriffs* durchaus zu erreichen. Sybille Krämer hat auf diese Chance, die bislang ungenutzt blieb, aber vielleicht von einer zukünftigen Theorie des Computers ergriffen wird, hingewiesen (vgl. Krämer 1998).

Psychoanalyse erkundet das mediale Unbewusste

Das Problem der *medialen Latenz* – daran besteht kein Zweifel – stellt nach wie vor eine zentrale Herausforderung für die Forschung dar und ruft die psychoanalytische Sicht geradezu auf den Plan.

Problem der medialen Latenz

---

[1] Das zeigen die Texte von Kaplan 1990, Stam/Burgoyne/Flitterman-Lewis 1992, Zeul 1994, Heath 2000 und Sierek 2000, in denen Ansätze und Befunde der psychoanalytischen Filmtheorie resümiert werden. Das Kino steht – wegen der Sonderstellung des Sehsinns – nach wie vor im Zentrum neo-freudianischer Mediendiskurse. Psychoanalytische Studien zum Radio oder Telefon sind zum Teil über Trivialitäten oder exzentrische Thesen (vgl. etwa Ronell 1989, Hagen 1989, Küchenhoff/Warsitz 1991 oder Siegert 1991) nicht hinausgelangt. – Zur medienpsychologischen Wirkungsforschung wiederum, in der psychoanalytische Gesichtspunkte nur eine marginale Rolle spielen, vgl. Winterhoff-Spurk 1999.

Marshall McLuhan (→ 2.1 Techniktheorien der Medien; → 2.11 Medienphilosophische Theorien) und Niklas Luhmann (→ 2.7 Systemtheorien der Medien) haben die Relevanz des Themas erkannt und Konzepte präsentiert, die allerdings zu »gegenläufigen Ergebnissen« führen. Während McLuhan »sich am Vorbild der Technik, verstanden als eine Relation zwischen autonom werdendem Mittel und Zweck«, orientiert, nimmt Luhmann bei der Explikation seiner Differenz von loser Kopplung (Medium) und fester Kopplung (Form) die »Denkfigur des Zeichens als [...] Urbild für die Vermittlung zwischen Materie und Form« (Krämer 1998, 78) in Anspruch. Freud hingegen ebnet Wege, auf denen man lernen kann, Medien und ihre Effekte gerade dadurch besser zu verstehen, dass der Medien- vom Zeichenbegriff separiert wird. Die Psychoanalyse führt nämlich das Konzept des *Unbewussten* ein, das die Existenz einer seelischen Instanz unterstellt, die deutlich sichtbare, aber unbeabsichtigte, d. h. von ihren Verursachern gerade nicht intendierte *Spuren* (Symptome) hinterlässt, deren Sinn auf den ersten Blick rätselhaft ist. Anhand dieses Modells lässt sich der Unterschied von Zeichen und Medien erläutern: Während Zeichen auf »Konventionen« beruhen, »grundsätzlich arbiträr« sind (→ 2.4 Zeichentheorien der Medien) und nach ihrer Erlernung relativ problemlos eingesetzt und verstanden werden, entfaltet sich die »Prägekraft« des Mediums ...

Krämer: Parallelen zwischen Medien und dem Unbewussten

> »[...] in der Dimension einer Bedeutsamkeit jenseits der Strukturen einer konventionellen Semantik. Und es ist die Materialität des Mediums, welche die Grundlage abgibt für diesen ›Überschuß‹ an Bedeutung, [...] der von den Zeichenbenutzern keineswegs intendiert und ihrer Kontrolle auch gar nicht unterworfen ist.« (Krämer 1998, 78 f.)

Das Medium als Spur

Anders als Zeichen lassen sich Medien deshalb auch nicht direkt sinnhaft erschließen. *Denn Medien treten ebenso wie das Unbewusste allein durch Spuren in Erscheinung*, die erst entschlüsselt werden müssen. Beide – Medium und Unbewusstes – hinterlassen »vorsemantische« Indizien für die Anwesenheit von etwas Abwesendem. Diese Indizien »*sagen* uns nichts, sondern sie *zeigen* uns etwas« (ebenda, 79), das freilich durch aufwendige Deutungsverfahren diskursiv eingeholt werden kann. »Das Medium verhält sich zur Botschaft, wie die unbeabsichtigte Spur zum absichtsvoll gebrauchten Zeichen«, wie das Unbewusste zu dem, was dem Bewusstsein zugänglich ist. »Das Medium ist also nicht einfach die Botschaft;

vielmehr bewahrt sich an der Botschaft die Spur des Mediums.« (Ebenda, 81)

Sobald die *latenten Prägekräfte der Medien* ins Bewusstsein gehoben sind, lassen sie sich – so könnte man vermuten – absichtsvoll einsetzen und wie Werkzeuge (zur Selbst- und Fremdmanipulation) benutzen. Genau diese Annahme soll durch den Medienbegriff, den Krämer in die Debatte wirft, untergraben werden. Denn die diskursive Manifestation der verborgenen Medialität führt nicht zwangsläufig zur Instrumentalisierung der Medien, sondern im Gegenteil zur Einsicht, dass die Differenz von Medien und Instrumenten unhintergehbar ist. Medien dienen nicht, wie Instrumente, der Leistungssteigerung, sondern ihr »produktiver Sinn« liegt in der »Welterzeugung« (ebenda, 85). Sie bilden gleichsam die Rahmen, in denen sich Individuen als Akteure bewegen. Das psychoanalytisch ermittelte Wissen um die ›Hintergründigkeit‹ von Medien fördert also im Endeffekt »die lautlose, unsichtbare Handhabung einer Ordnung, die wir nicht selbst gemacht und hervorgebracht haben« (ebenda, 90).

Latente Prägekräfte der Medien

Krämers Vorschläge sind heuristisch wertvoll, weil sie den Grundbegriffen und Leitunterscheidungen der Medien-Psychoanalyse (*manifest/latent, diskursiv/prädiskursiv, Zeichen/Symptom, Manipulation/Unverfügbarkeit*) einen relativ unkomplizierten theoretischen Rahmen geben, in den dann weitere Bestimmungen wie Symbol und Klischee, Begehren und Trieb, Wunsch und Phantasie, Verdrängung und Regression etc. eingefügt werden können.

Grundbegriffe der Medien-Psychoanalyse

Die psychoanalytischen Konzepte sollen letztlich dazu dienen, den Zusammenhang zwischen Medieneffekten und seelischen Leiden zu klären. Die entscheidende Frage ist, welche Rolle die Medien bei der Verarbeitung basaler Konflikte und Traumata spielen; d. h. ob sie pathologische Abwehrmechanismen unterstützen, zur Einsicht in unvermeidliche Kränkungen und Deformationen beitragen oder Neurosenprophylaxe bzw. -therapie leisten. Medien können sich dann als Apparaturen der Verdrängung, als Orte der Wiederkehr des Verdrängten und der Ersatzbildungen oder gar als Hilfsmittel zur Befreiung von ›krankhaften‹ Wünschen und Phantasmen erweisen.

Medieneffekte und Psyche

Von den zahlreichen vorhandenen Ansätzen sollen im Folgenden fünf besonders wichtige behandelt werden. Die Anordnung

Fünf exemplarische Ansätze

richtet sich nach systematischen und nicht nach chronologischen Gesichtspunkten:
- Der erste Ansatz beruht auf der These, dass die Psychoanalyse sich erst dann mit Gewinn auf die Medien und ihre Botschaften anwenden lässt, wenn sie ihre eigenen medialen Voraussetzungen reflexiv einholt (Kittler).
- Der zweite Ansatz unterstellt, dass eine Psychoanalyse der Medien nur als kritische Gesellschaftstheorie (→ 2.3 Kritische Medientheorien) entwickelt werden kann, die kulturindustriell deformierte Kommunikationsprozesse beschreibt (Salje).
- Der dritte Ansatz versucht, durch die Deutung kollektiv begehrter Medien-Inhalte (Themen, Stoffe, Plots) die therapeutische Funktion der Kulturindustrie freizulegen (Bronfen).
- Der vierte Ansatz legt das Schwergewicht auf die Analyse des medialen Signifikanten und stellt einen Zusammenhang zwischen Subjektkonstitution, Begehren und Ideologie her (Metz).
- Der fünfte Ansatz zeigt auf, dass die Medien Räume herstellen, die von den Phantasmen besiedelt oder durchquert werden können (Žižek).

2.9.2 Das technische Apriori der Psychoanalyse und die psycho-medialen Register: Friedrich Kittler

Die gängige ideengeschichtliche Herleitung der Psychoanalyse stellt den maßgeblichen Einfluss des transzendentalen Idealismus, der romantischen Naturphilosophie und der Theorien von Schopenhauer und Nietzsche heraus. Gegen eine solche ›Erzählung‹ erheben Autoren Einspruch, die die medientechnischen Voraussetzungen der Psychoanalyse ins Zentrum der Aufmerksamkeit rücken. Zum forschungsleitenden Gesichtspunkt wird dann die Frage, ...

> »[...] ob nicht [...] die Geschichte der Seelen und ihrer Nosologien (von Kraepelin über Freud bis Lacan usw.) den Innovationsschritten einer Nachrichtentechnik folgt, die das Innere nach außen gekehrt oder eben implementiert hat.« (Kittler/Tholen 1989, 10)

Kommunikationsmaschinen als Arsenale der Seele

Kommunikationsmaschinen erscheinen in dieser Lesart als wirkmächtige ›Arsenale der Seele‹, die eine auf den Begriff des Geistes fixierte Wissenschaft von der menschlichen Psyche offensichtlich nicht in Betracht ziehen will, obschon das permanent Verleugnete und Verdrängte im Zuge der Moderne sich immer stärker Geltung verschafft. Das erklärte Ziel eines solchen medientechnischen Ansatzes (→ 2.1 Techniktheorien der Medien) ist die ›Austreibung des Geistes aus den Geisteswissenschaften‹. Friedrich Kittler hat mit seinen Arbeiten – darunter das Hauptwerk *Grammophon, Film, Typewriter* (1986) – Impulse in diese Richtung gegeben. Das Unbewusste, dessen Entdeckung sich Freud so zugute hielt, entpuppt sich aus Kittlers Perspektive am Ende als Metapher, die »für noch unbegriffene Maschinenparks« (Kittler 2001, 209) steht.[2]

Kittler kritisiert Freud

Eine vom Kopf auf die Füße gestellte Psychoanalyse dient Kittler als Folie, auf der die medientechnisch bewirkte Zerstörung der romantischen Idee von Einheit kommentiert wird:

> »Solange das Buch für alle seriellen Datenflüsse aufkommen mußte, zitterten seine Wörter vor Sinnlichkeit und Erinnerung. Alle Leidenschaft des Lesens war es, zwischen den Buchstaben oder Zeilen eine Bedeutung zu halluzinieren.« (Kittler 1986, 20)

Doch dieser Traum ist zerfallen: »Mit der historischen Gleichzeitigkeit von Kino, Phonographie und Maschinenschreiben wurden die Datenflüsse von Optik, Akustik und Schrift ebenso getrennt wie autonom.« (Ebenda, 27) An die Stelle des alten romantischen Phantasmas tritt Kittler zufolge ein neues Projekt: »Der so genannte Mensch ist machbar geworden. Sein Wesen läuft über zu Apparaturen.« (Ebenda, 29) Jetzt fungiert nicht mehr allein der (psychoanalytisch interpretierte) Traum, sondern auch die Technik als Wunscherfüllung. Selbst Freud hatte dies in seiner Spätschrift über *Das Unbehagen in der Kultur* von 1930 eingeräumt: »Was der Mensch durch seine Wissenschaft und Technik auf dieser Erde hergestellt hat, [...] ist direkt die Erfüllung aller – nein, der meisten – Märchenwünsche.« (Freud 1948, 450) Während Krämer aus

Technik als Wunscherfüllung

---

[2] Die Psychoanalyse wird gemäß Kittler selbst zum Symptom einer Verkennung der Technik im Allgemeinen und der Medientechnik im Besonderen. Ihre Bedeutung liegt allerdings darin, dass sie unübersehbare Spuren dieser Verkennung hinterlässt und an entscheidenden Stellen sogar ihre latenten theoretischen Voraussetzungen beim Namen nennt. Wenn Freud etwa in der *Traumdeutung* die Seele zum »psychischen Apparat« erklärt und »als hochkomplexes Gebilde aus optischen Kanälen und optischen Linsen« beschreibt (zitiert nach Kittler 2001, 210), liefert er selbst die Indizien für eine neue Lektüre, die seine Texte aus den Fängen der Hermeneutik (Ricœur, Habermas) befreit (→ 2.1 Techniktheorien der Medien).

Freuds *Spur*-Begriff ein nicht-instrumentalistisches Verständnis von Medien ableitet, vermutet Kittler, dass Freud bei seiner Behauptung, der moderne Mensch sei »eine Art Prothesengott geworden« (ebenda, 451), noch eine »Organprojektionstheorie« (→ 2.1 Techniktheorien der Medien) in Anspruch nimmt, die erst mit der Erfindung des Computers ihre Grundlagen verliert (Kittler 2001, 213 f.). Angesichts des Rechners bewahrheitet sich Heideggers These, dass Technik kein »Instrument«, sondern eine Weise des »Entbergens« ist (ebenda, 238). Medien konstituieren eine Welt, in der das Subjekt gleichsam ›automatisch‹ aus dem Zentrum gerückt ist.

<small>Lacan: Modell der drei psychischen Register</small>

Um den zu Beginn des 20. Jahrhunderts anlaufenden Prozess medialer Ausdifferenzierung, der das Buch entmachtet, in seiner Tiefenstruktur zu beschreiben, greift Kittler auf Lacans Modell der *drei psychischen Register* zurück:

<small>Symbolisches, Imaginäres und Reales</small>

- »Das *Symbolische* umfasst die Sprachzeichen in ihrer Materialität und Technizität.« Schreibmaschinen liefern das Grundmodell für eine Produktion signifikanter Differenzen, welche »die philosophisch erträumte Unendlichkeit von Bedeutung« (Kittler 1986, 28) nicht mehr benötigt.
- »Das *Imaginäre* dagegen entsteht als Spiegelphantom eines Körpers, der motorisch vollkommener scheint als der eigene des Kleinkindes.« Filme erzeugen durch bewegte Bilder genau die »illusionäre Kontinuität«, welche den Charakter des Imaginären unter Bedingungen der Moderne exemplarisch verdeutlicht. (Ebenda, 28)
- Das *Reale* schließlich »bildet jenen Rest oder Abfall, den weder der Spiegel des Imaginären noch auch die Gitter des Symbolischen einfangen können – physiologischer Zufall, stochastische Unordnung von Körpern.« (Ebenda, 28) Grammophone machen dieses ungreifbare und doch so wirkmächtige Register manifest; denn sie bewahren, »was Kehlköpfe vor jeder Zeichenordnung und allen Wortbedeutungen an Geräusch auswerfen.« (ebenda, 29)

---

[3] Der Film ist für psychoanalytische Interpretationsversuche (vgl. Guattari 1975), ja sogar für die Illustration der Freud'schen Theorie von vornherein außerordentlich attraktiv gewesen. Freud selbst hat jedoch das Medium Film abgelehnt und auch die Mitarbeit an Georg Wilhelm Pabsts Projekt *Geheimnisse einer Seele* verweigert (vgl. Kittler 1986, 216, Bronfen 1999, 41 ff. und Ries 2000, 174 ff.).

Besonders aufschlussreich an dieser medientheoretischen Konkretisierung sind Kittlers Aussagen zum Film[3], weil sie die Schwierigkeiten einer umstandslosen Verwendung der Lacan'schen Theorie verdeutlichen. Die Technik der Aufnahme reproduziert, wie Kittler annimmt, zunächst einmal den Zustand der frühkindlichen Dissoziation: »Seitdem Filmkameras [...] die Körper vorm Sucher zerhacken, um ihre 24 Bilder pro Sekunde zu schießen, ist Lacans zerstückelter Körper eine Positivität.« (Kittler 1993, 94) Das konkrete Filmerleben verschafft dem Betrachter (auch dann, wenn ihm die technische Beschaffenheit des Mediums bewusst ist) jedoch einen völlig anderen Eindruck: Es erzeugt nämlich den Anschein einer visuellen Körpereinheit und wiederholt damit das entscheidende Ereignis des *Spiegelstadiums*, in dem das Kind eine erste bildhafte Vorstellung der eigenen Ganzheit gewinnt. Nach Lacan schafft diese bejubelte Erfahrung das Fundament für die imaginäre Konstitution personaler Identität. Das Bild der Einheit ist allerdings niemals gesichert und muss – besonders nach dem Erlernen der Sprache, also nach dem Eintritt in die symbolische Ordnung der Differenzen – fortwährend erneuert werden. Das Kino leistet hierzu einen erheblichen Beitrag, denn es »speichert jene bewegten Doppelgänger, in denen Menschen [...] ihren Körper (v)erkennen können« (Kittler 1986, 29). Dennoch bleibt das filmische Erleben von Doppelgängern eine äußerst prekäre Angelegenheit. »Nicht einmal der elementare Trost des Spiegels, der Körper in Ganzheiten [...] verzaubert, hält vor.« (Ebenda, 267) Das Wiedererkennen des Ichs auf der Leinwand (Kittler erläutert dies anhand einer angehenden Filmschauspielerin, die Probeaufnahmen macht) kann auch Krisen auslösen. In solchen Fällen kommt es anscheinend zu einer Art ›unbewusstem Sehen‹ der latenten technischen Vorgänge:

Anwendung Lacans auf Filmtheorie

> »Verfilmungen zerstückeln das imaginäre Körperbild, das Menschen [...] mit einem geborgten Ich ausstaffiert hat und deshalb ihre große Liebe bleibt. Gerade weil die Kamera als perfekter Spiegel arbeitet, liquidiert sie, was im psychischen Apparat [...] an Selbstbildnissen gespeichert war.« (Kittler 1986, 226)

Kittler macht sich leider nicht die Mühe, diese Dialektik zwischen filmischer Einheitsbildung und Zerstückelung zu entfalten. Er diskutiert weder Metz' Unterscheidung zwischen der primären Identifikation mit der Kamera und der sekundären Identifikation mit

Kritik von Kittlers Lacan-Rezeption

Filmfiguren (vgl. Metz 2000, 44 f.)[4], noch greift er Lacans Analyse des Blicks auf (vgl. Lacan 1978, 97 ff.), die als Fortführung und Revision des Aufsatzes über das Spiegelstadium gelten darf (vgl. Copjec 2000).

Der Computer aus der Sicht Kittlers

Eine vergleichbare Chance, die Konzepte der Lacan'schen Theorie auszureizen, lässt sich Kittler auch bei seiner Bestimmung des Computers entgehen. Denn er begreift ihn nicht etwa als Integrationsmedium, das alle drei Lacan'schen Register umfasst und so den borromäischen Knoten verkörpert, sondern verbucht die digitale Maschine als »Medium des Symbolischen« (Kittler 1993, 69 und 73). Obschon seine Beschreibungen mitunter Alternativen aufzeigen (etwa ebenda, 240 ff., vgl. auch Ellrich 1997, 204), gibt er den psychoanalytischen Kategorien an den entscheidenden Stellen erstaunlich wenig Kredit. So wird etwa das *Phantasma*, das eine Beziehung zwischen den drei Registern stiftet, überhaupt nicht thematisiert. Kittler kann deshalb auch keine Überlegungen zur Rolle anstellen, die das Phantasma in den artifiziellen Computer-Welten spielt. Diese Aufgabe hat schließlich Slavoj Žižek übernommen.

Lacans Konzept des Mangels

Freud wollte neurotisches Leiden in normales Unglück verwandeln. Kittler unterstellt, dass sich ein solches Programm unter den Bedingungen der Gegenwart nur durchführen lässt, wenn wir uns selbst als unbewusst prozessierende Rechenmaschinen entziffern. Fraglich bleibt allerdings, ob er Lacans Konzept des Mangels medientheoretisch erhärtet und ein verschlüsseltes Plädoyer für die gelassene Hinnahme des Mangels liefert oder vielmehr die weitaus ambitioniertere These vertritt, dass den Menschen ihre unhintergehbaren ›Hardware‹-Eigenschaften vor Augen geführt werden müssen, damit der peinigende Eindruck des Mangels schwindet und ein fröhlicher Positivismus des maschinellen Funktionierens entsteht.

---

[4] Metz vertritt die Gegenthese zu Kittler: »Als Dispositiv [...] ist das Kino mehr auf seiten des Symbolischen und des Sekundären als der Spiegel der Kindheit.« (Metz 2000, 49) Rose (1996, 171 ff.) wiederum hat die Thesen von Metz, die angeblich »das Phantasma des allsehenden Subjekts« nähren, kritisiert.

2.9.3 Medienpsychoanalyse als Kritische Theorie der Gesellschaft: Gunther Salje

Bewusste Distanz zu Lacans ahistorischer Theorie hält – trotz mancher sachlichen Übereinstimmung und der gemeinsamen Stoßrichtung gegen die Ich-Psychologie – Alfred Lorenzer, der mit seinen Büchern *Sprachzerstörung und Rekonstruktion* (1970a), *Kritik des psychoanalytischen Symbolbegriffs* (1970b) und *Zur Begründung einer materialistischen Sozialisationstheorie* (1972) eine sprach- und interaktionstheoretische Reformulierung Freud'scher Grundgedanken vorgelegt hat. An diese Studien knüpft Gunther Salje mit seiner Arbeit über *Film, Fernsehen, Psychoanalyse* (1980) an, die die Medientheorie historisch verankern und sozialkritisch zuspitzen soll.

Lorenzers Kritik der Psychoanalyse

Als Ausgangspunkt dient folgende These Adornos (→ 2.3 Kritische Medientheorien), in der sowohl die Relevanz psychoanalytischer Einsichten als auch die Notwendigkeit einer soziologischen Korrektur dargelegt wird:

»Freud hat gelehrt, daß die Verdrängung der Triebregungen nie ganz und nie für die Dauer gelingt, und daß daher die unbewußte psychische Energie des Individuums unermüdlich dafür vergeudet wird, das, was nicht ins Bewußtsein gelangen darf, weiter im Unbewußten zu halten. Diese Sisyphusarbeit der individuellen Triebökonomie scheint heute ›sozialisiert‹, von den Institutionen der Kulturindustrie in eigene Regie genommen.« (Adorno 1963, 70)

Auf welche Weise aber gelingt es den Leitmedien der Kulturindustrie (Film und Fernsehen), eine derart zentrale intra-psychische Funktion zu erfüllen und so die Rolle des Freud'schen *Ichs* zu okkupieren, das zwischen dem *Es* (den sexuellen und aggressiven Triebimpulsen) und dem *Über-Ich* (den in schmerzhaften Sozialisationsprozessen internalisierten Ansprüchen der Gesellschaft) eine prekäre Balance wahrt? Salje kommt bei seiner Analyse der medialen Rezeptionssituation und des gesendeten bzw. vorgeführten audiovisuellen Materials zu dem Ergebnis, dass die Medien triebökonomische Funktionen ausüben, indem sie den Einsatz typischer Ich-Kompetenzen gerade umgehen. Die Ich-Leistung der intrapsychischen Koordination wird jetzt nämlich durch ich-fremde Strategien erbracht. Freud hatte angenommen, dass Triebimpulse,

Freud: Ich, Es und Über-Ich

die unter dem Druck der Kultur bzw. des Über-Ichs verdrängt werden müssen, sich in Gestalt von Phantasien, Träumen und – in dramatischen Fällen – körperlichen Symptomen (z. B. Hysterie) eine Möglichkeit der Abfuhr verschaffen. Das Ich wird als Instanz verstanden, die für sozial-verträgliche Triebkanalisierung (etwa durch *Sublimation*) und individual-verträgliche Kulturnegation (etwa durch dosierte Gebotsübertretungen) zuständig ist und diese Aufgabe nur erfüllen kann, wenn es sich rationaler, kognitiv hoch entwickelter Mittel bedient.

Triebkanalisierung durch Sublimation

Lorenzer hat die von Freud umrissenen Ich-Kompetenzen und Ich-Funktionen symboltheoretisch rekonstruiert und dabei auch die basale Differenz von Primär- und Sekundärprozess aufgegriffen.[5] Er unterscheidet zwischen Symbol, Klischee und Zeichen und erläutert diese Triade im Kontext eines Modells der kindlichen Entwicklung: Der »Einigungssituation in der Mutter-Kind-Dyade« folgt die »Einführungssituation von Sprache« und als entscheidende Phase die »systematische Brechung der kindlichen Praxis« (Salje 1980, 5). In der ersten Phase wird zwischen Mutter und Kind eine (gesellschaftlich bestimmte) gemeinsame Interaktionsform ›erarbeitet‹, in der zweiten kommt es zur Bildung der »symbolischen Interaktionsform« als »Grundfigur des Bewußtseins« (ebenda, 7). Hier wird die Basis für die diskursive, begrifflich geleitete Rationalität gelegt. In der dritten Phase schließlich brechen (z. B. auf der Basis der »ödipalen Problematik«) Konflikte aus, die allein dadurch zu bewältigen sind, dass spezifische symbolische Interaktionsformen, die sich nicht durchsetzen lassen, »desymbolisiert« werden (ebenda, 8). Diese abgespaltenen Motiv- und Handlungskomplexe bleiben aber »vorsprachlich virulent«. Als »Klischees«, die »sprachlich exkommuniziert« sind, fügen sie sich in einen »blind-bewußtlosen Reiz-Reaktions-Zusammenhang« (ebenda) ein und kommen in »motorischen Aktionen, somatischen Sensationen, Träumen etc.« (ebenda, 9) zum Vorschein. Aber auch in der Sprache selbst lassen sich »*Spuren* der desymbolisierten Interaktionsform« finden. An »emotional leeren Zeichen« (ebenda), die in

Unterscheidung von Symbol, Klischee und Zeichen

---

[5] Die medienpsychologische Bedeutung dieser Differenz, mit der zwischen Sach- und Wortvorstellungen unterschieden wird, ist jüngst noch einmal von Schwering (2001, 101 f.) betont worden. Zu den komplexen theoretischen Fragen, die in diesem Zusammenhang auftauchen, siehe Salje (1980, 30 f.).

zwanghaft intellektualisierenden Redeweisen auftauchen, werden die Folgen des symbolischen Entzugs deutlich.[6]

Medientheoretisch relevant ist Saljes Befund, dass Film und Fernsehen nicht das Ich – »die alleinige Symbolbildungsinstanz« (Salje 1980, 32) – ansprechen. Denn das audiovisuelle Material wird von einer suggestiven »Bildersprache« beherrscht, die die diskursive Symbolik ausgrenzt. Die »Qualitäten des sprachlich-artikulierten, logisch-bewußten-begrifflichen Handelns« bleiben »unprovoziert« (ebenda, 28). Das Setting gewährleistet vielmehr ein »klischeebestimmtes Erleben« (ebenda, 34), das den Vorgängen auf der Ebene des psychischen Primärprozesses entspricht, für die »Wunscherfüllung« und »Projektion« charakteristisch sind (ebenda, 29). Überdies lädt die »scheinbare Zwanglosigkeit des Umgangs mit dem Medium in Zusammenhang mit der stumm-passiven Rezeptionssituation«[7] zu »unbewußter Identifikation« (ebenda, 12) ein. Die Betrachter lassen sich folglich durch die medial evozierten Bilder und Gefühle auf eine infantile Stufe der Wahrnehmung und Lustempfindung zurückversetzen. Dieses unverkennbare »Regressionsklima der Film- und Fernsehmedien« besitzt deshalb einen so hohen Stellenwert, weil es auf den für spätmoderne Gesellschaften typischen »neurosenprophylaktischen Abwehr- und Bewältigungsmechanismus« zugeschnitten ist (ebenda, 68). Die Medien und ihre Effekte erweisen sich mithin als äußerst systemfunktional. Denn in einer durch sexuelle Freizügigkeit und Konsumappelle geprägten Epoche nimmt der Umfang an sozial erforderlichen Verdrängungsleistungen ab. Innere Triebimpulse können stärker als je zuvor ausgelebt werden. Das Arsenal der psychischen Selbstzwänge verliert an Bedeutung. Zum Problem geraten aber nun jene Formen von »Unlust und Bedrängung«, die aus der »Außenwelt« stammen (ebenda, 71). Auf diese Stressfaktoren reagieren die Betroffenen mit dem Abwehrverhalten der Regression, d. h. sie kehren zu einer bereits verlassenen Stufe der Ich-Reifung (nämlich der prä-ödipalen

Saljes Analyse von Film und Fernsehen

Regressions-Klima der Medien

---

[6] Im Unterschied zu Lacan (1966, 93 ff.) geht Lorenzer also nicht von einer basalen Zerstückelung des Körpers aus, sondern von der Einheitserfahrung in der Mutter-Kind-Dyade; ferner bestimmt er *das Unbewusste als Bereich desymbolisierter Klischees* und nicht – wie Lacan (1966, 237 ff.) – *als sprachlich strukturierte Sphäre*.

[7] Vgl. hierzu auch die genauen Beschreibungen der Kinosituation (Dunkelheit, Immobilität etc.) bei Baudry 1975 (→ 2.1 Techniktheorien der Medien) und Metz 2000.

Saljes Fazit

Phase) zurück. Hier gelangen sie in den Genuss unverzichtbarer libidinöser Entschädigungen.

Die durch Film und Fernsehen ermöglichte Flucht aus den realen Konfliktzonen führt allerdings nur selten zu auffälligen pathologischen Verhaltensweisen, sondern stabilisiert eher die ›normalen‹ Lebens- und Arbeitssituationen. Daher kann die medial begünstigte Symptomatik nur aus einer externen theoretischen Warte in das »Deformationsprofil der individuellen Strukturen«, die den »gegenwärtigen kapitalistischen Verhältnissen« (ebenda, 10) entsprechen, eingetragen werden. Saljes psychoanalytische Medientheorie mündet in die zeitdiagnostische These ein, dass gerade die gängige individuelle Strategie der Neurosen*abwehr* das Kernstück der herrschenden Kollektiv-Neurose bildet.

2.9.4 Die therapeutische Qualität des Films: Elisabeth Bronfen

Freud selbst und einige seiner Schüler haben literarische Texte und Autoren (vgl. etwa Bonaparte 1958), aber auch andere Kunstwerke und ihre Schöpfer unter psychoanalytischen Gesichtspunkten interpretiert. Diese Verfahren lassen sich natürlich auch zur Deutung von Radiosendungen, Filmen, Fernsehspielen, Internetdialogen etc. heranziehen. Hier wird ein Konzept benutzt, das im Medium einen neutralen, im Normalfall geräuscharmen oder störungsfreien Ausdrucksträger sieht, der im Prinzip zu vernachlässigen ist. Die Analyse konzentriert sich daher auf den Gehalt der medial nur zum Vorschein gebrachten und der Wahrnehmung zugänglich gewordenen Kommunikation. Man unterstellt, dass der zu erschließende oder zu enträtselnde Sinn durch die mediale Darbietung nicht wesentlich modifiziert und schon gar nicht erzeugt wird. Relevant ist allein die Differenz zwischen einer *manifesten* Bedeutung der untersuchten Zeichen und ihrem *latenten* Sinn, der dann z. B. unter Rekurs auf die psychoanalytische Trieb- oder Konflikttheorie decodiert wird (vgl. etwa Dadoun 1972). Die Medien transportieren demnach Botschaften, die durch unbewusste Prozesse der Verdichtung oder Verschiebung zwar derart entstellt wurden, dass sie auf den ersten Blick unbegreiflich sind, aber durch

Manifeste Bedeutung und latenter Sinn

geeignete Methoden in verständliche Gehalte übersetzt werden können.[8]

Elisabeth Bronfens Studie *Heimweh: Illusionsspiele in Hollywood* (1999) kann als markantes Beispiel für diesen Typus des Zugriffs gelten, das zugleich die Problematik des Ansatzes deutlich macht. Hier werden nämlich »Bildersprache und Handlungsabfolge ausgewählter Spielfilme« regelrecht nach-erzählt und psychoanalytisch gedeutet, ohne dass der Eigensinn des Mediums Film gesondert untersucht würde. Mehr als die altbekannte Analogie von Film und Traum[9] wird nicht geboten:

Bronfen: Hollywood aus psychoanalytischer Sicht

»Filme funktionieren wie Träume, d. h. wie die Szenen unseres inneren psychischen Theaters: Sowohl der Film als auch der Tag- und Nachttraum versprechen uns die Erfüllung intimster Wunschvorstellungen, indem sie uns erlauben, Phantasieszenen der Angst oder des Begehrens durchzuspielen.« (Bronfen 1999, 42 f.)

Das Filmerleben als Traum

Die Illusionsangebote des Hollywoodkinos, die für Bronfen paradigmatischen Charakter besitzen, erzeugen z. B. eine bestimmte Vorstellung von Heimat, bei der das »Wissen um die radikale Entortung und um das untilgbare Unbehagen, das dem menschlichen Dasein« (ebenda, 213) innewohnt, zugleich aufgerufen und bearbeitet wird. Das prinzipiell unerfüllbare Begehren nach der sicheren Heimat lässt sich als eine Art Symptom betrachten, das allerdings keiner therapeutischen Auflösung bedarf, sondern als »Schutzdichtung« verstanden und akzeptiert werden muss. Typische Hollywood-Filme bewahren die Zuschauer mithin vor einem »gefährlichen traumatischen Wissen« (ebenda, 434). Worin dieses Wissen, das zwar nicht rigoros verdrängt, doch allein in einer medial entschärften Fassung zugänglich gemacht werden soll, eigentlich besteht, bleibt im Dunklen.

---

[8] Diese Deutungsarbeit bleibt allerdings stets vorläufig; denn laut Freud sind alle psychischen Phänomene und ihre Ausdrucksformen überdeterminiert, also durch zahlreiche, mitunter gegensätzliche Ursachen bedingt. Der *eigentliche* latente Sinngehalt aller medial übermittelten Botschaften kann daher niemals definitiv festgestellt werden, sondern bleibt Objekt einer im Prinzip unendlichen Interpretation.

[9] Das Filmerleben ist in der psychoanalytisch orientierten Medientheorie immer wieder mit dem Traum verglichen worden, z. B. von Morin 1956 oder Baudry 1975. Die Problematik der Analogie hat Metz (2000, 79 ff.) herausgearbeitet (vgl. auch die Kommentare von Zeul 1994 und Schneider 1998). – Zur generellen Analogie von Kunst und Traum siehe Kuhns (1982, 189).

Martine Lerude-Flechet hat in ihrer Deutung von Hitchcocks »Rear Window« (1954) die Karten auf den Tisch gelegt: Was der voyeuristische Protagonist sieht, ist nichts anderes als das Drama »vom Scheitern der sexuellen Beziehung. Ein Scheitern, das sich auf verschiedene Arten mit jeweils extremen Folgen vollzieht: Einsamkeit, Verfall, Tod, Mord am Ehepartner.« (Lerude-Flechet 1989, 107 f.) Eine solche Interpretation übersieht allerdings etwas Entscheidendes, das der Film zeigt: Die traumatischen Szenarien legen keine existentielle Wahrheit frei, sondern sind *hochkomplexe Konstruktionen eines Beobachters*, der in seiner infantilen Lage verharren möchte und dafür sogar den Preis zu zahlen bereit ist, dass der Blick (des monströsen anderen) kurzfristig über das Fernglas- und Kamera-Auge (des Subjekts) triumphiert.

2.9.5 Die Mechanismen der ›kinematographischen Ideologie‹: Christian Metz

Gegen eine primär auf die medialen Gehalte konzentrierte Medienanalyse, die verborgene Bedeutungen (Signifikate) aufspürt (→ 2.4 Zeichentheorien der Medien), hat Christian Metz energisch Stellung bezogen. Wer die Wirkungsweise von Ideologien erkennen will, muss – so lautet seine These – die apparativ erzeugten Bedeutungsträger (Signifikanten) erforschen. Metz schlägt mit seinen Arbeiten *Langage et cinéma* (1971) und *Le signifiant imaginaire* (1977; hier Metz 2000) den Weg von der Semiotik zur Lacan'schen Psychoanalyse ein und unterscheidet streng zwischen »ästhetischen Studien«, die eine Geschichte »psychoanalysieren«, welche »zufällig vom Film erzählt wird«, und den von ihm selbst durchgeführten Untersuchungen der »kinematographischen Spezialität« (Metz 2000, 38). Metz zeigt auf, dass die medial verbreiteten Sinnangebote nur dann zur unbewussten Wirkung gelangen, wenn die Rezipienten durch die apparative Form, mit der sie sich identifizieren können, in eine souveräne pan-optische Position[10] gebracht werden, die das Zuschauer-Begehren zugleich strukturiert und rechtfertigt.

Metz vereint Semiotik und Psychoanalyse

---

[10] Diese These ist kennzeichnend für die so genannte Apparatus-Theorie (Jean-Louis Baudry, Jean-Louis Comolli, Stephen Heath; → 2.1 Techniktheorien der Medien). Kritische Rekonstruktionen des Ansatzes liefern Rose 1996, Doane 1990, Silverman 1992, Winkler 1992 und Krips 2001.

Metz versteht »die kinematographische Ausrüstung als Instanz, dank derer sich das Imaginäre zum Symbolischen wendet« (ebenda, 69). Unter dem Formgesetz des Kinos, das der Erhaltung der ödipalen Ge- und Verbote zuarbeitet, nimmt das Objekt des Begehrens viele, sich beständig wandelnde (fetischistische, perverse, hysterische, narzisstische etc.) Gestalten an. Aber diese Metamorphosen provozieren keine Krisen. Sie verdecken erfolgreich alle »Verluste«, die der Mensch als kleines Kind erleidet – »das Geburtstrauma, die Mutterbrust, die Exkremente usw.« (ebenda, 64). Sie wenden sich also nicht gegen die bestehende Ordnung, um die fehlende Referenz und Bindungskraft der Signifikanten oder den symbolisch (d. h. durch Aufladung mit Bedeutung) kaschierten Rest des Realen zu zeigen, der immer dann hervortritt, wenn man nicht mit den diversen *Objekten* des Begehrens vorlieb nimmt, sondern nach der eigentlichen *Ursache* des Begehrens sucht (vgl. Lacan 1996). Für Metz bleibt das Kino daher Teil eines *geschlossenen ideologischen Systems*. Der kritische Ertrag des Konzepts ist freilich gering, weil Metz über kein Kriterium verfügt, das ›falsches Bewusstsein‹ (Marx) von lebensnotwendiger Fiktion zu trennen vermag.

Untersuchung des kinematographischen Apparats

2.9.6 Die Pest der Phantasmen: Slavoj Žižek

An der Differenz zwischen dem unhintergehbaren Schein und den fragwürdigen Phantasmen, die die Menschen über das erforderliche Maß hinaus verblenden oder verstören, arbeitet auch Slavoj Žižek in seinen umfangreichen medientheoretischen Studien zu Film, Fernsehen und Cyberspace. Im Kielwasser von Lacan verknüpft Žižek die Interpretation medialer (primär filmischer) Inhalte mit der Analyse formaler und technischer Aspekte und zeigt die verschiedenen Möglichkeiten auf, welche die Medien zur Verfügung stellen, damit ihre Nutzer existentielle Grundprobleme ›bewältigen‹ können.
Žižek verzichtet bei seinen Überlegungen auf die in psychoanalytischen Filmtheorien so beliebte »dreifache Analogie von frühkindlichen Identifizierungsprozessen und solchen des Erwachsenen im Kino, von psychischem und filmischem Apparat und [...] von Traumarbeit und Filmarbeit« (Sierek 2000, 208). Die angestrebte Filmtheorie soll stattdessen vorführen, inwiefern sich »das Feld des Sichtbaren, der Repräsentation« auf eine »zentrale, strukturelle

Žižeks Variante der Filmtheorie

Erkundung der Phantasmen

Leerstelle« (Žižek 2001, 282) bezieht, die durch *Phantasmen* provisorisch ausgefüllt wird. Freuds Aussage, die Phantasie sei eine »Schonung«, die »beim schmerzlich empfundenen Übergang vom Lust- zum Realitätsprinzip eingerichtet wurde, um einen Ersatz für Triebbefriedigungen zu erstatten, auf die man im wirklichen Leben hatte verzichten müssen« (Freud 1948, 90), wird so beträchtlich modifiziert. Denn Phantasmen haben nicht nur eine schonende, sondern auch eine schockierende Wirkung. In Freuds eigener Verführungstheorie klingt dies bereits an, wird aber auf tabuisierte Inzestwünsche zurückgeführt, die für Žižek kein biologisches Substrat bilden, sondern ihrerseits als phantasmatische Reaktionen auf etwas ›Unmögliches‹ und ›Nichtrepräsentierbares‹ gelten. Phantasmen als solche versteht Žižek zwar als Antworten auf einen ursprünglichen Mangel an Sein, aber eben auch als Sinngebilde, die diesen Mangel überhaupt erst erfahrbar machen und ihm sogar die Form des puren Grauens verleihen können. In welcher Verkleidung der Mangel jeweils in Erscheinung tritt, hängt wesentlich von seiner medialen Repräsentation ab. Žižek unterscheidet die Spielarten des Phantasmatischen, die das Kino darbietet (a), von den künstlichen Welten, die der Computer ermöglicht (b):

Zusammenhang von Film und Blick

(a) In den Studien über *Filme* wird gezeigt, dass das Kino keineswegs *per se* den kontrollierenden, neugierigen Blick des okzidentalen männlichen Subjekts feiert, sondern dieses machtvolle optische Arrangement, auf das speziell die feministische Filmtheorie (→ 2.8 Feministische Medientheorien) hingewiesen hat[11], eher unterminiert als bestätigt. Gerade Filme, die zunächst »höchst konformistisch erschein[en]« (Žižek 1992, 222), können die Subjekt-Perspektive drastisch verkehren.[12] So vermag der Zuschauer buchstäblich zu ›sehen‹, dass sein eigener Blick »durch ein ›pathologisches‹ Begehren stigmatisiert ist« (ebenda, 220). Im Zuge der Identifikation mit dem erhabenen Beobachterposten, den die Kamera gewährt, muss das Subjekt erkennen, in welchem Umfang der von ihm begehrte »Stoff, aus dem die Träume der Ideologie letztendlich

---

[11] Mulvey 1994 nimmt z. B. die Apparatus-Theorie beim Wort und deutet das Kino als Medium, das den männlichen Blick festschreibt. Doane 1994, Studlar 1988 und Koch 1989 haben demgegenüber die eigenständige weibliche Lust am Kino hervorgehoben.

[12] Vgl. zu Lacans Theorie des *Blicks* (Lacan 1978, 73 ff.), von der sich Žižek inspirieren lässt, auch Copjec 2000, Doane 1990, Studlar 2000, Schwering 2000, Heath 2000 und Cremonini 2001.

gemacht sind, unheilbar vergiftet« (ebenda, 222) ist. Der »traumatische Überschuß des Realen über das Symbolische« (ebenda, 234) und das Imaginäre wird unabweisbar. Es kommt zu einer phantasmatischen Vergegenwärtigung von »Geburt« und »Tod« (ebenda, 244) oder des »›unmenschlichen Partner[s]‹ [...], mit dem kein symmetrischer, durch die symbolische Ordnung vermittelter Dialog möglich ist« (Žižek 2000, 156).

(b) Die *virtuellen Computer-Räume* begreift Žižek als Areale, in denen derartige Kernphantasmen, aber auch beliebige andere unerträgliche Vorstellungen, die das Subjekt erschüttern und anwidern, »durchquert«[13] und auf Distanz gebracht werden können. Im Umgang mit dem Cyberspace schlägt sich »ein neues ›Lebensgefühl‹« nieder. Das menschliche Dasein wird jetzt »als ein vielgestaltiges Strömen« aufgefasst (Žižek 1999, 259) und affirmiert. Denn der Computer lässt sich als ein technisches Hilfsmittel nutzen, um den fundamentalen Phantasien, die den traumatischen Kern des Ichs berühren und vom Subjekt »niemals voll akzeptier[t]« werden können, »in ihrer unentstellten, ›nicht-sublimierten‹ peinlich direkten Form« zu begegnen und ihre Macht über die menschliche Psyche zu brechen. Die eigentümliche »Spannung« der basalen Phantasmen, die »das Subjekt verfolgen und faszinieren«, schwindet, wenn die Simulationsprogramme des Computers sie einer gleichsam »›mechanischen‹ Variation« unterwerfen und so die »geschlossene Matrix aller möglichen Permutationen« erzeugen (Žižek 1999, 264 f.).[14] Der Cyberspace setzt also Phantasien in Szene, »die radikal entsubjektiviert sind« (ebenda, 268), und macht sie auf diese Weise zu Spielmaterial einer individuellen Selbsttherapie.[15]

Phantasmen in virtuellen Computer-Räumen

Der Cyberspace als Matrix

---

[13] Zur Figur des »Durchquerens des Phantasmas« und des Übergangs vom Begehren zum Trieb bzw. der Identifikation mit dem Symptom vgl. Žižek 1997a, 46 ff. und 1997b, 59 ff.; zur Kritik siehe Heath 2000, 246 f.

[14] Skeptischer gegenüber dem Cyberspace äußert sich Žižek 1995 und 1997b, 85-155.

[15] Ein therapeutischer Wert wird dem Computer auch von anderen psychoanalytisch orientierten Forschern zugeschrieben: Christel Schachtner (1993) hat auf der Basis empirischer Untersuchungen zu klären versucht, welche bewussten und unbewussten Wünsche die Computertechnik weckt oder zu erfüllen verspricht. Ähnlich wie Sherry Turkle (1984) gelangt sie zu der These, dass Computer »Übergangsobjekte« (Winnicott 1976) für Erwachsene sind (vgl. auch Ellrich 2000, 91 f.). Der Lacanianer August Ruhs hat diese Interpretation verfeinert: Den Ausdruck »Übergangs*objekte*« reserviert er für Phänomene, die »sich auf der Linie zwischen Autoerotismus und Narzißmus«, also »zwischen dem Daumen

2.9.7 Kritik und Weiterentwicklung der Ansätze

Bemerkenswert ist in diesem Zusammenhang, dass alle angeführten medientheoretischen ›Lacanianer‹ (Kittler, Bronfen, Metz und Žižek) sich nicht von jener Lacan-Kritik beeindrucken lassen, die Gilles Deleuze und Félix Guattari in *L'Anti-Œdipe* (1972; hier Deleuze/Guattari 1974) vorgelegt haben. Die genannten Autoren halten an Freuds Konzept des Ödipuskomplexes und Lacans Kernbegriffen – »der Mangel, das Gesetz, der Signifikant« (Deleuze/Guattari 1974, 66) – unbeirrt fest. Die These von Deleuze/Guattari (→ 2.11 Medienphilosophische Theorien), dass das menschliche Leben nicht von der Logik der Unerfüllbarkeit und den Regeln der Signifikantenordnung bestimmt wird, sondern durch unbewusste Energieströme, Kopplungen und Einschnitte, die als »Wunschmaschinen« bezeichnet werden können, hat wenig Anklang bei denen gefunden, die das mediale Unbewusste psychoanalytisch erforschen wollen. Wenn Žižek allerdings vom »vielgestaltigen Strömen« eines ›ver-cyberten‹ Lebens spricht und bei seiner Darstellung der Lacan'schen Register den theoretischen Akzent nicht länger auf das *Imaginäre* und *Symbolische* (wie etwa noch Baudry und Metz), sondern auf das *Reale* legt (vgl. auch Stam 2000, 251), so nähert er sich der Position von Deleuze/Guattari, in deren Augen die Wunschmaschinen »das Reale in sich selber konstituieren, jenseits oder unterhalb des Symbolischen wie Imaginären« (Deleuze/Guattari 1974, 66; korr. Übers.).

Der Kern des Realen ist für Deleuze allerdings kein traumatisches Geschehen, welches als Urszene phantasiert werden kann, sondern die reine Bewegung, die das Kino (in den differenten For-

---

und dem Teddybär« situieren. Beim Eintritt in die ödipale Phase (Freud) bzw. in die »symbolische Ordnung« (Lacan) spielen Gebilde eine Rolle, die Ruhs als »Übergangs*subjekte*« bezeichnet. Es kann sich dabei um hergestellte Dinge handeln, denen »über einen Projektionsprozeß menschenartige Beseelung zuteil wird«, wie zum Beispiel »Computer, künstliche Intelligenzen, Models, Stars, Zombies, Replikanten usw.« (Ruhs 1989, 211). – Auch Hartmut Winkler betrachtet den Computer als Element in der menschlichen Wunschökonomie. Weil der Computer die Reinheit und Klarheit der mathematischen Logik verkörpert, mildert er nicht allein das »tiefverwurzelte Grauen vor der Arbitrarität« (Winkler 1997, 214) der gewöhnlichen Sprachzeichen, sondern dient auch als Abwehrmechanismus gegen den »Morast« unkontrollierbarer Gefühle wie Liebe oder Hass. Die Geschichte der Technik insgesamt deutet Winkler als menschliche Antwort auf »das bedrohliche Außen« (ebenda, 322).

men des Bewegungs- und Zeit-Bildes) erfahrbar macht. Deleuze verweist an einer wichtigen Stelle seiner Bücher zum Kino auf Jean-Louis Schefers These, dass der Film »die einzige Erfahrung« liefert, »in der mir Zeit als Wahrnehmung gegeben ist«, und gibt folgenden Kommentar, der dieses Kapitel gleichzeitig abschließen soll:

> »Zweifellos beschwört Schefer ein Urverbrechen, das mit dieser Situation des Kinos wesensmäßig verbunden ist. [...] Das ist eine Hommage an die Psychoanalyse, die dem Kino nur einen einzigen Gegenstand geliefert hat, das alte, abgegriffene Thema der Urszene.[16] Aber es gibt kein anderes Verbrechen als die Zeit selbst. Was die abweichende Bewegung enthüllt, ist die Zeit als Ganzes, als ›unendliche Öffnung‹, als Vorgängigkeit gegenüber jeglicher normalen Bewegung.« (Deleuze 1991, 56)

---

[16] Vgl. hierzu auch Guattaris Aufsatz über das Kino als Couch der Armen (Guattari 1975). Hier wird der Psychoanalyse vorgehalten, dass sie die Dynamik des Unbewussten in den familialen und ödipalen Beziehungsmustern ruhig gestellt hat.

Literatur

Adorno, Theodor W. (1963): Eingriffe. Neun kritische Modelle. Frankfurt am Main: Suhrkamp.

Baudry, Jean-Louis (1975): Le dispositif: aproches métapsychologiques de l'impression de réalité. In: Communications, Heft 23, S. 56-72. [Deutsch: Das Dispositiv: Metapsychologische Betrachtungen des Realitätseindrucks. In: Psyche, 48. Jahrgang, Heft 11, S. 1047-1074, 1994.]

Bonaparte, Marie (1958): Edgar Poe. Paris: Presses Universitaires de France.

Bronfen, Elisabeth (1999): Heimweh: Illusionsspiele in Hollywood. Berlin: Volk & Welt.

Copjec, Joan (2000): The Orthopsychic Subject: Film Theory and the Reception of Lacan. [Zuerst 1986] In: Kaplan, E. Ann (Hg.): Feminism and Film. Oxford: Oxford University Press, S. 287-306.

Cremonini, Andreas (2001): Die Nacht der Welt. Ein Versuch über den Blick bei Hegel, Sartre und Lacan. In: Gondek, Hans-Dieter u. a. (Hg.): Jacques Lacan – Wege zu seinem Werk. Stuttgart: Klett-Cotta, S. 164-188.

Dadoun, Roger (1972): Der Fetischismus im Horrorfilm. [Zuerst 1970] In: Pontalis, Jean-Bertrand (Hg.): Objekte des Fetischismus. Frankfurt am Main: Suhrkamp, S. 337-370.

Deleuze, Gilles/Guattari, Félix (1974): Anti-Ödipus. Frankfurt am Main: Suhrkamp. [Zuerst 1972]

Deleuze, Gilles (1991): Das Zeit-Bild – Kino 2. Frankfurt am Main: Suhrkamp. [Zuerst 1985]

Doane, Mary Ann (1990): Psychical and Historical Constructions in Film Theory. In: Kaplan, E. Ann (Hg.): Psychoanalysis & Cinema. London/New York: Routledge, S. 46-63.

Doane, Mary Ann (1994): Film und Maskerade: Zur Theorie des weiblichen Zuschauers. [Zuerst 1982] In: Weissberg, Liliane (Hg.): Weiblichkeit als Maskerade. Frankfurt am Main: Fischer, S. 66-89.

Ellrich, Lutz (1997): Neues über das ›neue Medium‹ Computer. In: Rammert, Werner/Bechmann, Gotthard (Hg.): Technik und Gesellschaft. Jahrbuch 9. Frankfurt am Main/New York: Campus, S. 195-223.

Ellrich, Lutz (2000): Der verworfene Computer. In: Becker, Barbara/Schneider, Irmela (Hg.): Was vom Körper übrig bleibt. Frankfurt am Main/New York: Campus, S. 71-101.

Freud, Sigmund (1948): Gesammelte Werke. Band XIV. London: Imago.

Guattari, Félix (1975): Le divan du pauvre. In: Psychanalyse et cinéma, Communications, Heft 23, S. 96-103.

Hagen, Wolfgang (1989): Hören und Vergessen. In: Kittler, Friedrich/Tholen, Christoph (Hg.): Arsenale der Seele. Literatur- und Medienanalyse seit 1870. München: Fink, S. 129-149.

Heath, Stephen (2000): Kino und Psychoanalyse. In: Sierek, Karl/Eppensteiner, Barbara (Hg.): Der Analytiker im Kino: Siegfried Bernfeld, Psychoanalyse, Filmtheorie. Basel: Stroemfeld, S. 223-249.

Kaplan, E. Ann (1990): From Plato's Cave to Freud's Screen. In: Kaplan, E. Ann (Hg.): Psychoanalysis & Cinema. London/New York: Routledge, S. 1-23.

Kittler, Friedrich (1986): Grammophon, Film, Typewriter. Berlin: Brinkmann & Bose.

Kittler, Friedrich/Tholen, Christoph (1989): Vorwort. In: Kittler, Friedrich/Tholen, Christoph (Hg.): Arsenale der Seele. Literatur- und Medienanalyse seit 1870. München: Fink, S. 7-11.

Kittler, Friedrich (1993): Draculas Vermächtnis. Technische Schriften. Leipzig: Reclam.

Kittler, Friedrich (2001): Eine Kulturgeschichte der Kulturwissenschaft. München: Fink.

Koch, Gertrud (1989): Was ich erbeute, sind Bilder. Zum Diskurs der Geschlechter im Film. Basel: Stroemfeld/Roter Stern.

Krämer, Sybille (1998): Das Medium als Spur und als Apparat. In: Krämer, Sybille (Hg.): Medien, Computer, Realität. Wirklichkeitsvorstellungen und neue Medien. Frankfurt am Main: Suhrkamp, S. 73-94.

Krips, Henry P. (2001): Der Körper des Gesandten – Blick ohne »Screen«. In: Angerer, Marie-Luise/Krips, Henry P. (Hg.): Der andere Schauplatz: Psychoanalyse – Kultur – Medien. Wien: Turia + Kant, S. 21-50.

Küchenhoff, Joachim/Warsitz, Peter (1991): Zur Anatomie des dritten Ohres – Vom Hören in der Psychoanalyse. In: Fragmente, Heft 35/36, S. 31-48.

Kuhns, Richard (1982): Psychoanalytische Theorie als Kunstphilosophie. In: Henrich, Dieter/Iser, Wolfgang (Hg.): Theorien der Kunst. Frankfurt am Main: Suhrkamp, S. 179-236.

Lacan, Jacques (1966): Ecrits. Paris: Seuil.

Lacan, Jacques (1978): Das Seminar XI. Vier Grundbegriffe der Psychoanalyse. Olten: Walter. [Zuerst 1973]

Lacan, Jacques (1996): Das Seminar VII. Die Ethik der Psychoanalyse. Weinheim/Berlin: Quadriga. [Zuerst 1986]

Lerude-Flechet, Martine (1989): Schauspiel des Blicks. In: Ruhs, August u. a. (Hg.): Das Unbewusste Sehen. Texte zu Psychoanalyse – Film – Kino. Wien: Löckner, S. 102-113.

Lorenzer, Alfred (1970a): Sprachzerstörung und Rekonstruktion. Frankfurt am Main: Suhrkamp.

Lorenzer, Alfred (1970b): Kritik des psychoanalytischen Symbolbegriffs. Frankfurt am Main: Suhrkamp.
Lorenzer, Alfred (1972): Zur Begründung einer materialistischen Sozialisationstheorie. Frankfurt am Main: Suhrkamp.
Metz, Christian (1971): Langage et cinéma. Paris: Larousse.
Metz, Christian (2000): Der imaginäre Signifikant. Psychoanalyse und Kino. Münster: Nodus. [Zuerst 1973-1976, als Buch 1977]
Morin, Edgar (1956): Le Cinéma ou l'homme imaginaire. Paris: Edition de Minuit. [Deutsch: Der Mensch und das Kino. Stuttgart: Klett 1958.]
Mulvey, Laura (1994): Visuelle Lust und narratives Kino. [Zuerst 1975] In: Weissberg, Liliane (Hg.): Weiblichkeit als Maskerade. Frankfurt am Main: Fischer, S.48-65.
Ries, Paul (2000): Film und Psychoanalyse in Berlin und Wien 1925. In: Sierek, Karl/Eppensteiner, Barbara (Hg.): Der Analytiker im Kino: Siegfried Bernfeld, Psychoanalyse, Filmtheorie. Basel: Stroemfeld, S. 171-197.
Ronell, Avital (1989): The telephone book: technology, schizophrenia, electric speech. Lincoln: University of Nebraska Press.
Rose, Jacqueline (1996): Sexualität im Feld der Anschauungen. Wien: Turia + Kant. [Zuerst 1986]
Ruhs, August (1989): Seele und Simulacrum. In: Ruhs, August u. a. (Hg.): Das Unbewusste Sehen. Texte zu Psychoanalyse – Film – Kino. Wien: Löckner, S. 203-213.
Salje, Gunther (1980): Film, Fernsehen, Psychoanalyse. Frankfurt am Main/New York: Campus.
Schachtner, Christel (1993): Geistmaschine. Frankfurt am Main: Suhrkamp.
Schneider, Irmela (1998): Filmwahrnehmung und Traum. Ein theoriegeschichtlicher Streifzug. In: Dieterle, Bernhard (Hg.): Träumungen – Traumerzählung in Film und Literatur. St. Augustin: Gardez, S. 23-46.
Schwering, Gregor (2000): »Über das Auge triumphiert der Blick«. Perspektiven des Voyeurismus. In: Balke, Friedrich/Stäheli, Urs (Hg.): Big Brother. Beobachtungen. Bielefeld: Transcript, S. 129-150.
Schwering, Gregor (2001): Medienpsychologie. In: Schanze, Helmut (Hg.): Handbuch der Mediengeschichte. Stuttgart: Kröner, S. 96-118.
Siegert, Bernhard (1991): Gehörgänge ins Jenseits. Zur Geschichte der Einrichtung telephonischer Kommunikation in der Psychoanalyse. In: Fragmente, Heft 35/36, S. 51-69.
Sierek, Karl (2000): Psychoanalytische Filmtheorie. In: Sierek, Karl/Eppensteiner, Barbara (Hg.): Der Analytiker im Kino: Siegfried Bernfeld, Psychoanalyse, Filmtheorie. Basel: Stroemfeld, S. 205-221.

Silverman, Kaja (1992): Male Subjectivity at the Margins. London/New York: Routledge.
Stam, Robert/Burgoyne, Robert/Flitterman-Lewis, Sandy (1992): Psychoanalysis. In: Stam, Robert/Burgoyne, Robert/Flitterman-Lewis, Sandy: New Vocabularies in Film Semiotics. Structuralism, Post-structuralism and Beyond. London/New York: Routledge, S. 123-183.
Stam, Robert (2000): Film Theory. An Introduction. Oxford: Blackwell.
Studlar, Gaylyn (1988): In the Realm of Pleasure: Von Sternberg, Dietrich, and the Masochistic Aesthetic. Urbana: University of Illinois Press.
Studlar, Gaylyn (2000): Masochism and the Perverse Pleasure of the Cinema. [Zuerst 1984] In: Kaplan, E. Ann (Hg.): Feminism and Film. Oxford: Oxford University Press, S. 203-225.
Turkle, Sherry (1984): The Second Self. Computer and the Human Spirit. New York: Simon&Schuster.
Winkler, Hartmut (1992): Der filmische Raum und der Zuschauer. ›Apparatus‹ – Semantik – ›Ideology‹. Heidelberg: Winter.
Winkler, Hartmut (1997): Docuverse. Zur Medientheorie der Computer. München: Boer.
Winnicott, Donald (1976): Von der Kinderheilkunde zur Psychoanalyse. München: Kindler.
Winterhoff-Spurk, Peter (1999): Medienpsychologie. Stuttgart/Berlin/Köln: Kohlhammer.
Zeul, Mechthild (1994): Bilder des Unbewußten. Zur Geschichte der psychoanalytischen Filmtheorie. In: Psyche, 48. Jahrgang, Heft 11, S. 974-1001.
Žižek, Slavoj u. a. (1992): Ein Triumph des Blicks über das Auge: Psychoanalyse bei Alfred Hitchcock. Wien: Turia + Kant.
Žižek, Slavoj (1995): Über virtuellen Sex und den Verlust des Begehrens. In: Gerbel, Karl/Weibel, Peter (Hg.): Mythos Information. Welcome to the Wired World. Wien/New York: Springer, S. 122-129.
Žižek, Slavoj (1997a): Mehr-Genießen. Lacan in der Populärkultur. Wien: Turia + Kant.
Žižek, Slavoj (1997b): Die Pest der Phantasmen. Die Effizienz des Phantasmatischen in den neuen Medien. Wien: Passagen Verlag. [Deutsche Teilübersetzung von: The Plague of Fantasy. London 1996]
Žižek, Slavoj (1999): Liebe Deinen Nächsten? Nein, danke! Berlin: Volk & Welt.
Žižek, Slavoj (2000): Das fragile Absolute. Berlin: Volk & Welt.
Žižek, Slavoj (2001): Die Furcht vor echten Tränen. Berlin: Volk & Welt.

Übungsfragen

1. Was ist ein »Phantasma« bei Slavoj Žižek (evtl. mit einem Beispiel aus dem Cyberspace)?
2. Was sind die drei psychischen Register bei Lacan?
3. Erklären Sie, mit welchen Argumenten Sybille Krämer die Psychoanalyse für eine Engführung des Medienbegriffs heranzieht.
4. Rekonstruieren Sie Friedrich Kittlers Kritik an der Psychoanalyse und die von ihm polemisch betriebene Selbstanwendung auf sie.
5. Kritisieren Sie die vorgeschlagene psychoanalytische Differenzierung von Zeichen(gebrauch) und Medium aus semiotischer Perspektive.
6. Vergleichen Sie Lacans Triade mit den in Abschnitt 2.4 (Zeichentheorien der Medien) erwähnten Trichotomien der Semiotik. Ergänzen sich die Modellierungen bzw. worin unterscheiden sie sich?
7. Diskutieren Sie kritisch, ob und – wenn ja – inwieweit sowohl die Psychoanalyse Freuds als auch Lacans in ihren (jeweils unterschiedlichen triadischen) Modellierungen den Dualismus von Natur und Kultur fortschreiben.

2.10 Poststrukturalistische Medientheorien
Claus Pias

2.10.1 Kurze Geschichte des Poststrukturalismus

Das, was seit Ende der achtziger Jahre unter dem Begriff ›Poststrukturalismus‹ in Anthologien und Übersichten eingefriedet und kanonisiert wird (vgl. etwa Münker/Roesler 2000), ist alles andere als ein friedvolles oder einheitsverdächtiges Terrain. Mehr noch: Der Poststrukturalismus selbst bestreitet solche Formen der Kohärenzbegründung, des Strukturvertrauens und des Identitätsvorrangs. »Die poststrukturalistischen Programme sind nicht geschrieben, um referierbar zu werden.« (Kittler 1980, 12) Trotz oder wegen der Schameffekte, die jede ›Einführung‹ also schon deshalb zeitigen müsste, weil sie sich eine Position außerhalb oder über ihrem Gegenstand anmaßt, hat es sich anscheinend als praktikabel erwiesen, die Frage nach einem mehrheitsfähigen Theoriedesign mit einer statistisch verlässlichen Liste von Eigennamen zu beantworten: Foucault, Lyotard, Derrida, Baudrillard, Virilio (siehe auch → 2.11 Medienphilosophische Theorien).

›Poststrukturalismus‹ kann in diesem Sinne nicht die Geschichte einer methodischen Schule beschreiben, sondern nur die Praxis verschiedener Schreibweisen addieren, die das Schreiben solcher Geschichten gerade in Frage stellen. Dies erhellt den performativen Widerspruch, dass die hier versammelten Theorien allesamt ein gebrochenes Verhältnis zur Theorie haben und dass sie, in unterschiedlicher Weise, nicht von Möglichkeiten, sondern von Unmöglichkeiten, nicht von Gewissheiten, sondern von deren Auflösung, nicht von Begründungen, sondern von deren Verschwinden sprechen – sei es des Menschen (Foucault), der Präsenz (Derrida), der Repräsentation (Baudrillard), der großen Erzählungen (Lyotard) oder des Raums (Virilio).

Eher Kritik der Theorie denn Theorie

Getragen von intensiven Heidegger- und Nietzsche-Lektüren, von Fragen nach Sprache und Macht, nach Technik und Metaphysik also, formulierte sich dieses Unbehagen während der sechziger bis achtziger Jahre zunächst in Frankreich und entlang einer Revision der Grundbegriffe des *Strukturalismus*. Dabei könnte man den Übergang vom Strukturalismus zum Poststrukturalismus als Wech-

Vom Strukturalismus zum Poststrukturalismus

sel von einem endlichen zu einem unendlichen Analysekontext verstehen. Dieser wirkt destabilisierend auf verschiedene strukturalistische Versuche, dem Denken des Subjekts dadurch Sinnbestimmtheit zurückzugeben, indem es dieses Subjekt in einem endlichen und damit prinzipiell übersichtlichen System, in einer taxonomischen Ordnung von Elementen und Oppositionen zu lokalisieren suchte. Der Poststrukturalismus unterläuft in diesem Sinne die strukturalistische Trennung von Tiefen- und Oberflächenstruktur, von *langue* und *parole*, von Universellem und Partikularem, und damit auch dessen Vertrauen, dass man Sinn und Bedeutung – wenn schon nicht im Subjekt – so doch wenigstens in der Struktur finden könne.

Unterscheidung von langue und parole

Der Poststrukturalismus ist daher auch keine Medientheorie in dem Sinne, wie beispielsweise Mediensoziologie, Filmgeschichte, Publizistik- oder Kommunikationswissenschaft eine zu besitzen beansprucht. Es geht ihm überdies nicht darum, so genannte empirische Sachverhalte oder Fakten zu beschreiben, zu klassifizieren oder zu interpretieren, sondern allenfalls um jene Bedingungen, die so etwas wie ›Empirie‹, ›Sachverhalte‹ oder ›Fakten‹ erst erzeugen und stabilisieren. Poststrukturalismus bedeutet vielmehr eine Infragestellung der Möglichkeitsbedingungen tradierter geisteswissenschaftlicher Konzepte wie ›Geist‹, ›Geschichte‹ oder ›Mensch‹ selbst, ermöglicht aber gleichwohl eine produktive Analyse jener Domänen, in welchen diese zu Hause waren (Kittler 1980, 12).

Ist der Poststrukturalismus überhaupt eine Medientheorie?

Nach einem Höhepunkt internationaler Rezeption in den achtziger Jahren (und zunächst in der Literaturwissenschaft) sind die Provokationen des Poststrukturalismus heute in Bereichen wie den *Gender Studies* (→ 2.8 Feministische Medientheorien), den *Cultural* (→ 2.5 Kulturtheorien der Medien) und *Colonial Studies*, vor allem aber in den Medienwissenschaften virulent. Die folgenden, stark selektiven Raffungen sind daher schon auf drei zentrale medientheoretische Fragen zugeschnitten, die vom Impuls des Poststrukturalismus angestoßen werden: *Erstens* nach den Formationen und Apparaturen des Wissens, *zweitens* nach der Materialität semiotischer Prozesse und *drittens* nach dem Status von Medien-Ereignissen.

Höhepunkt in den Achtzigern

2.10.2 Grundbegriffe und Modelle des Poststrukturalismus

Michel Foucault (Diskursanalyse/Dispositiv)

Michel Foucaults Diskursanalysen versuchen eine Rekonstruktion von Bedingungszusammenhängen, die weder der *langue* noch der *parole* angehören. Sie bezweifeln damit jede Möglichkeit einer objektiven, zuverlässigen und universellen Begründung des Wissens und zugleich die Existenz eines Wissens, das durch den richtigen Gebrauch der Vernunft gewonnen werden könnte und darum wahr wäre. Das Subjekt ist damit (anders als in transzendentalpragmatischen Theorien wie z. B. bei Apel oder Habermas) nicht Ausgangsbedingung des Diskurses, sondern sein (historischer) Effekt. Diskurse sind *epistemische Systeme*, die einerseits das Wissen des Subjekts bestimmen und andererseits erst denken, was ein Subjekt ist. Insofern ›der Mensch‹ also nicht mehr Konstitutionsinstanz der Geschichte, sondern (s)eine Diskursfigur ist, treten archivierte Gegebenheiten von Redepraktiken an die Stelle geisteswissenschaftlicher Geschichten, deren Regelmäßigkeiten die Möglichkeit von Erfahrungen erst einräumen. *Diskursanalyse* bedeutet daher zugleich eine Analyseform von Macht, die über eine soziologische oder politische Kritik hinausgeht, indem sie deren technisch-positive Seite als Netzwerk von Technologien, Symboliken und Institutionen aufzeigt.

Diskurse als sozial normierte Redepraktiken

Diskursanalyse ist Machtanalyse

Diese von Foucault anhand von Begriffen wie ›historisches Apriori‹ oder ›Archiv‹ betriebene, neuzeitliche Wissensgeschichte steht in der Tradition der historischen Epistemologie (Georges Canguilhem, Gaston Bachelard), die bereits seit den dreißiger Jahren des 20. Jahrhunderts eine Geschichte der Wissenschaften entlang von Regeln und Rahmenbedingungen wissenschaftlicher Aussagenproduktion zu konzipieren versuchte. Foucault spitzt dieses Konzept jedoch zu, indem seine Geschichte des Wissens keine Geschichte der Wissenschaften ist. Fachgebiete und Wissenschaften werden vielmehr überschritten, so dass die wissenschaftliche Aussage in einem heterogenen Komplex von Praktiken und Prozeduren lokalisiert werden kann. In Abkehr vom Objektbezug kann Wissen verschiedene Gebiete durchqueren und dieselben Regelmäßigkeiten ausprägen, die nicht bloß textueller Art sein müssen (etwa als Gemälde, als literarischer Text, als amtliche Verordnung oder als

Foucaults Geschichte des Wissens

wissenschaftliches Experiment). »Das Wesentliche [liegt …] in der Entdeckung und Vermessung jenes unbekannten Landes, in dem eine literarische Fiktion, eine wissenschaftliche Proposition, ein alltäglicher Satz, ein schizophrener Unsinn usw. gleichermaßen Aussagen sind.« (Deleuze über Foucault in: Deleuze 1987, 34) Nicht die Wahrheitsfähigkeit von Aussagen, sondern die Bedingungen des Archivs, unter denen Aussagen als Ereignisse auftreten und sich formieren können, bilden mithin den Horizont der Diskursanalyse.

Mit dem Begriff des ›Dispositivs‹ lassen sich dabei drei Schwierigkeiten dieses Ansatzes lösen: Erstens das Problem der Überschreitung der Dichotomie von diskursiv und nicht-diskursiv, zweitens die Frage nach der Kausalität historischer Übergänge und drittens die Herausforderung, nicht in Modellen von Basis und Überbau zu denken. Das *Dispositiv* versteht sich als Konstellation heterogener Elemente – Elemente, die nicht einer Gattung oder einem System angehören und deren Zusammenhang strategischer Natur ist. Dabei produziert das Dispositiv etwas, das nicht von vornherein in der Strategie beabsichtigt war. Es schafft vielmehr Kontingenz und produziert gewissermaßen strategische Unfälle oder Emergenzen. Diese Effekte können jedoch vom Dispositiv wieder genutzt werden. (Beispielsweise erzeugt das Sexualdispositiv mit seinem strategischen Ziel der Normalität zugleich Perversionen.) Das Dispositiv macht in diesem Sinne soziale Erfindungen. Es definiert sich lokal und unterscheidet sich dadurch vom System oder der Institution, dass es beispielsweise keinen ontologischen Machtbegriff benötigt.

> Dispositiv ist Netzwerk über den Diskursen

Jean-François Lyotard (Postmoderne/différend)

Jean-François Lyotards Diagnose einer ›postmodernen‹ Epochenschwelle markiert ein *wissens*historisches Datum als ein *medien*historisches: Es wird bezeichnet durch »die Probleme der Kommunikation und die Kybernetik, die modernen Algebren und die Informatik, die Computer und ihre Sprachen, die Probleme der Sprachübersetzung und die Suche nach Vereinbarkeiten zwischen Sprachen – Automaten, die Probleme der Speicherung in Datenbanken, die Telematik und die Perfektionierung ›intelligenter‹ Terminals.« (Lyotard 1986a, 20 f.) Es sind, anders gesagt, Kybernetik, Informationstheorie und Digitalcomputer, die die neuen Kommunikations- und Verkehrsformen postindustrieller oder ›informatisierter‹ Gesellschaften heraufgeführt haben. Mit ihnen vollzieht

> Lyotards Diagnose der Postmoderne

sich nicht nur eine tief greifende Transformation des Wissens durch die neuen Bedingungen seiner Speicherung, Prozessierung und Übertragung, die mit Vergessen, Emergenzen und Umordnungen einhergeht und eine Tendenz zur Kommerzialisierung und Veräußerlichung des Wissens ausmachen lässt. Vielmehr wird die Rechtfertigung dessen, was als Wissen oder Wissenschaft gelten kann, selbst problematisch.

So ist es Platons Ausgrenzung des ›narrativen Wissens‹ aus dem Logos – eines Wissens, das den Ort definiert, an dem es erzählt wird und das heterogene Kompetenzen impliziert; eines Wissens, dessen pragmatische Regeln ein soziales Band ausmachen und das zuletzt, stets aufs Neue, eine ephemere Zeitlichkeit entfaltet –, aus der ein wissenschaftliches Wissen hervorgeht, das gleichwohl das narrative Wissen in seine Dienste beruft. Denn anders als das narrative Wissen, das keiner Autorisierung bedurfte, braucht das wissenschaftliche Wissen im Sinne Lyotards die ›großen Erzählungen‹, durch die es seine Legitimität gewinnt und in denen es seine Einheit erhält.

Absage an die »großen Erzählungen« ...

Die Delegitimation dieser *grand récits* in der Postmoderne ist daher in gewissem Sinne eine Rückkehr der ausgeschlossenen Partikularität des narrativen Wissens. Lyotard beschreibt diese Verfasstheit (in Anlehnung an den späten Wittgenstein und die Sprechakttheorie Austins) als Pluralität von ›Sprachspielen‹. Geltungsansprüche können nur noch für einzelne, heteromorphe und irreduzible Sprachspiele formuliert werden, die auf keiner höheren Ebene mehr überdeckt oder aufgehoben werden. Das postmoderne Wissen ist damit ein Ensemble methodenloser, Geschichten erzählender und Einfälle produzierender Spiele. Dabei grenzt sich Lyotard gegen die »terroristischen« Isomorphiebestrebungen der Systemtheorie (Luhmann) einerseits (→ 2.7 Systemtheorien der Medien) und gegen ein überkommenes Emanzipationsideal des Strebens nach einem allgemeingültigen Konsens (Habermas) andererseits ab. Die agonalen Sprachspiele sind diskontinuierlich und erfinderisch, und jeder Konsens bleibt ihnen lokal.

... und damit wider Luhmann und Habermas

Im Begriff des Widerstreits (*différend*) reformuliert Lyotard dieses Konzept in der Terminologie von ›Satz-Regelsystemen‹ und ›Diskursarten‹. Erstere sind Regeln, die Sätze bestimmen können, wie Fragen, Befehlen, Argumentieren oder Beschreiben. Letztere bestimmen die Verkettungs- oder Verknüpfungsmöglichkeiten ungleichartiger Sätze zu verschiedenen Zielen. Jede Verkettung stellt einen Akt des Unrechts dar, da es zwar mehrere Anschluss-

Lyotards Begriff des Widerstreits

möglichkeiten gibt, aber immer nur eine aktualisiert wird. Über Recht und Unrecht kann jedoch kein übergeordneter Diskurs entscheiden. Die grundlegende Heterogenität und Inkompatibilität verschiedener Diskurse impliziert Konflikte, die nicht geschlichtet oder gar entschieden werden können und installiert einen *Widerstreit*, der nicht reduzibel ist. Ein prominentes historisches Beispiel eines Widerstreits ist die Kunst der Avantgarden (vgl. Lyotard 1986b).

Veränderungen des Wissens in der Postmoderne

Indem die von Lyotard beschriebene Veränderung des Wissens das Interesse auf Grenzen und Konflikte, auf ›Frakta‹, Paradoxien und Instabilitäten fokussiert, formuliert sie mindestens drei Aufgaben: *Erstens* eine philosophisch-politische, die nach der gegenwärtigen oder historischen, auf jeden Fall aber kontingenten Dominanz bestimmter Diskurse zu fragen hätte, die den unüberwindbaren Widerstreit zwischen Diskursarten bewusst machen und halten müsste und die zuletzt auszumachen hätte, wie Gerechtigkeit ohne höchste Instanz und ohne Konsens zustande kommen kann. *Zweitens* eine anthropologische Aufgabe, die zu konstatieren hätte, dass der Mensch nicht der Herr und die Sprache sein Kommunikationsinstrument ist, sondern dass er nur in ein bereits ohne ihn eröffnetes Spiel eintritt und mit den Modi der Nicht-Darstellbarkeit und der Unverfügbarkeit rechnen muss – denn wider den Anthropozentrismus erweist er sich nicht als Subjekt (s)eines, sondern als Kreuzungs- und Durchgangsort verschiedener Sprachspiele. *Drittens* eine pädagogische Aufgabe, die gute Spieler in dem Sinne erzeugt, dass sie Konsens als einen vorübergehenden Zustand der Legitimation zu schätzen wissen, deren Ziel jedoch der Dissens und die Paralogie der Differenz ist. Dazu gehören nach Lyotard nicht zuletzt die Sprachspiele an und mit Informationsmaschinen, d. h. eine navigatorische Kompetenz in frei zugänglichen Datennetzen und die Spielfähigkeit in formalen oder Programmier-Sprachen.

Jacques Derrida (Dekonstruktion/Grammatologie)

Stimme und Schrift

Jacques Derrida liest die Begründung der abendländischen Philosophie, die Frage der Metaphysik und ihrer Kritik, als eine nach dem ontologischen Status von Stimme und Schrift. Dabei geht es nicht um eine Soziogenese von Schrift(en), sondern um ein Apriori der Spur. So stand bei Platon die *phoné*, die lebendige Stimme, in ihrer Präsenz für Fülle, Seele oder Geist ein. Als stimmliche Sich-selbst-Gegenwärtigkeit begründete sie eine Derivation von Seele zu

Stimme zu Schrift (*gramma*) und verwies damit die Schrift in eine exteriore Position, einen Ort der Nachträglichkeit oder Absenz. An diesem Punkt, an dem die Schrift zum Aufschub und Supplement einer gegenwärtigen und ursprünglichen Rede erniedrigt wird, setzt Derridas *Dekonstruktion* an. Denn erst die Schrift (oder genauer: das griechische Vokalalphabet) ermöglicht es, dass das gesprochene Wort als Ursprung und sie selbst als sekundär erscheinen kann. So wie die Stimme die Nachträglichkeit der Schrift denken lässt, so gibt die Schrift die Vorgängigkeit der Stimme erst zu denken. Diese Differenz von Stimme und Schrift ist folglich zwar anfänglicher, aber sie beansprucht nicht das Privileg des Ursprungs und damit der Überlegenheit. Eine solche Rehabilitation des Schriftbegriffs markiert den Umstand, dass an der Begründung der Metaphysik ein medienhistorischer Umbruch steht, der im gleichen Moment seine Medien verdrängt. Wenn das Vergessen der Lautsubstanz im Sprechen und im gleichzeitigen Sich-Vernehmen der Stimme die phonozentristischen Hierarchien von Innen und Außen, Seele und Körper, Urbild und Abbild ermöglicht, dann liegt ihre angemessene Kritik in einer Wissenschaft der ›*Grammatologie*‹ (vgl. Derrida 1974).

Derrida: Dekonstruktion und Grammatologie

Derridas Dekonstruktion des Phonozentrismus trägt daher explizit medienwissenschaftliche Züge. Sie richtet der Schrift eine autonome Sphäre ein und vervielfältigt und erweitert damit zugleich ihren Begriff. Einem derart erweiterten Schriftbegriff gehört die phonetische Schrift der gesprochenen Sprache ebenso an wie die formalen Sprachen der Mathematik, er beinhaltet die Aufschreibesysteme technischer Medien (wie Phonographie oder Photographie) ebenso wie die Programmiersprachen digitaler Computer, Notenschriften ebenso wie Kymographen, und er macht keinen Unterschied zwischen Sprachen mit oder ohne vorgängige(r) Oralität, mit oder ohne extrasymbolische(n) Bezüge(n).

Kritik des Phonozentrismus

Jean Baudrillard (Simulation/Verführung)

Jean Baudrillards kulturkritisches Œuvre nimmt seinen Ausgang bei explizit medientheoretischen Überlegungen. Einerseits geht es um die Frage nach der Existenz eines ›Etwas‹, das der Vermittlung durch Medien exterior bleibt, das unangetastet in einem Außen verweilt und von den Medien nur vermittelt wird; andererseits um die Frage nach der Möglichkeit eines Subjekts des Gebrauchs, das sich dieser Vermittlung in irgendeiner Weise bedienen kann. Da

Frage nach dem Jenseits der Medien

sich diese Elemente von Objekt, Medium und Subjekt jedoch nicht separieren lassen, wird die Möglichkeit eines ›kritischen Standpunkts‹ oder einer ›Distanz‹ zu medialen Phänomenen allgemein fraglich.

Baudrillard: kein Außerhalb des Mediums

Ausgehend von seinen frühen Überlegungen zur Ökonomie des Zeichens (vgl. Baudrillard 1972) gelangt er daher zu der programmatischen Feststellung: »Es gibt keine Medientheorie.« (Baudrillard 1978, 83) Jeder Standpunkt und jeder Versuch eines kritischen Beobachtens ist in Medien selbst eingebunden. Das Medium ist insofern absolut oder ›total‹, als es kein Subjekt gibt, das sich seiner entledigen könnte. Daher gibt es keine Schau (oder *theoria*) und kein Außen, sondern nur Aufenthalte im Medium oder, mit Derrida, ein Verweilen auf der Ebene der Spuren. Versuche einer marxistischen Medientheorie wie etwa von Hans Magnus Enzensberger[1] disqualifiziert Baudrillard als anachronistischen, nostalgischen und letzthin unzulänglichen Import. Denn die Medien postindustrieller Gesellschaften operieren weder im Feld materieller Produktion noch sind sie in das Schema von Basis und Überbau integrierbar. Sie haben keine vorgängige Ideologie, die anschließend in sie einginge. Und es geht in ihnen nicht um Inhalte, sondern um die Codierung von Diskursbedingungen, nicht um Kommunikation oder Vermittlung, sondern um das Erzeugen von Aufschub und Abwesenheit (Baudrillard nennt dies die ›kybernetische Illusion‹). Daraus ergibt sich für Baudrillard die Diagnose, dass wir *erstens* nichts wissen können, was nicht *immer schon* von Medien oder Codes formatiert, gespeichert und übertragen ist (Simulationsthese), dass *zweitens* von einem dezentralen und autoreflexiven Machtbegriff, von Mechanismen des *feedback* und der Selbststeuerung als einem ›dezentralisierten Totalitarismus‹ auszugehen ist und dass dadurch *drittens* eine Situation der radikalen Infragestellung medientheoretischer Kategorien geschaffen wird. »Alle Theorien, welchem Horizont sie auch immer entstammen, wie gewaltsam sie auch vorgehen und vorgeben, in eine Immanenz zurückzufinden oder zu einer Beweglichkeit ohne Bezugspunkte [...], flottieren und haben nur den Sinn, sich gegenseitig zuzuwinken.« (Baudrillard 1982, 21)

Simulationsthese als ein »Immer-schon« der Medien

---

[1] »Baukasten zu einer Theorie der Medien«, wieder abgedruckt etwa in Pias/Vogl/Engell 1999, 264-278. Zur Diskussion von Enzensberger in diesem Band → 2.3 Kritische Medientheorien.

Weit davon entfernt, sich einer Funktionsbeschreibung derart autopoietischer Systeme (→ 2.7 Systemtheorien der Medien) zu widmen, sind Baudrillards Texte von einer Ambivalenz zwischen (pessimistischer) Affirmation und (utopischer) Negation getragen. Während sie auf der einen Seite die ›Ekstase‹ der Theorie ausrufen und die Medien für einen *Kollaps des Realen* verantwortlich machen, suchen sie zugleich nach Phänomenen, die die auf selbstreflexive Geschlossenheit zustrebenden Systeme verunsichern und möglicherweise ein Außerhalb der Medien markieren. Dies sind zunächst die politischen Aktionen des Situationismus, später dann die Theorien der *Verführung*. Dabei versucht Baudrillard, die Verführung als ontologische Dimension zu stärken. In der Wechselseitigkeit der Verführung soll sich das Problem einer ›obszön‹ gewordenen Subjektphilosophie lösen. Als Versuch einer Emanzipation des Objekts entlässt sie dieses aus der Herrschaft des Subjekts und unterläuft die durch Reflexion gesetzte Differenz von Subjekt und Objekt. Das Ergebnis solcher Gleichberechtigung oder Aufhebung wäre ›das reine Ereignis‹ (vgl. Baudrillard 1987) – eine unhierarchische und ursprungslose, duale oder duellhafte Situation, eine medienfreie Zone gewissermaßen, in der jeder Verführer zugleich schon Verführter und jedes Subjekt zugleich schon Objekt der Verführung ist.

Kollaps des Realen

Dimension der Verführung

Paul Virilio (Dromologie/rasender Stillstand)

Paul Virilios medienhistorische und kulturkritische Arbeiten, die er selbst im Begriff der ›Dromologie‹ zusammenfasst, beschäftigen sich mit der Geschichte und Struktur von *Geschwindigkeit* und *Beschleunigung*. In einem essayistischen, fragmentarischen und beispielgesättigten Stil vorgetragen, verschränken sich in ihnen Technikphilosophie und Militärgeschichte, Medientheorie und Phänomenologie der Wahrnehmung. Den weithin rezipierten und damit programmatischen Auftakt bildet die Analyse des Unterhaltungskinos der Zwischenkriegszeit als militärisch-industrieller Komplex (vgl. Virilio 1986), die eine gemeinsame Geschichte von technischen Medien und technischen Kriegen zu schreiben versucht. In optischen Medien, die auf imaginären Funktionen der Faszination und Blendung, der Tarnung und der Täuschung beruhen, verkoppeln sich demzufolge Medieneffekte mit militärischen Strategemen des Wissens um den Feind und der Tarnung vor ihm. Das strategische Interesse an höchster Geschwindigkeit (sei es zur Kontrolle

Dromologie: Philosophie der Geschwindigkeit

Medien/Krieg

eigener Truppen, zur Beobachtung des Feindes oder zur möglichst verzögerungsfreien Steuerung eigener Reaktionen) hat demnach – so Virilios anschließende These – nicht nur den rasanten Aufstieg technischer Medien entscheidend vorangetrieben. Vielmehr lässt sich die Beschleunigung selbst allgemein als Motor der Geschichte ausmachen – von den ersten Reitern und den antiken Transportsystemen bis hin zur Annäherung an die ›Echtzeit‹ aktueller Medienverbünde, Waffen- und Informationssysteme.

Beschleunigung als Motor der Geschichte

Aus dieser Annahme resultieren mindestens vier Thesen: *Erstens* eine epistemologische These, insofern die eskalierende Geschwindigkeit als das historische Apriori eines zugleich kriegerischen und epistemologischen Dispositivs gedacht wird. *Zweitens* eine (an Heidegger anschließende) technikphilosophische These, insofern die Beschleunigung in einem Wettlauf mit sich selbst vergisst, ihr Wesen zu bedenken, das nicht die Geschwindigkeit ist. *Drittens* eine historische These, insofern die Dromologie teleologisch und letzthin apokalyptisch auf ein absolutes Ende hin argumentiert. Die Lichtgeschwindigkeit als unüberschreitbare Grenze impliziert die katastrophische Situation eines ›rasenden Stillstands‹ (Virilio 1992), in der instantane Telepräsenz und gleichzeitige Kataraxie zu einem vollkommenen Verlust oder einer Implosion des Raums führen. *Viertens* und zuletzt eine medienpsychologische These, insofern menschliche Wahrnehmungsorgane durch leistungsfähigere technische substituiert werden und eine Verwirrung oder gar Verwechslung von Wirklichkeit und Blick, von Realem und Imaginärem stattfindet.

»Rasender Stillstand« als Fluchtpunkt der Beschleunigung

2.10.3 Anwendungen in der Medienwissenschaft

Wenn ›der‹ Poststrukturalismus also in seinen verschiedenen Spielarten der Theorie ihren Boden entzieht, dann unterläuft er zugleich auch deren Vorgängigkeit im Hinblick auf eine spätere Applikation. Er offeriert keine Anwendungen, sondern allenfalls Anregungen, produziert keine Einführungen, sondern allenfalls Versuche von Auslassungen: sei es der Identität, des Universellen, des Subjekts, der Präsenz, der Transzendenz, des Strukturvertrauens oder dessen, was Harold Bloom einmal die vier Orthodoxien der Präsenz (*religious illusion*), der Einheit (*organic illusion*), der Form (*rhetorical illusion*) und des Sinns (*metaphysical illusion*) genannt hat (vgl.

Anregungen statt Anwendungen

Bloom 1975). Vor allem aber verfasst er keine Methodologie.

Dennoch lassen sich die Spuren, die die Vertreter des Poststrukturalismus einer Medienwissenschaft in unterschiedlicher Stärke und mit wechselnder Beteiligung legen, wie folgt grob systematisieren.

Das Wissen der Medien

Einsicht 1: *Medien stellen das Wissen, das sie speichern, verarbeiten und vermitteln, jeweils unter die Bedingungen, die sie selbst schaffen und sind.*

In diesem Sinne ist keine Diskursanalyse denkbar ohne ein medienhistorisches Substrat. Eine maßgeblich von Foucault angeregte Medienwissenschaft widmet sich daher den *Kulturtechniken* als jenem Einsatz von Technologien (vom Alphabet bis zum Computer, von der Geometrie bis zu den *life sciences*), der die Konstitution und die Umschlagformen von Wissen beschreibt. Denn es sind Medientechnologien, die die Grenzen von Sagbarem und Unsagbarem, Sichtbarem und Unsichtbarem, Ordnung und Differenzlosigkeit ziehen und damit die Grenzen bestimmen, die einen historischen Wissenszusammenhang von Nicht-Wissen trennen. Die Medienwissenschaft hat darüber hinaus jene *Institutionen* zum Gegenstand, die die Sammlung und Distribution von Wissen organisieren: die anonyme Diskursverwaltung der Sekretäre und Büros, die Register und Buchführungen, die Archivare und Kataloge beispielsweise, die mit unterschiedlichem Einsatz an der Herstellung von Wissensordnungen beteiligt sind. Zuletzt beschäftigt sie sich mit den *Poetologien* oder Präsentationsformen des Wissens, seiner Inszenierung in Karten oder Listen, Diagrammen oder Bildern, Computernetzen oder Enzyklopädien, literarischen Texten oder wissenschaftlichen Protokollen, deren Besonderheit medialen Bedingungen unterliegt. Eine diskursanalytisch operierende Medienwissenschaft nimmt damit die unterschiedliche Rede vom Menschen als einer Kreuzung von Diskursarten oder seinem ›Verschwinden‹ insofern ernst, als sie ›sein‹ Wissen (im doppelten Sinne) als Medieneffekt eines Zusammenspiels von Technologien, Institutionen und Poetologien begreift. Sie grenzt sich damit ab von einer humanistischen Medienethik, die am Subjekt ansetzt, und von einer empirischen Mediensoziologie, die das Soziale voraussetzt, statt beide als Medien-Ereignisse zu begreifen und zu unter-

Medienwissenschaft als Foucault'sche Diskursanalyse

suchen. Stattdessen sucht sie den Austausch mit der Wissenschaftsgeschichte und den Kulturwissenschaften.

Die Materialität von semiotischen Prozessen

Einsicht 2: *Medien sind keine abstrakten Träger eines fremden Sinns, sondern sind konkret und haben einen materialen Eigensinn.*

Derridas Entwurf einer Grammatologie hat den medienwissenschaftlichen Blick in vielfältiger Weise auf die *Materialität der Kommunikation* gelenkt – von Kerbhölzern bis hin zu Schreibmaschinen, von Tintenstrichen bis hin zu Bildröhren, von beweglichen Lettern bis hin zu Bewegungsschreibern oder von Fotopapieren und Wachswalzen bis hin zu Digitalcomputern. Dabei war es vor allem Friedrich Kittler, der – ausgehend von einer Analyse der ›Positivitäten‹ im Sinne Foucaults – die Differenz geltend gemacht hat, nach der die historisch besondere, technisch-materielle Konstitution von Zeichen immer erst ihre Signifikate hervorbringt. Jeder Humanismus des Gedankens vergesse demzufolge seine mediale Bestimmung durch die Schrift und verkenne, dass der Mensch nicht völlig im Menschen ist. Eine Philosophie der Medien beginnt demnach bei den Medien der Philosophie oder ihrem ›Schreibzeug‹. In diesem Sinne geht Kittler über Foucault mit der Vermutung hinaus, dass dessen Begriffe selbst der Entwicklung technischer Medien entsprungen sind. Und dies impliziert die Notwendigkeit, mit einer Diskursanalyse der Medien nicht im Kosmos des Alphabets und der Bibliotheken zu verbleiben und diesem lediglich neue Fallstudien zu addieren. Vielmehr erschließt eine Medienwissenschaft der Materialitäten (oder auch »Medienarchäologie«, vgl. Ernst 2000) das Gebiet des non-diskursiven, »submedialen Trägerraums« (Groys 2000, 20) von Papier, Fotochemikalien, Leinwänden, Videobändern oder Schaltplänen. An dieser Stelle findet die Medientheorie Anknüpfungspunkte zu den Ingenieursdisziplinen und den so genannten Hilfswissenschaften.

Medienwissenschaft der Materialitäten: Medienarchäologie

Medien-Ereignisse

Einsicht 3: *Medien kommunizieren nicht nur Ereignisse, sondern kommunizieren zugleich sich selbst als Ereignis mit.*

Bei Lyotard bezeichnet die Zone der Leere zwischen den Sätzen, das ›und‹ der Diskursarten, einen solchen Ort des Ereignisses. Jeder unwahrscheinliche Anschluss eines weiteren, heterogenen Diskurselements bezeichnet einen Bruch, ein Ereignis im Sprachkontinuum und markiert die Virtualität oder den Möglichkeitscharakter des Moments. Die im Ereignis aktualisierte, besondere und immer ungerechte Möglichkeit mag zwar nicht vorwegzunehmen sein, die Bedingungen und die Wahrscheinlichkeit ihres Erscheinens sind jedoch historisch und systematisch durch Medien begrenzt. Denn das Ereignis ist nicht auf die Sprachtätigkeit des Menschen reduzierbar, sondern bemisst sich an den Verfügbarkeiten und der Stochastik von (siehe oben) ›Satz-Regelsystemen‹ oder ›Sprachspielen‹, die (als Medien) immer schon mitsprechen und jeden Ereignishorizont abstecken.

Dieser virtuell/aktuelle Status von Medien-Ereignissen beschränkt sich nicht auf eine Nähe zur mathematischen Informationstheorie. Er reformuliert zugleich auch Foucaults Unterscheidung zwischen dem ›Archiv‹ dessen, was gesagt werden kann, und dem, was (so oder anders) als Aussage-Ereignis erscheint. Dieser Status ist nicht minder bezeichnend für Virilios historische Fallstudien von Medien-Ereignissen (beispielsweise dem Nürnberger Parteitag als Ereignis des Films) und seine Untersuchungen zur Telepräsenz und De-Territorialisierung von Ereignissen. Er bestimmt Baudrillards Simulationsthesen zur Allmacht des Codes und zur Undarstellbarkeit von Ereignissen ›an sich‹ (Nicht-Stattfinden des Golfkriegs) ebenso wie seine Suche nach dem kritischen Potential ›reiner Ereignisse‹ (Verführung, Objekt, Duell). Und er trägt zuletzt auch Derridas Fragen nach Metaphysik oder Präsenz als Ereignisse der Schrift.

Medienwissenschaft als Analyse von Medien-Ereignissen

Den Medienwissenschaften wird durch diese virtuell/aktuelle Figur des Medien-Ereignisses ein weites und noch kaum abgestecktes kulturhistorisches Terrain eröffnet. Als Domäne jener medialen Dispositive, die Ereignis und Geschichte enthalten, umfasst es heterogene Elemente wie Technologien, Symboliken, Institutionen, Architekturen oder Körper. Es beschränkt sich nicht auf die etablierten medienwissenschaftlichen Schauplätze von Theater, Kino oder Fernsehen, sondern umfasst Bibliotheken, Autobahnen oder Labortische nicht weniger als Computernetze, Programmiersprachen oder Medientheorien selbst.

Zitierte Literatur

Baudrillard, Jean (1972): Pour une critique de l'economie du signe. Paris: Gallimard.
Baudrillard, Jean (1978): Kool Killer oder Der Aufstand der Zeichen. Berlin: Merve.
Baudrillard, Jean (1982): Der symbolische Tausch und der Tod. München: Matthes & Seitz.
Baudrillard, Jean (1987): Das Andere selbst. Habilitation. Wien: Passagen Verlag.
Bloom, Harold (1975): Kabbalah and Criticism. New York: Seabury Press.
Deleuze, Gilles (1987): Foucault. Frankfurt am Main: Suhrkamp.
Derrida, Jacques (1974): Grammatologie. Frankfurt am Main: Suhrkamp.
Ernst, Wolfgang (2000): M.edium F.oucault. Weimar: VDG.
Groys, Boris (2000): Unter Verdacht. Eine Phänomenologie der Medien. München: Hanser.
Kittler, Friedrich (Hg.) (1980): Die Austreibung des Geistes aus den Geisteswissenschaften. Programme des Poststrukturalismus. Paderborn: Fink.
Lyotard, Jean-François (1986a): Das postmoderne Wissen. Wien: Passagen Verlag.
Lyotard, Jean-François (1986b): Philosophie und Malerei im Zeitalter ihres Experimentierens. Berlin: Merve.
Münker, Stefan/Roesler, Alexander (2000): Poststrukturalismus. Stuttgart/Weimar: Metzler.
Pias, Claus/Vogl, Joseph/Engell, Lorenz u. a. (Hg.) (1999): Kursbuch Medienkultur. Die maßgeblichen Theorien von Brecht bis Baudrillard. Stuttgart: DVA.
Virilio, Paul (1986): Krieg und Kino. Logistik der Wahrnehmung. München: Hanser.
Virilio, Paul (1992): Rasender Stillstand. München: Hanser.

Weiterführende Literatur

Baudrillard, Jean (1978): Agonie des Realen. Berlin: Merve.
Baudrillard, Jean (1983a): Laßt euch nicht verführen! Berlin: Merve.
Baudrillard, Jean (1983b): Oublier Foucault. München: Raben.
Baudrillard, Jean (1986): Die göttliche Linke. München: Matthes & Seitz.
Baudrillard, Jean (1991): Das System der Dinge. Frankfurt am Main/New York: Campus.
Baudrillard, Jean (1992a): Die fatalen Strategien. München: Hanser.
Baudrillard, Jean (1992b): Von der Verführung. München: Matthes & Seitz.
Behler, Ernst (1988): Derrida – Nietzsche. Nietzsche – Derrida. Paderborn: Schöningh.
Bolz, Norbert (1990): Theorie der neuen Medien. München: Raben.

Bolz, Norbert (1992): Eine kurze Geschichte des Scheins. München: Fink.
Bolz, Norbert (1993): Am Ende der Gutenberg-Galaxis. München: Fink.
Bolz, Norbert (2001): Weltkommunikation. München: Fink.
Derrida, Jacques (1972): Die Schrift und die Differenz. Frankfurt am Main: Suhrkamp.
Derrida, Jacques (1982/84): Die Postkarte von Sokrates bis Freud. Berlin: Brinkmann & Bose.
Derrida, Jacques (1988a): Die Stimme und das Phänomen. Frankfurt am Main: Suhrkamp.
Derrida, Jacques (1988b): Randgänge der Philosophie. Wien: Passagen Verlag.
Derrida, Jacques (1988c): Ulysses Grammophon. Berlin: Brinkmann & Bose.
Derrida, Jacques (1989): Wie nicht sprechen. Verneinungen. Wien: Passagen Verlag.
Derrida, Jacques (1992a): Die Wahrheit in der Malerei. Wien: Passagen Verlag.
Derrida, Jacques (1992b): Vom Geist. Heidegger und die Frage. Frankfurt am Main: Suhrkamp.
Derrida, Jacques (1997): Dem Archiv verschrieben. Berlin: Brinkmann & Bose.
Engell, Lorenz (1994): Das Gespenst der Simulation. Ein Beitrag zur Überwindung der »Medientheorie« durch Analyse ihrer Logik und Ästhetik. Weimar: VDG.
Engelmann, Jan (Hg.) (1999): Botschaften der Macht. Der Foucault-Reader. Diskurs und Medien. Stuttgart: DVA.
Foucault, Michel (1971): Die Ordnung der Dinge. Eine Archäologie der Humanwissenschaften. Frankfurt am Main: Suhrkamp.
Foucault, Michel (1973): Archäologie des Wissens. Frankfurt am Main: Suhrkamp.
Foucault, Michel (1974): Die Ordnung des Diskurses. München: Hanser.
Foucault, Michel (1976): Mikrophysik der Macht. Über Strafjustiz, Psychiatrie und Medizin. Berlin: Merve.
Foucault, Michel (1977): Überwachen und Strafen. Frankfurt am Main: Suhrkamp.
Foucault, Michel (1983): Der Wille zum Wissen. Frankfurt am Main: Suhrkamp.
Foucault, Michel (1986): Vom Licht des Krieges zum Ursprung der Geschichte. Berlin: Merve.
Foucault, Michel (1994): Dits et écrits, 1954-1988. Hg. Daniel Defert. Paris: Gallimard.
Frank, Manfred (1984): Was ist Neostrukturalismus? Frankfurt am Main: Suhrkamp.
Gumbrecht, Hans Ulrich/Pfeiffer, K. Ludwig (Hg.) (1988): Die Materialität der Kommunikation. Frankfurt am Main: Suhrkamp.

Gumbrecht, Hans Ulrich/Pfeiffer, K. Ludwig (Hg.) (1993): Schrift. München: Fink.
Hagen, Wolfgang (2001): Radio Schreber. Der moderne Spiritismus und die Sprache der Medien. Weimar: VDG.
Hörisch, Jochen/Wetzel, Michael (Hg.) (1990): Armaturen der Sinne. Literarische und technische Medien 1870-1920. München: Fink.
Hörisch, Jochen (1997): Kopf oder Zahl. Die Poesie des Geldes. Frankfurt am Main: Suhrkamp.
Hörisch, Jochen (2001): Der Sinn und die Sinne. Eine Geschichte der Medien. Frankfurt am Main: Eichborn.
Kaufmann, Stefan (1996): Kommunikationstechnik und Kriegführung 1815-1945. Stufen telemedialer Rüstung. München: Fink.
Kittler, Friedrich/Turk, Horst (Hg.) (1977): Urszenen. Literaturwissenschaft als Diskursanalyse und Diskurskritik, Frankfurt am Main: Suhrkamp.
Kittler, Friedrich (1985): Aufschreibesysteme 1800/1900. München: Fink.
Kittler, Friedrich (1986): Grammophon, Film, Typewriter. Berlin: Brinkmann & Bose.
Kittler, Friedrich/Schneider, Manfred/Weber, Samuel (Hg.) (1987): Diskursanalysen 1: Medien. Opladen: Westdeutscher Verlag.
Kittler, Friedrich/Tholen, Georg C. (Hg.) (1989): Arsenale der Seele. Literatur- und Medienanalyse seit 1870. München: Fink.
Kittler, Friedrich (1993): Draculas Vermächtnis. Technische Schriften. Leipzig: Reclam.
Lyotard, Jean-François (1977): Das Patchwork der Minderheiten. Für eine herrenlose Politik. Berlin: Merve.
Lyotard, Jean-François (1985): Das Grabmal des Intellektuellen. Wien: Passagen Verlag.
Lyotard, Jean-François (1987a): Postmoderne für Kinder. Wien: Passagen Verlag.
Lyotard, Jean-François (1987b): Der Widerstreit. München: Fink.
Lyotard, Jean-François (1989): Streifzüge. Gesetz, Form, Ereignis. Wien: Passagen Verlag.
Lyotard, Jean-François (1998): Postmoderne Moralitäten. Wien: Passagen Verlag.
Rheinberger, Hans-Jörg (1992): Experiment, Differenz, Schrift. Zur Geschichte epistemischer Dinge. Marburg: Basilisken-Presse.
Rheinberger, Hans-Jörg (1993): Die Experimentalisierung des Lebens. Experimentalsysteme in den biologischen Wissenschaften 1850–1950. Berlin: Akademie Verlag.
Rieger, Stefan (2001): Die Individualität der Medien. Frankfurt am Main: Suhrkamp.

Ronell, Avital (2000): Das Telefonbuch. Technik, Schizophrenie, elektrische Rede. Berlin: Brinkmann & Bose.
Siegert, Berhard (1993): Relais. Geschicke der Literatur als Epoche der Post. Berlin: Brinkmann & Bose.
Virilio, Paul (1978): Fahren, fahren, fahren ... Berlin: Merve.
Virilio, Paul (1980): Geschwindigkeit und Politik. Ein Essay zur Dromologie. Berlin: Merve.
Virilio, Paul/Lothringer, Sylvère (1984): Der reine Krieg. Berlin: Merve.
Virilio, Paul (1986): Ästhetik des Verschwindens. Berlin: Merve.
Virilio, Paul (1989a): Der negative Horizont. Bewegung – Geschwindigkeit – Beschleunigung. München: Hanser.
Virilio, Paul (1989b): Die Sehmaschine. Berlin: Merve.
Virilio, Paul (1992): Bunker-Archäologie. München: Hanser.
Virilio, Paul (1993a): Revolutionen der Geschwindigkeit. Berlin: Merve.
Virilio, Paul (1993b): Krieg und Fernsehen. München: Hanser.
Virilio, Paul (2001): Information und Apokalypse. München: Hanser.
Vogl, Joseph (Hg.) (1999): Poetologien des Wissens um 1800. München: Fink.
Welsch, Wolfgang (1988): Unsere postmoderne Moderne. Weinheim: VCH.

Übungsfragen

1. Was heißt ›Dromologie‹?
2. Erklären Sie folgende Konzepte bei Foucault: Diskurs, Diskursanalyse, Dispositiv.
3. Was untersucht die ›Grammatologie‹, und wie ist ihr erweiterter Schrift-Begriff zu verstehen?
4. Versuchen Sie, einige Unterschiede zwischen Baudrillards Simulations-Ansatz und der konstruktivistischen Medientheorie herauszuarbeiten.
5. Versuchen Sie unter Zuhilfenahme von Virilios Dromologie eine Analyse aktueller Echtzeit-(*realtime*-)Tendenzen im Fernsehen.
6. Vergleichen Sie die poststrukturalistische Kritik von Wahrheit und Objektivität (etwa bei Foucault und Lyotard) mit der (radikal-)konstruktivistischen (etwa bei Maturana und von Glasersfeld).
7. Vergleichen Sie die poststrukturalistische Abkehr vom Anthropozentrismus, d. h. vom Menschen als Zentrum und Subjekt der Geschichte, mit der systemtheoretischen Exklusion des Menschen aus der Theorie sozialer Systeme.

2.11 Medienphilosophische Theorien
Frank Hartmann

Neue Entwicklung

Die Ausdifferenzierung der Medientechnik in den postmodernen Gesellschaften hat neue kulturwissenschaftliche Ansätze erzeugt, die sich jenseits der tradierten disziplinären Schemata platzierten, um diese im Detail wiederum (leider) zu reproduzieren: So gibt es neben einer Medienwissenschaft, Medientheorie, Mediensoziologie, Medienökonomie, Medienarchäologie, Medienästhetik, Medienpädagogik etc. neuerdings auch eine *Medienphilosophie*.

Wie jede disziplinäre Spezifizierung wird sie ein Fachwissen erzeugen, welches bei bestimmten Problemlagen konsultiert werden kann – um sich mit derselben Wahrscheinlichkeit aber von der breiteren Debatte abzusondern oder nur weiteren abgehobenen Jargon zu generieren? Sicherlich ist, wie in jeder anderen Disziplin, der Grad der Verwendung einer enigmatischen Terminologie ein Maß für Letzteres; ein weiterer Indikator ist die Einschränkung auf selbst gestellte Fragen und einzelne Fachautoritäten. Die Frage, ob es eine Medienphilosophie im strikten Sinn bereits *gibt*, soll hier eine offene bleiben; mit dem Hinweis darauf, dass sie sich in die Frage nach dem konkreten Fachwissen und den bestimmten Problemlagen, in denen die Medienphilosophie tätig wird, auflösen wird lassen.

Im besonderen Fall der Medienphilosophie bricht sich der disziplinäre am generalistischen Anspruch, der sich mit der Bezeichnung *Philosophie* verbindet. Schließlich war lange Zeit die Rede von einer Philosophie der Natur, bevor es Naturwissenschaften gab, oder die von einer Philosophie der Seele, bevor es die Psychologie gab. Hier aber handelt es sich weniger um eine Philosophie der Medien (d. h. je nach Anwendung des Genitivs: *Was hatten/haben die Philosophen zu den Medien zu sagen? Haben gar die Medien eine eigene Philosophie?*) als um eine Bündelung von Fragen, die nach wie vor mit der philosophischen Frage nach der *Conditio humana*, nach der Stellung des Menschen in der Welt zu tun haben, die im Gegensatz zum philosophischen Historismus (*Was Aristoteles über die Medien gesagt hat ...*) auf die Gegenwart und die Zukunft gerichtet sind: auf das Begreifen dessen, was als kultureller Wandel vor sich geht, und ein Skizzieren dessen, was in einer künftigen anthropologischen Situation möglich sein könnte. Grundlage für jede medienphilosophische Reflexion ist jener »Umsturz der Codes« (Flusser 1996), der im Austritt aus der Gutenberg-Galaxis (McLuhan 1962) den kulturellen Kontext neu bestimmt.

Thema ist der Medien-Umbruch

2.11.1 Zum Begriff ›Medienphilosophie‹

Medienphilosophie beinhaltet neben der *systematischen* auch eine *rekonstruktive*, ausgesuchte Momente der philosophischen Tradition einer aneignenden Re-Lektüre unterwerfende Problemstellung (vgl. Hartmann 2000). Im Weiteren richtet sie sich mit der Frage nach den *Medien der Philosophie* wohl auch auf die materialen Bedingungen der Möglichkeit bestimmter theoretischer Diskurse, wobei die kulturbestimmende *Literalität* mit einer neuen *Taktilität* (McLuhan 1992) bzw. der rein geistige *Sinn* philosophischer Diskurse mit den *Sinnen* rückgekoppelt wird (Hörisch 2001). Werden die selbstgenügsamen Textwelten mit Bilderwelten, Sounds, Programmierungen etc. konfrontiert, dann sind in der Folge durch die Frage nach dem Ort und dem Träger geistiger Gebilde auch die Produktionsbedingungen von Philosophie zu hinterfragen (vgl. Koch/Krämer 1997). Netzstrukturen schließlich bilden jene neuen Rahmenbedingungen, in denen der sinnlich-geistige Doppelbezug des Menschen zu sich und seiner Welt (Faßler 2001) am keineswegs immateriellen, aber physisch kaum mehr greifbaren Cyberspace neue Erwartungshaltungen produziert.

Breites Medien-Konzept

Es wäre jedoch ein Irrtum anzunehmen, dass mit einer Bezeichnung allein auch schon eine neue Disziplin etabliert, geschweige denn der Anspruch auf eine neue Form von *Fundamentaltheorie* gewonnen wäre. Ebenso wenig genügt es umgekehrt, ein bisschen fachphilosophische Terminologie zu Fragen des menschlichen Wirklichkeitsbezugs jetzt zur Abwechslung einmal auf Medienthemen anzuwenden. Der Begriff *Medienphilosophie* soll hier vorerst nur für übergeordnete wie übergreifende Fragen stehen, die *mit der Veränderung kultureller Codes (und damit einer möglichen neuen Anthropologie)* zu tun haben. Des Weiteren bedeutet er eine Fortführung des philosophischen Projekts der Moderne, welches die grundsätzliche *Mediatisiertheit* des menschlichen Daseins bereits in unterschiedlichen Facetten thematisiert hat. So hielt die philosophische Erkenntnistheorie (Epistemologie) fest, dass die Welt dem

Veränderung kultureller Codes

Menschen nicht unmittelbar gegeben ist, sondern stets vermittelt wird über einen sinnlichen Wahrnehmungs- und einen vernünftigen Erkenntnisapparat, über zwischengeschaltete Symbolsysteme wie die Sprache bis hin zu kulturellen und technischen Programmierungen. Mit den neuen Speicher- und Übertragungsmedien des 19. und dem Übergang von analogen zu digitalen Medien des 20. Jahrhunderts haben diese Programmierungen eine definitive Eigendynamik in Richtung einer Abkopplung der Apparatewirklichkeit von der Menschenwelt entwickelt.

Nach dem *linguistic turn*

Hierbei ist bemerkenswert, dass der *Linguistic turn* der Gegenwartsphilosophie, der im 20. Jahrhundert gegenüber einer früheren Konzentration auf Bewusstseinsphänomene zunehmend die Sprachphänomene zum Thema gemacht hat (vgl. Rorty 1967), nunmehr seine Überbietung erlebt, da Medien als *Materialitäten der Kommunikation* nicht länger als neutrale Botschafter, sondern als durchaus sinnerzeugende Agenten betrachtet werden. Ausgangspunkt für diese Betrachtungsweise waren Schriften über den Zusammenhang von Wahrheitsaussagen und *Diskursordnungen* (Foucault 1974) sowie über den spezifischen *Logozentrismus* des europäischen Denkens (Derrida 1974) im Sinne seiner spezifischen »Schriftvergessenheit«.[1]

Der Mensch und das technische Apriori

In Rezeption dieser Ansätze und vor allem der provokativen Aussage, dass »der Mensch eine junge Erfindung ist« (Foucault 1971, 462), verspricht ein in der Folge vor allem von der deutschen Medientheorie behauptetes *technisches Apriori* (dazu ausführlich → 2.1 Techniktheorien der Medien) Aufklärung über die Konstruktion des Menschen durch kulturelle und mediale Techniken. So wird die alte philosophische Frage, was denn der Mensch sei, neu gestellt und radikal zugespitzt, überlagern doch im Zeitalter elektronischer Datenverarbeitung Algorithmen angeblich restlos die Sprache und in der Folge Apparate bzw. deren Schaltungen als »Schematismus von Wahrnehmbarkeit überhaupt« (Kittler 1987, 5) alles so genannte Menschliche. Die Logik technischer Verhältnisse, kultureller Codierungen und Kulturtechniken generell ins Verhältnis zur vermeintlich souveränen menschlichen Subjektivität zu stellen, bleibt Aufgabe der gerade erst beginnenden Diskussion einer *Medienanthropologie*, die gegenüber einer dualisierenden Rede

Medienanthropologie

---

[1] Eine Einführung in die poststrukturalistischen Theorien bieten Münker/Roesler 2000. Siehe auch → 2.10 Poststrukturalistische Medientheorien.

von Menschen und Medien neue Fragen auf einem gemeinsamen Terrain von Medienarchäologie und Medienästhetik wird erschließen müssen.

2.11.2 Philosophische Spurensicherung

Aufgrund der erneut erwachten Aufmerksamkeit für die *Materialitäten der Kommunikation* oder die *Medialitäten des Geistes* lassen sich verschiedene Versatzstücke der jüngeren Philosophiegeschichte neu interpretieren und ordnen. Dies kann bedeuten, dass die erkenntnistheoretischen Reflexionen etwa durch Sprachkritik oder Zeichentheorie (Semiotik; → 2.4 Zeichentheorien der Medien) grundsätzlich tangiert werden. Die Bestimmung, in welchem Ausmaß dies zutrifft, wäre einerseits ein *Desideratum* der medienphilosophischen Forschung. Andererseits gibt es genügend Anknüpfungspunkte und unbeantwortete Fragen der Tradition, die ein starkes Motiv für eine Medienphilosophie im Sinne einer rekonstruierenden Wiederaneignung vermuten lassen: Die Grundlagen einer neuerdings Kulturwissenschaft mit Kulturtechnik verschränkenden Rekonstruktion (vgl. Kittler 2000) sind hier ebenso zu nennen wie einzelne Analysen, mit denen schon in den sechziger Jahren das Thema Kommunikation seiner technizistischen Verengung entrissen und mit philosophischem Anspruch ausgestattet worden ist (vgl. Serres 1991).

Materialitäten der Kommunikation

Michel Serres jedenfalls untersucht auf einer mathematisch-strukturalen Interpretationsfolie klassische philosophische Probleme neu, wie etwa die Kommunikation zwischen den Substanzen bei Leibniz oder das Problem der methodischen Vorbedingungen in der Erkenntnistheorie von Descartes – philosophische Spurensicherung an den Wegmarken zwischen Mathematik und Kommunikation sowie den zugehörigen Zuständen, Ordnungen und Operationen (»Interferenz«, »Übersetzung«, »Verteilungen« und Interface – wie es die Titel von Hermes I-V andeuten, vgl. Serres 1991 und die weiteren Bände).

Serres' mathematische Kommunikationstheorie

Dass traditionelle philosophische Fragestellungen, welche um die Problematik einer Medialität des Kognitiven kreisen – ob diese durch den Terminus *Medium* nun explizit gemacht worden ist oder nicht –, immer neue Aktualisierungen erleben, zeigen die untergründigen Verbindungslinien, die sich von verschiedenen philoso-

Medium und Medialität

Sprachphilosophie und Medienphilosophie

phischen Klassikern zu aktuellen Theorieansätzen ziehen lassen: von René Descartes zu Noam Chomsky, wenn es um die Tiefenstruktur universaler Ideen für den Ausdruck des Denkens geht, von Gottfried Wilhelm Leibniz zu Ludwig Wittgenstein, wenn es um die Sprache als Spiegel des Verstandes oder Grenze meiner Welt geht, von Giambattista Vico zu Jacques Derrida, wenn es um die Kritik des Phonozentrismus oder um die der Sprache vorgelagerte Struktur der Schrift und des Schreibens geht (vgl. v. a. die Beiträge von Hans Poser und Jürgen Trabant in Koch/Krämer 1997, 127 ff. bzw. 149 ff.).

Medienphilosophie ist also immer auch eine philosophische Spurensicherung liegen gebliebener Aufgaben. Sprache war in der Philosophie seit jeher kein unbekanntes Thema, aber deshalb ist nicht jede Philosophie, die Sprache thematisiert hat, schon eine Medienphilosophie im engeren Sinne. Die beginnt erst dort, wo Schrift und die Praxis des Schreibens im Diskurs präsent sind, und zwar in dem Sinne, dass kognitive Leistung und Kulturtechniken (auch nicht-verbalsprachliche) zusammengedacht werden und der Mensch nicht auf ein sprachlich kommunizierendes Wesen allein beschränkt wird – dort also, wo Leibniz' Beobachtung, *dass alles menschliche Denken durch Zeichen erbracht werde*, im emphatischen Sinn ernst genommen und möglicherweise in Richtung einer multimedialen Erkenntnistheorie weiterentwickelt wird.

Multimediale Erkenntnistheorie?

2.11.3 Antimedialismus

Das Nachdenken über Medien als *Bedingung* für das Denken und die Kultur findet sich bei den auf Wahrheit verpflichteten Philosophen von Anfang an. Meist jedoch in Form eines strikten *Antimedialismus*, der die Medien als etwas wahrnimmt, das nur Oberfläche, Suggestion, Simulation produziert und somit den Blick aufs Wesentliche verstellt. So in Platons Dialog *Phaidros*, der die schon nicht mehr ganz junge Erfindung der Schrift als etwas kritisiert, das negative Folgen für das menschliche Gedächtnis zeitigt. Die Lehrlinge der Schrift, so der antike Philosoph, würden durch dieses erweiterte Gedächtnis bloß eingebildet, nicht aber weise.

Platon: Kritik der Schrift

Überliefert ist uns diese Kritik der Schrift im Zeichen der *Einbildung* als ein performativer Widerspruch, der nur dadurch geglättet wird, dass Platon in seinem Text den Sokrates sprechen lässt.

Ansonsten wird im Lichte der philosophischen Erkenntnis das Verdikt gegen die Welt der Sinne ausgesprochen: Bekannt ist das so genannte »Höhlengleichnis« aus Platons *Der Staat,* in dem die sinnliche Welt als unsicher und trügerisch verworfen wird. Die ihrer Sinnlichkeit verhafteten Menschen halten an die Wand geworfene Schatten für Abbilder der Wirklichkeit. Wahre Bildung aber hält sich an die Idee des Wahren und Guten statt an solche Schatten, sie verhält sich wie das strahlende Sonnenlicht zum flackernden, Schatten werfenden Höhlenfeuer.

Platons »Höhlengleichnis«

In der Folge bewegt sich die Text um Text produzierende abendländische Philosophie wie selbstverständlich im Reich der Schrift und des Drucks, ohne diese kulturtechnische Bedingung der Möglichkeit ihrer Existenz zu thematisieren. Die Verschriftlichung von Denkarbeit und Erkenntnis als Kopplung von Episteme und Druckkultur kennt keine Alternativen – außer dem flüchtigen Dialog oder der mystischen Schau; philosophiert wird in nüchternen Texten, Denken mündet im Buch als seiner definitiven Form.

Dass die Entwicklung des Denkens gänzlich unter das Paradigma einer Herstellung von propositionaler Begrifflichkeit in Texten gestellt wird, kommt in einem strikt durchgehaltenen *Bilderverbot* zum Ausdruck. So wehrt sich Immanuel Kant in seiner *Kritik der Urteilskraft* gegen alle »abgezogene Darstellungsart«, um unter Berufung auf die »erhabene Stelle im Gesetzbuche der Juden« – eben das alttestamentarische Bilderverbot – gegen die didaktische und vermeintlich aufklärende Verwendung von Bildern zu wettern. In »Bildern und kindischem Apparat« suche Hilfe nur, wer nicht auf die Kraft großer sittlicher Ideen vertraue. Und hier nimmt Kant eine geradezu ideologiekritische Wendung:

Kant: Kritik der Bilder

> »Daher haben auch Regierungen gerne erlaubt, die Religion mit dem letzteren Zubehör [nämlich Bildern und kindischem Apparat – Anm. d. Verf.] reichlich versorgen zu lassen, und so dem Untertan die Mühe, zugleich aber auch das Vermögen zu benehmen gesucht, seine Seelenkräfte über die Schranken auszudehnen, die man ihm willkürlich setzen, und wodurch man ihn, als bloß passiv, leichter behandeln kann.« (Kant 1974, Band X, 201)

Die Herstellung von Publizität zur Garantie einer Rechtsordnung sowie die Bedingung der Öffentlichkeit für die Geltungsansprüche wissenschaftlichen Argumentierens hat Kant in seinen Schriften zur Anthropologie (1784: *Beantwortung der Frage: Was ist Aufklärung?,*

1795: *Zum ewigen Frieden. Ein philosophischer Entwurf* – vgl. Kant 1974, Band XI) durchaus thematisiert. Die Frage der Abhängigkeit des menschlichen *Geistes* von medialen Bedingungen bleibt bei dieser grundlegenden Philosophie jedoch unerheblich. Es wird in jener Zeit das menschliche Weltverständnis in die Frage nach einem möglichst perfekten Welttext aufgelöst (vgl. Blumenberg 1983). Hier liegen auch die Wurzeln der gegenwärtigen konservativen bis apokalyptischen Kulturkritik, die neue Medien lediglich als Agenten eines drohenden Untergangs des Abendlandes (etwa Postman 1999) wahrnimmt und die Bedingungen der Produktion und Verbreitung von Wissen exklusiv mit Buchdruck und Druckkultur gleichsetzt (zum historischen Überblick vgl. Burke 2001).

2.11.4 Medienwirklichkeiten und der Begriff ›Medium‹

Den Einzug der Bilder in unsere Kultur konnte jedoch kein religiöses oder akademisches Verbot verhindern. Mit der Photographie beginnt im 19. Jahrhundert definitiv der Austritt aus der Gutenberg-Galaxis: Es handelt sich um eine Medienrevolution, mit der nun die Gegenstände »sich selbst in unnachahmlicher Treue« malen. Damit entsteht eine *subjektlose* Kunst, die gleichwohl »unaufhaltsam den Verstand und die Einbildungskraft« anspricht, wie Alexander von Humboldt 1839 aus Paris berichtet (zit. nach Hörisch 2001, 227 f.). Diese die Weltwahrnehmung und Weltinterpretation verändernde Technik wäre ein philosophisches Thema, aber noch hundert Jahre später gibt es die Verwunderung, dass die der medialen Innovation der Photographie nahe liegenden »philosophischen Fragen [...] jahrzehntelang unbeachtet geblieben sind« (Walter Benjamin 1931, in: Benjamin 2002, 300). Die Wirkung der medialen Apparatur auf Verstand und Einbildungskraft revolutioniert nämlich durch neuartige »taktile Rezeption« nicht nur die Ästhetik, sondern jede Grundbefindlichkeit des Menschseins »im Land der Technik«, in dem der »apparatfreie Aspekt der Realität« (Benjamin 2002, 371) illusionär geworden ist – den Medienwirklichkeiten lässt sich nicht länger im Namen authentisch menschlicher Erfahrung entfliehen. Diese Beobachtung impliziert einen weiteren wichtigen Aspekt: Neue Technik schafft neue Wirklichkeiten – der konstruktivistische Aspekt wird dabei gerne überbetont –, während sie doch nicht nur neue Welten und neue Entwürfe erlaubt, sondern auch die Reinterpretation des Vorhandenen. Benjamin hat vom optisch Unbewussten gesprochen, das speziell die Photokamera enthüllt, und gerade diese neue Sichtbarmachung bezieht sich auf *vorhandene* Welten. »Medien sind damit nicht nur für die Konstruktion neuer Wirklichkeiten und zweiter Naturen, sondern auch für Einblicke in alte Wirklichkeiten und erste Naturen zuständig.« (Rieger 2000, 170).

›Medium‹ selbst wird erst im 20. Jahrhundert zu dem Begriff, den wir heute für medientechnische Funktionen des Codierens, Speicherns und Übertragens verwenden. Zuvor hatte dieser Begriff eine andere Bedeutung, etwa den einer Person als Medium im Rahmen parawissenschaftlicher Praktiken auf der Suche nach Zwischenwelten (vgl. Darnton 1983). Der Medienbegriff taucht philosophiegeschichtlich in verschiedenen Facetten auf, meist geht es dabei um die Vermittlung transzendenter Botschaften[2] oder um Vermittlung generell, aber es gibt auch die Verwendung im Sinne von Aufbewahrung und Nachahmung. Erst langsam setzt sich ein technifizierter Medienbegriff durch, was auch mit neuen Experimenten im Bereich der Optik und der Akustik – etwa der Goethezeit – zusammenfällt. Weder ist der Medienbegriff dabei immer explizit, noch lässt sich eine »Zwangsläufigkeit der Begriffsentwicklung« (Hoffmann 2002, 22) feststellen.

Zum Begriff des Mediums

Ein Indiz dafür, dass der Begriff des Mediums im Sinne von Durchlässigkeit *für etwas* verwendet worden ist, findet sich in Georg W. F. Hegels *Wissenschaft der Logik* von 1812 – fast beiläufig wird da erwähnt, dass so, wie das Wasser im Körperlichen *die vermittelnde Funktion eines Mediums* hat, im Bereich des Geistigen die Zeichen bzw. die Sprache diese mediale Funktion übernehmen (Hegel 1970, Band 6, 431). Das Medium ist ein Tor zur Welt des Symbolischen; die faktischen Medien hingegen bleiben eine ganz profane Angelegenheit: Das *Zeitunglesen* bedeutete dem Denker »eine Art von realistischem Morgensegen« in der Welt des Geistes (Hegel 1970, Band 2, 547), die sich als solche jedoch von medienpragmatischen Fragen vorerst noch gänzlich unberührt wähnt.

Zeichen und Sprache als Medien bei Hegel

---

[2] So gibt es die Vorstellung der Natur als Medium, vgl. in Kants *Kritik der Urteilskraft* die Idee der »Chiffreschrift [...], wodurch die Natur figürlich zu uns spricht« (Kant 1974, Band X, 234).

Die Praxis der Medienwirklichkeit, die erst nach Hegel (mit den Medien der Realaufzeichnung etwa ab Mitte des 19. Jahrhunderts) eine ›neue‹ zu werden beginnt, schlägt sich in der klassisch genannten Philosophie vorerst nicht nieder. Hier lässt sich für den gegebenen Kontext eine relevante Unterscheidung gewinnen: *Medienphilosophie* ist kein Ansatz, der die Philosophiegeschichte danach abklopft, was einzelne berühmte Philosophen über die Medien zu sagen hatten. Sie kann höchstens als philosophischer Anspruch an die Gegenwart herangetragen werden, ganz in dem Sinn, dass – in Anlehnung an eine Bemerkung von Gilles Deleuze zum Kino – angesichts einer neuen medialen Praxis der Bilder und Zeichen es Sache der Philosophie wäre, ihre Begrifflichkeit wenigstens darauf einzustellen.

Mediale Bedingtheit des Denkens

Philosophie hat eine doppelte Herausforderung: *ihre eigene mediale Bedingtheit, aber auch die Medien selbst als Forschungsobjekt zu thematisieren.* Zu der Einsicht, dass Sprache und Denken sich interdependent entwickeln, fanden schon die Philosophen des Aufklärungszeitalters, allen voran Johann Gottfried Herder (vgl. Borsche 1996, 215 ff.). Dass auch unser Schreibwerkzeug an unseren Gedanken mitarbeitet, war eine ironische Einsicht Nietzsches, der damit rückwirkend auch zum Idol einer *medienmaterialistischen Wende* in der Philosophie geworden ist (Kittler 1986, 293 f.). Für diese Position ist die Rezeption zumeist französischer postmoderner Theorien wichtig (vgl. Frank 1983); möglicherweise mussten die neuen Medien aber auch erst eine Generation von Theoretikern form(at)ieren, damit sich gegen die herrschenden akademischen Diskurse wie Hermeneutik, Handlungstheorie und Kritische Theorie (→ 2.3 Kritische Medientheorien) neue medientheoretische Positionen durchsetzen konnten (vgl. Hörisch 1997).

Gibt es noch Philosophie in der Welt der neuen Medien?

Medienphilosophie umfasst im Weiteren die Frage danach, was Philosophie unter neuen Medienbedingungen überhaupt noch ist. Frei nach Hegel nimmt Philosophie die Aufgabe wahr, *das, was an der Zeit ist, in Gedanken zu erfassen* (Hegel 1970, Band 7, 26). Medienphilosophie muss also die Medienrevolutionen reflektieren, die den Weg in eine telematische Gesellschaft geebnet haben, um gerade in der Differenz zu klassischen bewusstseins- und sprachphilosophischen Ansätzen einen entscheidenden Schritt über die typographische Vernunft hinauszugehen. Während das akademische Philosophieren die neuen audiovisuellen Speicher- und Übertragungsmedien, die seit dem 19. Jahrhundert auch die menschliche Wahrnehmung zu verändern beginnen, und damit die Medienwirklichkeiten im Wesentlichen beiseite lässt, kommt es erst im 20. Jahrhundert zu gelegentlichen (also kaum systematischen) medientheoretischen Einlagerungen in den philosophischen Diskurs, die fast immer eine kulturkritische Färbung annehmen.

2.11.5 Sprache, Kultur, symbolische Form

Bevor wir uns diesen Themenbereichen zuwenden, werfen wir einen kurzen Blick auf die philosophische Tradition der Moderne. Ihre zentrale Frage dreht sich in verschiedenen Fassungen um das Problem der Wahrheit bzw. darum, was wir von der Welt erkennen können. Die Erkenntnistheorie kennt als Problem die grundsätzliche *Mediatisiertheit* aller Dinge, das heißt alles, was wir an der Welt erkennen können, ist uns in irgendeiner Form vermittelt. Immer wieder geht es um diese ursprüngliche Differenz, die das Menschsein auszeichnet, seit die Menschen im Lauf der Evolution aus der Natur herausgetreten sind: *Die Welt ist an sich nicht so, wie wir sie für uns wahrnehmen.* Erkenntnis bedeutet immer auch ein gewisses konstruktives Moment; je nachdem, was zu ihr beiträgt – ob nun Sinneswahrnehmung oder eine Theorie –, haben wir verschiedene Welten vor uns. Der Verdacht, dass die Sinne grundsätzlich trügen, hat René Descartes dazu bewogen, sie als eine gesicherte Grundlage für Erkenntnis überhaupt auszuschließen. Seine Grundlage war rationalistisch: die Selbstgewissheit im Vollzug des Denkens.

Das Grundproblem der Erkenntnistheorie

Immanuel Kant verlegt in seiner theoretischen Philosophie (*Kritik der reinen Vernunft*, 1781) die Frage nach der entscheidenden Strukturierung des Weltbezugs zwar ganz in das Subjekt hinein; die Bedingungen jedoch werden *transzendental* angelegt – was bedeutet, dass sowohl die sinnlichen wie auch die reflexiven Voraussetzungen für alle Menschen (Kant sagt: Vernunftwesen) gleichen Schranken unterliegen, welche die Welt der Erscheinungen formieren. Wie die Dinge *an sich* sind, wissen wir nicht wirklich, da sie immer nur in einer bestimmten Form *für uns* gegeben sind. Wie die Konstellation von Welt einerseits, Mensch andererseits und den zwischengeschalteten Symbolsystemen bis hin zu kulturellen und technischen Programmierungen zu denken sei, das bleibt etwas

Kant: Unerkennbarkeit des Dings an sich

pauschalisierend ausgedrückt eines der prominentesten philosophischen Probleme der Moderne.

Die sprachphilosophischen Kritiker Kants (vor allem Herder und Wilhelm von Humboldt) freilich machen darauf aufmerksam, dass die vermeintlich autonome Vernunft ihren bedingenden Rahmen hat, da sie sich immer innerhalb einer Kultur und in einer Sprache formiert und damit von einer bestimmten Überlieferung abhängig ist, die wiederum das jeweilige Weltbild formt. Sprache als das Medium, in welchem sich Gedanken überhaupt erst bilden können, wird dabei immer weniger als Ausdruck der Realität von Dingen gesehen und immer mehr als Ausdruck einer Relation der Dinge zu den Menschen sowie der Menschen untereinander, wie etwa Nietzsches sprachtheoretischer Text *Über Wahrheit und Lüge im außermoralischen Sinne* (1873) belegt. Zwar hat Nietzsche sein Bonmot vom Schreibwerkzeug, das dem Denken Bedingungen schafft, nicht ausgearbeitet; interessant aber ist allemal, wie philosophisches Denken mit Annäherung an das 20. Jahrhundert verstärkt sprachkritische Züge annimmt (zur weiteren Ausdifferenzierung sprachtheoretischer Ansätze vgl. Krämer 2001).

Es ist im Weiteren die kulturphilosophische Kontextualisierung der abstrakt konzipierten Begriffe von Vernunft und Erkenntnis, die uns auf den Weg zu einer Medienphilosophie führen. In den frühen zwanziger Jahren publizierte der damals in Hamburg lehrende Philosoph Ernst Cassirer sein dreibändiges Werk zur *Philosophie der symbolischen Formen* (Cassirer 1997). Darin vollzieht sich definitiv die sprachphilosophisch lang angekündigte Wende hin zum *Symbolischen*. Dabei werden Sprache und Mythos neben dem Problem der philosophischen Erkenntnis und der wissenschaftlichen Erklärung als eigenständige Narrative im Prozess der Menschwerdung thematisiert: Der Mensch gilt fortan nicht bloß als rationales Wesen, sondern als *animal symbolicum*. Damit werden kulturtechnisch bedingte Erfahrungsmodalitäten des Menschen herausgearbeitet und in einer Theorie des kulturellen Sinnverstehens systematisch begründet.

In diesem Übergang von einer philosophischen Erkenntnistheorie zu einer kulturphilosophischen Symboltheorie, die im Übrigen auch biologische und ethnologische Forschungsergebnisse einbezieht, definiert Cassirer die kulturellen Objektivationen als ein »artifizielles Medium«, das sich zwischen den Menschen und die Welt schiebt. Der Mensch hat es nie mit den wirklichen Dingen zu tun, sondern mit *mediatisierter Wirklichkeit*, das heißt mit symbolischen Formen wie Sprache, Mythos, Kunst, Religion, Wissenschaft. Es sind diese Symbolsysteme, die seine Wirklichkeit erschließen und ihr immer wieder neue Dimensionen hinzufügen.[3]

Mediatisierte Wirklichkeiten

2.11.6 Phänomenologischer Ansatz

Unsere alltägliche Erfahrung ist durchsetzt mit Codes und Normen, Konstrukten und Simulationen, Paradigmen und Theorien. Was aber ist es, das sich der Erfahrung selbst zeigt, und wie lässt sich dies, noch vor aller Theorie, beschreiben? Die Suche nach einer Urform der Erfahrung, die Analyse der nichtmediatisierten Wirklichkeit oder der Versuch, an ihren Phänomenen zu arbeiten, formt ein Denken oder besser eine philosophische Methode, die sich *Phänomenologie* nennt.

Es war Edmund Husserl, der ab ca. 1913 die Idee der Phänomenologie ausformte, und zwar als eine Archäologie der Erfahrung, die auf die »Sachen selbst« zielt (Husserl 1993). Methodisch soll dazu in einem Verfahren der Reduktion von allen Vorurteilen und kulturellen Werten etwas »Eigentliches« freigelegt werden, das als Sinnfundament funktioniert. Erst in Betonung einer Intentionalität des Ego und als Funktion des Bewusstseins werden Sinn und Bedeutung als solche konstituiert. Die Arbeit an den Phänomenen soll ebendiese von ihren kulturellen und geschichtlichen Überlagerungen befreien.

Husserls Phänomenologie zielt auf Nicht-Mediatisiertes

Wenn Husserl feststellt: »Die ›gesehenen‹ Dinge sind immer schon mehr als was wir von ihnen ›wirklich und eigentlich‹ sehen« (Husserl 1977, 55), dann könnte man diesen philosophischen Versuch einer Erzeugung von Direktheit (um nicht zu sagen: einer Reinigung) durchaus als einen Kampf werten, sich der emergierenden Medienwirklichkeit zu entwinden. Konkret war bei Husserl nur die Rede von Idealitäten, die eine moderne Naturwissenschaft der wirklich erfahrenen und erfahrbaren Welt – die er *unsere alltägliche*

---

[3] Fragen der nichtbegrifflichen Erkenntnis aus sinnlichem Wahrnehmungsvermögen können hier aus Platzgründen nicht näher ausgeführt werden: die *Medienästhetik* verdiente ihren eigenen Beitrag. Vgl. einführend zur philosophischen Ästhetik Seel (2000); zur Geschichte und Theorie audiovisueller Wahrnehmungsformen Schnell (2000); neue Ansätze zur Bildwissenschaft bei Belting (2001).

Lebenswelt nannte und diese als das vergessene Sinnfundament der Naturwissenschaft bezeichnete – unterschiebt (Husserl 1977, 52). Von Medien und ihrer symbolischen Überformung dieser Lebenswelt bis hin zur Verdichtung einer sekundären Realität der simulierten Wirklichkeiten war zu jener Zeit allerdings noch nicht die Rede. Erst Vilém Flusser sollte diesem methodischen Versuch unter Bedingungen einer neu kodifizierten Welt eine ganz andere Färbung geben: Phänomenologie als *Absage* an die Illusion, dass hinter der medialen Oberfläche sich etwas Ursprünglicheres verberge (vgl. dazu Unterabschnitt 11 dieses Kapitels auf S. 315ff.).

Korrektur durch Flusser

Nicht als positive Lehre, sondern als methodischer Ansatz wurde die Phänomenologie zu einer wirkungsmächtigen Grundlage medienphilosophischer Theoriebildung. Als prominentester Schüler Husserls wagt Martin Heidegger den Versuch, jenen Erfahrungsboden noch tiefer zu legen, um in seiner Fundamentalontologie ein *Sein* zu beschwören, welches in *Eigentlichkeit* hinter den Überformungen durch menschliche und kulturelle Aktivitäten (*Dasein* in Form von Technik oder *Gestell*, vgl. Heidegger 1962) waltet und nur durch Lichtungen (wie in der poetischen Sprache) erahnt werden kann. Nicht als Vermittlerin zwischen Ich und Welt – und schon gar nicht als Kommunikationsmedium – wird Sprache dieser Philosophie zentral. Sie ist jene Instanz, über die sich weder das Ich noch die Welt, sondern ein *Anderes* erschließt, einem ästhetischen Versprechen ähnlich, das durch die Technik der Reproduzierbarkeit allerdings durchkreuzt zu werden droht. Die moderne Technik jedenfalls depotenziert alles Menschliche, und der Mensch meistert nicht das Wesen der Technik, da in ihr ein Etwas sich äußert, das alles menschliche Tun und damit auch den kritischen Eingriff hinter sich lässt.

Heideggers Fundamental-Ontologie

2.11.7 Nicht Sein, nicht Schein: Günther Anders

Anders' negative Anthropologie

Die Einwirkung von Technik und Medien im Sinne einer zweiten industriellen Revolution findet ihren Niederschlag in der negativen Anthropologie von Günther Anders. Der Schüler von Husserl und Heidegger hat nach den Alltagserfahrungen aus dem amerikanischen Exil die Massenmedien Rundfunk und Fernsehen als einer der ersten Philosophen überhaupt explizit thematisiert: *Die Welt als Phantom und Matrize*. Bemerkenswert an diesen aus den vierziger/fünfziger Jahren stammenden »philosophischen Betrachtungen über Rundfunk und Fernsehen« ist die Berücksichtigung des technischen Aspekts der Übertragung, der jedem ästhetischen Scheincharakter eine eigene Form der Realität zukommen lässt: Weder Bild noch Wirklichkeit, besteht jedes gesendete Ereignis in einer »ontologischen Zweideutigkeit« der zugleich gegenwärtigen und abwesenden Form – es ist weder *Sein* noch *Schein* – und versetzt die Menschen in eine künstlich erzeugte Schizophrenie (Anders 1980, 131 bzw. 135 ff.).

Weder Bild noch Wirklichkeit

Anders' Diagnose, die Jahrzehnte später noch Theoreme zur *Simulation* beflügeln sollte, attestiert dem modernen Menschen im Vergleich zu seinen technischen Produkten eine spezifische Antiquiertheit, die er als »prometheische Scham« erfährt. Auf diese Scham, geworden statt gemacht zu sein, reagiert der moderne Mensch mit Styling, Kosmetik, Bodybuilding und auch mit seiner Unterwerfung unter die Apparatewelt. Die Welt der Medien beansprucht seine gesamte Wahrnehmung, »das Wirkliche wird zum Abbild seiner Bilder« (Anders 1980, 179). Die Menschen versuchen nicht nur, sich den medial erzeugten Vorbildern entsprechend zu formen, sondern entwickeln auch eine *Ikonomanie*, eine Bildersucht, die alles ausschließt, was nicht medial reproduziert (beispielsweise photographiert) werden kann.

Vorläufer der Simulationsthese

Moderne Bildersucht

Anders bringt die mediale Auflösung des Subjekt-Status philosophisch zur Sprache, indem er zeigt, dass Medienprodukte wie die Nachrichten keineswegs Realität wiedergeben, sondern diese erst konstruieren (→ 2.6 Konstruktivistische Medientheorien). Medien besorgen die Anlieferung von Weltbildern, um das Wirkliche oder »die Welt unter ihrem Bilde zum Verschwinden zu bringen« (Anders 1980, 154). Dabei gehen die Kategorien der Wahrnehmung über in den kollektiven Zwang eines *Für-wahr-Nehmens* dessen, was in Wahrheit *für uns* medial inszeniert worden ist. Fraglich bleibt, ob sich der technisch induzierten Selbstvernichtung als gesellschaftliches Kollektiv einerseits und der medialen Überbietung des Menschenbildes andererseits überhaupt noch entgegenwirken lässt.

Problem von Wirklichkeit und Wahrheit

Anders zeigt einen totalitären Aspekt der Medienwirklichkeit auf, wobei ähnliche Argumente zum Tragen kommen wie bei den Anfang der vierziger Jahre ebenfalls durch den Kulturschock der amerikanischen Emigration geprägten Ausführungen der Frankfurter Schule zur *Kritik der Kulturindustrie* (Horkheimer/Adorno

Adorno/ Horkheimer: Kritik der Kulturindustrie

1969, 128 ff.; → 2.3 Kritische Medientheorien). Bis in die Technik hinein, die sich auf eine Einweg-Kommunikation beschränkt, manifestiert sich laut ihrer Diagnose in den Massenmedien das Motiv der ökonomischen Ausbeutung aller menschlicher Ressourcen. Vor allem eins wird klargestellt: Hier geht es nicht um eine Fortsetzung der Aufklärung, sondern um ihre Pervertierung zum Massenbetrug. Die philosophische Verarbeitung der Formen dessen, was kulturell erfahrbar ist, wird dabei auf eine Meta-Ebene verlagert, auf der es nur mehr einen angeblich generellen *Verblendungszusammenhang* zu konstatieren gibt.

2.11.8 Geschichte und mediale Dispositive: Harold A. Innis

Innis: Medientheorie der Realitäts-Veränderung

Vorläufer von McLuhan

Gegen Mitte des 20. Jahrhunderts lässt sich angesichts der Rolle, welche die audiovisuellen Medien zunächst in der westlichen Kultur übernommen haben, die Erfahrung nicht länger leugnen, dass ein Jahrhunderte währendes Monopol der Schriftkultur zu Ende geht. Von der zeitdiagnostischen Einsicht, dass »gedrucktes Material [...] an Wirkungskraft einbüßt« (Innis 1997, 137) und auch für die gesellschaftliche Reproduktion nicht mehr unbedingt zentral ist, lässt sich aber nicht nur eine kulturapokalyptische Perspektive ableiten, sondern vor allem die durch eine differenziertere Geschichte der Kommunikationsverhältnisse untermauerte Erkenntnis, dass technischer und sozialer Fortschritt interagieren. Wie der kanadische Wirtschaftshistoriker Harold A. Innis 1949 feststellte, besitzen Medien eine Tendenz zur Realitätsmodulierung, da ihnen die Rolle der Verteilung von Wissen in Zeit und Raum zukommt (*The Bias of Communication*, vgl. Innis 1997, 95 ff.). Medien zählen zu den großteils unbewusst wirkenden kulturellen Strategien und stehen in einem affirmativen Verhältnis zu politischer Herrschaft, die sich im geschichtlichen Rückblick als eher von deren Materialitäten abhängig erweist als von den durch diese vermittelten Inhalten. McLuhan sollte diese am historischen Material gewonnene Erkenntnis dann zum Slogan: »das Medium ist die Botschaft« verdichten (McLuhan 1992).

Innis entwirft eine Medientheorie der Zivilisation; welche epistemische Bedeutung Medien haben, wird hierbei in die Frage nach dem *environmental technological conditioning* übersetzt, wobei Sprache, Texte, Bilder und andere Kommunikationsmittel, etwa Stein in der Architektur, kein unverrückbares, sondern ein historisch kontingentes Gefüge bilden, von dem die sozialen und wirtschaftlichen Beziehungen jedoch abhängen. Die Einführung neuer Medien, und damit kultureller Wandel, folgt dabei dem Muster einer sozialen Informationsverarbeitung.[4]

Evolution der Medien prägt Wissen

»Wir können wohl davon ausgehen, daß der Gebrauch eines bestimmten Kommunikationsmediums über einen langen Zeitraum hinweg in gewisser Weise die Gestalt des zu übermittelnden Wissens prägt. Auch stellen wir fest, daß der überall vorhandene Einfluss dieses Mediums irgendwann eine Kultur schafft, in der Leben und Veränderungen zunehmend schwieriger werden, und daß schließlich ein neues Kommunikationsmittel auftreten muss, dessen Vorzüge eklatant genug sind, um die Entstehung einer neuen Kultur herbeizuführen.« (Innis 1997, 96)

Vor dem materialen Eigensinn der in einer Kultur eingesetzten medialen Dispositive und den damit verbundenen Wissens- und Kommunikationsmonopolen (Staat, Kirche, Universität) ist eine gänzlich frei handelnde Subjektivität nicht möglich. Die bei Innis aufgeworfene Frage nach einer *Grammatik der Medien* ist medienphilosophisch brisanter, als es die Selbstverständlichkeit der verkürzten Wiedergabe seiner Thesen vermuten ließe. Wie lässt sich die ominöse »Macht der Technik, ihre Eigengesetzlichkeit der Nachfrage zu schaffen« (McLuhan 1992, 86), angesichts der zunehmend undurchdringlicher werdenden Benutzeroberflächen noch plausibel dechiffrieren?

Mediale Dispositive und Grammatik der Medien

---

[4] Der Begriff *Informationsverarbeitung* etablierte sich erst mit den Computerwissenschaften ab den fünfziger Jahren. Explizite Kategorien für eine informationstheoretische Betrachtung der Mediengeschichte wurden jüngst in den Studien von Michael Giesecke entwickelt (Giesecke 1998, 945 ff.).

2.11.9 Medien als die neue Natur: Marshall McLuhan

Zentral für McLuhans Ansatz war die These, dass die technische Entwicklung und damit die Medien der westlichen Kultur nicht notwendig einer Logik des Zerfalls folgen müssen: Der Niedergang einer bislang gesellschaftsprägenden Buchkultur kann auch ein Aufgang neuer Sinnlichkeiten bedeuten, anstelle der *Literalität* zeichnet sich eine neue *Oralität* ab (Pop- und Rockmusik). Die Schrift- und Druckkultur »opfert Welten von Bedeutungs- und Wahrnehmungsinhalten« (McLuhan 1992, 83), deren mögliche Rückeroberung in einer Zeit neuer Medien und Anwendungen ansteht.

Neben der Literalität neue Oralität

Beeinflusst vom britischen *New Criticism* interessierte sich McLuhan zunächst für die Volkskultur des industriellen Menschen und analysierte ohne methodische Strenge, aber mit viel analytischem Scharfsinn Mediensujets wie Filmplakate, Werbeanzeigen, Comics oder auch die Titelseite der New York Times, die wahlweise als symbolistische Landschaft oder als Jazzpartitur vorgeführt wird. Der Anspruch dieser 1951 publizierten Traumanalyse des kollektiven Bewusstseins war kulturkritisch aufklärend:

Breit gefächerte Medienanalysen

> »Wir leben in einem Zeitalter, in dem zum ersten Mal Tausende höchst qualifizierter Individuen einen Beruf daraus gemacht haben, sich in das kollektive öffentliche Denken einzuschalten, um es zu manipulieren, auszubeuten und zu kontrollieren.« (McLuhan 1996, 7)

Aus der Kritik der medialen Überformungen einer Alltagskultur, welche die Manipulation öffentlichen Denkens anprangert, folgt aber auch die Einsicht in die Ausdruckskraft der populären Kultur, die zunehmend einem vorindustriellen *Acoustic space* gleicht und, wie das Beispiel Fernsehen zeigt, neue Taktilitäten entwickelt, die letztlich eine Auflösung der Buchkultur als universal verbindlicher Form kultureller Reproduktion bedeutet (McLuhan 1962).

Acoustic space und elektronische Umwelt

Der kritische Theoretiker kann nicht länger distanzierter Beobachter sein. Die Erforschung der elektronischen Umwelt provoziert Involvierung und eine immersive Grundhaltung: »Wir sind jetzt gezwungen, neue Techniken der Wahrnehmung und der Beurteilung zu entwickeln, neue Wege, um die Sprachen unserer Umwelt mit ihrer Vielfalt an Kulturen und Wissenszweigen lesbar zu machen.« (McLuhan 1997, 75) Er überrascht schon lange vor seinen als Provokation empfundenen Hauptschriften mit der Aussicht auf ein »Erwachen aus dem historisch konditionierten Alptraum der Vergangenheit« mittels neuer Technologien.[5] Wahrnehmungs- und Urteilsformen, so McLuhan, müssten in einer Überwindung des *typographic cultural bias* neue Formen zulassen, um neue Decodierungen zu erlauben. Eine damit in Aussicht gestellte neuartige »organische Einheit« (McLuhan 1992, 396) bedeutet die Rückkehr zu einer vorindustriellen Logik und damit die Wiederaufnahme von Momenten der Vergesellschaftung, wie sie in oralen Kulturen bestanden haben. Die neuen Medien der Informationsverarbeitung dekonstruieren die spezifische *Literacy* einer Kultur, die auf Voraussetzungen des phonetischen Alphabets und des Drucks gebaute Form der Zivilisation. Die *Electric simulation* der Medienwirklichkeit hingegen ist ein Bewusstseinsvorgang, oder besser die Ausweitung des Bewusstseins über die Dimensionen des Sprachlichen hinaus in eine Kultur der Oberflächen. Doch dann wird klar: Medien schaffen neue symbolische Ebenen und generieren völlig neue Umwelten – »The new media«, sagt McLuhan in einem seiner vielen Interviews, »are not bridges between man and nature, *they are nature*«.[6] Dass Medien die Wirklichkeit nicht wiedergeben oder vermitteln, sondern diese erst definieren, das hat McLuhan in aller Radikalität vorgeführt.

Medien = Natur?

In *Understanding Media* geht es schließlich um das Ende der Linearität durch die Rückkopplungen der »elektrischen Informationsbewegung«, durch Automation und Kybernation (McLuhan 1992, 393 ff.). Lange vor dem Diskurs der Postmoderne zeigte McLuhan theoretisch auf, welche Rolle Information, Kommunikation und Wissen für die Reproduktion der Gesellschaft spielen und wie Kultur und Technologie konvergieren. Dabei entsteht eine neue Kultur der Information. Die medientechnologische Produktivkraft erzeugt nach der Explosion als Grundmotiv einer energetischen Technik der Industriegesellschaft (Dampfmaschine) eine implosive Grundhaltung, nach der die Muster des Fortschritts neu zu denken sind. *Information* aber definiert Unterschiede, sie hat

Neue Kultur der Information

Bateson: Information = Unterschied

---

[5] Dieses Zitat (McLuhan 1997, 69) aus seinem Essay »Kultur ohne Schrift« entstammt der von McLuhan mit herausgegebenen Zeitschrift *Explorations*, Band 1, Dezember 1953, und erschien 1997 zum ersten Mal in deutscher Übersetzung. Dass etwa auch *The Mechanical Bride* sowie die Schriften von Innis in einer Auswahl erst 1996 vorlagen, ist bezeichnend für die selektive Rezeptionslage im deutschen medientheoretischen Diskurs.

[6] *Audio Quotes*. <http://www.webcorp.com/sounds/mcquote.htm>

keine Substanz, sondern bestimmt Relationen.⁷ Nicht Konsens ist das Ziel von Kommunikation, sondern Kollektivierung, nicht Verständigung, sondern Wahrnehmungsverschiebung und Übersetzung (Medien sind hier Metaphern des Vermögens, »Erfahrung in neue Formen zu übertragen«, McLuhan 1992, 74). Der Mensch als humanistische Projektion souveräner Subjekte sinkt dabei herab zu einem »Servomechanismus« der jeweiligen Techniken, die zur Anwendung kommen – und ist bald nicht mehr als ein bloßes »Geschlechtsteil der Maschinenwelt« (ebenda, 63).

Der Mensch als »Servomechanismus« der medialen Techniken?

2.11.10 Schrift, Rhizom, Netz: Derrida, Deleuze/Guattari, Serres

Dass eine Kultur auch auf anderen Codierungen als auf jenen des phonetischen Alphabets beruhen kann, diese Relativierung der Rolle von Schrift und Druck – das Ende der Gutenberg-Galaxis – ist das wohl bekannteste kulturphilosophische Vermächtnis McLuhans. Damit wird nicht nur das ›Betriebssystem‹ der Welt des Geistes und damit der abendländischen Werte bloßgelegt, sondern auch die Idee des menschlichen Subjekts in die Abhängigkeit von den historisch kontingenten Kulturtechniken gesetzt.

Am Ende der Gutenberg-Galaxis

Ganz in diesem Sinne, wenn auch vordergründig ohne Bezug auf den medienwissenschaftlichen Diskurs, kommt es in den sechziger Jahren zu einer Reihe von philosophischen Publikationen, die ein Denken vorbereiten, das mit der Hilflosigkeit jeder Etikettierung später als *postmodern* bezeichnet wird. Aus seiner Beschäftigung mit der Geschichte von Denksystemen kommt Michel Foucault zu dem Schluss, dass es jeweils fundamentale Dispositionen des Wissens gibt. Da diese sich mit der Zeit ändern, ist auch das, was letztlich in das Archiv einer Kultur eingeht, keineswegs gleich bleibend. Die Positionen des Subjekts, das Aussagen trifft, sind sehr variabel; nur die *Diskurse* oder die Formationen und Regelmäßigkeiten der Aussagen sind wissenschaftlich zugänglich. Sogar die

Foucault: Dispositionen des Wissens

---

[7] Es war Gregory Bateson, der in seinen Studien zur Komplexität der Beziehung von Erkenntnis- und Umweltstrukturen wichtige Grundlagen für eine kybernetisch-systemtheoretische Auffassung von Kommunikation geschaffen hat (→ 2.6 Konstruktivistische Medientheorien). Sie erlaubt es, die geistige Welt jenseits von Inhaltsaspekten als eine »Welt der Informationsverarbeitung« zu sehen (vgl. Bateson 1981, 583).

Rolle des Subjekts ist eine transitorische: Lediglich zwischen verschiedenen Formen der Sprache – die in der Neuzeit mit ihrer Rolle bricht, in Form der Schrift eine Repräsentation der Dinge zu sein –, »zwischen zwei Seinsweisen der Sprache« also formiert sich die Gestalt des Menschen; eine Gestalt, die gewiss auch wieder verschwinden könnte, wenn jene Dispositionen verschwänden (Foucault 1971, 461 f.).

Sprache, die in Erscheinung treten kann, ist Schrift. Schrift aber, so Jacques Derrida in seiner *Grammatologie* (→ 2.10 Poststrukturalistische Medientheorien), besteht eigentlich nicht aus Zeichen, die für eine Sache stehen, sondern aus einer *Spur*, die in einem Gefüge von Verweisungen gezogen wird und zur »Bedingung der Möglichkeit *aller* Wörter und Begriffe« wird (Bennington/Derrida 1994, 82). Die dekonstruktivistische Theorie der *Schrift vor der Sprache* erkundet ein experimentelles Denken der Divergenzen, die freilich den Sinn von Kommunikation zugunsten ihrer Effekte, wie etwa der Schreibpraxis und der Inszenierung von Texten, hintanstellt (»*Signatur – Ereignis – Kontext*«, vgl. Derrida 1976). Derridas zentrale These vom *Logozentrismus* des westlichen Denkens entwirft die medienphilosophisch relevante These vom Primat der gesprochenen Sprache vor dem Hintergrund einer spezifischen »Schriftvergessenheit« – sie stellt gewissermaßen McLuhan auf den Kopf, der durch die audiovisuellen Medien eine neue Oralität heraufziehen sah. Es gelte, die historische Verdrängung zu vergegenwärtigen: Es gibt kein Gesprochenes, das nicht von einem »Schriftfonds« zehren würde. Unsere intuitive Auffassung von der Schrift, die sich als Fixierung des gesprochenen Wortes versteht und damit auf die Sprache folgt, wäre demnach eine falsche Historisierung: Sprache ist ein Effekt der Schrift, es gibt »kein sprachliches Zeichen, das der Schrift vorherginge« (Derrida 1974, 29).

Dass Schreiben weniger mit »Bedeuten« als mit dem Besetzen und »Kartographieren« von Terrain zu tun hat, bestätigen eine Theoriegeneration später Gilles Deleuze und Félix Guattari in *Rhizom*, der Einleitung des zweiten Teils ihrer monströsen Theorie der Wunschmaschinen. Rhizome, also Geflechte und Gewebe zu bauen, das steht hier als eine metaphorische Forderung nach einer Neudeutung der Aussagenproduktion jenseits des überholten Relationsgefüges von Welt, Buch und Autor (vgl. Deleuze/Guattari 1992).

Derrida: Grammatologie

Wider die »Schriftvergessenheit«

Zuerst Schrift, dann Sprache?

Deleuze/Guattari: Metapher des Rhizoms

Der Begriff des Rhizoms repräsentiert ein Denkmodell der Vielheiten, das gegen die binäre Logik gerichtet ist, gegen das klassische Denken nach dem Muster des Baumes und der Bifurkationen und gegen Linearität und falsche Einheiten. Von medienphilosophischer Relevanz ist hier vor allem die implizite Kritik an der Informatik sowie am mathematischen Ingenieursmodell der Kommunikation. Diese poststrukturalistische Theoriebildung kommt wuchernd und ausufernd daher, ihre Themen sind heterogen und verkörpern als Ensemble den Anspruch, über die maschinen-technischen Homogenisierungen hinauszugehen, welche die Kultur des Industriezeitalters immer noch mit einer Kultur der Digitalisierung verbindet. »Jeder Punkt eines Rhizoms kann (und muss) mit jedem anderen verbunden werden.« (Deleuze/Guattari 1992, 16) Diese rhizomatische Verflechtung, in der Verbindungen auch über unterschiedliche Codierungen funktionieren, entspricht der Heterogenität einer changierenden medienkulturellen Matrix. Die eingeübten Kategorien und cartesianischen Dualismen wie Mensch und Technik, jahrhundertelang als ontologische Grundkonstanten verstanden, werden durch Konzepte einer neuen Medienwirklichkeit abgelöst, die »keinen radikalen Einschnitt zwischen Zeichenregimen und ihren Objekten« mehr erlauben und eine multimediale Dezentrierung von Sprache »auf andere Dimensionen und Register hin« verlangen (ebenda).

Wider die Dualismen von Mensch und Technik, von Zeichen und Objekten

Serres: Philosophie der Kommunikationsnetze

Die Übertragung zwischen Punkten ist nur ein Sonderfall der möglichen Bezugnahme; Unordnungen wie *Interferenzen* und *Verteilungen* (Serres 1987 und 1991) bestimmen die kommunikativen Verhältnisse. Es ist wichtig, angesichts der Engführungen einer mathematischen Theorie der Informationsübertragung in Kommunikationskanälen (Claude Shannon)[8] noch darauf zu verweisen, dass im französischen Diskurs bereits in den frühen sechziger Jahren eine ebenfalls mathematisch begründete, auf einer Logik des Unscharfen beruhende *Philosophie der Kommunikationsnetze* erarbeitet wurde. Michel Serres bestimmte das klassische lineare Übertragungsmodell, das Kommunikation als Austausch zwischen zwei unabhängigen Polen darstellt, als Spezialfall, der in der Wirklichkeit kaum zu finden ist (Serres 1991, 23). Der Realität entspricht viel eher ein zumindest dreidimensionales *Netzwerk*, in dem jeder Kno-

---

[8] Vgl. hierzu auch die Kritik am mathematischen Kommunikationsmodell durch die Semiologie → 2.4 Zeichentheorien der Medien.

ten notwendigerweise mit vielen anderen in Verbindung steht. Übertragung zwischen diesen Knoten ist wiederum nur ein Spezialfall der möglichen Bezugnahme, denn jeder Dialog beansprucht den Bezug auf einen ausgeschlossenen Dritten; Determination, Reflexion, Interferenz, Negation, Überschreitung – und all das *Parasitäre* – bestimmen den kommunikativen Vollzug.

Netzwerke und Knoten

Diese auf moderne mathematische Axiome bezogene Netztheorie erlaubt in einer »Philosophie ohne Verteiler« (Serres 1987, 73) die strategische Distanzierung von den cartesianischen Dualismen wie Geist und Materie, Mensch und Technik – die dualen Kategorien werden durch Bündel von Kraftvektoren abgelöst. So lassen sich auch die Zufälligkeiten der Kommunikation mathematisch begreifen, ohne sie allerdings in der Realität berechenbar zu machen. Serres wählt in seinen Schriften Gestalten der antiken Mythologie als Metaphern, um diese Komplexität begrifflich zugänglich zu machen. Der Philosoph wird damit selbst zu jenem Boten, zum Übersetzer, den Serres nicht zufällig in der mythischen Figur von Hermes dem Götterboten als symbolischen Träger aller Kommunikation und als Gott der Diebe (Parasiten) vorstellt.[9]

Mathematische Netztheorie

2.11.11 Kommunikologie: Vilém Flusser

Menschliche Kommunikation ist negativ entropisch, das heißt sie ist in dem Sinn widernatürlich, als sie mit ihren künstlichen Wissens- und Informationsspeichern der natürlichen Tendenz zum Zerfall aller Formen entgegenwirkt. Sie schafft Komplexität, wo diese normalerweise abgebaut wird.

»Die menschliche Kommunikation ist ein Kunstgriff, dessen Absicht es ist, uns die brutale Sinnlosigkeit eines zum Tode verurteilten Lebens vergessen zu lassen. [...] Die Kommunikationstheorie beschäftigt sich mit dem künstlichen Gewebe des Vergessenlassens der Einsamkeit.« (Flusser 1996, 10)

Menschliche Kommunikation und Tod

Dieses aus codierten Symbolen bestehende Gewebe ist die zweite Natur, in der die Menschen leben. Aus dem Speichern und Über-

---

[9] Vgl. auch Hartmann, Frank/Rieder, Bernhard (2001): Der Pirat des Wissens ist ein guter Pirat. Ein Gespräch mit Michel Serres. <http://www.heise.de/tp/deutsch/inhalt/co/3602/1.html>

Frank Hartmann

tragen von Information, einem genuin widernatürlichen Kunstgriff, wird ein quasi-natürlicher Code, die kodifizierte Welt. Die in ihrem Funktionieren unhinterfragte Welt ist mit dem alphabetischen Code in die Krise geraten; die Rede ist von einem radikalen Umbruch der Kommunikationsverhältnisse.

Flusser: Medienphilosophie für die telematische Gesellschaft

Vilém Flussers Ansatz einer Medienphilosophie ist der Frage verpflichtet, was die Anbahnung einer telematischen Gesellschaft für die menschliche Kulturentwicklung bedeutet. Mit einfachen wie auch stark komprimierten Gedankengängen rekonstruiert Flusser die Menschheitsgeschichte als eine, die in zunehmender Abstraktion weg von der Natur und hin zu sich stets erneuernden Kulturformen führt. Dazu werden kulturanthropologische Ansätze von Herder bis Heidegger und McLuhan synthetisiert, während sich Flussers Thesen einer bestimmten Zuordnung dennoch entziehen. In den Einzelanalysen, brillant etwa die Versuche über Gesten im alltäglichen Kontext (Flusser 1994b), aber auch zu Medienphänomenen (Flusser 1993), die der phänomenologischen Methode verpflichtet sind, nehmen medienphilosophische Grundbegriffe wie Kommunikation und Information, aber auch Geschichte, Dialog und Diskurs neue und teils überraschende Färbungen an.

Flussers Grundstimmung ist von der Hypothese getragen, »dass sich die Grundstrukturen unseres Daseins verwandeln« und dass eine Philosophie des Apparats und der nachgeschichtlichen Programmierungen erforderlich ist (Flusser 1983, 69 ff.). Demnach sind die kulturbestimmenden Codes nicht mehr alphabetisch bzw. rein alphanumerisch, sondern bestehen statt aus einer linearen Anordnung von Zeichen nunmehr aus Flächen (*images*). Die menschliche Einbildungskraft, die an den Prinzipien des Gutenberg-Zeitalters ausgebildet und geschult worden ist, kommt mit dem neuen, *technoimaginären* Code nicht zurecht und muss neu ausgebildet werden (Flusser 1993, 251 ff.). Aufgrund dieser Unbestimmtheit des Technoimaginären bleibt vorläufig unentschieden, ob dieser Umbruch der Codes eine repressive oder eine emanzipative Auswirkung auf die Gesellschaftsorganisation haben wird. Ob, mit anderen Worten, sich mit Hilfe der medialen Apparate eine *fascistische* (gebündelte, zentrierte) oder eine *telematische* (dialogische) Gesellschaft abzeichnet. Alles ist möglich – Flussers Rekonstruktion der Menschwerdung zeichnet einen unabgeschlossenen Prozess, ein evolutionistisches Projekt. Dieser Ansatz führt seine Theo-

Vormarsch des Technoimaginären

Umbruch der Codes

riebildung jedenfalls nicht in die Verlegenheit, in kulturapokalyptischer Erstarrung zu verharren.

Wie kam es laut Flusser zur Ausbildung dieser Textwelt, von der wir uns zugunsten neuer Horizonte verabschieden? Das Lebewesen Mensch befindet sich ursprünglich im mehrdimensionalen Raum wie jedes andere Lebewesen. Die Befreiung von Naturzwängen schafft sukzessive neue Möglichkeiten: *Eine Hand, die nicht mehr zum Gehen benötigt wird, kann die Welt begreifen, ein Mund, der nicht mehr als Greiforgan dient, lernt sprechen.*[10] Der Mensch tritt aufgrund seiner Abstraktionsleistung aus der Naturverbundenheit heraus, wird zum Symbole verwendenden Wesen und schafft sich gleichzeitig durch die instrumentale Behandlung der Natur seine lebensweltliche Existenz, indem er aus der natürlichen Welt heraustritt oder *ek-sistiert*.

Phylogenetischer Ansatz

»Am ›Ursprung‹ des Menschen klafft ein Abgrund zwischen ihm und der Welt, und Symbole sind Instrumente, um diesen klaffenden Abgrund zu überbrücken – es sind Mediationen.« (Flusser 1996, 76)

Solche Existenz, eine unterste Stufe der Reflexivität, bildet sich eine magische Welt ein, indem sie sich ein Bild von der Welt macht (sie sich *einbildet*, also nicht: diese *abbildet* – eine wichtige Unterscheidung). Werkzeuggebrauch und Symbolverwendung öffnen eine neue Welt des Symbolischen, beides wird unter das *Informieren* gefasst. Durch das Imaginieren von Natur entstehen Bilder, deren flächiger, zweidimensionaler Code mit der Zeit aber nach einer Verdeutlichung verlangt, nach eindeutiger Lesbarkeit statt bloßer Deutbarkeit: So rekodieren Texte die Bilder. Mit der Durchsetzung der Schrift wird der Code eindimensional, das Paradigma dieser zweiten großen Einbildung ist die Linearität, das zeitliche Nacheinander im Symbolisierungsprozess und damit das geschichtliche Prinzip.

Flächige Bilderwelt

Lineare Schrift

Beginnend mit dem Photoapparat im 19. Jahrhundert bahnt sich nach diesem Übergang von der magischen *Imagination* zur alphanumerischen *Abstraktion* ein weiterer Schritt an: Nach Bildern

---

[10] Vgl. hierzu das Werk des Paläontologen André Leroi-Gourhan (1995), der die gemeinsame Grundlage von Sprache und Technik in der Ko-Evolution von Werkzeug- und Symbolgebrauch unter der Voraussetzung einer veränderten neuro-motorischen Organisation des Menschen belegt hat. Dazu ausführlicher → 2.1 Techniktheorien der Medien.

Moderne Pixelwelt

und Texten werden nunmehr die Berechnungen vorherrschend, nach der *Zwei-* und *Eindimensionalität* die *Nulldimensionalität* der Punkte, aus denen sich das Mosaik der neuen Oberflächen als apparatgestützte *Projektion* auf die Welt zusammensetzt. Statt Subjekt von Objekten zu sein, wird der Mensch Teil eines Projekts, an dessen Horizont sich mutmaßlich eine neue anthropologische Dimension einer dialogischen Existenz abzeichnet.

Projekt einer »Kommunikologie«

Flusser setzte sein Bestreben in Gegensatz zur traditionellen Philosophie und fand dafür in Analogie zur vorherrschenden Technologie und Biologie den Ausdruck *Kommunikologie*, um klar machen, dass der Brennpunkt theoretischer Überlegungen zur kulturellen Situation sich definitiv verlagert hat (Flusser 1996, 242).[11] Die neuen Medien sind Ausdruck einer Veränderung des kulturellen Programms, nicht Auslöser des Umbruchs. Kommunikologie heißt aber auch, die neuen Codes zu akzeptieren, welche Darstellungen in Bereichen erlauben, in denen »Worte nicht mehr kompetent sind« (Flusser 1994a, 190). Dass auch diese Medienphilosophie eine geschriebene blieb und dass es weiterhin Bücher voller Worte geben wird, ist nicht unbedingt ein performativer Widerspruch, sondern zeugt eher vom Respekt vor den Ungleichzeitigkeiten, den eine jahrhundertelang eingespielte Publizistik ihren Autoren auch weiterhin abverlangt.

2.11.12 Weiterentwicklung und Ausblick

Medienphilosophische Debatte

Ob mit dem in aller gebotenen Kürze skizzierten Überblick das abgedeckt ist, was gegenwärtig in Ablösung der Sprachphilosophie als das Spannungsverhältnis von Denken und Kulturtechnik thematisiert wird und sich unter dem neuen Titel einer *Medienphilosophie* vorstellt, bleibt dahingestellt.[12] Wir sehen, dass der Begriff »Medium« weniger technisch denn als Metapher für Modellierungen und für ein Ordnungsprinzip zur Anwendung kommt, mit dem wir Publizität herstellen, um damit Kultur und soziale Räume zu gestalten, denen das kulturelle Interface einer Schriftgesellschaft

---

[11] *Kommunikologie* hat sich als Fachbezeichnung bislang noch nicht durchgesetzt, alternativ dazu kursiert auch der Begriff *Mediologie* (vgl. Debray 1991).
[12] Zur weiteren Diskussion vgl. die Beiträge in Münker/Roesler/Sandbothe (2003).

nicht länger exklusives Vorbild, sondern nur mehr ein Element unter anderen ist (Hartmann 2000, 21). Es ist aus dieser Perspektive kein Zufall, dass die Kulturwissenschaft in jüngster Zeit den Übergang von einer bloßen Text- zu einer Medienwissenschaft als unumgänglich ansieht und auch in materialen Studien zu einer »anderen Moderne« sich nicht allein auf die Texte, sondern auf Mediengeschichten bezieht (vgl. Rieger 2000).

Von medienphilosophischer Relevanz sind freilich auch verschiedene Ansätze der Gegenwartsphilosophie, die sich etwa kritisch mit der Simulationslogik der Künstlichen Intelligenz beschäftigen (Searle 2001). Philosophische Skeptiker der Computerentwicklung wie Hubert Dreyfus melden sich jüngst wieder zu Wort, um überzogene Erwartungen an eine Kultur der Telepräsenz zu hinterfragen (Dreyfus 2001). Oder es wird versucht, pragmatische Reorientierungen im akademischen Diskurs, die sich aus einer recht spezialisierten Debatte um den Gegensatz von Repräsentationalismus und Konstruktivismus entwickelt haben (→ 2.6 Konstruktivistische Medientheorien), in Form einer pragmatischen Medienphilosophie als neue »philosophische Disziplin« akademisch zu integrieren. So beansprucht Sandbothe (2001), den *linguistic turn* der Gegenwartsphilosophie, der einst die auf sprachliche Kommunikation gebauten menschlichen Kompetenzen für eine Theorie der Rationalität erschlossen hat, mit den neuen »technischen Möglichkeitsbedingungen« (d. h. Internet im alltäglichen Gebrauch) in Einklang zu bringen. Alternative Ansätze versuchen gar nicht mehr, solche Anschlussfähigkeit zu erzeugen. Sie versuchen, avancierte nonverbale Formen der Kommunikation – die Bilder, Sounds, Bewegungen der Künste – theoretisch zu integrieren, um damit eine semiotische Erweiterung von Vernunftkonzeptionen aufzunehmen (vgl. Vogel 2001). Hier werden freilich zunehmend Beiträge relevant, die diese neuen Diskursordnungen abseits des akademischen Kontextes und seinem unbedingten Zwang zur medialen Transposition der Verschriftlichung repräsentieren.[13]

Jüngst hat Peter Sloterdijk den Versuch gewagt, den menschlichen Ort *sphärologisch* als eine Beschreibung von Innen- wie Außenverhältnissen im Prozess des Zur-Welt-Kommens neu zu bestimmen. Hier ist die *Mediensphäre* ebenfalls zentrales Thema –

Sandbothe: Vorschlag einer pragmatischen Medienphilosophie

Diesseits und jenseits der akademischen Welt

Sloterdijks Mediensphäre

---

[13] Vgl. beispielsweise Paul D. Miller a. k. a. Dj Spooky (o. J.): Dark Carnival. <http://www.djspooky.com/articles/darkcarnival.html>

ob von der medialen Poetik der Existenz die Rede ist oder auch von homogenisierenden Praktiken und den kommunikativen Illusionen der sozialen Synthesis durch Massenmedien (vgl. Sloterdijk 1999). Wie in Interviews bereits angekündigt, ist auch von dieser Seite noch ein Medien-Buch zu erwarten, das in der philosophischen Debatte über den massenmedial integrierten Gesellschaftskörper – »was sich zusammen hört, was sich zusammen liest, was sich zusammen fernsieht, was sich zusammen informiert und aufregt« (Sloterdijk 1998, 27) – Akzente zu setzen verspricht.

Die Tragfähigkeit dieser Ansätze ist noch offen und wird auch von ihren weiteren Ausarbeitungen abhängen. Aus all dem folgt, dass – wie auch immer die Anfänge der medienphilosophischen Fragestellung rekonstruiert werden – diesem grundlagenorientierten Diskurs zunehmend theoretische Orientierungsleistungen, auch hinsichtlich ästhetischer Fragen, pragmatischer Medienkompetenz sowie praxisbezogenem Fachwissen, abzuverlangen sein werden. Während keineswegs Einigkeit darüber besteht, was Philosophie überhaupt ist – abseits der eher peinlichen Pose, mit der über Gott und die Welt populistisch ›nachgedacht‹ wird – und welche Berechtigung sie in einer Zeit jenseits des Schriftmonopols hat, erscheint es einigermaßen paradox, von der Existenz einer Medienphilosophie zu sprechen. Was eine kritische Annäherung im gegebenen Rahmen von sich transformierenden Kommunikationsordnungen jedoch leisten kann, das ist die Verortung einiger Positionen, die zur Reflexion der *erkenntnistheoretischen* Dimension von Medien und ihren Effekten auf Kultur, Gesellschaft, unser Denken und die Produktion von Wissen beigetragen haben.

Grundlagendiskurs von pragmatischer und praktischer Relevanz

Literatur

Anders, Günther (1980): Die Antiquiertheit des Menschen. Über die Seele im Zeitalter der zweiten industriellen Revolution. Band 1. München: Beck. [Zuerst 1956]

Bateson, Gregory (1981): Ökologie des Geistes. Anthropologische, psychologische, biologische und epistemologische Perspektiven. Frankfurt am Main: Suhrkamp.

Belting, Hans (2001): Bild-Anthropologie. Entwürfe für eine Bildwissenschaft. München: Fink.

Benjamin, Walter (2002): Medienästhetische Schriften. Frankfurt am Main: Suhrkamp.

Bennington, Geoffrey/Derrida, Jacques (1994): Jacques Derrida. Ein Portrait. Frankfurt am Main: Suhrkamp.

Blumenberg, Hans (1983): Die Lesbarkeit der Welt. Frankfurt am Main: Suhrkamp.

Borsche, Tilman (Hg.) (1996): Klassiker der Sprachphilosophie. Von Platon bis Noam Chomsky. München: Beck.

Burke, Peter (2001): Papier und Marktgeschrei. Die Geburt der Wissensgesellschaft. Berlin: Wagenbach.

Cassirer, Ernst (1997): Philosophie der symbolischen Formen. 3 Bände. Darmstadt: Primus. [Zuerst 1923]

Darnton, Robert (1983): Der Mesmerismus und das Ende der Aufklärung in Frankreich. München: Hanser.

Debray, Régis (1991): Cours de médiologie générale. Paris: Gallimard.

Deleuze, Gilles/Guattari, Félix (1992): Tausend Plateaus. Kapitalismus und Schizophrenie. Berlin: Merve.

Derrida, Jacques (1974): Grammatologie. Frankfurt am Main: Suhrkamp.

Derrida, Jacques (1976): Randgänge der Philosophie. Frankfurt am Main/Berlin/Wien: Ullstein.

Dreyfus, Hubert L. (2001): On the Internet. London/New York: Routledge.

Faßler, Manfred (2001): Netzwerke. Einführung in die Netzstrukturen, Netzkulturen und verteilte Gesellschaftlichkeit. München: Fink/UTB.

Flusser, Vilém (1983): Für eine Philosophie der Photographie. Göttingen: European Photography.

Flusser, Vilém (1993): Lob der Oberflächlichkeit. Für eine Phänomenologie der Medien. Schriften Band 1. Mannheim: Bollmann.

Flusser, Vilém (1994a): Vom Subjekt zum Projekt. Menschwerdung. Schriften Band 3. Mannheim: Bollmann.

Flusser, Vilém (1994b): Gesten. Versuch einer Phänomenologie. Frankfurt am Main: Fischer.

Flusser, Vilém (1996): Kommunikologie. Schriften Band 4. Mannheim: Bollmann.

Foucault, Michel (1971): Die Ordnung der Dinge. Eine Archäologie der Humanwissenschaften. Frankfurt am Main: Suhrkamp.

Foucault, Michel (1974): Die Ordnung des Diskurses. München: Hanser.

Frank, Manfred (1983): Was ist Neostrukturalismus? Frankfurt am Main: Suhrkamp.

Giesecke, Michael (1998): Der Buchdruck in der frühen Neuzeit. Frankfurt am Main: Suhrkamp.
Hartmann, Frank (2000): Medienphilosophie. Wien: WUV/UTB.
Hegel, Georg Wilhelm Friedrich (1970): Werke in 20 Bänden. Hg. Karl Markus Michel. Frankfurt am Main: Suhrkamp.
Heidegger, Martin (1962): Die Technik und die Kehre. Pfullingen: Neske.
Hoffmann, Stefan (2002): Geschichte des Medienbegriffs. Hamburg: Meiner.
Horkheimer, Max/Adorno, Theodor W. (1969): Dialektik der Aufklärung. Philosophische Fragmente. Frankfurt am Main: Fischer. [Zuerst 1944]
Hörisch, Jochen (Hg.) (1997): Mediengenerationen. Frankfurt am Main: Suhrkamp.
Hörisch, Jochen (2001): Der Sinn und die Sinne. Eine Geschichte der Medien. Frankfurt am Main: Eichborn.
Husserl, Edmund (1977): Die Krisis der europäischen Wissenschaften und die transzendentale Phänomenologie. Eine Einleitung in die phänomenologische Philosophie. Hamburg: Meiner. [Zuerst 1935]
Husserl, Edmund (1993): Arbeit an den Phänomenen. Ausgewählte Schriften. Hg. Bernhard Waldenfels. Frankfurt am Main: Fischer.
Innis, Harold A. (1997): Kreuzwege der Kommunikation. Ausgewählte Texte. Hg. Karlheinz Barck. Wien: Springer.
Kant, Immanuel (1974): Werkausgabe Band I-XII. Hg. Wilhelm Weischedel. Frankfurt am Main: Suhrkamp.
Kittler, Friedrich (1986): Grammophon, Film, Typewriter. Berlin: Brinkmann & Bose.
Kittler, Friedrich (1987): Aufschreibesysteme 1800/1900. München: Fink.
Kittler, Friedrich (1993): Draculas Vermächtnis. Technische Schriften. Leipzig: Reclam.
Kittler, Friedrich (2000): Eine Kulturgeschichte der Kulturwissenschaft. München: Fink.
Koch, Peter/Krämer, Sybille (Hg.) (1997): Schrift, Medien, Kognition. Über die Exteriorität des Geistes. Tübingen: Stauffenburg.
Krämer, Sybille (2001): Sprache, Sprechakt, Kommunikation. Sprachtheoretische Positionen des 20. Jahrhunderts. Frankfurt am Main: Suhrkamp.
Leroi-Gourhan, André (1995): Hand und Wort. Die Evolution von Technik, Sprache und Kunst. Frankfurt am Main: Suhrkamp. [Zuerst 1964]
McLuhan, Marshall (1962): The Gutenberg Galaxy. The Making of Typographic Man. Toronto: University of Toronto Press.
McLuhan, Marshall (1992): Die magischen Kanäle. Understanding Media. Düsseldorf: Econ. [Zuerst 1964]

McLuhan, Marshall (1996): Die mechanische Braut. Volkskultur des industriellen Menschen. Amsterdam: Verlag der Kunst. [Zuerst 1951]

McLuhan, Marshall (1997): Medien verstehen. Der McLuhan-Reader. Hg. Martin Baltes u. a. Mannheim: Bollmann.

Münker, Stefan/Roesler, Alexander (2000): Poststrukturalismus. Stuttgart: Metzler.

Münker, Stefan/Roesler, Alexander/Sandbothe, Mike (Hg.) (2003): Medienphilosophie. Beiträge zur Klärung eines Begriffs. Frankfurt am Main: Fischer.

Postman, Neil (1999): Die zweite Aufklärung. Vom 18. ins 21. Jahrhundert. Berlin: Berlin Verlag.

Rieger, Stefan (2000): Die Individualität der Medien. Eine Geschichte der Wissenschaften vom Menschen. Frankfurt am Main: Suhrkamp.

Rorty, Richard (Hg.) (1967): The Linguistic Turn. Chicago: University of Chicago Press.

Sandbothe, Mike (2001): Pragmatische Medienphilosophie. Grundlegung einer neuen Disziplin im Zeitalter des Internet. Weilerswist: Velbrück Wissenschaft.

Schnell, Ralf (2000): Medienästhetik. Zu Geschichte und Theorie audiovisueller Wahrnehmungsformen. Stuttgart: Metzler.

Searle, John R. (2001): Geist, Sprache und Gesellschaft. Frankfurt am Main: Suhrkamp.

Seel, Martin (2000): Ästhetik des Erscheinens. München: Hanser.

Serres, Michel (1987): Der Parasit. Frankfurt am Main: Suhrkamp.

Serres, Michel (1991): Hermes I. Kommunikation. Berlin: Merve.

Sloterdijk, Peter (1998): Der starke Grund, zusammen zu sein. Frankfurt am Main: Suhrkamp.

Sloterdijk, Peter (1999): Makrosphärologie. Sphären II. Frankfurt am Main: Suhrkamp.

Vogel, Matthias (2001): Medien der Vernunft. Frankfurt am Main: Suhrkamp.

Übungsfragen

1. Erklären Sie das Konzept des ›Rhizoms‹ bei Deleuze/Guattari.
2. Erklären Sie die Begriffe ›Medium‹ und ›Mediatisiertheit‹ aus der hier skizzierten medienphilosophischen Sicht.
3. Was wäre in Bezug auf die Philosophiegeschichte (anhand einiger Textbeispiele) unter ›Antimedialismus‹ zu verstehen?
4. Erläutern Sie, was unter ›Medienvergessenheit‹ verstanden werden kann.
5. Erklären Sie die unterschiedlichen Verständnisse der phänomenologischen Methode bei Husserl und bei Flusser.
6. Periodisieren Sie in eigenen Worten die Geschichte der menschlichen Symbolisierungs-Strategien mit Hilfe von Flussers Dimensionalitäts-Modell.
7. Vergleichen Sie den in diesem Beitrag skizzierten Ansatz von Günther Anders mit der Simulationsthese von Jean Baudrillard (→ 2.10 Poststrukturalistische Medientheorien).
8. Vergleichen Sie die unterschiedliche Einschätzung des (radikalen) Medienmaterialismus bzw. des Hardware-orientierten Ansatzes von Friedrich Kittler bei zwei Autoren dieses Bandes: bei Frank Hartmann (hier) und Lutz Ellrich (→ 2.9 Psychoanalytische Medientheorien), und beziehen Sie persönlich Position zur Debatte in den Polen von Denken und ›Schreibwerkzeug‹, Inhalt und Materialität und letztlich Mensch und (Medien-)Technik.
9. Vergleichen Sie, wie etwa aus den Perspektiven der Philosophie der Kommunikationsnetze von Serres und des Strukturalismus von Saussure auf unterschiedlichen Ebenen Shannons mathematische Theorie der Kommunikation als unvollständig erscheint bzw. um welche Dimensionen dieses lineare Modell der Signalübertragung jeweils durch Serres und Saussure erweitert wird.

3. Komparatistik: Theorien-Raum der Medienwissenschaft
Stefan Weber

3.1 Alles bloß Theorie-Moden?

»Bis vor wenigen Jahrzehnten haben realistische Varianten dominiert; gegenwärtig schlägt das Pendel eher in die Richtung von Konstruktionen aus [...]. Warum gelingt es keiner der Hauptversionen des dualistischen Denkens, den philosophischen Diskurs auf Dauer zu bestimmen oder gar zu beherrschen? Vor hundert Jahren waren die meisten Philosophen in England Idealisten und heute sind es die wenigsten.« (Mitterer 2001, 22)

Vom Trend Realismus zum Trend Konstruktivismus?

»Die Präferenzentscheidung zwischen Realismus und Konstruktivismus dürfte eher pragmatisch zu fällen sein: im Moment haben konstruktivistische Modelle Konjunktur.« (Mitterer 1992, 149)

Ist die Wahl einer bestimmten wissenschaftlichen Theorie primär ein Kind der Zeit? Sind wissenschaftliche Theorien am Ende gar reine Modeerscheinungen, die kommen und gehen, sich wiederholen mögen und als »alter Wein in neuen Schläuchen« (so Burkart 2002, 312, in Einschätzung des Konstruktivismus) die immer gleichen Fragen und Problemlösungs-Vorschläge in neue Begrifflichkeiten kleiden? – Wie hilfreich ist zur Beantwortung dieser Fragen ein Blick auf die Theoriemoden der vergangenen Jahrzehnte?

Sind Theorien reine Moden?

- In den späten fünfziger und vor allem in den sechziger Jahren waren evidenterweise *Kritische Theorien* weit verbreitet. Das intellektuelle Selbstverständnis dieser Zeit war vor allem von der Gesellschafts- und Kulturkritik von Adorno/Horkheimer bis Marcuse und Enzensberger geprägt. Der Bogen reichte von radikalen bis zu gemäßigten Varianten des Kulturpessimismus sowie der marxistischen Kapitalismus- und Kulturindustrie-Kritik.

Kritische Theorie

Stefan Weber

Kybernetik und Systemtheorie

- Als ›Kontrastprogramm‹ zur Kritischen Theorie ist spätestens seit den sechziger Jahren die vom (amerikanischen) Funktionalismus und von der frühen Kybernetik inspirierte *Systemtheorie* zu betrachten. Diese von einem rein deskriptiven, nicht-interventionistischen Wissenschafts-Verständnis geprägte Theorie hat sich jedoch im medienwissenschaftlichen Kontext interessanterweise erst in den neunziger Jahren voll durchgesetzt.

Postmoderne und Poststrukturalismus

- Als Theorie-Mode ist ohne Zweifel auch der in den siebziger Jahren in Frankreich entstandene *Poststrukturalismus* bzw. der Diskurs der *Postmoderne* zu sehen, der mit der Übersetzung seiner zentralen Werke ins Deutsche auch in den achtziger Jahren (und bis in die frühen Neunziger) in der deutschsprachigen Medienwissenschaft gern rezipiert wurde. Auch der *Dekonstruktivismus* fällt in diesen Bereich.

Konstruktivismus und Cultural Studies

- In den neunziger Jahren haben sich schließlich zwei theoretische Fluchtpunkte herauskristallisiert: Einerseits *Cultural Studies*, andererseits *Konstruktivismus* und *Systemtheorie*.

Normativ-präskriptives Theorien-Verständnis nimmt ab

Es ist freilich ein Leichtes, die Konjunkturen jeweiliger Theorie-Diskurse alleine im Lichte ihrer jeweiligen historischen Bedingtheit zu sehen – wie etwa Kritische Theorie und (Neo-)Marxismus als Reaktion auf die Erfahrungen des Zweiten Weltkriegs. Auch lässt sich konstatieren, dass in den vergangenen Jahrzehnten die Theoriebildung tendenziell *weniger* normativ-präskriptiv und tendenziell *mehr* deskriptiv wurde (was nicht ausschließt, dass es immer wieder Versuche einer Renaissance kritischer Denkströmungen gegeben hat, die sich aber – zumindest bis heute – nicht mehr nachhaltig durchgesetzt haben). Dennoch soll hier einer Sichtweise entgegengewirkt werden, die unter Theorien *lediglich* und *ausschließlich* intellektuelle Reflexe auf historisch bedingte Kontexte sieht. Freilich wird die Wahl einer jeweiligen wissenschaftlichen Theorie bestimmt durch den Pool an Möglichkeiten, der sich durch den jeweiligen Ausdifferenzierungs-Grad des Theorienspektrums ergibt. Es wäre jedoch zu kurzsichtig, Theorien rein als Modeerscheinungen, als bloße modische Gags zu interpretieren.

3.2 Paradigmatische Orientierungen von Basistheorien

Was Josef Mitterer eingangs in seinem Zitat erwähnt, sind ja gerade nicht Entscheidungen für oder gegen eine *Basistheorie* (in dem im Einführungs-Kapitel definierten Sinne), sondern *Paradigmen*-Kämpfe. Hier geht es dann nicht um die Fruchtbarmachung einer Theorie für konkrete empirische Arbeit, sondern gleichsam um weltanschauliche Fragen, wer nun Recht hat: Der Realist, der behauptet, wir würden die Welt mit unseren Sinnen abbilden und so erkennen; oder der Konstruktivist, der behauptet, die Wirklichkeit sei eine Konstruktion des Gehirns? Der Kritische Theoretiker, der die Kulturindustrie für eine gigantische Verblendungs-Maschinerie hält, die ein falsches Bewusstsein erzeuge; oder der Vertreter der Cultural Studies, der sich für die produktive Aneignung von Medienangeboten durch Mediennutzer mit durchaus legitimen Bedürfnissen interessiert?

Basistheorien in Abgrenzung zu Paradigmen

Viele wissenschaftliche Diskurse beziehen ihre Legitimation und reproduzieren sich dadurch, dass diese binären Fronten auf einer paradigmatischen Ebene ausgetragen werden. Im Folgenden sollen einige dieser binären ›Kämpfe‹ Erwähnung finden (es werden also die vorab behandelten Basistheorien und Theorienstränge komparatistisch dargestellt und somit gleichsam ›einen Rang höher‹ auf die Ebene von Paradigmen gehoben):

Paradigmatische Kämpfe unter den einzelnen Basistheorien

- *Deskriptiv-analytisch* versus *präskriptiv-normativ*: Diese Unterscheidung hat durchaus paradigmatischen Charakter. Es gibt Denker, die die einzig mögliche Aufgabe der Wissenschaften in der logisch differenzierenden Beschreibung von Wirklichkeit sehen, wobei persönliche Wertungen und Werturteile weitestgehend von diesen Beschreibungen subtrahiert werden (sollen).[1] Typische Beispiele für wissenschaftliche Theoriebildung als bloße analytische »Kunst der Unterscheidungen« (nach Heinz von Foerster) wären Kybernetik, Konstruktivismus und Systemtheorie. Besonders die Systemtheorie Niklas Luhmanns will die Welt beschreiben, wie sie ist; sie will sie nicht verändern (freilich wird auch dieser Theorie dann gerade aus dem Lager der

Wissenschaft als reines Differenzdenken

---

[1] Dies führt freilich zu dem altbekannten logischen Dilemma, ob die Werturteilsfreiheit der Wissenschaft selbst ein Wert ist.

Marxisten der Vorwurf gemacht, sie sei ideologisch, affirmativ und konservativ). Kritische Theoriebildung und auch Teile der Cultural-Studies-Bewegung hingegen *bewerten* Phänomene, sie *beschreiben* sie nicht nur: Sie urteilen etwa darüber, ob die Unterhaltungsöffentlichkeit gut oder schlecht oder ob eine Fernsehsendung qualitativ hochwertig oder aber Schund sei. Es ist eine grundsätzliche und immer offene (und damit auch immer neu zu verhandelnde) Frage, ob Wissenschaft Werturteile enthalten soll oder nicht. Wer eine wissenschaftliche Arbeit verfasst, sollte deshalb idealerweise immer Position beziehen, welches Wissenschafts-Verständnis er vertritt: den Versuch einer neutralistischen, ›objektivistischen‹ Position oder aber eine wertende, subjektive Position. Es kann auch versucht werden, die Beschreibung von Phänomenen (Ist-Analyse) strikt von der Kritik und der Forderung nach Veränderung von Phänomenen (Soll-Analyse) zu trennen.

- *Affirmativ* versus *kritisch*: Diese paradigmatische Unterscheidung korrespondiert in gewissen Punkten mit der Unterscheidung von deskriptiv-analytisch versus präskriptiv-normativ. Affirmative Theorien sind in der Regel solche, die die herrschenden Zustände zum überwiegenden Teil für gutheißen. Kritische Theorien streben hingegen eine Veränderung an – entweder behutsam-graduell wie bei Jürgen Habermas und Richard Münch oder aber revolutionär wie im orthodoxen (Neo-)Marxismus.

- *Optimistisch* versus *pessimistisch*: Diese paradigmatische Unterscheidung kann als weitere Differenzierung des zweiten Glieds der Unterscheidung von deskriptiv-analytisch versus präskriptiv-normativ interpretiert werden: Hat man einmal eine bewertende (präskriptive) anstelle einer beschreibenden (deskriptiven) Position eingenommen, stellt sich die Frage, ob man die beobachteten Phänomene tendenziell positiv oder tendenziell negativ bewertet. Beispiele für eine positive Bewertung von Entwicklungen im medialen Kontext wären die postmodern inspirierten Techno-Theorien im Kontext von Norbert Bolz[2], Peter Weibel

---

[2] Dieser hat etwa nicht nur das Ende des Kulturpessimismus, sondern gleich auch das »Ende der Kritik« ausgerufen (vgl. Bolz 1999). Dabei geht es ihm jedoch nicht um eine ideologisch motivierte Pauschal-Verurteilung der ›68er‹, sondern um die Beschreibung der systemimmanenten Funktionalisierung (und damit Neutralisierung) von Kritik in sozialen Systemen.

oder Gerhard Johann Lischka; Beispiele für eine negative Bewertung etwa die Cyber-Kritik eines Arthur Kroker (und freilich auch alle populärwissenschaftlichen Medienkritiken von Neil Postman und Co.).

- *Rein theorieimmanent* versus *empiriefähig*: Es gibt in der Tat Theorien, die ihren Sinn und Wert eher in der Ausdifferenzierung theorieinterner Debatten sehen als in ihrer Empirisierung. Oft schließt dies auch eine kritische Distanz zu den Methoden der empirischen Sozialforschung, insbesondere zu quantitativer Methodik, mit ein. Beispiele für rein theorieimmanente, oft sogar empirieabweisende Theorien wären etwa Poststrukturalismus und zum großen Teil auch medienphilosophische Theorien. Ein mittleres Glied stellen Theorien dar, denen zwar oft Empirieferne vorgeworfen wird (vor allem auf Grund ihres makrotheoretischen Abstraktionsgrades), die aber immer wieder die produktive Reibung von Theorie und Empirie suchen. Hier wäre besonders an die autopoietische Systemtheorie zu denken. Gut empirisierbare, d. h. für empirische Arbeiten operationalisierbare Theorien wären etwa Zeichentheorien, ökonomische Medientheorien und auch der Konstruktivismus.

    Selbstreferenz der Theorie oder empirische Anschluss-Fähigkeit?

- *Realistisch* versus *konstruktivistisch*: An dieser Stelle muss noch einmal unterschieden werden zwischen Konstruktivismus als Basistheorie der Medienwissenschaft (→ 2.6 Konstruktivistische Medientheorien) und Konstruktivismus als paradigmatische, generalisierende Position (›Alles ist eine Konstruktion‹, ›die Welt ist eine Erfindung‹ usw.). Wenn etwa der Cyber-Theoretiker Manfred Faßler schreibt, »Medien sind Konstrukte, menschliche Macharten [...]« (Faßler 2002, 272), so vertritt er einen generellen Konstruktivismus als paradigmatische Orientierung, der von einem empiriefähigen Konstruktivismus als Basistheorie strikt unterschieden werden muss.[3] Konstruktivistisches Denken als paradigmatische Orientierung findet man somit in vielen Theorie-Strängen: so etwa in den Cultural Studies, in großen Teilen der Semiologie, aber auch im Poststrukturalismus und in der Medienphilosophie. Gemeinsamer Nenner all dieser Basistheorien ist die These, dass die Menschen wie die Medien, die kultu-

    Konstruktivismus im paradigmatischen Sinne

---

[3] Freilich wird damit nicht ausgeschlossen, dass es auch beide Positionen vereint gibt: einen empirisch verstandenen Konstruktivismus (Basistheorie) im Rahmen einer pauschalen Konstrukt-These (Paradigma).

Realismus und Materialismus

rellen Kontexte wie die Zeichen für den Aufbau (die Erzeugung) unserer Wirklichkeit(en) verantwortlich sind (und nicht die ›Realität da draußen‹) – in einem pauschalen, erkenntnistheoretischen Sinne. Realistisches Denken hingegen findet sich (tendenziell) in medienmaterialistischen und medienökonomischen Denkbewegungen, aber auch in der Kritischen Theorie, die der Konstrukt-These oftmals besonders ablehnend gegenübersteht (vgl. etwa Prokop 2000, 206 f.).

- *Akteursorientiert* versus *systemorientiert*: Auch dieser binäre paradigmatische ›Kampf‹ sollte nicht vorschnell mit Akteurstheorie und Systemtheorie gleichgesetzt werden. Vielmehr ist es so, dass die (luhmannsche) Systemtheorie etwa als die prominenteste Vertreterin einer systemischen paradigmatischen Orientierung bezeichnet werden kann. Systemorientierung tritt aber auch im Konstruktivismus Siegfried J. Schmidts auf, in der postmodernen Theorie eines Norbert Bolz oder sogar in der Cyber-Theorie eines Manfred Faßler. Akteursorientiertes Denken findet sich

Subjekt oder Kontext?

hingegen überall dort, wo primär von der Person, dem Individuum, dem Subjekt bzw. dem (rationalen, handelnden und entscheidenden) Akteur ausgegangen wird (und nicht primär vom System, vom Kontext oder von der Kultur). Beispiele wären neben personalistischen Handlungs- und Entscheidungstheorien etwa auch der Symbolische Interaktionismus. Freilich ist gerade der Bereich von Akteurs- versus Systemorientierung besonders schwer in ein binäres Schema zu ›pressen‹: Zu groß sind seit langem die Versuche, beide Ebenen theoriebautechnisch zu integrieren. So geht etwa der Konstruktivismus

Versuche der Integration beider Ebenen

Schmidts trotz Systemorientierung auch vom ›Aktanten‹ als ›empirischem Ort‹ der Wirklichkeitskonstruktion aus; Habermas analysiert *System* und *Lebenswelt*, und selbst in den Cultural Studies geht es neben Kultur und Kontext auch ebenso zentral um den Nutzer. Schließlich sei auf die zahlreichen soziologischen Versuche verwiesen, Akteurs- und Systemebene explizit zu verknüpfen.

Aus binären Paradigmen resultieren große Fragen

Dennoch haben die erwähnten binären paradigmatischen Orientierungen zu einer Reihe von ›großen Fragen‹ geführt, die die Theoriediskussion wesentlich gesteuert haben. Rekonstruiert man die binären Paradigmen in der Medienwissenschaft, werden Einflüsse selbst auf genuin publizistikwissenschaftliche Theorien (mittlerer Reichweite) sichtbar.

- *Subjekt* und/oder *System*? Normalerweise werden Handlungs- und Entscheidungstheorien als Subjekt-Positionen und autopoietische Systemtheorien als System-Positionen gehandelt. Die Frage nach Subjekt- oder Systempräferenz findet sich etwa wieder in der Frage nach einer personalistischen, am handelnden Subjekt orientierten Journalismusforschung (etwa im Gatekeeper-Ansatz) oder aber nach einer systemisch-organisatorischen Journalistik (etwa bei Manfred Rühl u. a.). *Personalistische oder organisatorische Sichtweise?*
- *Technik* und/oder *Inhalt*? Hier geht es um den in diversen Beiträgen des Bandes (v. a. → 2.1 Techniktheorien der Medien und → 2.9 Psychoanalytische Medientheorien) ausführlich geschilderten Kampf zwischen medien- und technikmaterialistischen und bedeutungsorientiert-hermeneutischen Positionen. *Medium oder message?*
- *Text* und/oder *Kontext*? Hier wäre an die textorientierte Semiologie zu denken im Gegensatz zur kontextorientierten kritischen Medienforschung, deren Kritik sich sowohl gegen die Semiologie als auch gegen (Teile von) Cultural Studies und Konstruktivismus richtet.
- *Selektion* und/oder *Konstruktion*? Hier handelt es sich um eine forschungspragmatisch bedeutende Unterscheidung vor allem im Kontext der Journalismusforschung und der Rezeptionsforschung. Eine typische Selektionstheorie wäre etwa die Nachrichtenwerte-/Nachrichtenfaktoren-Theorie, die anfangs zumeist personalistisch argumentiert hat, aber auch eine systemtheoretische Re-Interpretation erfuhr. Gemeinhin korrespondieren Selektionstheorien jedoch mit realistischen Theorien. Problematisch ist allerdings, dass auch im konstruktivistischen Diskurs das Konzept der *Selektivität* einen Stellenwert besitzt. *Ist Selektion ein genuin realistisches Konzept?*
- *Wirkung* und/oder *Nutzung*? Im Gegensatz zur Frage nach Selektion und/oder Konstruktion, die von Mischformen gekennzeichnet ist, geht es hier relativ eindeutig um forschungsparadigmatische Orientierungen im Bereich der Rezeptionsforschung: Vertreter von Theorien ›starker‹ Medienwirkungen (Stimulus-Response-Modell und behavioristisches Umfeld, ›Kanonentheorie‹ der Medienwirkung und auch viele Abschwächungen dieser Positionen) interessieren sich primär für das, was die Medien mit den Menschen machen: für die *Wirkung* von Medieninhalten auf Publika. Nutzenansatz, Konstruktivismus und Cultural Studies hingegen fokussieren primär, was die Men- *Starke Medienwirkung oder starker Mediennutzer?*

schen mit den Medien machen: also die (aktiv-produktive) *Nutzung* von Medienangeboten durch Nutzer.[4]
- *Entdifferenzierung* und/oder *Ausdifferenzierung*? Die (großteils kulturpessimistische) Entdifferenzierungs-Diagnose setzt beim Publikum wie bei den Massenmedien an und beobachtet Tendenzen der Nivellierung und Egalisierung: der Einebnung von Differenzen durch die fortschreitende (Massen-)Medialisierung. Entdifferenzierungsdenken findet sich also vor allem in der Kritischen Medientheorie und der populären Medienkritik. Damit korrespondieren auch Passivitäts-, Abstumpfungs-, Verrohungs- und Verdummungsthesen. Eine (zumindest latent positiv wahrgenommene) Ausdifferenzierung des Medienkonsums zum Zwecke vielfältiger Identitäts-Bildungen beobachten hingegen vor allem die Cultural Studies und eben auch der Nutzenansatz.

Egalisierung oder Differenzierung?

Weitere große Fragen
- Man könnte dieses Spektrum der ›großen Fragen‹ der Medienwissenschaft noch weiter ergänzen: etwa auf der Funktions- und Leistungs-Ebene um die Debatte um mehr *Integration* und/oder mehr *Irritation* (der Gesellschaft durch die Massenmedien[5]), um Fragen der *Konvergenz* und/oder *Divergenz* (von Medieninhalten und von Medientechnologien) oder um die Dimension von mehr Selbststeuerung und/oder mehr Fremdsteuerung usw. usf.

Theorien-Raum der Medienwissenschaft

Im Folgenden soll nun versucht werden, möglichst viele (wenn nicht alle) gegenwärtig verfügbaren Theorien für die Medienwissenschaft in einem (dreidimensionalen) Raum darzustellen, wobei

---

[4] Es gibt auch von dieser Systematik abweichende Einordnungen des Konstruktivismus. Armin Scholl bemerkt etwa: »Die in der Publizistikwissenschaft oppositionellen Paradigmen der medienzentrierten Wirkungsforschung und der rezipientenorientierten Nutzungs- und Nutzenforschung werden vom Konstruktivismus nicht berührt, weil er quer- bzw. vorgelagert zu diesem binären Schema liegt – ähnlich wie die systemtheoretische Logik zur Kausalität.« (Scholl 1998, 2)

[5] Ein Mehr an Integration oder aber ein Mehr an Irritation sind freilich bereits Folgen von (erfolgreichen oder gescheiterten, erbrachten oder nicht-erbrachten) Funktionen und Leistungen von Massenmedien. Görke/Kohring (1996, 30) bemerken etwa im Kontext der Funktionsbestimmung von Journalismus: »Die Thematisierungsfunktion [...], die lange Zeit als Leitfaden der Journalismusforschung gedient hat, wird zunehmend ersetzt durch Optionen, die sich als Selbstbeobachtungs- und Synchronisationsfunktion klassifizieren lassen. Hierbei wird sich entscheiden, was die Gesellschaft von ihrem Mediensystem zu erwarten hat: mehr Integration oder aber mehr Irritation.«

die x-Achse die beiden Pole von ›(techno-)pessimistisch‹ hier und ›(techno-)optimistisch‹ dort symbolisieren soll[6]; die y-Achse die beiden Pole von ›niedrigem Abstraktionsgrad und niedriger Komplexität‹ hier sowie von ›hohem Abstraktionsgrad und hoher Komplexität‹ dort; und die z-Achse schließlich die beiden Pole von ›Einzelmedientheorie‹ hier und ›Theorie für viele Medien‹ bzw. ›allgemeine Medialisierungstheorie‹ dort. Epistemologisch gesehen erscheint mir der Hinweis zentral, dass von einer grundsätzlichen *Gradualität* zwischen den einzelnen Polen ausgegangen wird. Es gibt also nicht ein Entweder/Oder, sondern immer nur ein Mehr oder Weniger an jeweiliger Orientierung. Theorien sind grundsätzlich nicht entweder optimistisch oder pessimistisch, entweder abstrakt oder konkret, entweder singulär oder universal. All diese Werte sind vielmehr in einem ±-Rahmen zu interpretieren. Alternative Koordinatensysteme wären im Übrigen auch für die Pole ± realistische versus konstruktivistische Orientierung oder ± theorieimmanent versus empirieorientiert möglich.

Entwurf eines dreidimensionalen, graduellen Theorien-Raums

Die Graphik auf der folgenden Seite veranschaulicht das breite Spektrum gegenwärtiger medienwissenschaftlicher Theoriebildung. Es reicht von der pessimistischsten Variante (Kulturkritik Adornos und Horkheimers) bis zur optimistischsten (postmoderner Techno-Diskurs von Bolz, Weibel u. a.), von Einzelmedientheorien des Fernsehens (Postman) oder des Kinos (Baudry) bis zu allgemeinen Medialisierungstheorien (Kittler, Schmidt u. a.), von eher geringeren Abstraktionsleistungen (im populärwissenschaftlichen Sinne wie bei Postman, im postmodern-essayistischen Sinne wie bei Lischka oder Faßler) bis zu hochkomplexen Theoriegebäuden (in aufsteigender Reihenfolge: wie bei Bourdieu, Habermas, Schmidt oder Luhmann).

Alle angeführten Theorien sind grundsätzlich als *optional* und *situativ* zu verstehen: Optional, weil die Wahl einer anderen Theorie zwar grundsätzlich immer möglich ist, aber die Wahl einer gewissen Theorie eben auch logisch konsistent begründet werden

Wahl einer Theorie ist optional und situativ

---

[6] Gleichsam in der Mitte, im Nullpunkt, würden sich rein deskriptive Theorien befinden, die weder optimistische noch pessimistische Bewertungen enthalten. Präskriptive Theorien können in ihrer paradigmatischen Orientierung – wie oben ausgeführt – somit entweder optimistischen (im Vektorraum rechts) oder pessimistischen (links) Charakter annehmen.

Theorien-Raum der Medienwissenschaft

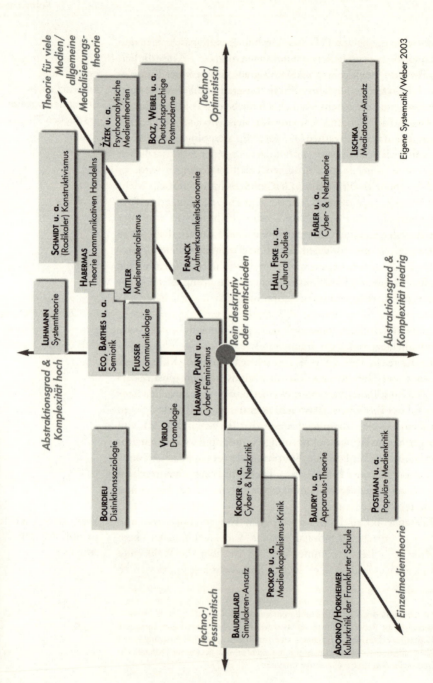

(Quelle: Eigene Systematik/Weber 2003)

muss; situativ, weil die Entscheidung für eine Theorie untrennbar mit forschungspragmatischen Aspekten verbunden ist: Je nach Forschungsfrage, -objekt und -design eignen sich gewisse Theorien besser als andere. Es gibt also nicht *die* Meistertheorie, obwohl nicht verschwiegen werden soll, dass Systemtheorie und Konstruktivismus wohl die gegenwärtig am komplexesten entwickelten Theoriegebäude sind.

Forschungsfrage entscheidet

3.3 Noch einmal: Sonderstellung von Konstruktivismus und Systemtheorie?

Die Positionierung von Systemtheorie und Konstruktivismus an oberster Stelle des Theorien-Raums verlangt noch einmal nach einer Standort-Bestimmung: Systemtheorie und Konstruktivismus werden in dieser Modellierung zwar als die komplexesten und abstraktesten gegenwärtigen Medientheorien beschrieben[7]; dies bedeutet aber nicht, dass sie als Supertheorien für den gesamten Fachbereich in einem universalistischen Sinne oder gar als neue Paradigmen gehandelt werden sollten.

Sind Systemtheorie und Konstruktivismus Supertheorien?

Leider muss hier kritisch eingewendet werden, dass gerade Systemtheorie und Konstruktivismus in den vergangenen Jahren oft auch unter dem Deckmantel eines Alleinanspruchs als einzig richtige und mögliche Theorie aufgetreten sind, der in diesem Band allerdings nicht vertreten wird. Hier wird der Versuch der Darstellung des Theorien-Pluralismus im Fachbereich unternommen, der sich damit auch u. a. von folgenden Publikationen abheben soll:

- Merten/Schmidt/Weischenberg (1994) nennen eines der ersten großen Sammelband-Projekte zu Konstruktivismus und Systemtheorie (aufbauend auf dem Funkkolleg »Medien und Kommunikation – Konstruktionen von Wirklichkeit« von

---

[7] Indikatoren dafür sind bei beiden Theorien zu finden: (1) Die Existenz einer großen Anzahl von (teilweise neuen) Begriffen und Konzepten, die (2) miteinander in einem spezifischen Modell relationiert sind, das einen großen Bereich der sozialen und insbesondere der medienkulturellen Wirklichkeit abdeckt (siehe Luhmanns allgemeine System-Typologie oder Schmidts medienkulturelles Kreislauf-Modell), (3) der große Einfluss beider Theorien auf – nicht nur – gegenwärtige Theorie-Debatten in der Medienwissenschaft (Grundfragen nach Realität oder Konstruktion, nach Akteur oder System) und (4) die Möglichkeit zur konkreten Empirisierung sowie die auch bereits eingesetzte Nutzung für empirische Studien.

Konstruktivistisch-systemische Einführungen in die Medienwissenschaft

1990) zwar »Die Wirklichkeit der Medien. Eine Einführung in die Kommunikationswissenschaft«, korrekt wäre jedoch der Untertitel »Eine Einführung in die neue konstruktivistische Kommunikationswissenschaft« gewesen. Der Sammelband vereint fast ausschließlich konstruktivistische Positionen – von explizit radikal-konstruktivistischer Neurobiologie bis zu Formen des medienkulturellen Konstruktivismus.

- 1999 hat Klaus Merten schließlich seine »Einführung in die Kommunikationswissenschaft« (Merten 1999) vorgelegt. Wieder findet sich in diesem Band ein Spektrum von einer Forderung nach einer »transklassischen Erkenntnistheorie« (ebenda, 50 ff.) bis zum »selbstreferenziellen Medienwirkungsmodell« (ebenda, 392 ff.) – allesamt sind dies genuin konstruktivistische Überlegungen mit systemischen Spurenelementen. Auch hier wäre also die Rede von einer »Einführung in die konstruktivistische Kommunikationswissenschaft« redlicher gewesen.
- Schließlich hat auch der Siegener konstruktivistische Medien- und Kulturwissenschaftler Gebhard Rusch seine »Einführung in die Medienwissenschaft« herausgegeben (Rusch 2002), in der erneut fast ausschließlich konstruktivistische und systemtheoretische Positionen vertreten sind.[8]

Es soll hier nicht bestritten werden, dass Konstruktivismus und Systemtheorie die derzeit komplexesten Theoriegebäude sind (→ Theorien-Raum der Medienwissenschaft, S. 334) und auch derzeit in den Kommunikations- und Medienwissenschaften wohl am kontroversesten diskutiert werden – also in einem gewissen Sinne auch in Mode sind (→ 3.1 Alles bloß Theorie-Moden?). Dennoch sollte gerade in Einführungen nicht der Eindruck erweckt werden,

---

[8] Zwei weitere Publikationen müssen in diesem Zusammenhang erwähnt werden: Das Handbuch »Theorien des Journalismus« (Löffelholz 2000) bemüht sich zwar um die Integration von Perspektiven jenseits der Systemtheorie (wie etwa Theorie kommunikativen Handelns, Cultural Studies oder Geschlechterforschung), dennoch bleibt die Systemtheorie das bei weitem dominanteste Paradigma. Auch hier wäre folglich die Rede von »Systemtheorien des Journalismus in Diskussion« inhaltlich treffender gewesen. – Auch in »Orientierung Kommunikationswissenschaft« (Schmidt/Zurstiege 2000) waren die Autoren sichtlich bemüht, über den eigenen konstruktivistischen Tellerrand hinauszublicken und weite Teile der Medienforschung zu überblicken. Spätestens in der kritischen Würdigung der vielfältigen Ansätze und in den Vorschlägen zur Weiterentwicklung des Fachs (ebenda, 139 ff.) zeigt sich aber erneut eine Präferenz für konstruktivistische Optionen.

die Medien- und Kommunikationswissenschaft *sei* bereits in toto nur noch konstruktivistisch und systemtheoretisch zu betreiben.

3.4 Binäre Leitdifferenzen *innerhalb* einzelner Basistheorien

Nachdem in Kapitel 3.2 paradigmatische Orientierungen von Basistheorien durchdekliniert wurden (ihnen also quasi binäre Codes ›übergestülpt‹ wurden) und in der Übersicht »Theorien-Raum der Medienwissenschaft« die einzelnen Theorien und ihre Vertreter graduell nach ±-Skalen (± optimistisch/pessimistisch usw.) strukturiert wurden, soll nunmehr der Gebrauch von Polaritäten, Dichotomien oder Dualitäten (je nach Intensitätsgrad) *innerhalb* einzelner Theorien verglichen werden. Vorher stand also eine Meta-Perspektive im Zentrum der komparatistischen Analyse: Theorien wurden verglichen, indem ihre jeweilige paradigmatische Orientierung innerhalb eines binären Schemas im Mittelpunkt stand (etwa: akteursorientiert versus systemorientiert). Dann wurden die Theorien nach zentralen ›Und/Oder‹-Fragen strukturiert und graduell in einem Vektorraum angeordnet. Nunmehr geht es um den Gebrauch von Dualitäten innerhalb der Theorien selbst.

Es ist unstrittig, dass Theorien nicht nur aus Grundbegriffen und Modellen bestehen, sondern auch aus jenen basalen Elementen, die im Einführungs-Kapitel als ›Basiskategorien‹ bezeichnet wurden. Diese können monistisch verstanden werden (etwa *nur* der Akteur, das System, die Kultur o. a.) oder aber auch dualistisch, indem jeweils Gegenbegriffe (zu Akteur, System, Kultur o. a.) gebildet werden. Mithin wäre zu differenzieren zwischen Polaritäten (als schärfste Form von Zweiwertigkeit), Dichotomien, Dualismen (und Dualitäten), Unterscheidungen und bloßen Differenzen. Im Folgenden einigen wir uns auf den Sprachgebrauch Differenzen, da innerhalb metatheoretischer Debatten oft auch die Rede von *Leitdifferenzen* von Theorien ist (etwa im historischen Materialismus Basis/Überbau, in der Systemtheorie System/Umwelt usw.). Leitdifferenzen sind binäre Schematismen, die den Beobachtungsradius einer jeweiligen Theorie definieren und begrenzen. Sie sind zweiwertige Ordnungsraster, die es einer Theorie erlauben, die Wirklichkeit zu strukturieren.

Basiskategorien und Leitdifferenzen innerhalb einzelner Basistheorien

Stefan Weber

Leitdifferenzen als Voraussetzungen von Theorien

Die Diskussion, ›woher‹ diese Leitdifferenzen selbst kommen, ob sie theorieintern begründet und gerechtfertigt werden können oder sich aber einer Letztbegründung entziehen, kann wiederum nur erkenntnistheoretisch entschieden werden. Die Leitdifferenzen können also entweder als Voraussetzungen (im wörtlichen Sinne: als Setzungen im Voraus) begriffen werden, die sich der Reflexion innerhalb der Theorie letztlich entziehen; oder aber sie werden durch die Theorie selbst logisch ›eingeholt‹. Der konstruktivistische Philosoph Ernst von Glasersfeld schreibt etwa:

»Wer eine Theorie oder ein erklärendes Modell bauen will, muß Voraussetzungen machen, und diese Voraussetzungen liegen und bleiben außerhalb des Erklärungsbereichs, des theoretischen Baus. Man kann die Geschichte der Wissenschaft als eine schrittweise Einführung neuer, bewußter Voraussetzungen betrachten, die anstelle der vorherigen unbewußten eingesetzt wurden.« (Glasersfeld 1998, 503)

Im Folgenden soll anhand der in diesem Band erwähnten Theorien diskutiert werden, welchen Stellenwert die jeweiligen Leitdifferenzen haben und inwieweit sie selbst Gegenstand der (kritischen) Reflexion sind:

Strukturalismus: *langue* und *parole*

- So baut zunächst der *Strukturalismus* zentral auf der Differenz von *langue* und *parole* auf – auf der Unterscheidung von (tendenziell geschriebener, ›reiner‹) Sprache und (tendenziell gesprochenem, nutzerbezogenem) Sprachgebrauch (language-in-use). Diese Leitdifferenz ermöglicht dann erst spätere Begrifflichkeiten wie etwa den Diskurs-Begriff. Durch den *Poststrukturalismus* wird diese Leitdifferenz selbst wiederum kritisch beobachtet und tendenziell entdualisiert (→ 2.10 Poststrukturalistische Medientheorien).

Semiotik: Signifikant und Signifikat

- Die *Semiotik* hingegen baut primär auf der Leitdifferenz von *Signifikant* und *Signifikat* auf – von Bezeichnendem (Lautbild) und Bezeichnetem (Vorstellungsbild). Die assoziative Einheit zwischen Signifikant und Signifikat ist das Zeichen, wodurch die Leitdifferenz in einem ›dritten Glied‹ zusammengeführt wird. Eine Entdualisierung der Leitdifferenz erfolgt also nicht aus einer dualismuskritischen Perspektive, sondern durch die Einführung triadischer (dreiwertiger) Modelle oder von Trichotomien (→ 2.4 Zeichentheorien der Medien).

- Im *Feminismus* ist die Leitdifferenz von *sex* und *gender* theorieleitend – die Unterscheidung von natürlichem (biologischem)

Geschlecht und Geschlecht als soziokulturellem Konstrukt, als kontextuelle Zuschreibung. Eine Problematisierung dieser Leitdifferenz leistet der Feminismus selbst, indem er den der Differenz von sex und gender innewohnenden Natur/Kultur-Dualismus selbst einer dekonstruktivistischen Lesart unterwirft (→ 2.8 Feministische Medientheorien).

Feminismus:
sex und *gender*

- In der *Systemtheorie* wird die traditionelle Subjekt/Objekt-Unterscheidung durch die Leitdifferenz von *System* und *Umwelt* ersetzt. Dabei sind zwei Aspekte des Umgangs mit dieser Leitdifferenz erwähnenswert: Einerseits Versuche einer weiteren Flexibilisierung der Differenz von System und Umwelt durch die von Form und Medium, andererseits der (imaginäre) Bezug auf das (unbeobachtbare) dritte Glied der Unterscheidung von System und Umwelt, nämlich die Welt (→ 2.7 Systemtheorien der Medien).

Systemtheorie:
System und Umwelt

- Im Rahmen des *Konstruktivismus* gibt es keine Leitdifferenz im strengen Sinne, wohl aber die Thematisierung des Dualismus von *Beobachter* und *Wirklichkeit*. Mithin tritt auch in neurophilosophischen Spielarten des Konstruktivismus die Differenz von (beobachterkonstruierter) Wirklichkeit und (unerkennbarer) Realität auf (→ 2.6 Konstruktivistische Medientheorien). Die kritische Reflexion von Dualismen findet vor allem in non-dualistischen und zirkulär argumentierenden Varianten des Konstruktivismus statt (Schmidt, Varela, Glanville; vgl. überblicksartig Weber 1996).

Konstruktivismus:
Beobachter und Wirklichkeit

- *Medienphilosophisch* und *medientechnologisch* orientierte medientheoretische Diskurse sind zu heterogen, als dass sich eine spezifische Leitdifferenz bestimmen ließe. Dennoch geht es in diesen Theorie-Ansätzen zentral um das Verhältnis (nicht die Leitdifferenz!) von (a) *Mensch* und *(Medien-)Technik* sowie (b) *medialer Evolution* und *kultureller Evolution*. Von McLuhan bis zu Kittler geht es letztlich um Debatten in den Polen von (Medien-)Anthropologie und (Medien-)Materialismus einerseits sowie von Medientechnologie und soziokulturellen Rahmenbedingungen andererseits (→ 2.1 Techniktheorien der Medien sowie → 2.11 Medienphilosophische Theorien). Im Diskurs finden sich tendenziell monistische bis reduktionistische Positionen (Kittler) als auch non-dualistische Argumentationslinien, die sich mit der Auflösung von Henne/Ei-Fragen beschäftigen (etwa Hartmut Winkler).

Medienphilosophie:
Mensch und Medien(-technik)

Kritische Theorie: Unterhaltung und Anspruch	• Die *Kritische Theorie* schreibt entweder Leitdifferenzen der marxistischen Analyse fort oder aber orientiert sich an (bewertenden) Unterscheidungen wie ›Schund‹ versus Qualität, U- versus E-Kultur, repressivem versus emanzipatorischem Mediengebrauch u. ä. (→ 2.3 Kritische Medientheorien). Eine Leitdifferenz im strengen Sinne ist in diesem Rahmen jedoch ebenfalls nicht auszumachen.
Psychoanalyse: Zeichen und Spur	• In der *Psychoanalyse* trifft man sowohl auf triadische Modelle als auch auf dualistische Leitdifferenzen. Dreiwertige Modelle wären z. B. Freuds Unterscheidung von Ich, Es und Über-Ich oder Lacans Differenzierung von Symbolischem, Imaginärem und Realem (→ 2.9 Psychoanalytische Medientheorien). Beobachtungsleitende Differenzen wären etwa bewusst/unbewusst, manifest/latent u. a.
Cultural Studies: Text und Aneignung	• Des Weiteren sind die *Cultural Studies* zu erwähnen, in denen gerne mit der Leitdifferenz von *Produktion* und *Rezeption* argumentiert wird. Diese an klassische medienwissenschaftliche Begriffe anschließende Differenz (Kommunikator bzw. Produzent versus Rezipient bzw. Konsument) wird nicht nur oftmals als grundsätzlich reversibel gedacht (jeder Konsument ist auch ein Produzent), sondern durch die Hereinnahme der (semiotisch verstandenen) Text-Ebene wird auch die dualistische Beobachtungssituation perspektivisch erweitert (→ 2.5 Kulturtheorien der Medien).
Medienökonomie: Autonomie und Steuerung	• *Medienökonomische* Theoriebildung baut schließlich oft auf dem Antagonismus von *Staat* (Regulierung, Kontrolle) und *Markt* (dem ›freien Spiel der Kräfte‹) auf. In neomarxistischen Diskursen feiert auch der Begriff des Kapitals eine Renaissance. Ob überhaupt eine – und wenn ja: welche – Leitdifferenz gewählt wird, hängt hier in besonderem Maße von der paradigmatischen Orientierung ab (→ 2.2 Ökonomische Theorien der Medien).

Freilich stellt diese Auflistung bislang nur den Versuch dar, so etwas wie *primäre* Leitdifferenzen aus den einzelnen Theorien herauszudestillieren. Ergänzt werden müsste die Liste durch sekundäre Differenzen, wie etwa männlich/weiblich im Feminismus (mit allen Problematisierungen dieser Differenz); eben Form/Medium in der Systemtheorie; Text/Kontext in der Semiotik sowie in den Cultural Studies; analoge/digitale Codes in Strukturalismus, Semiotik und (gewissen Strömungen des) Konstruktivismus; Encoding/Decoding in Semiotik und Cultural Studies usw. – Generell wäre dabei zu beobachten, dass medienwissenschaftliche Theoriebildung untrennbar mit dualistischen (Aus-)Differenzierungen verknüpft ist.

Differenzen und Dualismen erfüllen mitunter die Funktion, einen (theoretischen) Diskurs anzuleiten, zu entfalten und somit (inner- und inter-)theoretische Anschlussdebatten zu ermöglichen. So verlaufen Konfliktlinien etwa zwischen Medienmaterialismus (Kittler) und Hermeneutik (also vereinfacht gesagt zwischen der Fokussierung auf medientechnologische Schaltungen und der Fokussierung auf Bedeutungen in Medieninhalten), zwischen Systemtheorie (Luhmann) und Medienmaterialismus (erneut vereinfacht gesagt zwischen der abstrakten Exklusion von Technologie hier und der alleinigen Konzentration auf Technologien dort), zwischen Systemtheorie und Kritischer Theorie (besonders zwischen Luhmanns beschreibender Sozialtheorie und Habermas' idealtypischer, eingreifender Rationalitäts-Theorie) und diversen anderen Fronten.

Differenzen und Dualismen regen Theoriebildung produktiv an

Theoriebildung ist auch bis auf weiteres ohne Leitdifferenzen nicht denkbar. Zwei Stoßrichtungen für mögliche weitere Theorie-Arbeit sollen hier nur kurz erwähnt werden: Einerseits eine begriffliche Präzisierung von Bezeichnungen für Zweiwertigkeit im Rahmen einer soziologischen Analyse (siehe die Distinktionstheorie von Rodrigo Jokisch mit der Begriffs-Trias von Distinktion, Differenz und Unterscheidung), andererseits eine zunehmend dualismenkritische Perspektive (wie sie etwa in der Philosophie von Josef Mitterer forciert wird), deren Ziel es wäre, klassische binäre Konfliktstellungen aufzubrechen (in Ansätzen geschieht dies etwa in der Soziologie wie auch in der Medienwissenschaft durch die bereits erwähnte Re-Integration von Akteuren in Systemtheorien). Beide Stoßrichtungen könnten – zusammen gedacht – in die Richtung einer neuartigen, sozio-medien-kulturellen integrativen Theorie führen, einer sozialwissenschaftlichen *theory of everything*. Dies führt zu abschließenden Überlegungen zur Zukunft der (Basis)Theorien der Medien(-wissenschaft).

Mitterer und Jokisch: Non-Dualismus und Distinktionstheorie

3.5 Zum Schluss: Theorien als Problemlösungsstrategien

Anbindung von empirischer Sozialforschung

Dieses Buch beschäftigte sich mit einem Überblick über gegenwärtig verfügbare und in der medienwissenschaftlichen Forschung angewandte Basistheorien. Wie schon im Einführungs-Kapitel, so soll auch im Schlussteil noch einmal ein Plädoyer für die Sinnhaftigkeit medienwissenschaftlichen Theoretisierens abgegeben werden: Im Zeitalter einer Koexistenz zahlreicher (mitunter rivalisierender) Paradigmen, Super- und Basistheorien ist ein derartiger Überblick über den Status quo unerlässlich. Empirische Sozialforschung kann nicht im theoretisch luftleeren Raum geschehen, sie muss nicht nur hypothesen-, sondern (übergeordnet) immer auch theoriegeleitet erfolgen. Dabei soll vor einem oberflächlichen *theory-shopping*, einem theoretischen Eklektizismus gewarnt werden, der nur Versatzstücke verschiedener Theorien ›sampelt‹ und oft auch unvereinbare Positionen aneinander reiht. Die besten akademischen Abschlussarbeiten sind vielmehr jene, die von *einer* Theorie ausgehen und diese in die Empirie herunterzubrechen vermögen.

Diskussion zu Basistheorien am Anfang

Es mag als positiver Indikator für die Sinnhaftigkeit des vorliegenden Unterfangens gelten, dass auch in aktuellen Einführungs-Lehrbüchern der Publizistikwissenschaft Überblicke über Basistheorien im hier verstandenen Sinne nicht mehr fehlen. So erwähnen etwa Donges/Meier (2001, 75 ff.) in der schweizerischen »Einführung in die Publizistikwissenschaft« die Basistheorien Funktionalismus, Systemtheorie, Theorie des kommunikativen Handelns, Kritische Theorie, Politische Ökonomie und Cultural Studies. Die Behandlung von Basistheorien bleibt jedoch nicht nur einem einzigen Subkapitel vorbehalten, paradigmatische und basistheoretische Orientierungen durchziehen auch zunehmend explizit andere Forschungsfelder der Publizistik- und Medienwissenschaft: Als Beispiel sei etwa nur der Überblick über Medieninhaltsforschung ebenfalls in besagtem Lehrbuch erwähnt, bei dem erneut nach theoretischen Perspektiven (wie etwa der linguistisch-semiotischen Perspektive, dem Cultural-Studies-Ansatz und Ideologiekritik/Gender-Ansatz) differenziert wird (vgl. Bonfadelli/Leonarz/Süß 2001, 386 ff.).

Basistheorien können im Idealfall als so etwas wie der ›intellektuelle Überbau‹ über das (ebenso notwendige) Handwerk der sozialwissenschaftlichen empirischen Forschungsmethoden verstanden werden. Ohne Theorie keine Empirie – und auch umgekehrt, um noch einmal den wechselseitig zirkulären Konstitutions-Zusammenhang zwischen Theorie und Empirie sowie zwischen Theorie und Praxis zu erwähnen. Siegfried J. Schmidt schreibt in diesem Zusammenhang:

Wechselseitige Befruchtung von Theorie und Empirie

> »Wird wissenschaftliches Handeln als systematisches zweckorientiertes Problemlösen konzipiert, dann lassen sich Theorien [...] bestimmen als Strategien zum Erreichen bestimmter Zwecke bzw. als Problemlösungsstrategien. Theorien systematisieren gewissermaßen die Erfahrungen der Forscher mit ihren Versuchsinszenierungen, sie strukturieren den Erfahrungsraum von Forschern und konstituieren damit deren kulturelle ›Einheitlichkeit‹ als Grundlage für kommunikative Intersubjektivität.« (Schmidt 1998, 152)

Theorien sind (auch) Strategien der Problemlösung

Obwohl dieses Statement aus konstruktivistischer Perspektive abgegeben wurde, enthält es keine Huldigung eines postmodernbeliebigen theoretischen *anything goes*. Im Gegenteil: Auch im Zeitalter des sich stets ausdifferenzierenden Theorien-Pluralismus muss die intersubjektive Anschließbarkeit gewährleistet werden. Dieses Buch hat seinen Anspruch dann erfüllt, wenn Theorien nunmehr nicht mehr als hermetische Insider-Diskurse wahrgenommen werden, sondern als unabdingbare Orientierungen für medienwissenschaftliche Forschung, als intellektuell anregende und die weitere Forschungsarbeit stimulierende Beobachterperspektiven.

Literatur

Bolz, Norbert (1999): Die Konformisten des Andersseins. Ende der Kritik. München: Fink.

Bonfadelli, Heinz/Leonarz, Martina/Süß, Daniel (2001): Medieninhalte. In: Jarren, Otfried/Bonfadelli, Heinz (Hg.): Einführung in die Publizistikwissenschaft. Bern/Stuttgart/Wien: Haupt/UTB, S. 383-415.

Burkart, Roland (2002): Kommunikationswissenschaft. Grundlagen und Problemfelder. Umrisse einer interdisziplinären Sozialwissenschaft. 4., überarbeitete und aktualisierte Auflage. Wien/Köln/Weimar: Böhlau/UTB.

Donges, Patrick/Meier, Werner A. (2001): Gesellschafts- und Medientheorien. In: Jarren, Otfried/Bonfadelli, Heinz (Hg.): Einführung in die Publizistikwissenschaft. Bern/Stuttgart/Wien: Haupt/UTB, S. 69-99.

Faßler, Manfred (2002): Bildlichkeit. Navigationen durch das Repertoire der Sichtbarkeit. Wien/Köln/Weimar: Böhlau/UTB.

Glasersfeld, Ernst von (1998): Die Radikal-Konstruktivistische Wissenstheorie. In: Ethik und Sozialwissenschaften, 9. Jahrgang, Heft 4, S. 503-511.

Görke, Alexander/Kohring, Matthias (1996): Unterschiede, die Unterschiede machen: Neuere Theorieentwürfe zu Publizistik, Massenmedien und Journalismus. In: Publizistik, 41. Jahrgang, Heft 1, S. 15-31.

Löffelholz, Martin (Hg.) (2000): Theorien des Journalismus. Ein diskursives Handbuch. Wiesbaden: Westdeutscher Verlag.

Merten, Klaus/Schmidt, Siegfried J./Weischenberg, Siegfried (Hg.) (1994): Die Wirklichkeit der Medien. Eine Einführung in die Kommunikationswissenschaft. Opladen: Westdeutscher Verlag.

Merten, Klaus (1999): Einführung in die Kommunikationswissenschaft. Band 1/1: Grundlagen der Kommunikationswissenschaft. Münster: Lit.

Mitterer, Josef (1992): Wie radikal ist der Konstruktivismus? Eine Kritik der Epistemologie von Humberto Maturana. In: Mitterer, Josef: Das Jenseits der Philosophie. Wider das dualistische Erkenntnisprinzip. Wien: Passagen Verlag, S. 115-151.

Mitterer, Josef (2001): Die Flucht aus der Beliebigkeit. Frankfurt am Main: Fischer.

Prokop, Dieter (2000): Der Medien-Kapitalismus. Das Lexikon der neuen kritischen Medienforschung. Hamburg: VSA.

Rusch, Gebhard (Hg.) (2002): Einführung in die Medienwissenschaft. Konzeptionen, Theorien, Methoden, Anwendungen. Wiesbaden: Westdeutscher Verlag.

Schmidt, Siegfried J. (1998): Die Zähmung des Blicks. Konstruktivismus – Empirie – Wissenschaft. Frankfurt am Main: Suhrkamp.

Schmidt, Siegfried J./Zurstiege, Guido (2000): Orientierung Kommunikationswissenschaft. Was sie kann, was sie will. Reinbek bei Hamburg: Rowohlt.

Scholl, Armin (1998): Konstruktivismus und Medien. Vortrag auf dem Kongress »Weisen der Welterzeugung: Die Wirklichkeit des Konstruktivismus II«. Manuskript.

Weber, Stefan (1996): Die Dualisierung des Erkennens. Zu Konstruktivismus, Neurophilosophie und Medientheorie. Wien: Passagen Verlag.

Übungsfragen

1. Was versteht man unter einer deskriptiv-analytischen im Gegensatz zu einer präskriptiv-normativen paradigmatischen Orientierung von Basistheorien?
2. Nennen Sie vier tendenziell (techno-)pessimistische Medientheorien sowie deren Hauptvertreter und begründen Sie diese Einordnung.
3. Nennen Sie vier tendenziell hochabstrakte Medientheorien sowie deren Hauptvertreter und begründen Sie diese Einordnung.
4. Nennen Sie einige Argumente für und gegen eine Sonderstellung von Konstruktivismus und Systemtheorie im medienwissenschaftlichen Spektrum der Basistheorien.
5. Erweitern Sie das erwähnte Spektrum der binären ›großen Fragen‹ im Fachbereich um die Diskussion um ± Integration versus ± Irritation, ordnen Sie die im Sammelband vertretenen Theorien jeweils einer Tendenz zu und begründen Sie diese Einordnung.
6. Versuchen Sie, ein zentrales Argument gegen eine zunehmende Theorien-Konvergenz und gegen Bemühungen zu einer (all-)integrativen Sozialtheorie zu finden und begründen Sie diese Position.

Autoren

Lutz Ellrich, Prof. Dr., geboren 1948 in Eisenach (D). Professor für Medienwissenschaft an der Universität Köln.
Werdegang: Studium der Philosophie, Medienwissenschaft, Soziologie und Pädagogik in Köln; Promotion 1976. Danach wissenschaftlicher Mitarbeiter an den Universitäten Konstanz, Freiburg und Tübingen; Habilitation 1998. Lehrstuhlvertretungen und Gastdozenturen in Paderborn, Freiburg, Essen, Wien und Linz.
Forschungsschwerpunkte: Medientheorie (speziell Soziologie der Computertechnik), Ästhetik, Konfliktforschung.
Wichtigste Publikationen: »Beobachtung des Computers« (Freiburg 1995); »Verschriebene Fremdheit« (Frankfurt am Main/New York 1999); »Das Gute, das Böse, der Sex«, in: F. Balke u. a. (Hg.): Big Brother – Beobachtungen (Bielefeld 2000); »Tricks in der Matrix«, in: C. Liebrand/I. Schneider (Hg.): Medien in Medien (Köln 2002).
E-Mail: lutz@cognition.iig.uni-freiburg.de

Frank Hartmann, Dr., geboren 1959 in Bregenz (A). Externer Dozent für Medien- und Kommunikationstheorie an der Universität Wien. Autor, Wissenschaftsjournalist, selbstständiger Medien- und PR-Berater.
Werdegang: Studium der Philosophie, Soziologie, Kunstgeschichte sowie der Publizistik- und Kommunikationswissenschaft an der Universität Wien; Promotion 1987; Habilitation 2000. Seit 1990 Lehraufträge in Wien und seit 1997 an der Donau-Universität Krems. 1992-1999 Generalsekretär des Forums Sozialforschung.
Forschungsschwerpunkte: Philosophie der neuen Medien, Medien- und Kommunikationstheorie, Medienästhetik.
Wichtigste Publikationen: »Cyber.Philosophy – Medientheoretische Auslotungen« (Wien 1996); »Medienphilosophie« (Wien 2000); »Bildersprache. Otto Neurath, Visualisierungen« (gem. mit E. K. Bauer, Wien 2002); »Mediologie. Ansätze einer Medientheorie der Kulturwissenschaften« (Wien 2003).
Web: http://www.medienphilosophie.net
E-Mail: frank.hartmann@univie.ac.at

Natascha Just, Dr., geboren 1972 in Rom. Wissenschaftliche Mitarbeiterin an der Forschungsstelle für institutionellen Wandel und europäische Integration (IWE) der Österreichischen Akademie der Wissenschaften.
Werdegang: Studium der Publizistik- und Kommunikationswissenschaft sowie der Romanistik an den Universitäten Salzburg und Wien sowie an der Università degli Studi, Perugia; Sponsion 1997; Promotion 2001.
Forschungsschwerpunkte: Europäische Informationsgesellschaft, Medienökonomie und -politik.
Wichtigste Publikationen: »Die Kontrolle der Marktmacht in der Mediamatik«, in: M. Latzer (Hg.): Mediamatikpolitik für die Digitale Ökonomie. eCommerce, Qualifikation und Marktmacht in der Informationsgesellschaft (Innsbruck/Wien 2000); »Selbst- und Ko-Regulierung im Mediamatiksektor – Alternative Regulierungsformen zwischen Staat und Markt« (gem. mit M. Latzer, F. Saurwein, P. Slominski, Wiesbaden 2002).
E-Mail: njust@oeaw.ac.at

Michael Latzer, Dr., geboren 1961 in Güssing (A). Stellvertretender Direktor der Forschungsstelle für institutionellen Wandel und europäische Integration (IWE) der Österreichischen Akademie der Wissenschaften; Universitätsdozent für Kommunikationsökonomie und -politik an der Universität Wien.
Werdegang: Studium der Betriebs- und Wirtschaftsinformatik sowie der Politikwissenschaft/Pädagogik an der Universität Wien; Habilitation 1997; APART-Stipendium der Österreichischen Akademie der Wissenschaften. Gastprofessuren an der University of California, San Diego und der Wirtschaftsuniversität Wien.
Forschungsschwerpunkte: Europäische Informationsgesellschaft, Politische Ökonomie des Kommunikationssektors, Regulierungstheorie, Digitale Ökonomie, eCommerce.
Wichtigste Publikationen: »Mediamatik – Die Konvergenz von Telekommunikation, Computer und Rundfunk« (Wiesbaden 1997); »Mediamatikpolitik für die Digitale Ökonomie« (Hg., Innsbruck/Wien 2000); »Die Ökonomie des eCommerce – New Economy, Digitale Ökonomie und realwirtschaftliche Auswirkungen« (gem. mit St. Schmitz, Marburg 2002).
Web: http://www.iwe.oeaw.ac.at/latzer
E-Mail: latzer@oeaw.ac.at

Autoren

Sibylle Moser, Dr., geboren 1969 in Tamsweg (A). APART-Stipendiatin der Österreichischen Akademie der Wissenschaften.
Werdegang: Studium der Vergleichenden Literaturwissenschaft sowie der Germanistik in Innsbruck, Wien und Siegen; Sponsion 1994; Promotion 1999. Seit 1995 Lehraufträge in Innsbruck und Wien.
Forschungsschwerpunkte: Konstruktivistische Literatur- und Medientheorie, konstruktivistische Methodologie, empirische Literaturforschung, kognitive Grundlagen ästhetischer Kommunikation.
Wichtigste Publikationen: »Weibliche Selbst-Organisation. Der Wirklichkeitsanspruch autobiographischer Kommunikation« (Wien 1997); »Komplexe Konstruktionen. Systemtheorie, Konstruktivismus und empirische Literaturwissenschaft« (Wiesbaden 2001).
E-Mail: sibylle.moser@univie.ac.at

Claus Pias, Prof. Dr., geboren 1967 in Köln. Professor für Medientechnik und Medienphilosophie an der Ruhr-Universität Bochum.
Werdegang: Studium der Elektrotechnik in Aachen sowie der Kunstgeschichte, Germanistik und Philosophie in Bonn und Bochum. 1993-1995 wissenschaftlicher Mitarbeiter für Architekturgeschichte; 1996-2002 wissenschaftlicher Assistent für Geschichte und Theorie künstlicher Welten an der Bauhaus-Universität Weimar.
Forschungsschwerpunkte: Technik- und Wissenschaftsgeschichte, Bild- und Medientheorie.
Wichtigste Publikationen: »Kursbuch Medienkultur« (Hg. mit J. Vogl/L. Engell u. a., Stuttgart 1999); »dreizehn vortraege zur medienkultur« (Hg., Weimar 1999); »neue vortraege zur medienkultur« (Hg., Weimar 2000); »Computer Spiel Welten« (Hg., München 2002); »Cybernetics – Kybernetik. Die Macy-Konferenzen 1946-1953«, 2 Bände (Hg., Berlin 2003).
E-Mail: claus.pias@ruhr-uni-bochum.de

Rudi Renger, Prof. Dr., geboren 1957 in Salzburg. Universitätsprofessor am Institut für Kommunikationswissenschaft der Universität Salzburg.
Werdegang: Studium der Publizistik- und Kommunikationswissenschaft sowie der Deutschen Philologie an der Universität Salzburg; Promotion 1984; Habilitation 2000.
Forschungsschwerpunkte: Journalismusforschung, Populärkulturforschung, Kulturtheorie.

Wichtigste Publikationen: »Populärer Journalismus. Nachrichten zwischen Fakten und Fiktion« (Innsbruck/Wien 2000); »Cash und Content. Populärer Journalismus und mediale Selbstthematisierung als Phänomene eines ökonomisierten Mediensystems« (gem. mit J. Neissl und G. Siegert, München 2001).
E-Mail: rudi.renger@sbg.ac.at

Christian Schicha, Dr., geboren 1964 in Mülheim/Ruhr (D). DFG-Forschungsstipendiat.
Werdegang: Studium der Kommunikationswissenschaft, Germanistik und Philosophie an der Universität Essen; Promotion 1995. Seit 1996 Lehraufträge in Dortmund, Düsseldorf, Duisburg und Iserlohn; DFG-Forschungsprojekte in Essen, Düsseldorf und Dortmund.
Forschungsschwerpunkte: Politische Kommunikation, Medieninszenierungen, Öffentlichkeit und Medien, Medienethik.
Wichtigste Publikationen: »Die Inszenierung des Politischen. Zur Theatralität von Mediendiskursen« (gem. mit T. Meyer und R. Ontrup, Wiesbaden 2000); »Das Private in der öffentlichen Kommunikation. ›Big Brother‹ und die Folgen« (Hg. mit M. K. W. Schweer/J.-U. Nieland, Köln 2002); »Politikvermittlung in Unterhaltungsformaten. Medieninszenierungen zwischen Popularität und Populismus« (Hg. mit C. Brosda, Münster 2002); »Die Theatralität der politischen Kommunikation. Medieninszenierungen am Beispiel des Bundestagswahlkampfes 2002« (Münster 2003).
E-Mail: schicha@t-online.de

Stefan Weber, Dr., geboren 1970 in Salzburg. APART-Stipendiat der Österreichischen Akademie der Wissenschaften.
Werdegang: Studium der Publizistik- und Kommunikationswissenschaft sowie der Politikwissenschaft an der Universität Salzburg; Sponsion 1994; Promotion 1996. Seit 1996 Lehraufträge in Salzburg, Klagenfurt und Karlsruhe; FWF-Forschungsprojekte in Salzburg und Wien.
Forschungsschwerpunkte: Konstruktivismus, Systemtheorie, Distinktionstheorie und Non-Dualismus in der Medienwissenschaft.
Wichtigste Publikationen: »Die Dualisierung des Erkennens. Zu Konstruktivismus, Neurophilosophie und Medientheorie« (Wien 1996); »Was steuert Journalismus? Ein System zwischen Selbstreferenz und Fremdsteuerung« (Konstanz 2000); »Medien – Systeme – Netze. Elemente einer Theorie der Cyber-Netzwerke« (Bielefeld 2001).
E-Mail: cyberwriter@utanet.at

Gloria Withalm, geboren 1955 in Wien. Wissenschaftliche Beamtin am Institut für Kunst- und Kulturwissenschaften – Kunstpädagogik der Universität für angewandte Kunst Wien.
Werdegang: Studium der Bühnen- und Filmgestaltung an der Hochschule für angewandte Kunst in Wien sowie Studien aus Geschichte, Musikwissenschaft und Kommunikationswissenschaft an der Universität Wien.
Forschungsschwerpunkte: Allgemeine Semiotik, Mediensemiotik (insbesondere selbstreflexive Semiose in Film und Fernsehen), Filmtheorie, Film- und Fernsehanalyse.
Wichtigste Publikationen: »Fernsehen im Fernsehen im Fernsehen ... Selbstreferentielle Zeichenprozesse« (Wien 1995). Ko-Herausgeberin der Zeitschriften »Semiotische Berichte« und »S – European Journal for Semiotic Studies«.
E-Mail: gloria.withalm@uni-ak.ac.at

Personenregister

A

Adenauer, Konrad 112
Adorno, Theodor W. 37, 54, 109 f., 113 ff., 118, 120, 123 f., 126 f., 158, 160, 261, 325, 333 f.
Althusser, Louis 37, 158
Altmeppen, Klaus Dieter 93
Anders, Günther 34, 118, 306 ff.
Ang, Ien 39, 155, 174
Angerer, Marie-Luise 225, 227, 230, 243, 245
Apel, Karl-Otto 279
Aristoteles 294
Atanasov, John V. 70
Atteslander, Peter 19, 25
Austin, John L. 41, 233, 281

B

Babe, Robert E. 83
Babka, Anna 234
Bachelard, Gaston 279
Baecker, Dirk 40, 206
Barthes, Roland 39, 135, 139, 144, 167, 334
Bateson, Gregory 71, 182, 184, 312
Baudrillard, Jean 15, 27, 31, 33, 36, 66, 277, 283 ff., 289, 334
Baudry, Jean-Louis 36, 64 ff., 263, 265 f., 270, 333 f.
Baum, Achim 195
Beck, Ulrich 33
Belting, Hans 305
Benhabib, Seyla 232
Benjamin, Walter 34, 66 f., 108, 160, 300
Bennett, Tony 166 ff.
Bentele, Günter 43
Bentham, Jeremy 181
Berger, Peter L. 194
Berkeley, George 181
Bernard, Jeff 142
Bertalanffy, Ludwig von 202 f., 206
Biti, Vladimir 154 f., 157, 170
Bleicher, Joan Kristin 215
Blöbaum, Bernd 41, 213 f.
Bloom, Harold 286

Blumenberg, Hans 300
Böck, Margit 239
Bolz, Norbert 27, 32, 37, 68, 76, 328, 330, 333 f.
Bonfadelli, Heinz 22 f., 28 f., 342
Bourdieu, Pierre 38, 333 f.
Bricmont, Jean 15
Bronfen, Elisabeth 256, 258, 264 f., 270
Brosda, Carsten 114
Bruck, Peter A. 93
Bücher, Karl 81 f.
Bühler, Karl 135, 142
Burkart, Roland 29 f., 39, 42, 325
Butler, Judith 38, 231, 233 f.

C

Canguilhem, Georges 279
Capurro, Rafael 27
Cassirer, Ernst 35, 42, 54, 135, 304
Chandler, Daniel 147
Chodorow, Nancy 240
Chomsky, Noam 37, 298
Clarke, John 159
Comolli, Jean-Louis 266
Coy, Wolfgang 36

D

Dahrendorf, Ralf 127
Davis, Eric 51
Dawkins, Richard 43
Debray, Régis 33, 318
Deleuze, Gilles 39, 65, 270, 280, 302, 313 f.
deMause, Lloyd 39
Derrida, Jacques 18, 31, 33, 60, 63, 135, 233, 277, 282, 288 f., 296, 298, 313
Descartes, René 34, 297 f., 303
Dewey, John 34
Dilthey, Wilhelm 75
Donges, Patrick 342
Dorer, Johanna 225, 227, 238 ff., 243
Dörner, Andreas 111, 124 f.
Dovifat, Emil 23
Dreyfus, Hubert L. 319

Personenregister

Dröge, Franz 36
Duden, Barbara 234

E

Eco, Umberto 39, 135, 139, 144, 334
Ellrich, Lutz 39, 260, 269
Engell, Lorenz 284
Enzensberger, Hans Magnus 37, 109, 112 ff., 117, 284, 325
Ernst, Wolfgang 68, 288
Esposito, Elena 40, 207
Even-Zohar, Itamar 142
Ėjchenbaum, Boris M. 145

F

Faßler, Manfred 34 f., 50 f., 72, 295, 329 f., 333 f.
Faulstich, Werner 16, 210
Feilke, Helmuth 188
Filk, Christian 207, 212, 218
Fischer, Hans Rudi 181
Fiske, John 39, 159, 162, 170, 172 f., 334
Flusser, Vilém 27, 32 ff., 36, 51, 68 f., 71, 295, 306, 315ff., 334
Foerster, Heinz von 40, 181 ff., 204, 327
Foucault, Michel 31, 33, 59, 61, 65, 68, 135, 164, 169, 233, 277, 279, 287 ff., 296, 312 ff.
Franck, Georg 86, 334
Frank, Manfred 302, 315
Frerichs, Stefan 43, 218
Freud, Sigmund 38, 54, 253 f., 256 f., 260 ff., 265, 268, 270, 340
Frieske, Michael 215
Fromm, Erich 160
Fuchs, Peter 20, 40, 206, 216

G

Gadamer, Hans-Georg 75
Garfinkel, Harold 42, 194
Gerhards, Jürgen 215
Giddens, Anthony 33
Giesecke, Michael 27, 309
Glanville, Ranulph 202, 204, 217, 339
Glasersfeld, Ernst von 40, 181, 183 ff., 187, 196, 338
Goethe, Johann Wolfgang von 301
Goody, Jack 27
Görke, Alexander 41, 212, 214, 217, 332
Göttlich, Udo 156, 158, 162
Gramsci, Antonio 37, 158 ff.
Grassmuck, Volker 36, 216
Greimas, Algirdas J. 135, 139
Grice, H. Paul 41

Grossberg, Lawrence 39, 83, 155 ff., 159 f., 162, 165 f., 168 f.
Großmann, Brit 180, 217
Groys, Boris 288
Gsöllpointner, Katharina 245
Guattari, Félix 39, 65, 258, 270, 313 ff..
Günther, Gotthard 217

H

Habermas, Jürgen 37, 75, 114, 119, 121, 126 f., 257, 279, 281, 328, 330, 333 f., 341
Hagemann, Walter 23
Hall, Stuart 25, 39, 145, 155, 158 f., 162, 167, 170 f., 334
Haraway, Donna 38, 73, 227, 243 f., 334
Harding, Sandra 227
Hartley, John 39, 164
Hartmann, Frank 33 f., 295, 315, 319
Hassauer, Friederike 230
Haug, Wolfgang F. 118
Havelock, Eric 27
Hayles, N. Katherine 52, 73
Heath, Stephen 253, 266, 268 f.
Hegel, Georg W. F. 52, 54, 301
Heidegger, Martin 54, 75, 277, 286, 306, 316
Heinrich, Jürgen 36, 82, 87, 96, 98
Hensel, Matthias 81, 87, 93
Hentschläger, Ursula 245
Hepp, Andreas 124, 156, 162, 173
Herbst, Phillip G. 217
Herder, Johann Gottfried 302, 304, 316
Hess-Lüttich, Ernest W. B. 144 f.
Hirschauer, Stefan 232
Hitchcock, Alfred 266
Hjelmslev, Louis 135
Hoffjann, Olaf 216
Hoggart, Richard 157, 159
Holzer, Horst 36, 83, 127
Honneth, Axel 128
Horak, Roman 160, 162
Hörisch, Jochen 50, 295, 300, 302
Horkheimer, Max 37, 52, 54, 108, 110, 113 ff., 118, 120, 124, 126 f., 158, 160, 325, 333 f.
Houellebecq, Michel 224
Hug, Detlef Matthias 214
Humboldt, Alexander von 300
Humboldt, Wilhelm von 304
Husserl, Edmund 42, 194, 305 f.

I

Innis, Harold A. 27, 34, 57, 84, 308, 311
Irigaray, Luce 244
Ivanov, Vjačeslav Vs. 135

J

Jäckel, Michael 124, 127, 156, 158, 163, 167, 171
Jahraus, Oliver 18
Jakobson, Roman 39, 135 f., 141 f.
Janich, Peter 40, 184
Jarren, Otfried 95
Jensen, Stefan 181
Jokisch, Rodrigo 20, 41, 217, 219, 341
Just, Natascha 36, 94

K

Kant, Immanuel 34, 181, 299, 301, 303 f.
Kapp, Ernst 52 ff.
Karmasin, Matthias 86
Kelly, Kevin 53
Kepplinger, Hans Mathias 193
Kerckhove, Derrick de 27
Kessler, Susanne 232
Kiefer, Marie Luise 36, 84, 87, 92, 94
Kittler, Friedrich 16, 27, 31, 35, 58 ff., 68, 76, 256 ff., 270, 277 f., 288, 296 f., 302, 333 f., 339, 341
Klaus, Elisabeth 225 ff., 229, 234, 237, 240, 246
Kloepfer, Rolf 145
Kloock, Daniela 16
Knies, Karl 81
Knoche, Manfred 36, 93
Kohl, Hannelore 193
Kohring, Matthias 41, 212, 214, 332
Kraepelin, Emil 256
Krämer, Sybille 27, 35, 50, 192, 253 ff., 257, 295, 298, 304
Krieg, Peter 39, 181
Krieger, David J. 202
Krippendorff, Klaus 190
Krips, Henry P. 266
Kroker, Arthur 38, 329, 334
Krotz, Friedrich 160, 163
Kuhn, Thomas 17

L

Lacan, Jacques 15, 38, 59, 135, 233, 240, 256, 258 ff., 263, 266 f., 270, 340
Lash, Scott 33
Lasswell, Harold D. 23
Latzer, Michael 36, 94 f., 97 f.
Lazarsfeld, Paul F. 24
Leibniz, Gottfried Wilhelm 298
Leroi-Gourhan, André 55, 317
Lerude-Flechet, Martine 266
Leschke, Rainer 16
Lévi-Strauss, Claude 135, 167

Lischka, Gerhard Johann 32 f., 37, 329, 333 f.
List, Elisabeth 226
Löffelholz, Martin 20, 212, 219, 336
Lorenzer, Alfred 261 ff.
Lotman, Juri M. 135
Löwenthal, Leo 160
Luckmann, Thomas 194
Luger, Kurt 172
Luhmann, Niklas 18, 23, 27, 38, 40, 64, 188, 202, 204-214, 217, 238, 254, 281, 327, 330, 333 ff., 341
Lukács, Georg 160
Lünenborg, Margret 236, 238, 247
Lyotard, Jean-François 18, 31, 33, 277, 280, 288

M

Machlup, Fritz 85
Maletzke, Gerhard 23
Manovich, Lev 49
Marcinkowski, Frank 41, 202, 212 ff.
Marcuse, Herbert 325
Margreiter, Reinhard 27, 30, 34 f.
Marx, Karl 81, 267
Mason, Edward S. 96
Maturana, Humberto R. 40, 181-187, 195 f., 205, 207
McKenna, Wendy 232
McLuhan, Marshall 27, 31, 34, 54, 56, 59, 64, 254, 295, 308-313, 316, 339
McQuail, Denis 34, 123
Mead, George H. 42, 134
Meier, Werner A. 95, 342
Merten, Klaus 20, 22 ff., 27 f., 191 f., 335 f.
Metz, Christian 145, 256, 259 f., 263, 265 ff., 270
Mikos, Lothar 156, 159 ff., 168 f.
Miller, Paul D. 319
Mitterer, Josef 11 f., 17 f., 40 f., 196 f., 325, 327, 341
Modleski, Tania 242
Möller, Karl-Dietmar 145
Moravec, Hans 72 ff.
More, Max 72 ff.
Morin, Edgar 265
Morley, David 145, 171
Morris, Charles W. 134, 136, 147
Mosco, Vincent 83
Moser, Sibylle 38, 226 f., 230, 246
Mukařovsky, Jan 135
Müller, Jürgen E. 145
Müller-Funk, Wolfgang 154 ff.
Münch, Richard 37, 109, 121 ff., 127, 328
Münker, Stefan 59, 277, 296, 318

N

Neuberger, Christoph 218
Neumann, John von 71
Neverla, Irene 226
Nietzsche, Friedrich 256, 277, 302, 304
Nöth, Winfried 136, 140, 143

O

Ogden, Charles K. 138
Ong, Walter J. 27

P

Pabst, Georg Wilhelm 258
Parsons, Talcott 23, 41, 209
Pasero, Ursula 38, 232, 236, 238, 241
Peirce, Charles S. 39, 133 f., 136 f., 143
Piaget, Jean 184
Pias, Claus 33, 284
Plant, Sadie 38, 243 ff., 334
Platon 281, 298
Popper, Karl 127
Pörksen, Bernhard 181, 190
Poser, Hans 298
Posner, Roland 143
Postman, Neil 27, 38, 56, 119, 300, 329, 333 f.
Prakke, Henk 23
Prokop, Dieter 37, 109 f., 119 ff., 127, 330, 334
Propp, Vladimir 139
Pürer, Heinz 23, 211

Q

Quine, W. V. O. 28

R

Renger, Rudi 40, 156, 162, 174
Rheingold, Howard 71
Richards, Ivor A. 138
Ricœur, Paul 257
Rieger, Stefan 301, 319
Ries, Paul 258
Roesler, Alexander 59, 277, 296, 318
Rorty, Richard 34, 296
Rossi-Landi, Ferruccio 135, 138 f., 141 f.
Rössler, Otto E. 43
Roth, Gerhard 29, 40, 183 ff., 187, 196
Rötzer, Florian 33, 67
Rubin, Gayle 230
Rühl, Manfred 41, 202, 211 f., 331
Ruhs, August 269
Rusch, Gebhard 27, 40, 186, 188, 336

S

Salje, Gunther 256, 261 ff
Sandbothe, Mike 27, 34, 318 f.
Saussure, Ferdinand de 39, 132 f., 135 f., 138, 167
Saxer, Ulrich 28, 30, 38 f., 41 ff., 202
Schachtner, Christel 269
Schäffle, Albert 81
Schefer, Jean-Louis 271
Schenk, Michael 81, 87, 93
Schicha, Christian 37, 125
Schiller, Herbert I. 37, 83
Schimank, Uwe 224
Schirmacher, Wolfgang 27
Schmidt, Benjamin Marius 18
Schmidt, Harald 215
Schmidt, Siegfried J. 17, 22, 27, 40, 181, 184-197, 241, 246, 330, 333 ff., 339, 343
Schmitz, Stefan W. 95, 97
Schneider, Irmela 242, 265
Schnell, Ralf 50, 58, 64, 305
Scholl, Armin 41, 212, 214 f., 218, 332
Schopenhauer, Arthur 181, 256
Schreier, Margrit 243
Schulte, Günter 217
Schulz, Winfried 194 f.
Schütz, Alfred 42, 194
Schwemmer, Oswald 27
Schwering, Gregor 262, 268
Searle, John K. 41, 319
Seel, Martin 27, 35, 305
Serres, Michel 31, 33, 74, 297, 314
Shannon, Claude E. 76, 132, 314
Siegert, Bernhard 253
Siegert, Gabriele 86, 96, 218
Sierek, Karl 253, 267
Silverman, Kaja 266
Singer, Wolf 183
Sloterdijk, Peter 319
Sokal, Alan 15, 43
Sombart, Werner 81
Spahr, Angela 16
Spangenberg, Peter M. 40, 215
Sparks, Colin 157 f.
Spencer Brown, George 202, 204, 217
Steininger, Christian 83
Stockinger, Peter 146
Stone, Allucquere R. 243
Šklovskij, Viktor B. 145

T

Tholen, Christoph 256
Thompson, Edward P. 157, 160, 167
Trabant, Jürgen 298
Tuchman, Gaye 42, 194

Turing, Alan 63, 70, 76
Turkle, Sherry 243, 269
Tynjanov, Jurij N. 145

V

Vaihinger, Hans 181
Varela, Francisco J. 181, 339
Vattimo, Gianni 192
Vico, Giambattista 181, 298
Villa, Paula-Irene 232, 235, 246
Virilio, Paul 15, 27, 31, 33, 36, 67, 277, 285, 289, 334
Vogel, Matthias 35, 319
Vogl, Joseph 284

W

Waniek, Eva 232
Watzlawick, Paul 40, 181 f., 184
Weaver, Warren 132
Weber, Max 81, 184, 208
Weber, Stefan 13, 27, 180, 191, 193, 195 f., 215 f., 339
Weibel, Peter 32 f., 36, 43, 328, 333 f.
Weinstein, Michael A. 38
Weischenberg, Siegfried 27, 41, 190 f., 214 f., 218, 335
Welby, Victoria Lady 135
Welsch, Wolfgang 27, 192
Westerbarkey, Joachim 192, 218
Wiener, Norbert 70, 73, 202, 204
Williams Raymond
Williams, Raymond 25, 39, 157 f., 160, 167
Winkler, Hartmut 35, 63, 65, 68, 266, 270, 339
Winter, Rainer 124, 156, 159, 162, 166, 172 f.
Winterhoff-Spurk, Peter 253
Withalm, Gloria 39, 142, 146, 215
Wittgenstein, Ludwig 26, 281, 298
Wolf, Mauro 141, 143
Wulff, Hans J. 143, 145
Wuss, Peter 145

Z

Zerdick, Axel 86, 95
Zielinski, Siegfried 31, 59
Zurstiege, Guido 216, 336
Zuse, Konrad 70 ff.
Žižek, Slavoj 39, 256, 260, 267 ff., 334

Sachregister

A

Ad-hoc-Theorie 25
Agenda-Setting-Ansatz 22
Aktant 19, 139, 185, 191, 224
Akteur im System 218
Allokation 82
Allopoiesis 207, 219
Aneignung 21, 124, 174
Anthropologie (der Medien) 50, 68, 296, 339
Apparatus 36, 64 ff., 169, 266, 268, 334
Audiovisualität 51, 305
Aufschreibesysteme 59 f.
Autopoiesis 182 f., 186, 190, 195, 205, 207, 209, 213, 215, 218 f.

B

Basistheorie 19 ff., 25 ff., 28, 30 ff., 327, 342 f.
Bewusstseinsindustrie 37, 112
bias 308, 311
Bild 299, 305
binärer Code (eines Systems) 207, 210, 212, 214
Biosemiotik 135
Blick 260, 266, 268
Buchdruck 27, 51, 56 f., 61, 74, 300, 310

C

Chaostheorie 29, 42, 218
Chronokratie 32 f.
Code 138 f., 170 f., 284, 316 f.
Colonial Studies 278
Computer 35, 63, 69, 71, 73 f., 76, 146, 258, 260, 269, 280, 283
Cultural Studies 19, 21, 24, 26 f., 29, 39 f., 83, 99, 124, 155, 157, 161, 173, 189, 240, 243, 278, 326, 329, 330 ff., 336
Cyberfeminismus 38, 244 f., 334
cybernetic turn 34
Cyberspace 71, 267, 295
Cyborg 51, 73, 243 f.

D

Dekonstruktion 18, 31, 38, 282 f., 313
Dekonstruktivismus 326
Denotation 139
différend 281 f.
Digitalkultur 58, 63, 243 f., 314
Ding an sich 69, 303
Diskurs 19, 21, 31, 164, 279, 296, 312, 338
Diskursanalyse 31, 61, 121, 174, 233, 279, 287 f.
Dispositiv 21, 31, 60, 65 f., 169, 260, 279 f., 309
Distinktionssoziologie 38, 334
Distinktionstheorie 20, 38, 41, 217, 219, 341
Doing Gender 38, 232 f., 237 f., 245
Dromologie 31, 33, 285, 334
Dualismus, cartesianischer 314 f.

E

Emergenz 203, 214
Empirische Sozialforschung 14, 123, 329, 342 f.
Encodierung/Decodierung 145, 170 f., 340
Endophysik 42
Ethnomethodologie 42, 165, 194, 232
Evolutionäre Erkenntnistheorie 42
Exteriorisierung (des Geistes) 55, 57, 75
extropisches Denken 72

F

Feminismus 19
  – dekonstruktivistischer 229, 234
  – konstruktivistischer 229
  – postmoderner 229
  – radikaler 229
  – sozialistischer 229
Fernsehen 264, 267, 310
Film 64, 253, 258 f., 264 f., 267 f., 271
Filmsemiotik 145
Frankfurter Schule 37, 67, 83, 108, 124, 127, 158, 160, 307, 334
Frauenforschung
  – differenzorientierte 228, 240
  – egalitätsorientierte 227

Sachregister

Fundamentalontologie 306
Funktion (eines Systems) 207, 209, 212
Funktionale Differenzierung 208, 236
Funktionalismus 326

G

Gender 226, 230 ff., 235, 242, 338
Gender Studies 40, 229, 278
Genderswapping 243
Geschlechterdifferenz 225
Grammatologie 32, 282 f., 288, 313
Gutenberg-Galaxis 32, 51, 295, 300, 312

H

Hermeneutik 35, 42, 59, 61 f., 67 f., 75, 218, 257, 302, 341

I

Ikon 137
Ikonomanie 307
Index 137
Information 87, 182, 190, 210, 311
Informationsgesellschaft 57, 86, 280
inter-media-agenda-setting 216
Interaktionssystem 209
Internet-Ökonomie 86, 95
Interpenetration 218
Interpretant 137

J

Journalistik 174, 189 ff., 215, 238, 331 f.

K

Kanal 57, 143
Kino 67, 259, 267, 270, 302
Klassische Politische Ökonomie 36, 81 f.
Knowledge-Gap-Hypothese 22
Kognition 133, 182, 186 ff., 246
Kommunikation 19, 75, 122, 140 f., 181, 186 ff., 190, 210, 246, 288, 315
Kommunikationsnetz 314
Kommunikologie 32 f., 71, 315, 334
Konnotation 139
Konstruktion (von Wirklichkeit) 23, 42, 185, 189, 191, 196
Konstruktivismus 17, 19, 21-29, 33, 38, 40 f., 43, 66, 155, 180 f., 189, 191, 194 f., 197, 231, 233, 235, 245 f., 307, 319, 325 ff., 329 ff., 335 ff., 343
Kontext 19, 21, 29, 163, 167, 331
Kontingenz 26
Konvergenz (der Medien) 94 f., 99, 332
Konzentration (der Medien) 90, 93 f., 96, 218
Konzentrationsmessung 91

Kritische Theorie 16, 23, 31, 36 ff., 108 ff., 127, 158, 160, 216, 256, 261, 284, 302, 308, 325, 328, 340 f.
Kritischer Rationalismus 127, 186
Kultur 16, 19, 28, 39, 139, 154 f., 158, 161, 164, 167 f., 187 f., 246, 309
Kulturalismus 28 f., 155, 167, 184, 197
Kulturindustrie 37, 83, 110 f., 120, 158, 160, 256, 261, 307, 325
Kultursemiotik 135, 138
künstliche Intelligenz 52, 71, 73, 319
Kybernetik 29, 63, 70, 72, 182, 202, 204, 246, 280, 326 f.

L

langue/parole 278 f., 338
Latenz 21, 38, 253, 255, 264, 340
Leistung (eines Systems) 207, 209
Liberalisierung (der Medien) 94
linguistic turn 34, 296, 319
Literalität 27, 295, 310
Logozentrismus 296, 313

M

Manipulation 108, 110, 113, 115, 119
männlich/weiblich 224
Marktstruktur-Marktverhalten-Marktergebnis-Paradigma 95 ff.
Marktversagen 83, 89 f., 98
Marktversagen-Staatsversagen-Paradigma 97 f.
Massenmedien (als System) 208
Materialität (der Medien) 35, 49, 59, 61, 254, 288, 296 f.
Media Studies 40
medial turn 27, 34, 35
Mediales Apriori 62, 72, 256, 296
Mediamatik 94 f., 97 f.
Mediatoren-Ansatz 32 f., 334
Medienarchäologie 31, 58 f., 68, 288, 297
Medienästhetik 305
Medienkommunikation (als System) 215
Medienmaterialismus 302, 334, 339, 341
Medienökonomie 30, 36, 81, 87, 340
Medienökonomik 84
Medienphilosophie 13, 24, 27, 34, 294 ff., 329
Medienwirklichkeiten 33, 50, 54, 66, 121, 190, 193, 305
Medienwirkungsmodell, oktamodales 192, 336
Mediologie 33, 318
Medium 56, 143, 188, 253, 297 f., 301 f., 304, 318
medium theory 34
Medium/Form 206, 339
Memetik 29, 42

357

Multimedialität 145, 192

N

Naturalismus 28 f.
Neoklassische Ökonomie 36, 82 f., 98
Net studies 40
Netz 31, 38, 334
Netzmedien 193, 216, 243 f., 295
Netzwerk 216, 314 f.
Netzwerkanalyse 246
Neue Institutionalistische Ökonomie 84
Neue Politische Ökonomie 36, 84 ff., 98
Non-Dualismus 40 f., 197, 339, 341

O

Öffentlichkeit (als System) 214
Ökonomie der Aufmerksamkeit 86, 334
Ökonomisierung (der Medien) 87, 95, 217 f.
operationale Geschlossenheit 186, 205
Oralität 27, 60, 310, 313
Organisationssystem 209
Organprojektion 52, 258

P

Paradigma 17 f., 25
Performing Gender 38, 233 f., 242, 245
Pfadabhängigkeit 83
Phänomenologie 37, 42, 194, 235, 305 f.
Phantasma 233, 256, 260, 267
phatische Funktion 142
Philosophie der symbolischen Formen 35, 42, 54, 304
Phonozentrismus 283, 298
Photographie 51, 58, 64, 68, 283, 300
Poetologie 287
Politische Ökonomie 83 ff.
Populärkultur 159, 161
Posthistorie 72
Postmoderne 26 f., 30 ff., 36, 39, 280 ff., 312 ff., 326, 328, 334
Poststrukturalismus 15, 18 f., 21, 30, 35, 38 f., 59, 135, 234, 244 f., 277 ff., 286 f., 296, 326, 329, 338
Pragmatik 132, 134, 136, 141
Pragmatismus 34, 134, 319
Principle of Relative Constancy 95
Prothesentheorie 53, 258
Psychoanalyse 15, 19, 21, 24, 35, 38, 240, 244 f., 253, 266, 334, 340
Psychohistorie 39
Public-Interest-Theorie der Regulierung 82f.
Public Relations 192, 214, 216, 218

Q

Quantenphysik 12, 20
Queer Theory 234, 242

R

Radikaler Konstruktivismus 17 f., 24, 27, 42 f., 183, 185, 246, 334
Radikaler Kontextualismus 168
Rational-Choice-Theorie 42, 218
Realismus 17, 180 f., 186, 189, 191, 195, 325
Register, psycho-mediale 256, 258, 260, 270, 340
Regression 263
Rekonstruktiver Ansatz 43
Rekursion 190
Rhizom 313
Risikogesellschaft 33

S

Schrift 32, 56, 60 f., 282 f., 288, 298 f., 313
Schriftvergessenheit 60, 296, 313
Schweigespirale, Theorie der 22, 24 f., 191
science wars 15
Selbstreferenz 18, 205, 215
Semantik 132, 134, 136, 141
Semiologie 133, 202, 314, 329, 331
Semiose 134, 137, 141, 144
Semiotik 19 ff., 24 ff., 28 f., 39, 133, 136, 140, 146 f., 266, 297, 334, 338
sex/gender 20, 230 ff.
Signal 138
Signifikant 63, 136, 256, 266 f., 338
Signifikat 136, 266, 288, 338
Simulation 31, 33, 66, 283 f., 289, 307, 311, 334
soap operas 145, 161, 242
Special-Interest-Theorie der Regulierung 85
Spiegelstadium 259 f.
Sprache 122, 142, 296, 298, 302, 304, 313, 338
Sprechakttheorie 41, 233, 281
Spur 255, 258, 262, 313
Staatsversagen 98
Stimme 60, 282 f.
Strukturalismus 19, 30, 167, 277 f., 338
strukturelle Kopplung 186, 195, 207, 211
Sublimation 262, 269
Supertheorie 18, 25, 41
symbiotischer Mechanismus (eines Systems) 207, 210
Symbol 137 f.
symbolisch generalisiertes Kommunikationsmedium (eines Systems) 207, 209, 212
Symbolischer Interaktionismus 28 f., 42, 330
Synergetik 29

Syntaktik 134, 136, 141
System 19 f., 41, 185, 203 f., 206, 339
Systemtheorie 16-29, 33, 37 f., 40, 86, 121, 184, 188, 202 ff., 218, 232, 236, 238, 246, 281, 285, 326 ff., 334 ff., 339, 341

T

Taktilität 295
Technik 29, 35, 49, 52, 54 f., 63 f., 69, 72, 74, 76, 257, 270, 300, 306, 314, 317, 331, 339
Technikphilosophie 52, 286
Technologie 49, 57
telematische Gesellschaft 51, 316
Text 139, 163, 164
Theorie 12 ff., 19, 284
Theorie des kommunikativen Handelns 29, 37, 109, 114, 116, 334, 336
Theorie mittlerer Reichweite 21 ff., 25
theory of everything 12, 20, 341
Theory of the Niche 95
Tod 72, 140, 315
Transhumanismus 72
Transsexualität 232
Turing-Maschine 63, 70, 74
Typifikation 194

U

Umwelt 206
Unbewusstes 19, 38, 65
Unterhaltung 87, 118, 124 f., 215, 217
Uses-and-Gratifications-Approach 22

V

Validierung 183, 187
Viabilität 187

W

Web studies 40
Weltgesellschaft 209
Werbung 144, 192, 195, 214, 216, 241
World Wide Web 192, 216
Wunschmaschinen, Theorie der 65, 270, 313

Z

Zeichen 19 f., 136, 143, 254, 298, 313, 338
Zweite Moderne 33

pro Studium

Heinz Pürer
Publizistik- und Kommunikationswissenschaft
Ein Handbuch
2003, 598 Seiten, gebunden
UTB 8249
ISBN 3-8252-8249-X

Lothar Mikos
Film- und Fernsehanalyse
2003, 368 Seiten, broschiert
UTB 2415
ISBN 3-8252-2415-5

Marion G. Müller
Grundlagen der visuellen Kommunikation
Theorieansätze und Analysemethoden
2003, 304 Seiten, broschiert
UTB 2414
ISBN 3-8252-2414-7

Armin Scholl
Die Befragung
Sozialwissenschaftliche Methode und kommunikationswissenschaftliche Anwendung
2003, 384 Seiten, broschiert
UTB 2413
ISBN 3-8252-2413-9

Jan Tonnemacher
Kommunikationspolitik in Deutschland
Eine Einführung
2. überarbeitete Auflage
2003, 384 Seiten, broschiert
UTB 2416
ISBN 3-8252-2416-3